水谷保孝 岸 宏一【著】

革共同政治局の敗北 1975〜2014

あるいは中核派の崩壊

白順社

革共同政治局の敗北 1975〜2014 あるいは中核派の崩壊 [目次]

緒 言……11

序章 革共同は疾風怒濤の時代を開いた

第1節 大いなる可能性としての革共同……17
大衆運動の先頭に立ち続ける/革共同の組織構成の変遷と特徴

第2節 革命の現実性をみた……25
労働者・学生の大衆運動と実力闘争/時代を画した反戦派労働運動/日本革命を切り開く反戦闘争、安保・沖縄闘争/三里塚闘争の広さと深さ/七・七自己批判と反スターリン主義の深化/日本階級闘争における固有の内戦/暴力の復権のたたかい/レーニン主義組織論を現代に適用/政治局の末期的限界と組織分裂

第3節 二一世紀の使命——どこからどこへ……47
アメリカ帝国主義の世界史的敗退過程/「1968革命」は現代史を規定する

第1部 〇六年三・一四党内テロ・リンチと諸結果

第1章 三・一四Ⅱの本質……57
革共同は大分裂した/なぜ三・一四Ⅱが起こったか/二つの右派によるテロと粛清/「中野洋の三・一四」

第2章　三・一四Ⅱの発生　○六年三〜九月［第一局面］
第1節　七人組による陰謀から始まった……68
三月一四日深夜から始まった党内リンチ／与田側は天田書記長を呼んだ／与田、遠山をす巻きにする／路線や理論もなく、ただ扇情的に
第2節　政治局の分裂と左派の危機……75
深夜の政治局決定／中野が政治局決定を転覆させる／財政的腐敗を認めた与田弁明書／西島と遠山を断罪する根拠なし／党内論議は真っ二つに／「左派追放」を宣言した天田／ぶざまな醜態をさらした与田
第3節　清水議長、党内テロ・リンチに迎合……89
路線問題を不問にした清水議案／清水にはじめてかみついた天田／与田、遠山、西島の除名決定／「最大多数の最大幸福がオレのやり方」／「天田書記長は政治局内少数派だった」／粛清の力学が回り始めた
第4節　粛清なしに存続できない党……101
三・一四Ⅱ反対派を一挙的に排斥／ブハーリンの心境やかくならん／九州党員総会が総反乱／戦闘的伝統を誇る九州地方委が集団離党／中四国地方委を解体的に再編、火種残る／「韓信の股くぐり」を決断した部落青年戦闘同志会／部落解放同盟全国連への敵視／「部落解放闘争は党の利益に貢献せよ」
第5節　政治局内大粛清……117
清水が率先して三・一四Ⅱ転覆を策動／「三年でひっくり返す」発言でだましあい／二二全総は腐敗と転落への最終的分岐点／政治局の血の入れ替え
第3章　杉並、東西分裂、七月テーゼ　○六年一○月〜○八年四月［第二局面］

第1節　杉並二区議に即時辞職を強要……123
天田の脅しと都革新区民の怒りの爆発／政治局総がかりで即時辞職を強要／怒りの杉並区民、革共同との対決へ／結柴・新城除名を策動するも頓挫／杉並区民が革共同を打ち負かした

第2節　中央派と関西派の分裂……138
関西地方委が中央政治局を追及、挑発／『前進』〇七年新年号論文が分裂の火種／大庭パンフ発禁事件／塩川に政治局員辞任を強要／分裂劇に嵌められた関西派―分裂の特徴と本質

第3節　広島差別事件こそ七月テーゼの正体……148
部落解放同盟全国連へのあからさまな敵視／戦闘同志会が集団離党／警察権力と一体で中田全国連書記長の抹殺狙う／部落のなかから決起した青年を全否定／七月テーゼは俗物政治局の野合の産物／部落解放運動を捨てることは日本革命を捨てること

第4章　動労千葉特化と粛清の党　〇八年四月～［第三・第四局面］

第1節　三里塚反対同盟など大衆運動への敵対……164
織田文書が三里塚農地死守を全否定／動労千葉特化路線は労農連帯を破壊する／党内権力闘争のために三里塚闘争を破壊／五・二七国労臨大裁判、民族差別との闘争、百万人署名運動、沖縄人民、婦民に敵対

第2節「四人組」除名問題……174
中野主導の路線に批判、疑問が噴出／武藤第二文書、志賀文書の波及／除名恫喝は組織矛盾を強める／三里塚闘争破壊の革共同

第3節　高木徹の処分と七年後の除名……180
清水は盟友を切って捨てた／パルタイ・パトリオティズムの閉鎖集団へ

第4節　荒川スパイ問題での敗北……184
なぜ荒川スパイ問題の事実を明かさないのか／天田、大原、清水ら政治局はどこを向いているのか
第5節　動労千葉特化路線という階級的犯罪……189
労働運動への冒瀆／国家権力打倒闘争からの逃亡

第5章　党内リンチ事件の根拠と構造

第1節　導火線に点火したのは中野と清水……195
異様な党内リンチがなぜ支持されたのか／〇三年新指導路線は政治局内クーデター／関西問題について指導部会議（ベルリン）／翌年にも関西問題で会議（ホッケー）／二度目の与田基調報告と〝フェニックス〟結成
第2節　与田問題＝政治局問題の深層……205
筆者らは与田問題を正視していなかった／財政的腐敗の問題／浅尾スパイ問題で政治局は腐っていた／浅尾スパイ問題隠ぺいの犯罪性／党内闘争への不見識
第3節　テロ・リンチ以外に方途はなかったか……215
与田腐敗問題は口実にすぎなかった／中野洋と三・一四Ⅱその後／革共同は組織的自浄力ゼロである／呪縛からの解放は自力しかない
第4節　左派はなぜ敗北したのか……224
自己批判の入口にも立たず、背走した清水／党内闘争の欠如と党至上主義

第2部　政治局の腐蝕はいつから始まったか

第6章　本多延嘉書記長虐殺を超克しえたか

第1節　カクマルによる凶行……233
清水時代は本多時代とどう変わったのか／血にまみれたフランス語版『資本論』

第2節　三・一四復讐戦を政治局は指導しえたか……236
試練に立たされた政治局／革共同のもてる英雄主義が爆発／先制的内戦戦略を提起／対カクマル戦第一主義の倒立性／「本多さんの弔辞を、オレは書いていない……」／反清水グループの形成と処分

第3節　本多延嘉の革命観……253
七〇年代革命の爆発的高揚へ／革命の原理と内乱の論理／『前進』六四六号「堅実で全面的な発展」の構想／六四六号論文の欠陥は何か／七五年三・一四による杜絶と回復

第7章　歪曲と転落の分岐点＝第五回大会

第1節　戦略的総路線の彼岸化……266
変則的で異例づくしの大会／大会前後の政治局会議／清水一人で議案を報告／清水・三里塚二期決戦論のカラクリ／「強いられた決戦」の過度の強調

第2節　党絶対化と大衆運動利用主義……276
八〇年代中期階級決戦というフィクション／三里塚農民への政治的利用主義／「三年間、三里塚をもたせてくれ」／労働運動軽視の裏返し

第3節　対カクマル戦をどうする……286
対カクマル戦を続けるか否か／清水は対カクマル戦の仮象を必要とした／大衆運動の戦略的後景化／党防衛の絶対化＝清水独断・権威主義体制の始まり

第8章　本多内乱・内戦論の改ざん

第1節　先制的内戦戦略論のジグザグ……297
革命の垂直的対決への恐怖にとりつかれた清水／先制的内戦戦略論の原典＝津久井論文の特徴／革命の展望と先制的内戦戦略の位置／原典を自ら換骨奪胎――清水の三・一四宣言／野島「三・一四宣言」との異同は？

第2節　清水の動揺がもたらしたもの……307
先制的内戦戦略論にふりまわされた闘争現場／指導における政治と軍事の逆転／先制的内戦戦略の原典を自ら反故に／「水平・垂直論を削除してくれ」―七八年巻頭論文の作成論議で

第3節　政治局の内的解体……315
政治局における歪んだ党内闘争／政治局会議はいつも北小路罵倒／清水・秋山の葛藤／大衆運動政策での「最大最高の失敗」／「政治局の顔が見えない党でいいのか」

第9章　清水政治局の堕落と党員の英雄主義

第1節　三里塚三・八分裂をめぐる誤り……326
石橋弾劾運動から三・八分裂へ／一坪再共有化運動の政治構図／三・八分裂は回避できたか／第四インターへのテロル

第2節　三里塚決戦と国鉄決戦の推進へ……336
八五年一〇・二〇三里塚戦闘と収用委解体の勝利／動労千葉第一波ストと浅草橋戦闘／九〇年天皇決戦の近現代日本史上の意義／清水は「日本＝単一民族」論者／中核派の〝白鳥の歌〟
第3節　非公然政治局体制の破局……347
古参政治局員の政治的・組織的破産／秋山による最悪の組織的犯罪／不運の陶山健一を切り捨てた清水

第10章　九一年五月テーゼの虚実

第1節　五月テーゼが党内亀裂・路線的混迷を加速……356
清水＝中野密約から始まった／清水によるクーデターとしての五月テーゼ／五月テーゼの意図的な誤読の誘導／五月テーゼを改めて読み返す／五月テーゼの特徴と核心点／清水はなぜ路線転換に舵を切ったか／五月テーゼと清水＝中野密約の関係／中野が動労千葉防衛原理で分派活動
第2節　五月テーゼの解釈変え……372
五月テーゼを無効化しようとした秋山／「左」に大ブレした清水／清水の闘病と秋山―天田体制への移行／入管闘争と部落解放運動の大衆的高揚／秋山が軍縮小を観念した八・一路線―一・一路線
第3節　政治局大再編……382
一九全総ではじめて五月テーゼ討議／二〇全総は政治局内左右対立の始まり／第六回大会と〝粘土の左派〟
第4節　スパイ化攻撃とのたたかいで敗北……389
党中枢情報をつかまれた三つのスパイ事件／栗山スパイ問題とは何だったのか／北小路にもスパイ化工作が迫る／編集局内に中野派フラクを形成／権力との対決の弱点となった五月テーゼ
第5節　新指導路線から〇六年三・一四党内リンチへ……396

中野が内的崩壊と政治的沈没の危機に／「オレが中野に七・七問題をわからせる」／革共同に労働運動の理論と路線があったのか

第11章 〝革共同の敗北〟から新しい道へ

第1節 一〇・八羽田闘争前夜解放派リンチ事件……404
三つの負の教訓／一〇・八をめぐる三派の主導権争い／一〇・八前夜解放派への凄惨なリンチ／本多はなぜリンチを決断したのか／一〇・八に革命党の命運をかけた本多／三派全学連の継続、発展はありえたか

第2節 七〇年八・三海老原事件をめぐって……416
政治局の組織的責任の放棄／政治局絶対化と無批判的追随主義の始まり／対カクマル戦の棘

第3節 連合赤軍事件の外在化の誤り……423

第4節 反スターリン主義の徹底化こそ……426
本多延嘉と清水丈夫との断絶／第七回大会は合法主義、組合主義・経済主義の極み／労働者人民への「転向の勧め」／革共同の限界はどこにあったか／組織論における反スターリン主義の不徹底／党大会の決定的不可欠性／中核派精神は一人ひとりのなかに

あとがき……442
本多書記長の「遺言」によせて　岸　宏一／七・七自己批判の実践を止めることはできない　水谷保孝

解説……449
「七・七」、「内ゲバ」、そして清水丈夫　長濱一眞

緒　言

＊本書で登場する革命的共産主義者同盟全国委員会の関係者氏名は、政治局員で対外的に本名を使用している場合は本名で、その他はおおむね組織名ないし筆名で表記した。また、すべて敬称を略すことをお断りしておく。

本書を執筆する動機と目的について、簡潔に記しておきたい。

本書のテーマは革命的共産主義者同盟全国委員会（革共同、いわゆる中核派）の分裂と転落の歴史および実相の切開である。これは、筆者らにとって臓腑をえぐられるほどつらいものであり、元同志らをはじめ左翼運動に関心をもつ多くの読者の皆さんにとっても、暗く、重く、失望の念を禁じえないような幾多の事象をつづることになる。しかし、どうしても書いておかなければならない、と筆者らは考えたのである。

一つは、革共同の党員および党籍をおいた者は、二〇〇六年三・一四党内リンチ＝クーデターをめぐって起こった、数年間にわたるすべての事実を知る権利があるということである。

三・一四Ⅱ（以下、七五年三月一四日のカクマルによる本多延嘉書記長虐殺と区別するために、三・一四Ⅱあるいは三・一四党内リンチと表記）をめぐって革共同は大きくは中央政治局派（議長・清水丈夫、副議長・故中野洋、書記長・天田三紀夫、田中康宏［松丘静司］、現中央労対部長・辻川慎一［大原武史］など。以下、中央派）、革共同再建協議会派（議長・橋本利昭［塩川三十二］書記長・椿邦彦、毛利晋一［筆名＝飛田一二三］ら。以下、関西派）、三・一四Ⅱ反対派（旧革共同九州地方委員会、旧全国部落青年戦闘同志会、筆者らのような諸個人）の三つに分裂した。前二者が組織として形態上のまとまりをもっているのに比して、三・一四Ⅱ反対派はそれぞれ独自の存在であり、諸個人は分散している。

この大分裂によって革共同の組織内にくりかえし激震が走るという異様な事態が連続したのだった。それはいまも続いている。しかし明らかにされていない事実があまりにも多い。

ひるがえって、革共同政治局は本多延嘉書記長がカクマル（当時議長・黒田寛一、副議長・松崎明、政治局員・根本仁ら）によって虐殺された一九七五年三月一四日以降、八一年第五回大会ころから政治局の絶対化と徹底的な秘密主義をもって組織運営を押し通してきた。それは正しいことではなかった。そのことの一つの結果として〇六年三・一四党内リンチ＝クーデターも引き起こされた。

また、革共同の関係者は、これら事実を見すえるそれぞれの義務があると考える。どんなに苦々しい現実であり、どれほどつらい事実であろうとも、そうしてほしい。筆者らの力不足のために大幅に遅れてしまったことが悔やまれるが、いまからでも知る権利と義務をひとしく行使できる条件が提示されなければならない。

筆者らは〇六年までかなりの長きにわたって政治局員であった。その立場で経験し知りえたこと、考えたことを基本的に公開し、革共同の関係者が権威主義から自由で率直な議論を交わすことができるよう本書を執筆した。いや、もともとそうしなければならない立場にあったのである。

二つは、現在の革共同・中央派の政治局が、すでに公刊されている機関紙誌の上で、創立から一九六〇年代以降のすべての革共同史の偽造をはかっているからである。『現代革命への挑戦──革命的共産主義運動の50年』（以下、革共同五〇年史）上巻が一三年一二月に、同下巻が一四年九月に出版された。同書は議長・清水による極めつきの右翼的清算主義と歴史偽造の「序章」を始めとして、全篇これ嘘と歪曲と居直りの書である。組織内部ではより露骨な表現で偽造にいそしんでいる。その内実はじつに卑劣、傲岸なものである。

とりわけ次の諸点は重大である。①何よりも「動労千葉特化路線」「階級的労働運動路線」の名によって革共同が深化・発展させてきた革命論・革命戦略と戦闘的労働運動論を歪め否定し、革共同の歴史を動労千葉唯一主義でことごとく偽造している。根本的には戦後日本の労働者運動の豊かな経験とさまざまな苦闘をないがしろにしている。②七〇年、華僑青年闘争委員会からの糾弾を受けての七・七自己批判とそれにもとづくアジア人民・在日アジア人民への七・七自己批判路線（血債の思想◆1）を「血債主義」と罵倒して全面否定するにいたっている。③安保・沖縄闘争が日本革命・アジア革命の核心をなす戦略的たたかいであること、革共同はここに死力を尽くすべき党であ

◆1　血債の思想。血債ということばは魯迅に由来する。「これは事件の結末ではない。事件の発端である。墨で書かれた虚言は、血で書かれた事実を隠すことはできない。血債は必ず同一物で返済されねばならない。支払いが遅ければ遅いほど、利息は増さねばならない。」（「花なきバラの二」一九二六年三月）。この魯迅の章句は華僑青年闘争委員会および『底流』編集委員会が革共同の入管闘争論を批判する中で引用した。彼らは朝鮮・中国・アジアへの侵略・植民地支配を強行した日本帝国主義およびそれに加担した労働者人民と、アジア人民との間には依然として民族抑圧―被抑圧の構造が続いていること、血債が支払われていないことを革共同は認識していないと糾弾した。革共同は、華青闘・『底流』編集委員会、その背後にある厖大なアジア人民の苦しみと怒りに向き合い連帯する上でアジア人民への血債の関係があるという認識をもたなければならないこと、その認識を綱領的次元で位置づけることを確認した。そしてその後、七四年一月、阿部繁（＝清水丈夫）「狭山闘争への反革命的介入ねらうカクマルを血債にかけて粉砕せよ」（『前進』六六六号）において「血債」ということばを公式にはじめて使用した。以後、民族問題を始め差別・抑圧の問題で思想的・路線的意味を込めて血債という概念を位置づけてきた。ただし狭山闘争論での清水による血債の語句の使用には重大な政治的利用主義と七・七自己批判の立場の政治力学主義的歪曲が孕まれている。このことに、筆者らは近年ようやく気がついた（第10章第5節）。

ることを押し隠している。④八〇年代に革共同が文字通り総力をあげた三里塚基軸論にもとづく三里塚二期決戦の展開を驚くほど過小に低めている。⑤八九〜九〇年天皇決戦を始めとする対権力武装闘争をことごとく清算している。⑥本多書記長が最先頭に立ち一人ひとりが血みどろになって革命の命運をかけてたたかった対カクマル戦争の革命論的意義を抹殺し、単にカクマルとの政治・軍事力学の問題に解消し、かつ対カクマル戦争のもつ矛盾の内在的な総括から逃亡している。

それら偽造の作業は〇六年三・一四党内リンチ以降、一気に前面化したものであるが、革共同でありかつ革共同であったすべての人々とそのたたかいを踏みにじるものでなくてなんであろう。それればかりではない。日本階級闘争史における一個の組織的犯罪行為といわなければならない。

現在の腐り果てた惨状からすれば、まさに昔日の感であるが、かつて革共同は故本多延嘉書記長を中心として、日本階級闘争の疾風怒濤の時代を労働者階級人民の先頭に立って、文字どおり身を挺して切りひらいていた。かつて中核派はその実践と理論において、そして「個に死して類に生きる」という本多精神の発露において、きわだった輝きを放っていた。共産主義社会の樹立をめざし、反帝国主義・反スターリン主義世界革命の旗を掲げて、帝国主義国家権力の暴力的打倒のために命をかけるにふさわしい政治的結集体、それが革共同（中核派）であった。だからこそ、革共同に自らの生死をかけてきたすべての人間の魂に照らして、どのような歴史の偽造も認めるわけにはいかない。

革共同にかかわる真実を明らかにする本書の作業は、筆者ら革共同に籍をおいた者の人間としての尊厳をかけたつとめでもある。

三つは、革共同はすでに死んでいるということである。筆者らは〇六年三月一四日から四月はじめの過程で、革共同は最終的に死んだと考えている。しかも、筆者らを含む政治局の腐敗と死滅の過程は残念ながら、そのかなり以前の一九八一年前後から始まっていたと認めなければならない。そのことの検証は筆者らの自己批判を含めて本書で詳しく明らかにした。だからこそ、革共同を名のる政治組織がいま堕落した姿をあらわにしながら恥知らずにも延命をつづけていることには、がまんがならない。ここでは、中央派のことをいっているが、関西派にしてもしかりである。自らがなした三・一四党内リンチのもつ組織論的・思想的かつ歴史的な誤りと錯覚についての反省がまったくなく、これまた恥ずべき姿をさらしている。

はっきりいって、腐りきった革共同、革共同ならざる革共同は、まるごと歴史の屑籠に放りこまなければならない。そうすることによってのみ、はじめて次の新しい可能性を生み出すことができると信じる。あるいは、そうすることによってのみ、次代の青年労働者・学生たちが、われわれの時代の輝きと敗北を教訓として、自らの進むべき道を切りひらくことにつながるであろう。

本書の構成は次のようである。

序章では、革共同あるいは中核派とは何であったのか、その輝きと誤りについて概括的に述べる。

第1部は、〇六年三・一四党内リンチのドキュメントである。そして今日の革共同の堕落しきった惨状への批判であり、筆者らの自己批判である。

第2部は、本多書記長が虐殺されて以降の革共同政治局史をあえて暗部をえぐり出す視角からほぼ全面的に明らかにしたものである。本多時代の革共同の若干の重大な誤りについても自己批判的総括の視点を提起した。

もって筆者らの自己解剖、自己批判とし、日本革命運動の前進への教訓にしていただければと念じている。ただし、本書は本来書かれるべき革共同の正史の核心部ではあるが、一部をなすにすぎないことをお断りしておく。

緒言の最後に一言させていただく。私たち筆者は本書において、革共同にかかわった多くの人たちからの証言の聞き取りを重ね、多角的な検証をおこなった。この意味で本書は協力してくれた人々との共同の作業の産物でもあり、できるだけ多くの革共同関係者の意思を尊重するようつとめた。とはいえ、あくまで筆者二人の考えを記しているにすぎない。異なる視点、異論、反論、別の教訓化があることは当然である。しかし本多書記長虐殺以降の革共同政治局の歴史の内在的な検証としては、けっして誤りのないよう書き記したつもりである。

ところで革共同は、自らが先頭に立つ現代の共産主義運動を〈反スターリン主義・革命的左翼〉〈反スターリン主義・革命的共産主義運動〉、あるいはたんに〈革命的左翼〉〈革命的共産主義運動〉と規定してきた。ここには、深くかつ重々しい意味をこめている。けれども本書では、革共同を含めたいわゆる新左翼を〈ラディカル左翼〉と表現することをお断りしておく。また本書で引用した本多延嘉、清水丈夫の論文はそれぞれ『本多延嘉著作選』『清水丈夫選集』（ともに前進社）に収録されている。

証言に応じてくれた人々に心から感謝するとともに、読者の皆さんの忌憚のないご批判を乞うしだいである。

序章　革共同は疾風怒濤の時代を開いた

第1節　大いなる可能性としての革共同

大衆運動の先頭に立ち続ける

革命的共産主義者同盟全国委員会は一九五九年に結成された。

一九五六年のハンガリー革命は、「共産主義の党と国家」であると信じられてきたソ連が労働者人民を抑圧し虐殺する反革命であることを、ハンガリー労働者の流血の蜂起をもって告発したたたかいであった。その世界史的衝撃を受け止め、日本において反スターリン主義・革命的左翼の運動と組織の端緒をなしたものが、五七年一二月に創成された革命的共産主義者同盟である。それは第四インターナショナル日本支部の結成をめざすものであり、そのなかで、本多延嘉[2]らいわゆる探究派は、第四インターナショナル国際書記局の親スターリン主義者やその追随者との抗争をおしすすめた。そして、トロツキー教条主義の太田竜とたたかった第一次分裂（五八年七月）を進めた。だ

◆2　本多延嘉。一九三四年二月生まれ。高校時代（旧制川越中学・川越高校）に日本共産党に加盟。早稲田大第二法学部入学、同第一文学部転部。『早稲田大学新聞』で活動、のちに編集長。共産党早稲田大細胞、黒田寛一の探究グループに加わる。五九年革共同全国委員会を創立し書記長。以後、黒田らカクマルとの分裂を経て、革共同の最高指導者としてラディカル左翼のたたかいを牽引。破防法弾圧の被告としてたたかう。七五年三月一四日、カクマルによって虐殺された。享年四一。

が日本共産党の内部から左翼合同反対派の新しい党を結成する機運が強まり、それが共産主義者同盟結成（同年一二月）へとさまざまな努力が集中する一方で、革共同は五七年後半の黒田・大川スパイ事件（小泉恒彦［大川治郎］が警察のスパイを働いたことに黒田が加担した事件）の発覚や黒田の指導責任放棄・戦線逃亡によって解体的危機に陥る。そのなかで、もう一つのトロツキー教条主義の西京司ら関西派（中央書記局、西派とも呼ぶ）との論争のなかで打ち出した田宮テーゼ「反スターリニズムのたたかい――革共同関東大会提出／田宮健二」（本多執筆）を共同の綱領的出発点として多数派である関西派と分裂し、五九年八月三〇日に革命的共産主義者同盟全国委員会を結成した（第二次分裂。議長・黒田寛一、書記長・本多延嘉）。ここにトロツキズム運動をのりこえた、反帝国主義・反スターリン主義世界革命をめざす革命的共産主義運動の組織が生まれたのである。

この革共同の誕生と形成の過程は、国際スターリン主義とその一翼である日本共産党をいかに内側からのりこえるかという思想的・実践的な対決であった。戦後革命の敗北とそこにおける日本共産党の反革命的指導―日共の五〇年分裂（所感派と国際派への分裂）―日共第六回全国協議会の右翼的転換（五五年七月）―ソ連共産党二〇回大会でのスターリン批判（五六年二月）―ハンガリー革命とその暴力的鎮圧（五六年一〇～一一月）という国際共産主義運動の動揺と危機を主体的・内在的にとらえ返し、自らのスターリン主義的歪みを革命家として自己批判せんとするものであった。

戦後の主体性論争を踏まえ、スターリン哲学の客観主義的誤謬をのりこえてマルクス主義を再創造する苦闘がそれを媒介した。同時にまた不屈の職場実力闘争をたたかいぬいた国鉄新潟闘争（五七年三～一〇月）を始め鉄鋼労連一一波ストライキ（五七年一〇～一二月）、全逓春闘決起（五八年）など、日共や民同（共産党系の労働組合に対抗して四八年に結成された産別民主化同盟の略。以後、総評の主導権を握った潮流を指す）の支配に抗する日本労働者階級の戦闘性をつかみ直すものであった。

そうした主体的な葛藤を基礎に、革共同は、六〇年安保闘争の高揚と敗北のなかで、左翼少数派であり、情勢に立ち遅れ闘争を牽引する存在たりえなかったとはいえ、社会党や日本共産党をのりこえる真の革命党をめざして、原則的に共産主義者同盟（ブント）とともにたたかいぬいた。同時期に相呼応して熾烈にたたかわれた三井三池闘争を支援するとともに、その意義と限界を見すえていた。安保闘争敗北後の共産主義者同盟の政治的・思想的かつ組織的な崩壊過程にたいして本多書記長がイニシアティブを振るってブントの主要な人々を結集し、ラディカル左翼内の少数派から一気に主流派となった。

六〇年安保闘争の敗北の総括から革共同は実践的な道を切り開いていくのである。そこにおいて米ソ核実験反対の反戦闘争、賃金闘争、国鉄、全逓、全電通の反合理化闘争、反幹部闘争、黒田寛一を候補者とした六二年参院選闘争、統一行動の積み重ねをさまざまに展開していった。本多書記長の牽引力のもと、綱領的深化と階級的前進のために六二年九月、第三回全国委員総会（三全総）をかちとり、組織的＝実践的課題を明確にさせた。この三全総の路線に右翼的に反発する黒田派との第三次分裂（六二年秋～六三年春）は甚大な打撃となった。黒田派は革共同・革命的マルクス主義派を名乗った（以後、カクマルと表記）。だが、それを克服して前進しえたことは、その後の革共同を本格的なたたかう党として組織的に形成・強化するものとなった。

その直後の六三年九月、革共同関西派の一組織であった労働者階級解放闘争同盟（労闘同、通称LL）がみずからの組織を解体し、革共同に結集した（嶺明人／鶴田鉄／谷清志「労働者階級解放闘争同盟の革命的解体と革命的共産主義者同盟全国委員会への結集宣言」）。このことによって革共同第二次分裂＝五九年分裂の正否は決したともいえるのである。学生戦線はカクマルとの分裂で極小派となる敗北を喫したが、マルクス主義学生同盟・中核派を結成した。いわゆる中核派の歴史的登場である。

第三次分裂をのりこえて従来の地平を突破する戦闘的労働運動を推し進め、ブント、社青同解放派とともに都学連再建と全学連再建への道筋をつけた。

その最初の党的結実が六六年九月の革共同第三回大会である。そこでの三つの報告（第一報告を陶山健一、第二報告を清水丈夫[3]、第三報告を本多延嘉がうけもった）と討議を綱領的・戦略的・組織的な跳躍台として、七〇年安保・沖縄闘争を射程にすえたのであった。そして六七年一〇・八佐藤首相ベトナム訪問阻止羽田・弁天橋の実力闘争を敢行し、山﨑博昭（京都大学生、一八歳）の死の衝撃のなか山﨑の思いとともに最後までたたかいぬいた。これを突破口に〈羽田、佐世保、三里塚、王子、沖縄、基地〉という激動の七か月、そして七一年までの激動の五カ年を「勝利に向かっての試練」を合言葉にたたかった。

この五カ年間は二度にわたる破壊活動防止法適用との実力闘争をもってする対決の日々であり、日本階級闘争の激動過程をその最先頭で切りひらくものであった。かつまた安保・沖縄闘争論、反戦派労働運動論、七・七自己批判論（血債の思想）、戦争論・暴力革命論をはじめとする新たな理論的深化を推し進め、いまひとつ綱領的なブレークスルーをやりとげつつ党を精錬した日々であった。あえていえば第三回大会の延長線上ではない、明らかな綱領上の質的深化と飛躍がそこにはあった。かくして革共同・中核派は他のラディカル左翼諸党派や先進的活動家たちとともに戦後日本史に深く刻印される一時代をつくりあげたのである。

革共同は、六〇年代〜七〇年代を通して、さらに八〇年代〜九〇年代くらいまでは、国家権力と真っ向からたたかい、反革命カクマルの跳梁を封殺し、日本の革命運動を牽引してきたもっとも基軸的な党派であった。革共同に結集し、革共同を担い、革共同を体現してきた一人ひとりは、「これこそは自らの命をかけるにふさわしい党である」という信念に燃えて、一心不乱にたたかってきた。この過程で革共同は、対カクマル戦とその一環である黒田イデオロギー批判をとおして反帝国主義・反スターリン主義世界革命の達成をめざす戦略的総路線の体系を理論的にほぼ確立したといえるのである。

すなわち、「たたかうアジア人民と連帯し、日本帝国主義のアジア侵略を内乱に転化せよ」「アジアを反帝国主義・反スターリン主義世界革命の根拠地とせよ」「米軍基地撤去＝沖縄奪還、安保粉砕・日本帝国主義打倒」「戦争国家化阻止＝憲法改悪粉砕＝日本帝国主義打倒」に代表される戦略的総路線は、反帝国主義・反スターリン主義世界革命の達成から逆規定した具体的な戦略なのである。この戦略のもとに、「個に死して類に生きる」を思想的信念にして、「革命の現実性」を内包するその時代の内外情勢・階級情勢と切り結んできた。どんなに過酷な苦難をも勝利に向かっての試練として引き受け、ささやかな、しかしかけがえのない成果や教訓を労働者階級＝人民大衆の共同の財産として、ともにたたかいぬいてきた。

マルクス的共産主義の理論と思想の現代的再創造においても多くの積極的な問題提起を試みてきた。レーニン、トロツキーを先頭とする一九一七年ロシア革命と、その後の国際共産主義運動の流血の教訓を懸命に研究・学習することにつとめてきた。とくに天皇制論（天皇制ボナパルティズム論、戦後天皇制論）、戦後世界体制―日米安保体制論、帝国主義論・現代帝国主義論、史的唯物論、戦争

◆3　清水丈夫。一九三七年生まれ。湘南高校を経て東京大経済学部。東大学生運動の先頭に立ち五八年ブント結成に加わる。六〇年安保闘争を全学連書記長（委員長・唐牛健太郎）としてたたかう。ブント崩壊過程でプロレタリア通信派を結成するも解体し、革共同に結集。政治局員。本多延嘉虐殺後、最高責任者として指導、九七年、革共同議長に就任、第六回大会で正式承認。

論・暴力革命論、一九三〇年代国際階級闘争論、地区党建設論、反戦派労働運動論、七・七自己批判論（血債論）、民族解放・革命戦争論、革命的部落解放闘争論では、未解明な部分をもちながらも、創造的な地平をものしてきた。しかし革命党組織論と共産主義社会論では新たな体系的理論といえるものを生み出しえなかった。

こうした革共同のたたかいと存在は、スターリン主義をのりこえる新たな共産主義運動の開かれた可能性を体現するものであった。

またその反面、革共同にたいする他党派からの批判・反発や、戦闘的な労働者人民の一定部分からの拒否反応はある種根深いものとしてあり、革共同の側が組織論的に反省し自己批判すべき問題点は少なくない。これらの点は、恥ずかしいことであるが、革共同内部ではあいまいにし、蓋をしてきた問題でもあったことを正直に認めなければならない。

後に記すように、とくに①六七年一〇・八羽田闘争前夜の法政大学における社会主義青年同盟解放派指導部へのリンチ事件、②七〇年八月三日の海老原事件をめぐる政治局の対応の誤り、③七一年末から翌年二月にかけての連合赤軍事件、そこでの「総括」と称する仲間一二人の殺害にたいして革共同が態度表明しなかった問題、④三里塚闘争の方針をめぐる八三年三・八分裂と翌年の第四インター活動家にたいするテロルなどの諸問題については、明確な内在的な切開と自己批判的総括をしなければならないと考えている。（第2部第9章、11章）。

だが、それと裏腹に革共同の存在が、連合赤軍事件の衝撃によって、また長年にわたるカクマルとの内戦の激化という重圧によって七〇年代半ば以降、縮小・分解してきたラディカル左翼の運動を全体として下支えし、しばしば再活性化させてきたことは、少なからぬ人々の認めるところではないだろうか。

革共同の組織構成の変遷と特徴

ここで、革共同の組織構成の特徴について、簡単に説明しておきたい。

政治局という独特の存在がある。もともとは中央執行委員会に当たる全国委員会によって選出された日常的な指導機関である。実質的には本多書記長のもとでの最高決定・執行機関として絶大な力を集中した存在である。六九年以降は、二度にわたる破防法適用と対カクマル戦争に対応し、同時に常任活動家層の拡充に対応し、政治局を非公然部と公然部に分割するとともに、公然部政治局のもとに中央常任会議と東日本および西日本代表者会議を組織し、それを日常的な執行機関とした。他方で全国大会については長い間開かないできた。そのため政治局主催の全国委員会（全国委員総会）も正規の全国委員選出手続きを経ない指名制という変則的な形でしか開いてこなかった。つまり全国委員会がもつ本来の中央執行委員会の機能を中央常任会議・東日本および西日本代表者会議で代行させてきた。その後、中央常任会議を政治組織局（正式には政治組織書記局、ＰＯＳＢ）として編成し、それを実質的に中央執行委員会と称してきている。地方組織のもつ位置の大きさを考えると中央＝東京偏重といえる。なお機関紙誌編集局は一貫して政治局の直属である。

その後、二〇〇〇年以後、政治組織局を政治組織局・中央執行委員会（ＰＯＳＢ・Ａ）と政治組織局・理論政策委員会（ＰＯＳＢ・Ｂ）に分割した。

革共同は当初から、全国をカバーする組織として形成された。北から北海道地方委員会、東日本地方委員会（事実上の東北地方委員会であるが、新潟県を加えているので、東日本としている）、北陸地方委員会、関東圏委員会、首都圏委員会、東海地方委員会、関西地方委員会、中四国地方委員会、九州地方委員会、沖縄県委員会からなっている。傾向的にみると、関西をはじめ中四国、九州など西日本が強い組織であるといえる。破防法適用下の対カクマル戦の長期化を口実として長期間、正規の全国委員総会と全国大会を開いてこなかったこと、中央＝東京偏重の指導体制をとっていることは、全国組織としてひずみのある組織状況を続けてきたといわなければならない。

政治局―政治組織局のもとに中央労働者組織委員会（WOB）、各産別労働者委員会、中央学生組織委員会（SOB）、救援対策委員会、差別・抑圧と闘う諸戦線の組織委員会あるいは闘争委員会を設定している。また書記局を設け、党本部に所属する各種部局を設けている。各地方委員会においても同様の種々の委員会を組織している。

政治局は直轄の中央軍事委員会ならびに地方軍事委員会を組織していた。いわゆる革命軍を全国的に建設したのであるが、それは長期にわたって質量ともに強大な組織であった。九三年以降、軍を縮小させ、いくつかの重要な任務にかぎった組織として再編・維持されている。

およそ革命をめざす党において党大会のもつ意義は決定的なものである。にもかかわらず革共同は対カクマル報復戦に突入した七三年から〇六年までの三三年の間、党大会を二回しか開いてこなかった。そのうち八一年開催の第五回大会はきわめて歪んだものであった（第2部第7章）。その組織が〇六年までは大きな分裂もなく存続してきた。それが可能であったのは、一つには、現代の治安維持法というべき破防法体制との恒常的な対決およびカクマルとの戦争下における党建設という道の選択、その困難さ、異常さへの党員の明確な合意があったからである。二つには、政治局主導型の党組織だったからである。もちろん毎年、『前進』新年号巻頭論文（政治局一・一アピール）を党大会議案とみなして全組織で学習・討議する方式を慣習化してきたことが党の統一を維持する要素となってきたことがある。それも含めて、個々の構成員が政治局に厚い信頼を寄せていたといえる。三つには、党員の類まれな献身性と自己犠牲という特質こそが革共同を革共同たらしめてきたといえよう。

だが、党員からの信頼と献身性を利用して政治局がいかにあざとい自己保身をはかってきたのか、それゆえに〇六年についに大分裂にいたったことを本書では明らかにしなければならない。

第2節　革命の現実性をみた

労働者・学生の大衆運動と実力闘争

かの中核派の輝きとは何だったのだろうか。もちろん自画自賛は愚かしく、独善的で排斥的なものでしかないが、自重しつつあえて記しておきたい。

第一に、徹底的に労働者・学生の大衆運動を重視し、大衆的実力闘争・職場闘争においてひときわ戦闘的にたたかう党であった。

革共同は六〇年安保闘争後、他党派の人々との統一戦線を模索しながら、六〇年の敗北をのりこえんと、総評労働運動のなかから生み出された反戦青年委員会運動を発展させ、同時にいわゆる三派全学連時代をつくった。六七年一〇・八羽田闘争と以後七一年秋にいたる五年間におよぶ七〇年安保・沖縄闘争、そして日大闘争、東大闘争を頂点とする全国の全共闘運動および各地区・各産別的な反戦青年委員会運動を戦闘的に推し進めたのであった。このたたかいは他の諸派と共同し、かつ先陣争いをもバネとして、破壊活動防止法や騒乱罪、デッチ上げ殺人罪攻撃の度重なる適用と恫喝をはねのけて取り組んだものであった。何よりも、大衆的武装闘争に着手して、かつ新しい戦闘的労働運動に突き進むものとしてあった。

労働戦線と学生戦線における革共同の真骨頂は、単刀直入にいえば、徹底した大衆への信頼にあった。労働者・学生大衆の怒りを党の怒りとし、彼らの要求の先頭に立つことを身上としてきたといって過言でない。革共同の一人ひとりが階級的な立場を核とする戦争反対の意志とヒューマニズムを体現し、命をかけた実力闘争に突撃し、それゆえに大衆的な支持を集めてきた。

たとえば、全共闘運動のさきがけであった六五年の慶応大の学費闘争、六五年から六六年にかけての早稲田大の学費・学館闘争や、日大民主化と古田体制打倒をかかげ圧倒的な大衆的武装闘争をくりひろげた日大全共闘運動などでは、中核派はその牽引車となった。

労働戦線においても、マルクス主義青年労働者同盟（六一年一月結成）は「反幹部闘争」という位置づけをもって、つねに職場の不満と怒りの先頭に立ち、資本・当局や職制と激しくたたかい、組合員・非組合員の信頼をえていた。その頂点は、七〇年を前後する職場と街頭での反戦派労働運動であり、マル青労同は、七一年を頂点とする国鉄マル生（生産性向上運動）攻撃粉砕をたたかい、七八〜七九年の全逓反マル生闘争を先頭に立って牽引したのであった。何よりもまた、動労千葉（国鉄千葉動力車労働組合）の七七年一二月からの成田空港ジェット燃料貨車輸送阻止一〇〇日間闘争は、反戦派労働運動の路線と思想でなければできないたたかいであった。それは、従来の労働組合運動の既成概念を根底的にうち破って、三里塚芝山連合空港反対同盟との連帯を大義にかかげ、農民にかたく連帯する労働者階級の自己犠牲的で強力な支援をなしとげたたたかいであった。

また八・六広島、八・九長崎の絶対非和解的な反戦・反核運動への路線的な執念は、広島と長崎の被爆者・被爆二世の苦しみと怒りを共有せんとする、もっとも中核派らしい運動となってきた。

たたかう部落青年は、戦前の全国水平社運動の革命的な復権をめざす全国部落解放研究会連合のもとに、六九年一一月、狭山差別裁判で無実の部落青年・石川一雄氏に死刑判決をくだした浦和地方裁判所を実力占拠するたたかいを敢行し、七〇年代の壮大な狭山闘争への画期的な先駆をなした。

中核派はまさに大衆運動の党、実力闘争の党であった。

六七年一〇・八羽田闘争からの約五年間は、文字どおり日本の疾風怒濤時代であったが、それは中核派の大衆性と党派性が他党派との葛藤や相互信頼のるつぼのなかで一本の赤い柱となっていたからこそ可能となった情勢ではなかろうか。別の観点からいえば、戦後民主主義の欺瞞体制に異議を申し立て、直接民主主義を実践しようとするより広範な社会的意識と労働者・学生・地域住民・市民の多様な運動が、中核派などラディカル左翼の突出に突き動かされて出現し定着してきたのである。

これはまた、日本帝国主義打倒の日本革命戦略を真っ向から遂行した運動であり、理論上も実践上も、世界史的にも「1968革命」として不滅の意義をもつたたかいだった。それゆえにこそ、この内部における過ちや歪み、限界性や狭隘さについても、率直にとらえ返す視点が求められる。

時代を画した反戦派労働運動

大衆運動について、労働戦線とくに反戦派労働運動の位置と意義を強調しておきたい。六〇年代半ばに登場し「二つの一一月決戦」の主力を担った反戦派労働運動は、七二年以後の対カクマル戦を展開する中で厳しい制約を受けざるをえなかったが、革共同は「帝国主義を打倒する労働運動」を掲げて戦闘的労働運動を推し進めてきた。ここにおいて、何よりも安保・沖縄闘争、反戦・反核闘争、三里塚闘争、狭山闘争をたたかう労働運動を全国的・全産別的に推し進めてきたことは、革共同の労働運動路線の本領の一つであった。労働者の職業的・産別的利害をこえて、全労働者階級＝人民大衆の利益に立ってたたかったのであった。

その本領の第二は、職場・生産点における反幹部闘争の組織化と展開であり、それを通して、民同や日本共産党の支配下の少数派であっても職場の仲間全体の決起をつくり出す職場支配権を握るたたかいであった。

その本領の第三は、国家権力・資本の攻撃が激化する中で、動労千葉と国労内での国鉄分割・民営化阻止のたたかい、全逓反マル生闘争をおしすすめてきたことを先頭に自治労、教労、民間で「一人の解雇も許さない」たたかいを、全国の多くの戦闘的労働者とともに、非妥協的におしすすめたことである。

反戦政治闘争への決起と反幹部闘争と賃上げ闘争・解雇撤回闘争をはじめとする経済闘争・職場闘争は表裏一体のたたかいであり、革共同のすべての労働者党員が意識的かつ本能的に懸命に担ってきたのである。これは、大産別だけでなく中小資本のもとでのたたかいにも、未組織労働者の中でのたたかいにも、さまざまに適用されてきたのであった。これこそ、労働者階級＝人民大衆の共同の階級的利益をもっとも先頭に立って代表する運動なのだからである。

これに関連して強調したい。必ずしも党内に自覚化されなかったきらいがあるが、革共同の労働運動論（戦闘的労働運動論）は、六二年三全総以後の実践を踏まえて一九七〇年代前期までに基本的に確立していたといっていい。

すなわち、革共同は一方で、階級闘争をイデオロギー闘争（理論闘争）、政治闘争、経済闘争という三大形態において全一体でとらえるとともに、他方で、現実の階級的・党派的諸関係の中では階級闘争をⒶ革命運動という概念と、Ⓑ労働者運動（労働者一人ひとりの運動を含む労働者階級の運動）という概念と、Ⓒ労働組合運動という概念の区別と連関でとらえる。「労働者運動」とは本多が一貫して指摘していた概念である。簡単にいえば、労働運動を労働組合と同一視する傾向にたいして、現実の労働組合が多かれ少なかれ民同、日共、民社などの党派系列にあるなかでは既成労働組合の枠内ではなく労働組合の形態をとらない労働者の運動があることをつかむということである。革命党はもとより労働組合運動を対象化しその内側に身を置くが、それより広く多様であり、しばしば起こる臨時雇用労働者の決起や時には反動に組織されて愛国主義に流れる要素も含めた労働者運動の総体を対象化しなければならない。

つまり革命党は第一に、職場・生産点に立脚して現実の賃金、労働条件、就労形態（現在は非正規職が三分の一をこえている）をめぐる労働者の具体的要求の先頭に立って労働組合運動や各種争議を展開していく。第二に、職場における既成党派支配に対抗する革命的左翼のフラクションを形成しつつ、産別フラクションの連合体ではなく、それぞれの地区党の次元で労働者自身の党的指導者・活動家をつくりあげ、各産別・各単産の党的な政治的結集体をつくり出していく。第三に、プロレタリアート独裁を準備する前衛党を建設するという党の観点から国家権力にたいして、政治闘争をたたかい、いわば政治同盟として労働者を基盤とする党を組織していく。この三重のたたかいがⒶとⒷとⒸを区別と連関でとらえて実践するということである。

この実践的な立場については本多が三全総以来、機会あるごとに度々強調している。念のためいえば、戦闘的労働運動の防衛・展開と地区党建設と統一戦線は切り離しえないものであり、個々ばらばらに論ずるのは本末転倒もはなはだしい（七一年一一月四日の講演「革命的共産主義運動の歴史について」の第三章「六二年三全総の革命的意義」で嚙み砕いて論じており、もっともわかりやすい）。

その上で革共同の戦闘的労働運動論は、戦後日本労働運動の特質として国労・動労をはじめ公務員・公労協の役割を重視するとともに、民間労働運動、中小争議を積極的に位置づけるものである。前者は改めて強調するまでもない。後者に関連して本多が、中西五洲らの全日自労（全日本自由労働組合）の歴史的経験や大和田幸治らの港合同（全国金属機械労働組合港合同）の試みから学ぶ姿勢をつとに強調していたことは知られている。

二〇〇〇年代に入って、清水丈夫＝中野洋による動労千葉賛美が一面的に強調され、〇六年三・一四党内リンチ以降はついに動労千葉特化路線とか階級的労働運動路線なるものが基本路線とされていく。それも「三全総の意義」と称して三全総とは一八〇度異なる組合主義・経済主義へとすりかえる大嘘をつきながら……。だが、それは右のような革共同の本来的な革命運動論、戦闘的労働運動論を意識的に歪めるものであり、革共同的なあり方への背反である。

日本革命を切り開く反戦闘争、安保・沖縄闘争

第二に、革共同は反戦闘争の党であった。なかでも安保・沖縄闘争こそは革共同の真骨頂を示すたたかいといえる。

日本のラディカル左翼は前述したように国際スターリン主義の内部からそのスターリニスト指導部との相克をとおして生まれ成長してきたが、同時に階級闘争の火点において反帝国主義・反戦・反権力のたたかいの先陣を切る部隊として自らをつくり出してきた。すなわち創生期のラディカル左翼は日共指導部との党内闘争・党派闘争を狭い枠内でたたかうのではなく、広い階級闘争場裡で全学連という形をもって一九五五～五六年の砂川基地拡張反対闘争、勤評闘争、警職法闘争を実力闘争でたたかい、そして六〇年安保闘争を主導した。

その六〇年安保闘争の敗北をのりこえて七〇年安保闘争を準備せんとする過程で、ラディカル左翼は日本革命の進路とそこにおける自らの反スターリン主義左翼たる世界史的使命を明確にさせたといえる。いいかえればラディカル左翼は日米安保同盟体制粉砕のたたかいを日本革命の枢要の戦略として定め、そこに自らの存在理由を発見＝自覚したのである。

日米安保問題は日本革命の一課題ではない。安保闘争は、①日米安保条約―日米安保同盟体制の

成立が五〇年朝鮮戦争と一体であったことが示すように東アジア的スケールの革命の中に日本革命を位置づけるとともに、②アメリカ帝国主義打倒のたたかいに連結するものであり、③沖縄の軍事的分離支配とのたたかいを不可欠かつ最重要の柱とする安保・沖縄闘争である。まさに沖縄・安保闘争としてはじめて安保闘争たりうるのである。

したがって安保・沖縄闘争はまずもって戦後世界体制総体と根底的に対決し、その一方の主柱である米・日帝国主義の生命線を断ち切るたたかいである。同時に第二次世界大戦とそれがもたらした全結果への人類史的清算をかけた世界史的な意義をもつ反戦闘争である。そして米・日帝国主義によるアジア侵略を阻止しアジア人民との連帯をかちとる闘争であり、そういうものとして日本革命・アジア革命の必須の戦略なのである。二一世紀の現在においても、このことはますます強調されなければならない。

この点で革共同が沖縄奪還闘争――永久核基地化反対、本土復帰＝基地撤去――を安保闘争の不可欠一体の内実として鮮明にさせたことの先駆的な意義は大きい。六六年革共同第三回大会は「日米同盟廃棄、基地撤去、沖縄の本土復帰の実現は日帝打倒＝日本社会主義革命の任務である」と規定した（第二報告）。そして六七年五月一日のメーデーで「沖縄の永久核基地化反対、沖縄県民と固く連帯し本土復帰をかちとれ」のスローガンを掲げた。さらに同年の佐藤訪ベトナム阻止、訪米阻止のたたかいのなかで「七〇年安保は、沖縄県民を先頭とする日本人民と日米帝国主義との、妥協なき決戦となったのだ」と宣言した（『前進』三六〇号一面論文、六七年一一月）。

ここには「銃剣とブルドーザー」下での土地強奪・米軍基地建設・拡張に対する島ぐるみ闘争の爆発、祖国復帰協議会結成（六〇年）以来の本土復帰闘争の激化、二〇万人県民大会と全軍労ストライキ（六八年四月）へと至る沖縄労働者人民の切実な願い、その広大なたたかいを本土において受けとめ、学ぶという姿勢があった。琉球処分以来の差別と犠牲の集中に加え、太平洋戦争の言語に絶する戦禍を被った沖縄県民の苦しみと叫びに向き合うことなしに日本革命を語ることはできないという視点があった。その精華が本多延嘉「永久基地化反対、本土復帰・基地撤去――沖縄解放闘争の綱領的問題について」(『前進』三七八号、六八年四月)である。

以後、革共同は沖縄に比して立ち遅れている本土における沖縄闘争を実現することを通して「沖縄奪還、安保粉砕・日帝打倒」を柱とする戦略的総路線をうちたてつつ、七〇年安保・沖縄決戦への道を切り進む。六八年一〇・二一新宿騒乱闘争に続く一一・八沖縄奪還武装デモ、六九年の四・二八沖縄奪還闘争、八・一四嘉手納基地突入闘争、一〇―一一月佐藤訪米阻止闘争、そして七〇年六月安保決戦をたたかい、七・七自己批判を踏まえて、さらに七一年沖縄返還協定粉砕闘争を「第二の一一月決戦」としてたたかうのである。本多書記長が破防法攻撃(六九年四月二七日、逮捕される)にわが身をもって立ち向かった安保・沖縄闘争こそ革共同を革共同たらしめた精髄であり、反スターリン主義ラディカル左翼の綱領・戦略・路線の核をなすたたかいなのである。

この革共同の安保・沖縄闘争は、第三次分裂において山里章らが黒田派に走った苦い敗北をのりこえて沖縄の地に反スターリン主義・革命的共産主義の党を再建するたたかいであった。

しかしながら革共同は対カクマル戦の継続と長期化の中で安保・沖縄闘争への取り組みを後景化させてきた。八七年沖縄国体への皇太子夫妻訪沖、「日の丸・君が代」強制に反対する沖縄県民の全島的たたかいが燃えあがり、知花昌一が「日の丸」焼却決起をやりぬいた。それに応えんとして沖縄闘争を再強化したが、なお不十分であった。九五年九・四沖縄米兵少女暴行事件への怒りの噴出、一〇・二一県民大会への大結集という形で日米安保体制下の構造的沖縄差別への新たなたたかいが進展しつつあった。これを受けとめて沖縄奪還論を再検証し、日本―沖縄関係の革命的変革の論理を明確にさせたのであるが、実践的路線として打ち固める努力をなおざりにしてきた。それらの問題の自己批判的解明は後述するが、結論的にいうと、八一年以来の三里塚二期決戦基軸路線の選択が一面の積極的意義をもちつつも、本質的には安保・沖縄闘争への取り組みの後退の固定化、ひいてはそこからの戦略的逃亡であったことを厳しく総括せざるをえない。

日本革命戦略の正否のかかる安保・沖縄闘争に死力を尽くし犠牲を恐れずたたかうことをしない革共同とは、もはや歌を忘れたカナリアなのである。

三里塚闘争の広さと深さ

第三に、三里塚闘争への取り組みは日本階級闘争における新たな局面を切り開くものであった。革共同は、それ以前からの砂川闘争を継承しながら同時に、帝国主義国家権力と非妥協的にたたかう三里塚農民とその農地死守のたたかいへの党の血盟、労農連帯の推進、反戦闘争の砦としての構築、大地性をもったゲリラ戦の展開をつくりだしつつ三里塚闘争に全力を尽くしてきた。

六七年一〇・八羽田闘争直後の一〇・一〇三里塚外郭測量阻止闘争に全学連ははじめて参加した。その後、翌年二・二六公団成田分室突入闘争から三里塚闘争は実力闘争的発展をとげていく。革共同はこの年から全学連三里塚現地闘争本部をつくり、現地の最大の責任党派として数多の闘争を牽引してきた。安保・沖縄闘争と三里塚闘争は七〇年安保闘争の不可欠の政治内容をなし、常に政治闘争の二大基軸であった。七〇~七一年安保・沖縄闘争の真っただ中で七一年九・一六東峰十字路闘争◆4を頂点とする第一次・第二次強制代執行阻止闘争がたたかわれた。三里塚闘争は、七〇年安保・沖縄闘争総体をより発展させる実力闘争であった。安保・沖縄闘争と三里塚闘争が一体的にたたかわれることによって成田空港建設阻止闘争が全国的闘争として発展させられたのである。

本多書記長は三里塚現地闘争本部（現闘）の位置づけを次のように説明していた。プロレタリア革命は労働者が農民を獲得しなければ成功しない。農民の生活と闘争に労働者階級が自己犠牲的＝階級的援助を払わないかぎり、農民は絶対に獲得できない。労働者のそうした援助の具体的形態が現闘の活動であり、労働者・学生による援農活動なのだ、と。現闘メンバーはその後、本多書記長の考えを体現して強靭な精神で反対同盟のもとで数十年間、農民の生活と闘争を支援し、苦楽をともにしてきているのである。

三里塚のたたかいは全国各地の農民闘争、住民闘争、基地闘争、原子力発電所建設阻止闘争などに影響をあたえ、それらが実力闘争という新たな次元へ進み出るのを支えてきた。そのため全国のたたかう人たちは三里塚反対同盟との連帯を求め、三里塚に馳せ参じた。そうした全国各地の諸闘争の先頭には常に中核派がいたのである。

三里塚の実力闘争は初期の頃からゲリラ戦としても発展してきたが、七八年三・二六管制塔占拠を頂点とする三月決戦を踏まえ八〇年代以降、革共同は第五回大会と先制的内戦戦略の第二段階への移行をもってゲリラ戦をより激化・発展させた。とりわけ八五年一〇・二〇三里塚十字路決戦は大衆的な武装で機動隊せん滅戦闘を敢行した。さらに八七年九・二一千葉県収用委員会会長せん滅戦は長期にわたり収用委の機能停止・解散・解体を強制してきた。こうして成田空港は長期にわたる建設の遅れと欠陥空港としての姿をさらけださざるをえなくなったのである。

三里塚闘争の全国的発展は日本階級闘争の新次元への発展をもたらした。三里塚闘争は日本階級闘争の偉大な金字塔であり、現在もたたかわれつづけているのである。偉大なる三里塚闘争はけれども日本階級闘争の部分であり、日本革命戦略の基軸とされるべきものではない。三里塚農民に日本革命の勝敗の責任を強制するようなことであってはならない。この点、第五回大会以降の革共同の路線的歪みの問題を明確に切開しなければならない。

◆4　東峰十字路闘争。七一年九月一六日、千葉県小見川県道の東峰十字路で神奈川県警の機動隊と三里塚反対同盟青年行動隊および支援勢力の部隊が激突し、機動隊三人が死亡した。

七一年の初頭、成田空港の一期工事（四〇〇〇メートル滑走路）地区内の未買収地は大木よねさん宅と一坪共有地数カ所と三カ所の団結小屋だけとなっていた。すでに収用法による事業認定とその収用裁決が出ていた。同年二、三月の第一次強制代執行で一坪共有地の収用をおこなった。九月一六日からの第二次強制代執行は、残り一坪共有地、三カ所の団結小屋（駒井野、天浪、木の根）、大木よねさん宅の行政代収用をめぐる攻防であった。東峰十字路戦闘は、駒井野団結小屋、天浪団結小屋の砦決戦と同時間にたたかわれた闘争だった。千葉県は東峰十字路闘争、団結小屋の砦攻防の結果、一九日に「行政代執行を一旦中止する」の声明を出し、翌日の九月二〇日に大木よねさん宅をだまし討ちで収用した。七一年の第一次、第二次行政代執行をめぐる三里塚闘争はその前半期の最大の決戦である。実力闘争のレベルを一段と高め、全国にそのたたかいを知らしめるものとなった。

青年行動隊は中心メンバーのほとんどが九・一六東峰十字路闘争に参加していたため、同年一二月から青行約四〇人が逮捕された。その後、支援勢力も含めて五七人が傷害致死罪、凶器準備集合罪などで起訴された。農家の中心的担い手である青年行動隊への傷害致死罪適用は有罪になれば実刑が予想され、そうなれば営農の継続も困難となる。東峰十字路裁判は三里塚闘争の死活をかけた最重要な闘争課題となった。政府・運輸省（現、国土交通省）・空港公団による「話し合い」攻撃の中心テーマのひとつになっていた。八六年一〇月、千葉地裁は傷害致死罪を認定せず、凶器準備集合罪だけとなった。三人が無罪、残りの全員が執行猶予付き判決となった。検察側は控訴せず下獄は免れた。

七・七自己批判と反スターリン主義の深化

第四に、七〇年七・七自己批判の立場＝血債論を、日本階級闘争と党の根源的資質として内在化することを思想化＝路線化してきた。

七・七自己批判路線ないし七・七路線、あるいは血債の思想とは、在日中国人青年組織である華僑青年闘争委員会および在日朝鮮人青年たちから七〇年七月と一〇月の二度にわたって直接的な糾弾を受けたことを契機に、革共同のそれまでのあり方を自己批判してアジア人民・在日アジア人民との連帯のたたかいを綱領的全体性の内部に位置づけ返し、被抑圧民族や被差別人民の自己解放のたたかいを共産主義論の豊富化として意義づけ直し、もってあらゆる排外主義・差別主義・権威主義との対決を実践的な戦略・路線とするものである。

六九～七〇年過程で華青闘は日本のラディカル左翼への不信を抱きつつも共同行動を積み重ねつつあった。七〇年七・七集会準備過程で、マル学同中核派指導部が華青闘による七・七集会提起の政治的意義と歴史的重みをつかむことができず、主催問題をめぐる華青闘の抗議退場にたいして指導部の一人が「主体的に退場したのだからいいじゃないか」という差別発言を吐いた。集会主催問題での差別発言は実に本質的な誤りを突き出すものであった。華青闘は七・七集会で決別宣言を発した。革共同は自己批判の立場を明確にさせ、入管闘争（日本帝国主義の外国人差別としての出入国管理体制との闘争を総じていう）の取り組みを強めたが、なお無理解・無自覚なあり方に再度の糾弾がなされた。革共同はそれらを受けとめて反スターリン主義の新たな深化の試練としたのである。

自らの差別発言と二度の糾弾によって、一方では日本帝国主義が在日アジア人民に強いている出入国管理体制への日本労働者階級人民の加担への無自覚、自らの差別が突き出された。ひいては在日朝鮮人・中国人の歴史的形成の実体、その意味、日帝百年の植民地主義と他民族抑圧における日本労働者階級人民の加担への無自覚がそこに暴露された。それは打倒対象とする日本帝国主義を真に認識しえていないことにほかならなかった。他方では日本とアジア人民との国際主義的連帯のためには何が必要とされているのか、スターリン主義による連帯の破壊の歴史をどう認識し、それをどう打ち破るのかについてあまりにも無自覚であること、日本共産党六全協の在日朝鮮人党員切捨て・裏切りとそれ以降顕著となる民族排外主義・差別主義を他人ごとにしている誤りが突き出されたのであった。

七・七路線は、アジア人民・在日アジア人民が世界革命のいま一つの主体であることを、帝国主義的抑圧民族内の共産主義者およびプロレタリアートとして、自己批判的に明確にさせるものである。同時にそれは日本帝国主義の戦争責任・植民地支配責任・戦後責任の問題をまったく未決着の課題として日本の労働者階級人民が引き受けるというたたかいである。こうして世界革命の一環である日本革命は、アジア人民・在日アジア人民との国際主義的連帯を不可欠の柱としていることを明確にさせたのであった。

これは、日本帝国主義下におけるさまざまな差別＝人民分断支配の打破をプロレタリア革命の戦略的課題とするものでもある。したがって革共同を〈労働者階級の党〉であるばかりか、〈在日朝鮮人・中国人の党〉〈沖縄人民の党〉〈被差別部落大衆の党〉〈「障害者」の党〉〈被爆者・被爆二世三世の党〉〈女性労働者・プロレタリア家族および女性大衆の党〉〈アイヌ民族の党〉として、さらには〈農民の党〉として、自覚的に建設しようとする新たなたたかいでもあった。

ひるがえって、現代における労働者人民は、まずもって帝国主義的抑圧民族内の労働者人民と被抑圧民族人民との団結をつくりだし、その力と思想で世界革命を実現しようとしてたたかうのである。一言でいえば、一九二〇年のコミンテルン第二回大会と東方諸民族会議の後にはじめて掲げられたスローガン、「万国の労働者と被抑圧民族は団結せよ」を蘇らせてたたかうのである。これは、マルクス・エンゲルス・レーニン＝ボルシェビキのたたかいを継承しつつ、世界革命運動史上に新たな創造的内容をつけ加える意味をもっている。つまり、現代における共産主義とは何か、共産主義は世界史的にのみ実現しうるとはどういうことなのか、労働者とは何であり、何になりうるのか、共産主義は差別を克服・解決できるのか、狭いプロレタリアート概念は再形成されるべきではないのか、という深い問いかけへの実践的回答を用意するものなのである。ここに反スターリン主義・革命的共産主義の創造性が求められ、いまもいっそう強く求められているのである。これらは本多「レーニン主義の継承か、レーニン主義の解体か」（七二年八月〜七三年一月）や「偉大な勝利の道」（七三年一月）、「狭山闘争の歴史的勝利のために」（七四年四月）などで明確に提起されている。

七・七糾弾とそれへの自己批判の問題はまたラディカル左翼内の教訓にとどまるものではなく、あらゆる労働組合運動、市民運動、表現者、諸個人など、日本階級闘争総体に決定的な衝撃を波及させた。さらに戦後日本社会全体の中に、戦後民主主義の排外主義的・差別主義的・権威主義的な欺瞞性を打ち破って、あらゆる抑圧・差別とたたかう人間的解放の倫理と論理をもちこんでいくイデオロギー的・文化史的な意味をもったのである。

ラディカル左翼の狭さという問題は創成期からの克服課題であったが、七・七自己批判の立場は、他者の視線を常に意識し自らを振り返る作風を培うものとなった。この点はかなり根本的な問題であり、積極的・意識的に主体化すべきものであったといえる。

いま一つ強調しなければならないことがある。革共同は対カクマル戦への突入に際して自らを軍事的に組織再編し、長期にわたってこの戦争を展開してきた。軍事を最優先させる路線や党組織のあり方を続けてきたのであった。ここにおいて、軍事の自己運動性、軍事偏重のもとでの政治の後退や欠落、軍事特有の傲慢さという危険を打破していく上で、七・七自己批判の立場は深い内省的なばねとなってきた。あくまで政治主導の立場から軍事を措定し、そのなかでアジア人民・在日アジア人民に日本の労働者階級として血債を支払う立場であることを厳しく確認しつつ、軍事の暴走をかたく戒めてきたといって過言でない。いわば、一九三〇~四〇年代における中国共産党の軍事組織が自らを律した「三大規律八項注意」のような位置と意義を有していたのが、革共同の血債の思想であった。

七・七自己批判路線は、あらゆる意味で反スターリン主義の綱領的立場を決定的に深化する契機である。しかしそれを反スターリン主義の深化へと生かすことができたとはいえない。革共同政治局の政治的・思想的あり方の検証と総括においてこの点は重大なテーマである。

日本階級闘争における固有の内戦

第五に、反革命カクマルの跳梁と台頭を許さず、階級闘争の達成物と陣地を死活にかけて防衛してきたのであった。

革共同は第三次分裂で脱落したカクマルを、日本階級闘争および反スターリン主義運動から生み出された反動的疎外体であると主体的にとらえ返し、彼らと対峙してきた。カクマルはまさに中核派の対極をなす存在として、七〇年安保・沖縄闘争の過程で、世界史的にも類例のない「現代のナチス」と呼ぶべき存在となっていった。カクマルは敵階級とけっしてたたかわず、逆に権力とたたかうすべての党派や大衆運動および戦闘的諸人士を背後から襲撃する反革命であり、大衆運動の破壊者であるばかりか、デマゴギーをこととする白色テロリスト集団である。黒田寛一が公式に記したことば、「権力が中核派の首根っこを押さえている時に、革マル派はその急所を蹴り上げる」がすべてを雄弁に語っているではないか。まさに警察＝カクマル連合なのである。

そのカクマルとの戦争に、革共同は反スターリン主義の真の発展をかけてたたかったのである。何よりも、カクマルが本多延嘉書記長を虐殺した七五年三・一四反革命という、絶望的な事態をも全党一丸となってのりこえんとしてきた。

この対カクマル戦の約二〇年にわたる激烈な展開はしかし、階級闘争の発展の構造および革共同のあり方自体に複雑な矛盾、あえていえば否定的な傾向を生み出さざるをえなかった。何よりも清水政治局体制による指導の誤りが党内外に歪みと軋みをもたらした。このことはけっして小さなことではない。

対カクマル戦とは国家権力の意をていした民間反革命との戦争であるが、それは階級闘争の水平構造をなすものである。プロレタリア階級闘争が帝国主義国家権力との垂直的な対決構造をなし、その対決構造の強化と勝利にむけて、対カクマル戦をいかに配置し、どうたたかいぬくべきなのかという死活的な課題が革共同に問われていた（水平・垂直論は本書のモティーフの一つである。第7章第3節、第8章第2節で詳論）。この課題を本多書記長は痛切に自覚していたのであった。だが本多書記長虐殺以降、残された者がとった選択の正否は率直に検証しなければならない、と筆者らは考えている。

にもかかわらず、類例のない反革命であるカクマルによる階級闘争の反動的制圧――それは、対カクマル戦争をたたかわず敗退したならば、ナチスによる一九三〇年代ドイツ階級闘争の制圧を再現する、恐るべきものとなったであろう――を打ち砕いたという点で、日本の共産主義運動および労働運動、民主主義運動の防衛と前進に歴史的に寄与するものといっても過言でない。

さらに革共同は、大衆運動、実力闘争の武装的な発展という水路からも、また対カクマル戦の対権力への適用という水路からも、対権力ゲリラ戦争を文字通り命がけでたたかった。いくつかの致命的な敗北や誤りを含みつつも、三里塚二期決戦や天皇制打倒をかけたゲリラ戦争を長期にわたって展開し、日本帝国主義の侵略戦争政策および労働者人民圧殺への野望に痛打を加えた。歴史的にも一定の役割を果たしたと総括しうる。

暴力の復権のたたかい

第六に、こうした革共同の対権力実力闘争・武装闘争と対カクマル戦を支えたものは〈暴力の復権〉の思想と実践であった。

さかのぼれば近代日本は、一五八五年以降の太閤の刀狩り以来、民衆は武器を奪われ、幾多の農民蜂起がたたかわれたにもかかわらず、武装と武装闘争の伝統を民衆的・国民的経験として蓄積してこなかった。明治以降の日本階級闘争は、加波山蜂起、秩父困民党蜂起を頂点とする明治一〇年代の自由民権運動（服部之総が「明治の革命」と呼んだ）をたたかうが過酷な鎮圧で圧殺され、自由民権運動が国権運動へと流れ込むことで、民衆蜂起の意義と経験が封じ込められてきた。さらにその上に一九一〇～一一年の大逆事件フレームアップによって甚大な打撃を与えられた。以後数年間は「冬の時代」と称された。権力の暴力的弾圧への恐怖を克服できない主体状況が続くなかで組織された日本共産党（ほどなくソ連スターリン主義に系列化された）と社会民主主義者においては対権力武装闘争への日和見主義と敗北主義ははなはだしいものがあり、そこには思想的屈服といわざるをえない致命的な弱点があった。植民地とされた朝鮮、台湾、中国東北部では朝鮮人民と中国人民による幾多の武装闘争や革命的テロリズムが積み重ねられたが、それと連帯する動きは少なかった。日本でも難波大介の皇太子裕仁狙撃決起（一九二三年一二月、虎ノ門事件）があったが、見殺しにされた。日本共産党は、朝鮮戦争下の山村工作隊・中核自衛隊の非合法軍事方針の破産を五五年六全協で右翼的に清算し、日本階級闘争を合法主義、議会主義、経済主義に流し込んできた。そうした日本階級闘争の負の伝統をのりこえんとして、革共同は「暴力の復権」を宣言し、その実践に着手してきた。

政治と軍事の根源的かつ組織論的な関係、党の軍隊という位置づけ、せん滅戦・テロリズムの論理と倫理をめぐる思想的葛藤、帝国主義軍隊の包囲・解体・獲得（＝反乱・解体・移行）のたたかい、革命軍の建設と対権力ゲリラ戦の実践、武装闘争と大衆運動の関係などの諸問題は、全世界的な規模でラディカル左翼の運動が直面し苦闘した生動的で深刻なテーマであり、革共同もまた実践的に通過しつつあった。

レーニン主義組織論を現代に適用

第七に、革共同を革共同たらしめたものは、党的な集中力、突撃力であり、それを可能にしたものこそ、レーニン主義組織論の理論的な徹底的学習とそれによる組織的実践であった。

まずもって国家権力、治安警察および反革命カクマルとたたかいぬく組織論として革共同の組織論はある。権力の破防法攻撃、それと一体のスパイ化攻撃に真っ向から対決するところに革共同の真価があった。同時に権力奪取に向かって権力との死闘的対峙のもとで、党―階級―大衆の生きた交通関係の中で党を建設するという革共同の組織論なのである。ここにいま一つの真価があった。

カクマル黒田の組織論は「党は未来社会の原基形態」の名のもとに「真空の中での前衛党づくりの自己目的化」を正当化するものである。革共同はそれとは明確に一線を画する党建設を〈党のためのたたかいと党としてのたたかいの統一〉と規定し追求してきた。このことを党員すべてが自覚していたことが、他の左翼諸派との明瞭な差異であり、あえていえば、革共同一人が少なくとも〇六年までは組織を維持しえていた現実的で客観的な根拠であった。

しかしそれは、レーニン主義組織論をそのまま実践に移せばいいということではない。あくまでレーニン主義組織論を現代に創造的に適用するたたかいであり、現実の生きた人間的素材に立脚して試みていくほかないたたかいである。こういうのはたやすいが、実際にどう実現するかはきわめて困難な面がある。本多書記長は、「われわれ革共同は建設途上だという自覚をもたなければならない」とつねづね語ってきた。この途上性認識、過渡性感覚、別のいい方をすれば自己を歴史と階級闘争のなかに相対化する視点を革共同は共有してきた。ある意味で、ここに中核派らしい強さがあったといえる。すなわち、スターリン主義の権威主義的で官僚主義的で、大衆から学ばない独善的な前衛党主義、「一枚岩の党」を党員に強制する組織と組織論、粛清なしには成り立たない党、そして何よりも自主的・主体的な大衆の戦闘的な決起に必ず敵対し妨害する反革命の組織のあり方を批判し、のりこえようとしてきたのであった。

逆にいうならば、革共同が帝国主義国家権力とたたかわない党になるや否や、あるいは党―階級―大衆の生きた交通関係をもてない閉鎖的な党、階級―大衆のなかに入れない独善的な党になるや否や、その優位性としてのレーニン主義組織論はたちまち組織保身を自己目的化するおぞましいスターリン主義組織論へと疎外されるのである。階級闘争の本道をすすむことよりも上位に党の維持と党指導部の自己保身を置くにいたったとき、その党は一気に反動的な妨害物に転化する。

古今東西の運動のなかでそうした例は数多いが、そうなってはならないという組織論的反省と政治的緊張のなかで、革共同は〈反スターリン主義の組織論〉を創造し実践しようと努力してきたのであった。レーニン主義組織論を継承しつつも、それが内部からスターリン主義に歪んでいったことをいかに主体的に反省し教訓化するのかが求められていた。まさにこれを自らのものにしえたか、貫きえたかどうかが、課題として残されていた。本多書記長虐殺以後、清水を中心とする政治局がこのテーマをいかに薄め没却してきたかを、本書では具体的に検証したい。

革共同のたたかいとその役割は、以上に尽きるものではない。

ガイドライン闘争―反戦闘争、国鉄を始めとする公務員・公労協労働運動、民間労働運動、さらには反軍闘争、狭山闘争―部落解放闘争、在本土沖縄出身者運動、「障害者」解放闘争、被爆者解放闘争、女性解放闘争などあらゆる抑圧・差別とたたかう戦線、そして破防法裁判闘争を支える会、百万人署名運動などを始めとする全戦線で、質量ともに教訓に満ちた苦闘を重ねてきたのである。

ふりかえれば、革共同が他党派や他の諸団体の運動から学ぶべきを学ばず、それらの優れた点を評価することができず、そのために欠落させ、歪めてきた問題も少なくない。けれども、ここ半世紀におよぶ日本階級闘争の激動の過程は、「良くも悪しくも、中核派を抜きにしては何事も語りえない」（ある在日朝鮮人知人のことば）、そうした存在として、革共同（中核派）はあった。

政治局の末期的限界と組織分裂

だが先に若干触れたように、本多書記長虐殺以降の革共同政治局は限界と誤りを露呈し、後退と堕落を深めてきた。ふりかえると、それは第五回大会（八一年）を第一の転機、九一年五月テーゼを第二の転機、〇三年の新指導路線採用を第三の転機としていたのであった。そして〇六年三・一四党内リンチ・クーデターとその肯定・美化が革共同の政治的死を決定づけたのである。

ここでは第二の転機＝五月テーゼについて簡単に記す。八九年のベルリンの壁崩壊、九一年のソ連崩壊をもってするスターリン主義の歴史的破産とそれ以後の世界史的情勢にたいして、そしてムスリム人民による〇一年九・一一反米ゲリラ戦が凝縮して突き出した二一世紀的新情勢に、革共同ははたして主導的にたたかいえたのかという問題がある。これは同時に、戦後日本の五五年体制の崩壊、とりわけ総評労働運動の瓦解、八七年～八九年の連合結成＝総評解散という労働戦線の危機に際して、革共同は何をなしえたのか、何をなしえなかったのか、という問題にほかならない。

こうした主客の新しい情勢展開に対応せんとして、革共同は八九年～九〇年にかけて、天皇代替わり式典粉砕をかかげた天皇決戦を、破壊活動防止法適用の現実性に屈することなく戒厳体制をはねのけて死力をつくしてたたかいぬいた。そして破防法攻撃を突破した地平に立ったはずなのだが、清水＝中野イニシアティブで右に旋回した。すなわち政治局決定もなく党内論議の組織化もない状況で九一年五月テーゼ（それまでの先制的内戦戦略―革命軍戦略を清算し労働戦線での党建設に重心を移行する路線転換）を打ちだし、左派右派同床異夢のなかでさまざまに悪戦苦闘を重ねた。

それ以後、情勢を揺り動かす展望をつかみかけたときもあった。あるいは新しい運動の萌芽をいくつも育ててきた。その過程には党員の献身的な奮闘と創造的な活躍が刻まれている。にもかかわらず革共同は趨勢的に組織的停滞を続けてきた。率直にいって何よりも重大な問題は、清水丈夫を軸とする政治局のあり方が清水独断・権威主義体制と化したことであった。清水＝政治局指導が動揺とゆきづまり、居直りと隠ぺいを重ねて、末期的限界につきあたったままマンネリ化し、政治局の組織的人間関係においても重大な歪みがつくり出されてきた。

その過程の諸問題は後述するが、幾多の経過をたどって一方での中野洋による公然・隠然たる分派活動と、他方での筆者らの党内闘争への不見識と清水評価の根本的錯誤によって〇三年新指導路線という政治局内クーデターが実行され、指導体制と路線の重心が決定的に右に移行した。その矛盾の中で、〇六年三月一四日に関西地方委員会をめぐって集団的＝部落差別的テロ・リンチ、粛清事件が起こったのである。それを契機に革共同はいくつかに分裂しただけでなく、この三・一四党内リンチとその肯定・美化・扇動ゆえに、一気かつ急速に階級闘争の敵対物に転落してしまったのである。

あらかじめ結論的にいえば、八一年第五回大会と九一年五月テーゼには根本的な欺瞞性があったということである。それは、清水の自己合理化にもとづく〈党の生き残り〉を唯一の動機と論理とし、したがって党の保身を自己目的化したことである。筆者ら自身、いまになって深刻に認識、反省しているところなのである。

つまり、第五回大会での誤りを基底とし、五月テーゼと新指導路線という形での政治局指導の重大な歪みが一五年を経て三・一四党内リンチの伏線となったということである。もっといえば、革共同が階級闘争の最先頭で死力をつくしてたたかいぬいてきた過程で克服されずに醸成されてきた誤りや歪みが積み重なり連なって、集中的な爆発として三・一四党内リンチが生まれたといわなければならない。

つまり、政治局あるいは政治局内左派の限界、歪み、誤りという問題について筆者らを含めて明確化することと、三・一四党内リンチの本質を明確化することは一個二重の作業でなければならないということである。三・一四党内リンチを批判すれば足りるという問題ではない。

なお政治局内に左派と右派が明確に形成されたのは〇三年新指導路線前後からであるが、中野洋を政治局員に任命した九〇年代後半から中野が中心になって右派をグルーピングし、それに対応して左派もしだいにグループピングした。右派の特徴は、革共同のそれまでの戦闘的労働運動路線とはまったく別物の「階級的労働運動路線」と称する「動労千葉特化路線」「党と労働組合の一体的建設」論を標榜することにあるが、政治闘争否定の経済主義・組合主義、それも本工主義である。関西派は、もう一つの経済主義・組合主義であり、体制内改良主義である。左派は、政治闘争・武装闘争を要としてイデオロギー闘争・政治闘争・経済闘争を一体的に進める考え方に立つ。この経過を含めて、第2部で七〇年代後半以降の政治局史を詳述する。

第3節　二一世紀の使命――どこからどこへ

アメリカ帝国主義の世界史的敗退過程

ひるがえって今日の二一世紀時代にあって延命に延命を重ねてきた現代資本主義（帝国主義段階の資本主義）が世界史的には何度目かの危機に陥り、またしてもその歴史的終焉の限界状況をあらわにしている。本書では詳述しないが、「アメリカ＝唯一の超大国」神話が完全に地に堕ちてしまったことこそ、現在史の危機の最大の核心問題である。アメリカの核戦争体制と軍事力・基地の全世界的展開とドルとアメリカ型民主主義イデオロギーをテコとする世界支配秩序の維持・再編という面でも、自らの政治・軍事と社会経済の全面においても、アメリカ帝国主義は衰退いや敗退してしまった。アメリカ帝国主義自身が世界支配秩序の混乱要因になっている。全世界的に政治・軍事、社会経済の地下に埋め込まれた幾百千個の時限爆弾がつぎつぎと炸裂する事態が生起している。世界各地で「反テロ」「自衛権行使」の名による侵略戦争、民族排外主義、領土拡張主義が火を噴き、無差別虐殺がたえない恐るべき世界戦争の世紀となっているのである。

現在の状況は、こうしてアメリカ帝国主義の全面的な世界史的敗退過程といえる。それはアメリカのみならず帝国主義的資本主義そのものの敗退過程にほかならない。と同時に現在の状況は〝九一年ソ連崩壊以後情勢〟と規定することができる。これは近・現代史上かつてない、いわば世界的な無政府状態ともいうべき様相を呈している。これは、一九世紀最後の四半世紀から第一次世界大戦および一九一七年ロシア革命にいたる過程にも、また一九三〇年代の侵略戦争と恐慌と内戦の過程にもアナロジーできるものではない。

こうした二一世紀現代はどこに向かって、どう動こうとしているのだろうか。二一世紀現代を規定するには、現代世界について「段階」・「過渡」という世界史的時代規定および「変容」＝「再編」・「危機」という具体的態様の立体的認識でとらえる革共同の綱領的立場を継承しつつも、限界があることを自覚しなければならない。なぜなら世界史は一九一七年ロシア革命の勝利、一九三〇年代国際階級闘争の敗北、第二次世界大戦とその諸結果を経て以降、二度、三度、四度とそのステージを大きく回してきたことを踏まえなければならないからである。

すなわち二一世紀現代を規定する基本的な構成要素は、複雑に錯綜してからみあっているが、次のいくつかに分解してとらえることができる。

第一の構成要素は、チェルノブイリ原発事故＝三・一一福島原発事故情勢である。原発は核発電にほかならない。石棺に覆われたチェルノブイリの事故原子炉の放射能は放出・蓄積し続けている。三・一一東日本大震災と福島原発事故、放射能汚染の地球規模の拡大という事態は、現在まさに進行中の人類史的にもかつてない深刻な試練の事態である。日本の原発は潜在的な核武装政策そのものであり、また日米安保体制の要に位置づけられている。

第二は、〇一年九・一一反米ゲリラ戦情勢と「アラブの春」情勢の自乗的・累乗的な発展である。「イスラム国」の一挙的な台頭、イラク・シリア情勢、エジプト情勢、パレスチナ・イスラエル情勢、イスラエル・イラン情勢は、その核心をなしている。

第三は、ロシアのウクライナへの軍事介入をめぐるG８からの追放、孤立がウクライナ分裂の危機と相まってヨーロッパ情勢の不均衡化、米ロ対立関係の激化へと発展していることである。他方、統一ドイツは米帝の世界支配の破滅を促進する要因ともなっている。それらの基底にはヨーロッパ経済の恒常的危機構造、EU瓦解の危機がある。

第四は、中国共産党独裁・諸民族抑圧体制のもとでの中国社会のありとあらゆる矛盾の先鋭化、労働者・農民反乱や香港学生大決起（〇四年一〇月）など、まさに恒常的な中国大乱情勢である。「中国が動くとき世界は動く」という名言は、現在もはっきりと生きている。

第五は、パレスチナ・イスラエル関係の歴史的かつ劇的な変動、パレスチナ解放闘争の永続的な発展である。同時に朝鮮三八度線突破の下からのたえざる胎動である。さらに沖縄の米軍支配および日本国内植民地化体制の破たん的危機である。それらは、帝国主義とスターリン主義の戦後世界支配体制が瓦解した後の最後の三つの堡塁における瓦解情勢の深まりにほかならない。

第六は、一方で「米国は世界の警察官ではない」（一三年九月一〇日）とオバマが表明せざるをえなかったが同時に何としても破綻した世界支配秩序を取り繕わなければならないアメリカ帝国主義。他方で「日本を再び世界の中心で輝く国に（安倍の一五年年頭所感）」「戦後レジームの打破」「積極的平和主義」を標榜して対中国・対北朝鮮・対韓国の戦争挑発をおこなうとともにアベノミクスの行きづまりに陥った安倍政権の日本帝国主義。この双方が国家利害をかけて日米安保同盟の再強化と日帝による集団的自衛権行使を策動していることである。日米安保体制とその要をなす構造的沖縄差別体制が、今日の世界危機の中で侵略戦争と反動の砦としての性格を強めている。安倍政権は福島原発事故への反省の欠如、沖縄県民の辺野古新基地建設への異議申し立ての拒絶、侵略戦争と植民地支配の歴史認識とその謝罪の否認、天皇国家元首化の追求、在日韓国・朝鮮人へのヘイトスピーチの容認、そして労働者人民の孤独死、生活苦、非正規職化、低賃金などへの開き直りという点で、世界史的にもっとも極悪で極右の帝国主義支配階級である。

第七は、アメリカのサブプライムローン危機からリーマンショックに発展し、さらにヨーロッパ債務危機が噴き出ている国際的・各国的な金融恐慌と世界同時不況が相まってますます深まり、出口がなくなっていることである。

世界経済の七〇年代中期以降の根底的危機の時代とそれに続くグローバル化のなかで、危機回避のためのありとあらゆる財政・金融政策は逆に矛盾を促進してしまっている。帝国主義各国がドイツを別にして軒並み国家財政赤字の臨界状況に陥っている。それは帝国主義段階の資本主義を内面的に規定する金融資本的蓄積様式が全面的な機能不全に陥っていることの現れである。失業者・半失業者、非正規労働者、出稼ぎ労働者、移民労働者・外国人労働者を厖大に生み出し、過労死、自死、低賃金、貧困、生活破壊を強いている。資本主義・帝国主義は労働者階級人民への階級支配にもとづく搾取と資本蓄積の社会経済構造であり、それはまた中央銀行を頂点とする信用の矛盾的体系でもある。その資本主義・帝国主義は自らの成立の条件を日々掘り崩し、資本主義原理の原理的破産をもはやどうすることもできなくなっているのである。

第八の構成要素は、かかる総体にたいして、パレスチナ人民、アラブ人民、ムスリム人民、南朝鮮・韓国人民、中国労働者・農民、沖縄人民、さらには南米諸国人民の不退転のたたかいが対峙していることである。これらは疑いもなく、九一年以後情勢をもっとも鋭く食い破るたたかいとなっている。そして米欧日の労働者階級＝人民大衆はますます悲惨な状態に追いやられているなかで、解雇、非正規化、賃下げなどの緊縮政策や福祉切り捨て、増税に反対するストライキを始め職場・街頭闘争を展開している。だが反イスラム・反移民運動やあらゆるレイシズム、排外主義・差別主義、愛国主義の洪水にさらされており、帝国主義をその心臓部において打倒すべき主力勢力として困難と前進をくりかえしている。厳しい限界をなお突破できないまま苦闘につぐ苦闘をよぎなくされている。

右のような構成要素は全一体となって、二一世紀現代の世界史的構造を成り立たせている本質的指標を浮かび上がらせている。詳しくは別のかたちで考察したいが、二一世紀現代は、「段階＝蓄積」、「過渡＝疎外」、「変容＝崩壊」、「没落＝胎動」という指標をもって本質的に規定することができよう。

「1968革命」は現代史を規定する

すなわち、現代資本主義は帝国主義段階のままではあるが、資本主義が体内にもつ剰余価値最大化主義をむき出しにしてその歴史的限界点で七転八倒している。今日の帝国主義のくり出す矛盾だらけの政策展開としてのいわゆる新自由主義は、機能不全の金融資本による本源的蓄積運動の全世界的な絶望的くり返しであるととらえることができよう。新自由主義はもとより資本主義の新たな段階を示すものではない。ところが「国家独占資本主義的帝国主義から新自由主義的帝国主義に転換した」(革共同政治局一五年一・一アピール)という清水丈夫流の規定は、理論的には低水準の極みであって、「帝国主義」がいつの間にか「国独資」へ転換し、さらに「新自由主義」に転換したとするものである。資本主義の生命力が永続的に発揮されていると美化するものである。

ロシア革命によって切り開かれた世界革命の過渡期は、レーニンの死とスターリンによるトロツキー排斥を転機とした大粛清によるロシア共産党およびコミンテルンのほとんど一挙的な変質、世界革命を放棄した一国社会主義論と平和共存政策と諸民族抑圧の路線化によって歪曲され疎外されてしまった。その後の世界革命運動は共産主義への熱情と英雄主義的蜂起に満ちたものでありながら、スターリン主義の支配、制動、呪縛から根本的に自由ではなかった。ナチス占領下でのレジスタンス闘争が一つの新たな可能性の地平をつくり出した。

その過渡期の疎外が現実の体制へと変容したものが帝国主義とスターリン主義の複合的な支配下の戦後世界体制であった。戦後世界体制の擬制性を衝撃的に突き出したものこそ一九五六年ハンガリー革命である。世界革命の時代（過渡期）を奪還する反スターリン主義の壮絶なたたかいが始まり発展し、世界史的な「1968年革命」（一九六七〜七〇年代の階級的激動）がたたかいとられた。反スターリン主義の徹底化をもって新たな時代の新たな共産主義運動を創造する一九五六年以来の試みは、しかしその内的な未成熟から挫折をよぎなくされた。八〇年韓国光州蜂起、中国民主化運動は偉大な蜂起であり、本質的に世界革命の過渡期性を顕在化させるものであるが、太い流れをつくりだしえていない。

とはいえ「1968革命」の対極で基本的に崩壊しつつあった戦後世界体制は、ソ連崩壊をもって体制として崩壊＝終焉した。スターリン主義の総本山ソ連の崩壊は世界史を画するものである。それはスターリン主義中国のあり方をも根底的に規定している。中国共産党はたしかにスターリニスト党であるが、スターリニストがスターリン主義的論理にもとづいて中国の国家・社会を動かしているとみるのは現象論でしかない。清水ら革共同が「残存スターリン主義中国」と呼び続けているのは致命的な誤りである。大躍進政策と文化大革命の破産の上にその否定としての改革開放政策（外資導入政策によってはじめて成り立つ）をとおして国家利権集団と化した中国支配階級が自らの支配体制を護持するために強権的手法をもって軍と国家の巨大な官僚体制を運営する一方、チベット人・ウイグル人・モンゴル人など諸民族を暴力的に抑圧しつつ、上からの強行的資本主義化という絶望的策動を展開しているのである。

スターリン主義が崩壊しただけではない。帝国主義もまた没落したのである。世界戦争はこれから到来するのではなく、すでに地球規模で侵略戦争、内戦が激化・拡大、波及しているではないか。帝国主義は最後の手段である戦争政策を絶望的に展開することしかできない。ところが帝国主義的資本主義が長きにわたって存続していることは、資本主義社会転覆への無力感、絶望感を全世界的に生み出し、階級闘争は主体的危機に直面し続けている。だがそのなかからパレスチナ・アラブ、南朝鮮・韓国、沖縄において新たなたたかいの胎動が始まっていることは明らかである。それらは、暴力的鎮圧に没することなく、人類史が次へと跳躍すべき転変期にいたったことを告げ知らせる最後の鐘を鳴らすものである。

そうである以上、すでに破産し終焉したスターリン主義にとって代わり、スターリン主義的な歪曲と汚濁をぬぐい去った本来の、人々の魂を揺さぶらずにはおかない共産主義運動が再登場しなければならない時が来ている。マルクス、エンゲルス、レーニン、トロツキー、ローザ・ルクセンブルク、リープクネヒト、グラムシ、スルタン・ガリエフ、キム・サン（張志楽）、チェ・ゲバラを始めとする全世界の無数の革命家たちとその党が、死力をつくして切りひらき、後に続く運動に投げかけてきたあまたの血の教訓、その意義と限界、勝利と敗北を受け止めつつ、今日的に新しい共産主義運動を創造すべき世界史的に意義ある情勢を迎えているのである。

しかしながら、あえていえば、資本主義原理にとってかわるべき共産主義は、その可能性と現実性の試練になお応えきれていない。スターリン主義によって汚され、ラディカル左翼が掲げきれなかった共産主義の真紅たるべき旗は、まだ染めあげられてはいない。マルクスとマルクスが生きた時代が提起した人類史的課題になお現実的回答を提出しえていないといわなければならない。

こうした重々しい、しかし豊かな世界史的使命があるにもかかわらず、革共同は何をしているのだろうか。〇六年三・一四党内リンチを「党の革命」「労働者の蜂起」と肯定・美化・扇動した革共同政治局は、党内粛清にあけくれ、階級闘争の主戦場から背走・逃亡し、激動の時代に逆行する党的自己保身しか考えない恥ずべき姿をさらけ出しているのみである。

革共同政治局の今日の分裂と転落の惨状、いや階級闘争のまったき敵対物と化した現状をもたらしたことについて、筆者らは大きな責任を負っている。筆者らの致命的な敗北と破産、革命的見識の欠如と腐敗を真剣に直視し、自己批判を深めなければならないと考えている。この自己批判の立場から、革共同政治局の現在と過去の全問題を突き出さなければならないと考えるしだいである。

第1部　〇六年三・二四党内テロ・リンチと諸結果

第1章　三・一四Ⅱの本質

革共同は大分裂した

革命的共産主義者同盟（あるいは中核派）はいま、いったいどうなっているのか、なぜこれほどまでに変質してしまったのか、どこに向かっていくのか、と眉をしかめている人々は少なくない。賛否はあろうとも、まがりなりにも一九六〇年代以来長きにわたって日本の階級闘争を牽引する力の一つであった革共同は、その輝きを失ったばかりか、さまざまなたたかいにとって有害な妨害物となってしまった。

実際、現在の革共同は、中央派にしても、関西派にしても、中核派らしさのかけらもない。とくに中央派の変貌はきわめて劇的であり、本質的なものである。

もっとも重大な点は「階級的労働運動路線」への転換である。中央派はあたかも自らの路線や考え方は創立以来の革共同の本道であるかのように自他を欺瞞し続けている。彼らは「労働運動（労働組合運動の意味）で革命をやろう」「団結の拡大が革命だ」「労働組合と党の一体的建設」を標榜し、それを動労千葉特化路線、階級的労働運動路線と説明している。その中身はというと、動労千葉支持運動なのである。一四年五月以降は「動労総連合を全国にうち立てる」運動とされている。それが「プロレタリア革命戦略」であり、「プロレタリア世界革命の道だ」というのである。

もはや革命闘争でも何でもない。帝国主義国家権力打倒を放棄した、ずぶずぶの組合主義である。それを本多書記長が主導した六二年三全総路線を踏襲するものというのだから、お笑いである。つまり六二年三全総―九一年五月テーゼ―〇三年新指導路線―〇六～〇八年「党の革命」という一本の線を貫いていま、自分たちがあるのだと弁明している。これはまったくの大嘘である。

革共同の労働運動論（戦闘的労働運動論）は序章で確認したように、狭い産業的・職業的利害や民同支配ないし日共支配の既成労働組合の枠組みを破って、プロレタリアート独裁を準備する党の観点から戦闘的労働運動を展開するというものであり、安保・沖縄闘争をたたかう労働運動、三里塚をたたかう労働運動、抑圧・差別とたたかう労働運動、労働組合に組織されていない厖大な労働者をも獲得する反戦派労働運動を推進する、というものである。だから中央派の唱える階級的労働運動路線はこれとはまったく異質である。

書記長の天田三紀夫はいみじくも「戦闘的労働運動ではなく階級的労働運動とネーミングしたことに重要な意味がある」（第四回全国機関紙担当者会議の基調提起、『前進』二六二七号、一四年四月七日）と語っている。

それについて一四年三月以降、坂木＝高原洋三に代わって中央労対部長の座にある大原武史も「私たちの運動が「戦闘的労働運動ではなく階級的労働運動なのだ」とはっきり確認した点も重要です」と述べている（一四年五月全国代表者会議・第1報告）。ではどういう「重要な意味」なのかは述べていないが、三全総以来の戦闘的労働運動とはまったく別物であると明言している。

つまり反原発や反戦や反改憲を掲げているが、それはただの空文句にすぎない。動労千葉特化路線が基本路線というのでは革命党の戦略路線としてはあまりに論外であるため納得していない党員、とりわけ六〇～七〇年代を経験した党員が多いために、彼らへの単なるポーズとして政治闘争スローガンを掲げているにすぎない。実際こうも書かれている。

「5月テーゼは、革共同が70年闘争のなかで確立した「闘うアジア人民と連帯し、日本帝国主義の侵略戦争を内乱へ」の戦略的総路線を、政治決戦主義的にではなく、労働者階級が労働運動と労働組合のなかでこそ実現する闘いへと大転換……」した（『革共同五〇年史』上巻一一九頁）。これは革共同が革共同として存在し、たたかったことそのものを破棄すると表明した歴史的一文といえる。

右の戦略的総路線は正確には「たたかうアジア人民と連帯し日本帝国主義のアジア侵略を内乱に転化せよ」であるが、七・七自己批判路線（七・七路線、あるいは血債の思想）を世界革命・アジア革命・日本革命の戦略として積極的に表現したものであることは、革共同の党員で知らぬ者はない。中央派は〇七年七月テーゼ清水メモにもとづいて書かれた革共同政治局論文「階級的労働運動路線のもと七・七思想の革命的再確立を」（『前進』二三〇六号）をもって七・七自己批判路線を「血債主義」と罵倒して全否定し、以後、革共同の綱領、戦略、路線、組織論、思想・理論・実践、そして党史すべてを右翼的に清算してしまった。この点、大原は「〇六年の「党の革命」で血債主義派が握っていた中央指導部を階級的暴力で打倒し、ここから階級的労働運動路線に全党的に舵を切ることができた」という趣旨を誤解の余地なく語っている（前同第1報告）。

革共同がこのような変貌をとげるにいたったのは、いったいなぜなのか。

それには実体的にも歴史的にも多様かつ複雑な要素がからんでいる。だが、はっきりしていることは、〇六年三月一四日、関西地方委員会での組織問題の爆発という事態をめぐって、革共同が決定的に変貌してしまったということである。関西地方委は、革共同の地方組織の中でも最大の実体をもっていた。この三・一四党内リンチを直接の発端にして党組織は大きく分裂し、かつ離党が相次ぐという過程をたどった。

革共同は約五〇年の歴史の中で、六三年の黒田寛一や松崎明らカクマルとの分裂（革共同第三次分裂）以降では、六八年の関西の竹中明夫（小川登、関西地方委政治局書記長）グループの集団離党があったが、実質的にははじめての組織分裂に陥った。革共同は、中央派（中央政治局派）と関西派と三・一四Ⅱ反対派に大きく三分裂した。中央派にあっては、ことあるごとに除名や処分が執行されているありさまである。関西派もあるとき、三・一四Ⅱ反対派にテロの行使を準備し直接的な個人テロの威嚇をしたことがあった（飛田一二三＝毛利晋一「革共同史の総括を深め、新たな革共同を創ろう」『展望』第2号所収、〇八年七月）。

「革共同」という名を冠した政治組織は、粛清につぐ粛清をくり返す組織になりはてたのである。

なぜ三・一四Ⅱが起こったか

したがってまず、三・一四Ⅱとは何かを明確にさせておきたい。

それがなぜ起こったのかという直接の要因は、三つあった。

一つは、路線問題をめぐってである。

その内容として、①〇三年に副議長の中野洋が議長の清水丈夫にねじ込んで打ち出された新指導路線、その核心をなす動労千葉労働運動のスタンダード化にたいして、関西地方委の中に強い反発や違和感が生まれていた。関西では、地域合同労組や民間の現業系労働組合づくりなどの優れた実践があり、民間労働運動の伝統が息づいていることの反映でもある。関西だけでなく、全国的にも、九一年五月テーゼによる路線転換以降、清水＝政治局指導の動揺や中野を前面に押し出した指導にたいする積年の不信あるいは面従腹背がつくり出されていた。②東京都議会議員選挙や杉並区議会議員選挙への地方からの選対部員の長期動員が二年に一度のサイクルでくり返され、それがもたらす組織破壊的な反作用は、党員にすさまじい苦難を強いてきた。③中央政治闘争への全国動員は地方組織に多大な困難を負わせ、とりわけ二年に一度の東京の選挙闘争への動員と財政的圧迫が最大要因となっていた。全国の党員にきわめて厳しい財政負担が課せられつづけたのだった。

こうしたところに、政治局指導の過ちと歪みがあったことをはっきりと認めなければならない。

議長の清水は関西地方委に、同地方委議長の与田剛を介して、説得力を欠いたまま力づくで抑えこもうとした。そのため清水が主宰して関西地方委指導部との会議が、〇四年に第一回（コード名ベルリン）、〇五年に第二回（同ホッケー）が開かれた。ここで清水は、もともと経済主義的右派の兵庫県委員会、その指導担当者・毛利晋一、それに同調した塩川を断罪し責任追及した。そのため毛利、塩川らは、ますます党中央とその新指導路線への反発を強め、こともあろうに密かにテロリズムによる逆襲を企図したのだった。

二つは、いわゆる与田問題である。

すなわち、①与田は〇四年に明るみに出た浅尾松則（高杉）スパイ問題に深くからんでいた。そして浅尾との関係を政治局および対スパイ対策委員会に隠し、浅尾をかばっていたのである。浅尾スパイ問題がもっとも深刻な問題であることを、筆者らは事後に再認識したことが深く悔やまれる。②与田は、党の責任ある位置にあることを盾に驚くべき財政的腐敗を重ね、それを政治局にも、西島（関西地方委財政責任者）や遠山（同大阪府委員長）や部落青年戦闘同志会の指導部にも隠していた。③さらに動労千葉唯一主義への反発が関西地方委内で顕著となっていたなかで与田は当初それを体現していたにもかかわらず、前述のように清水指導の「軍門にくだった」という状態にあり、他の分野でも指導の混迷に陥っていた。

浅尾スパイ問題は後述するが、財政問題について付言しておく。革共同中央は地方組織に、長年にわたって、党・軍の非公然体制維持や都議選、杉並区議選のためにきわめて厳しい財政上納を強いてきた。東京への政治動員のくり返しは大きな財政支出を強いるものだった。革共同の党員の顕著な特徴となっていた自己犠牲的な献身性に訴えて、いや、それに便乗して、党員からみれば、過酷な徴収を重ねてきたといわなければならない。もちろん、それだけに最高指導部は自らの組織生活・個人生活を厳しく律するのでなければならないはずである。

ここには、党員のあり方に反し、共産主義者としてあってはならない、与田個人の許しがたい裏切りと致命的な誤りがあった。だがそれだけでなく、当時の政治局の歴史的形成と構成が孕んでいた危機と腐敗があったのである。与田問題は実は、政治局問題なのであった。

三つは、左派というのもおこがましいが、筆者ら政治局内左派が、九一年五月テーゼ以降、顕著となった中野洋による党内分派活動を苦々しく思いながら正視せず、また清水の隠された意図をつかむこともできず、党内路線闘争を積極的に構えることができないまま、中野洋イニシアティブを許すというお粗末な状態にあったことである。加えて、左派がその中に与田をかかえ、その誤りを正すことができなかったことは、左派の恥ずべき腐敗といわなければならない。

結論的にいうと、政治局内左派は、世界史的情勢の新展開に追いつくことができず、清水の限界（それはとりもなおさず革共同の限界だった）を直視することから逃げ、革共同の戦闘的伝統が続いていると思い込み、革共同の名におぼれ、おごり、清水政治局体制での組織的地位に安住していた。要するに「清水＝左派」幻想から脱することができなかったのである。

こうした政治局内左派の問題性が、三・一四IIという形での組織内矛盾の爆発を許したのであった。「傾向としての左派」「気分としての左派」以上でなかったところに、左派の根本的な誤りがあった。このテーマでの自己批判に立ちむかうものとして、本書はある。

いずれにせよ、右の三つの要素の複合的結果が三・一四党内リンチを醸成したのだった。

二つの右派によるテロと粛清

三・一四IIの実相について、中央派も関西派も「労働者の正義の蜂起」「党の革命」と称している。だがはたしてそうだろうか。断じて否である。

三・一四IIが何だったのかは第一に、実行主体がすべてを物語っている。三・一四IIを企図した七人（塩川三十二、毛利晋一、神山史朗、西良幸、椿邦彦、吉岡史朗［一二年一二月四日に死去］、早瀬七郎）は「フェニックス」と称している。フェニックスは、第一回関西会議（ベルリン）から約一年後、〇五年五月の塩川と毛利の密議を出発点として、第二回関西会議（ホッケー）のあと一〇月二九日に形成されたフラクション（組織内分派）である。それは党内の一分派というより、当人らが認めているように、最初から陰謀的フラクションとしてつくられたのだった。この構成は、①関西地方委における一部の小ブルジョア的な歪んだプライドにとらわれ、挫折感・不遇感を抱いていた古参幹部たち（塩川、毛利、神山）と、②兵庫県委の主流で路線的右派経済主義者たち（椿ら。毛利は元兵庫県委員長、当時兵庫県委担当でその擁護者）と、③軍事偏重主義者たち（吉岡ら）、④部落解放同盟全国連への私的怨みを抱いていた早瀬（関西の入管闘争責任者）とが野合したものである。[◆5] 三・一四IIは、その彼らが起こした集団的なテロ・リンチ、それも部落差別の劣情を煽る形態をとった党内クーデターである。

三・一四II首謀者らが党内にテロ・リンチを持ち込み、それを合法化したことは、じつに恐ろしいことである。特定の指導部個人が過ちを犯したということで、当該問題の組織的検討の過程を抜

◆5　内部文書「3・14労働者蜂起の経緯～フェニックスとしての報告と総括　06・07・15　文責・毛利」でクーデター計画の経緯と構成メンバーについて詳しく記述している。

きに、一方的なテロ・リンチを加え除名することは、同人に裁判なしの死刑を宣告し、即処刑するにひとしい。まさに政治的な死刑執行のテロリズム――それが三・一四IIの核心中の核心である。

問題は、こうした党内リンチを関西の一〇〇人あるいは一五〇人といわれる常任や労働者党員、学生党員が支持し、積極的に行動したということである。また全国的にも、三・一四IIにもろ手をあげて歓迎する空気が支配的となり、三・一四II反対派を追及する流れが主流となったことである。

第二に、その政治内容は党内路線闘争以外のなにものでもない。〇三年から顕著になった動労千葉労働運動の全国路線化の是非が最大の焦点であり、基底にあったものである。三・一四II首謀者らは、動労千葉労働運動の押しつけに反対し、〇五年岡田意見書や椿執筆（葉月翠署名）論文「戦後労働運動における職場闘争の経験と教訓」（『前進』第二二七〇号、〇六年一一月一三日）にきわめて特徴的な、もう一つの経済主義を唱えるものである。そして、革共同の綱領的位置をもつ七・七自己批判路線を直接に担う党の諸戦線を解体し、それを地区委員会に再編しなおすことを求めるものでもある。とくに全国部落青年戦闘同志会にたいする解体衝動は陰湿かつ執拗なものであった。このように、まぎれもなく政治路線をめぐる党中央への反乱であるにもかかわらず、三・一四II首謀者らも、清水ら政治局も、それぞれの思惑からそれをおし隠したのであった。

第三に、それは、党組織内の矛盾や対立をテロ・リンチで突破しようとする、転倒した組織論にもとづく党破壊的な行為である。それは、従来の革共同の作風、組織的原則に完全に背反する、常軌を逸した党内テロリズムである。党および政治局にたいしてテロリズムの匕首《あいくち》をつきつけ脅かし、「自由で生き生きとした党内民主主義」を高唱するという撞着した驚くべき組織論を掲げている。つまり、口先だけの党内民主主義を謳うことで、テロリズムを覆い隠そうとしているのである。

実のところそれは、党および政治局にたいして、テロリズムで武装して清水の更迭かそれが無理なら関西独立党、いわば関西独立王国化を要求する党内クーデターである。クーデターであることをおし隠すために、その組織論は、転倒した瞞着するものとならざるをえない。問題はなぜそのような党内テロリズムが発生し組織されたのか、である。ここに筆者らが深刻に自己批判的総括を自らに課さなければならない理由がある。

「中野洋の三・一四」

第四に、三・一四Ⅱは、〇六年三月一四日の事件にとどまるものではなかった。三・一四Ⅱは、それが起こるとほぼ同時に「中野洋の三・一四」となった。つまり関西派は、二回にわたる関西会議とそれを推進した清水および中野（およびそれを受け入れた与田）にたいする反乱として三・一四Ⅱを計画・実行し、反中野―反「動労千葉中軸路線」をとろうとしたにもかかわらず、三・一四Ⅱの党内承認を得るために中野に哀願し救いを求めた。首尾一貫性など何もない。腹がすわっておらず政治的に支離滅裂である。それを絶好の反撃ツールとみた中野が「与田打倒、左派打倒」を自らの旗にしたのである。

三・一四党内リンチをめぐる党を二分する大激論の渦中で、〇六年四月初旬の政治局会議は、「三・一四は労働者の蜂起である」という決定をくだした。党内力学が三・一四Ⅱ首謀者らのテロリズムとそれに乗った中野ら右派の側に傾く、と読んだ清水の裁定であった。それ以降、党をあげて三・一四党内リンチを肯定・賛美・扇動する展開になっていった。つまり、「三・一四Ⅱを支持するのか、しないのか」の絶対的二択をもって、かつてないおぞましい粛清と踏み絵強制が正当化されたのであった。左派が政治的に制圧され、左派だけでなく三・一四党内リンチに反対するものはすべて執行体制から排斥された。

そこにおいては中野がヘゲモニーを握り、清水が自己保身原理のみで動くという形が生まれたのだった。それは関西派が中野にすがり、中野権力の樹立に手を貸した結果以外のなにものでもない。ここには関西派の戦略的な致命的弱点――クーデターの動機と目的と手段・方法の支離滅裂さ――がある。

第五に、中央派と関西派は三・一四IIをめぐってともに左派を排斥するという一点で野合し、短い蜜月期間をもった。けれども、野合にふさわしく、同年秋から路線をめぐる対立が噴き出しはじめた。関西派は、政治局中央にむかって、「浅尾スパイ問題の政治局責任を追及する」「改憲阻止決戦方針がない」「動労千葉翼賛運動はおかしい」という批判をしだいに強め、中央派は「中野ら労働者指導部のいうことが聞けないのか」「階級的労働運動路線に反対するもの」「党中央打倒闘争だ」として逆に追及するにいたった。〇七年初頭からことあるごとに非和解的な対立関係をあらわにし、同年五月に事実上、分裂した。相互に時間かせぎの獲得合戦をやりながら、一一月についに最終的に組織分裂した。その余波は〇八年春までつづいた。

他方、中央派と関西派の同床異夢の約一年半余の期間、全国部落青年戦闘同志会[6]は、三・一四党内リンチを認めないまま党に残るという苦しい選択をした。だが〇七年七月テーゼが出され、広島で中央派の部落差別事件が発生するにいたり、革共同との決別を決意した。中央派と関西派との抗争と分裂をみきわめて、〇八年四月に「革共同との決別宣言」を発した(連署公表五六人、それ以外に名前を公表していない十数人がいる)。

こうして約二年間のうちに、〇六年五月という早い段階での九州地方委の集団離党に加え、最大の地方組織である関西地方委の多数派が関西派という形でほとんどまるごと分裂し、かつ戦闘同志会という大きな存在がいっせいに決別するという事態が生み出された。そして、少なくない個人が次々と離党していった。

革共同の歴史では、カクマルとの分裂以降、内外から「ありえない」と思われていた全国的な規模での組織的大分裂が三・一四党内リンチによってひき起こされた。いわばパンドラの箱を開いたもの、それが、三・一四党内リンチなのである。

その過程で、革共同が階級闘争の敵対物へと急速に堕落していったのである。ところで第1部は多数の党内文書を典拠にしている。三・一四Ⅱというかつてない深刻な組織問題が起こったため、各種の党内文書を党本部や全国の各事務所では基本的に回覧できる措置をとることとなった。それぞれの細胞会議ではそれらのコピーが回覧（回覧後回収）された。筆者らはそれらを個人的に持ち出すことはできなかったが、党本部ですべて読んだ。筆者らが離党した後は、諸文書類のコピーないし要旨を知る便宜をはかってくれた協力者がいた。他方、文書回覧をしなかった組織もあったし、文書類が大量化したため、党全体の認識になっていない部分も少なくない。

◆6　全国部落青年戦闘同志会は、学生主体の全国部落解放研究会連合と部落解放同盟内の青年を基盤にして七三年三月二六日に結成された中核派系の部落青年の大衆的組織である。狭山闘争はもとより数多のたたかいを牽引してきたが、九二年三月の部落解放同盟全国連の結成へ大阪、奈良、広島、山口、福岡、関東などで組織的な原動力となった。全国連結成以後、同志会は、大衆組織の建前は捨てないが、実質的には革共同の党員フラクションとなっていた。

第2章　三・一四IIの発生　〇六年三〜九月［第一局面］

第1節　七人組による陰謀から始まった

三月一三日深夜から始まった党内リンチ

党内リンチは関西地方委指導部会議が予定されていた〇六年三月一四日の前夜から実行に移された。

塩川ら三・一四首謀者七人組は、与田および遠山（関西地方委大阪府委員長）打倒の党内クーデターに賛同する党員を一三日夜、あらかじめ前進社関西支社に招集した。

まず関西地方委最古参の西島を詰問し、おそらく趣旨に賛同しないであろうから、その場合は、縛りあげて部屋に監禁する方針で臨んだ。午後一一時半すぎ、吉岡と早瀬ら数人が二階で文書類を読んでいた西島に「読んでほしい文書がある」と声をかけ、それを断った西島の両腕をつかみ立ちあがらせ、よってたかって西島を四〇一号室に連行した。部屋の正面に座った塩川が「がまんの限度がきた。明日、正式にやるが、これを読んでほしい」と西島に三つの文書を示した。一つは、塩川、毛利ら七人の署名がある「全関西の革共同の同志への緊急アピール」、二つは、早瀬執筆の「与田の病院利権＝腐敗を暴く」、三つは、与田・遠山の降格、除名・追放を要求する「意見書、決議・連判状」であった。

そこでは、メインスローガンとして「労働者の怒りを爆発させ、与田・遠山ら私党集団を打倒・一掃しよう」が掲げられ、「われわれの目的」として「私党化をうち破り、労働者党員が生き生きと活動できる、徹底的に中央集権的で、徹底的に民主主義的なボリシェビキ党を再生する」と記されていた。その内容は「党と綱領路線、労働者党員同志の新指導路線の実践的展開にたいする完全な敵対物となっている与田・遠山体制」、また「反中央私党集団である与田私党」ということが強調され、「与田・遠山体制を実力打倒せよ」としていた。その根拠として、与田が約一〇年にわたって一億数千万円にのぼる病院利権をほしいままにしていると告発し、その病院利権で実家のある大分県別府市に「温泉つきの豪邸」を建てていることなどを弾劾していた。

さらにそうした与田の財政的腐敗について「与田の腐敗は部落青年戦闘同志会と部落解放同盟全国連合会を基盤にしている」「与田は部落解放戦線を基盤にして、党の財政を吸い上げてきた」「与田私党である部落解放戦線が利権がらみになっている」「与田私党を打倒せよ」とするものだった。

さらに「与田・遠山の除名」に加えて、「関西地方委指導部会議を解体し、全員を罷免する。広山・武藤・久保田・加藤・西島については、地方委員と全役職を解任する」とあり、「臨時の拡大地方委指導部会議構成メンバーを、塩川・神山・毛利・中西・椿・西・津山・夏木・牧瀬・小田・松井・堀尾・住田などとする」とあった。つまり、関西地方委指導部会議の構成員のうち塩川、毛利、中西は臨時執行部に横すべりするが、他の構成員は全員罷免するということを意味している。

塩川や毛利は、西島にこれら文書を認めるよう迫った。だが西島は、「明日の関西地方委指導部会議で議論すればわかることだ。そこで決着つけたらいいことだ」とつっぱねた。だが塩川らは、その正規の関西地方委指導部会議をつぶし、かわりに「緊急アピール」への「連判状」で組織した数十人から一〇〇人の党員を招集し、緊急の党員集会をもとうとしていた。毛利が「ふざけるな」と声を荒げ、西島は「ふざけているのは、そちらの方じゃないか」とやり返した。毛利、早瀬、吉岡、室井、さらに小沢がいっせいに殴りかかった。ヘルメットをかぶりバットを手にしていた桐野がいきなりバットをふりかざして頭を殴った。額が切れて血が噴き出した。応急手当もそこそこに、塩川らは西島をさらに詰問した。それでもらちが明かないとみるや、西島の監禁に移った。

三・一四Ⅱ首謀者らは、用意していたガムテープで西島の両手を前でぐるぐる巻きにし、口もふさぎ、西島の部屋に閉じこめ、部屋の前には見張り番がおかれた。両手はその後、後手錠のように後ろ手巻きになおした。

与田側は天田書記長を呼んだ

他方、同日、東大阪市荒本の解放センターにいた与田のもとに、明一四日の会議に向かって、塩川らが不穏な動きをしているとの通報が寄せられた。与田は遠山と相談し、容易ならぬ事態と判断し、急きょ書記長・天田に、大阪に来て討議し、一四日の会議に出席するよう至急便で連絡した。

天田は、この間の関西組織問題の討議の経緯から事態の緊急性を理解し、新幹線で荒本に急行した。夜、与田、遠山、天田の三者で協議した結果、次のように判断し、対応方針を決めた。

明一四日の会議に、塩川と毛利らに組織された兵庫をはじめとする関西の常任や労働者メンバーが乗り込んでくる。おそらく宝塚問題（宝塚市での「つくる会」教科書採択阻止闘争の「請願書」をめぐる問題）、毛利自己批判問題に関して党中央は誤っていると主張し、党の綱領、路線問題レベルでの意見をぶつけてくるであろう。その内容はおよそ予想がつく。書記長臨席のもとでいいたいことをすべて出させて、書記長を含めて何が正しく、何がまちがっているのか判断しよう。毛利には自己批判させせよう。大体こんなところであった。

天田にしても、与田、遠山にしても、〇四年と〇五年の関西会議、そこでの毛利問題（毛利に自己批判を課したこと、毛利が自己批判していないこと、毛利には自己批判させるべきこと）については共通認識があった。この不穏な動きは〇四年、〇五年の関西会議への経済主義的・日和見主義的な反動であること、したがって厳しく原則的に対応し論破しよう、ということで一致したのだった。この三人の会議には与田作成の三・一四関西地方委指導部会議メモが出されていた。前出の毛利執筆「3・14労働者蜂起の経緯」によれば、そこには次の文言があったという。

「『判決』が下されたのだ。あとは党員としてこの決定に従うかどうかだけである。本日以降、自己批判の拒絶、ホッケー討議の蹂躙や否定の言動、関西地方委の細胞的団結の破壊の言動はすべて、統制事案の対象とみなすものとする。統制処分は革共同規約にもとづいて厳格に行われる。」

この部分について塩川、毛利らは「与田は除名決定しようとしていた」と主張しているが、実際は除名決定ではなく、「革共同規約にもとづく統制処分」ということであり、天田も承認していた。

しかし奇妙なことに与田は、塩川らの動向の重要な核心点の一つを天田と遠山に告げなかった。それは、塩川らが与田の病院にかかわる利権を軸にした財政的腐敗の問題を前面に押し出して署名をとっている点であった。なにゆえそれを秘したのか、与田はその後も語っていない。そこに与田自身の闇があるといえる。

与田、遠山をす巻きにする

塩川らは夜を徹して、それぞれの部局で緊急の会議を開き、一四日の作戦方針を確認した。朝八時すぎ、東大阪事務所の張り番をしていた前原が吉岡らに「与田、遠山、久保田、広山、そして天田書記長が乗った車が出発した」という報告を入れた。関西支社は緊張し、作戦実行の態勢に入った。九時二〇分ころ車が到着し、五人が一階の車庫から二階に昇っていくや、吉岡ら八人が与田、遠山にいっせいに襲いかかり引き倒した。殴り、蹴りを入れ、押さえこんで、用意したガムテープで目隠し、さるぐつわをし、後ろ手にして縛り、足首も縛った。す巻きにされ床に転がされた二人に殴る、蹴るの暴行を加えつづけた。

突然のテロ・リンチに驚く天田に毛利が「三階に上がって話をしよう」とうながした。天田は、「毛利さん、すぐやめさせなさい。手荒なことをするなよ」といい、毛利は「わかっています。しっかりやります」と応じた。天田は三〇六号室で毛利、中西と向きあった。毛利は三つの文書を示した。おもに与田の病院利権＝財政的腐敗問題を執拗に暴露し、うろたえる天田に、「書記長のそのような態度が与田のやり方を容認してきたのだ」と追及した。小一時間ほど説得したあと、天田は文書を読んだ。途中で二階のトイレに立った天田は、長いあいだこもっていたが、前夜に与田から渡された水溶紙の文書類をトイレに流した。もどる際に、与田、遠山がす巻きにされ、暴行を受け続けているのを横目で見ながら三階に上がった。

天田は、塩川と毛利から「三・一四決起への七人の呼びかけに一〇〇人にのぼる労働者同志が賛同し、この日には休暇をとって緊急にかけつけている」と聞かされたが、「自分もそれをみて、君たちの大義がこれだけの部分を組織したということは理解する」「これが事実だとしたらとんでもないことだ。これは事実だと思う」と答えた。毛利が勝ち誇ったように、「書記長が理解するといってくれた」と叫び、塩川が「きょうの第一の獲得目標は毛利同志の処分撤回＝復権だ。それとソナタ（関西地方委指導部会議）の解体だ」と声をはりあげた。

天田はへたをすると自分もテロを受ける恐怖を感じていた。そのため、当日の夜に前進社本社でカクマルによる三・一四反革命への復讐戦貫徹、本多延嘉書記長追悼の党内集会が予定されていることを告げ、それに出席するため東京に帰りたいと提案した。塩川らは、翌日に開く拡大関西地方委指導部会議に天田が中野ら複数の政治局員を伴って出席するよう要請し、天田もそれを確認したので、解放することにした。

午後一時すぎ、天田は関西支社を出る際に、二階に集まっている数十人の党員に「君たちの大義はわかった」と告げて去った。その天田のことばは、す巻きにされ、全身打撲でぐったりしている与田と遠山にも聞こえた。両人はわが耳を疑い、愕然となった。

路線や理論もなく、ただ扇情的に

他方、与田、遠山と一緒だった久保田と広山を三人ずつが押えこみ、吉岡がこれまで見せたことがない異様な形相で久保田をしたたかに殴りつけ、「速く歩け」「殺すぞ」と威嚇しながら四〇一号室に連行した。そこで同じように三つの文書を読ませ、与田の腐敗を許してきた責任を追及した。遅れてきた武藤も殴りつけ四〇一号室に連行した。また加藤も同室に連行した。

その間にも、招集を受けた党員が次々と入ってきた。す巻きにされて横たわる与田と遠山の姿にみな驚き、息をのんだ。彼らには、用意されたぶあつい文書類が手渡された。ヘルメットをかぶり軍手にバットを持った五、六人の常任が威嚇するように並んでいる。周囲の壁には、別府市にある与田の自宅の写真がA3判、カラー印刷で数枚貼り出されている。常任らが、転がされている与田と遠山に情け容赦なく蹴りをいれ、殴りつづけていた。

その中で東京本社から、法政大学で同日朝、学生二六人が大量逮捕されたという緊急連絡が入った。塩川、毛利、吉岡らはこの事態について協議し、弾圧の危険を招くかもしれないことに動揺した。そこで午後一時ころ急遽、与田と遠山をがんじがらめにしていたガムテープをはがして椅子に座らせた。また、西島を二階におろした。西島までが猿ぐつわと後ろ手に縛りを受け、裂傷した頭部までガムテープを巻かれ、額から顔面には血がこびりついていた。その姿を皆に見せつけた後、口と手のガムテープをはがして座らせた。

集まった党員に向かって塩川が演説を始めた。塩川は第一声「みなさん、壁に貼ってある写真を見ましたか。温泉つきの豪邸です」とやった。そして、病院利権による財政的腐敗を強調した。政治的な路線問題などはまったく語らない。まさに扇情的な扇動をやった。それにつづいて数人の常任、労働者党員が発言した。いずれも与田の財政問題に関する弾劾であった。「金をかえせ」「どれだけ組織を私物化したら気がすむんや」「労働者をなめんな」「おまえらにどれだけメンバーが潰されたか。きょうこそは許さんぞ」「自己批判じゃない。打倒だ、せん滅だ」という発言があった。また「ホッケー決定がなんや。関係あらへん」という声があった。

これは主要な常任が、党中央、とくに清水を念頭において、中央への不信を激しく吐露するものだった。さらにまた、「同志会は新指導路線の妨害物や。同志会を解体しろ」という発言があった。

公開裁判の真似事のようであった。与田は、利権＝腐敗問題について弁明しようとしたが、発言を聴かせるという雰囲気ではなかった。西島と遠山は、この状況そのものを認めることができず、一言も語らなかった。また、集まった党員のなかから「そんなことをやるのが、われわれの目的やないだろう」という声もあがった。労働者党員の多くは、異様なありさまに戸惑っていたというのが実情だった。

吉岡が「権力問題があるから、与田、遠山、西島を外に出せ」と主張した。異論が出たが、「いまは全員逮捕を避けなければならない」ということで、三人を一階に連行し、車に乗せ、関西支社から出させた。松井が直前に車に近寄って、「敵対行為をやったら軍を発動してバッツ（せん滅の意）するぞ。わかっているな」と告げた。午後四時になっていた。

第2節　政治局の分裂と左派の危機

深夜の政治局決定

東京に戻った天田は前進社本社には赴かず、千葉に急行し、中野洋に会った。天田は、中野に自分の見たことを話すとともに、「いまごろ、与田と遠山は殺されているかもしれない」と告げた。中野は「様子をみよう」と答えた。

この天田の言はあまりに情けない。与田と遠山があのままだと殺されると思いながら、彼らを見捨て、テロ・リンチを見て見ぬふりをし、その場から立ち去るという人間とは何だろうか。書記長失格どころか、一人の血のかよった人間として人の道に反する態度といわなければならない。ましてや、「労働者階級」を語る資格はない。実際、もし同日に法政大学生の大量逮捕がなければ、塩川や毛利や吉岡らはテロ・リンチを続け、与田と遠山と西島の命を奪ったかもしれないのである。

前進社本社での三・一四復讐戦貫徹、本多書記長追悼の党内集会は、関西の事態は知らされぬまま予定どおりおこなわれた。水谷が基調報告し、つづいて復讐と追悼の発言がつぎつぎとなされた。天田は千葉から戻って、集会終了をみはからって緊急の本社政治局会議を招集した。中野、与田をのぞく公然面の政治局員全員が集まった。天田は開口一番、「草野（与田のこと）は打倒された。われわれも打倒された。関西の労働者同志が一〇〇人規模で支持している」と述べ、自分の見たことを報告するとともに、関西からもちかえった文書類のコピーを配布した。文書類を読み終わって討議に入った。

水谷と岸が、それぞれ次のような趣旨の発言をした。

「関西の事態は、〇四年ベルリン、〇五年ホッケーがあり、それを拒否する毛利と塩川らが起こした党内反乱であり、本質は政治路線をめぐる対立である。それが非和解的な対立にまで発展したと見なければならない。路線問題をテロ・リンチで決着つけようというのは革命党のあり方ではない。テロ・リンチの手段に訴えることじたいが、その政治路線の歪みと誤りの証左ではないか。告発されている与田の財政的腐敗の問題はショックなことであるが、きちんと検証すべきである。そのゆえをもってテロ・リンチに及ぶのは、問題解決の方法にならない。与田らへの反論の機会も与えずに暴力的に除名処分するなどというのは、それこそが党を破壊する行為である。塩川らは、天田書記長にふたたび関西に来いというのではなく、本社に来て、問題を真剣に提起すべきである。つまり、三月一三日の時点に立ち戻らなければならない。現状を三・一三に戻せということである。」

天田は、三・一四首謀者らのやりかたを呑んできたことにバツの悪そうな顔をした。そして「オレもテロられる危険を感じた。与田と遠山が殺されていなければいいのだが」とつぶやいた。全員が、それほど凄惨な事態だったのかと改めて感じた。水谷が「あの場を脱出することを優先したのは賢明だった」と述べ、天田も「そうだな」と安堵した風だった。三・一四を批判する意見があいつぎ、誰も三・一四支持の発言はなかった。

安否が不明な与田、遠山、西島や久保田、広山らがその後どうなっているのか、さまざまなチャンネルで調べることとなった。会議ではさらに、一五日に関西で予定された拡大緊急地方委会議には天田は出席しないこと、二〇日に本社で政治局と関西指導部との会議をもつことなどを決定した。

この会議の討議・決定事項を確認し、それを関西支社に伝えるべく、天田が文書化することになった。天田署名の文書は、翌一五日に本社からの伝令が関西に手渡した。また、この場にいない中野にも伝えるべく、岸が中野のもとに急行することになった。なにより、非公然面の清水議長と高木徹議長代行に大至急で事態を伝えるために必要な措置をとることとなった。深夜になっていた。

他方、大阪では、異変を察知した部落青年戦闘同志会が東大阪市の解放センターに急きょ集結し、事態に備えて総会を開いていた。水谷が、同志会に与田や久保田らの安否を問い合わせるとともに、深夜の本社政治局会議の決定を伝えた。同志会は翌日の関西総会で、事態の推移について情報を集め、それにもとづいて、いち早く三・一四IIにたいする弾劾決議をあげた。

中野が政治局決定を転覆させる

翌一五日、岸が中野のもとに赴き、前日の本社政治局会議の討議と決定を伝え、議論を求めた。中野は、「関西の力関係がどうなっているのかが問題だ」といい、二人で、その時点での諸情報をもとに組織情勢を分析した。岸が本社政治局会議決定への同意を求めたが、中野は、「趨勢は五分五分だろう。実際の決着の結論はすぐには出ないとしても、様子をみよう」という態度だった。

他方、関西では、夕方に天田署名文書を受けとって、塩川らは緊急会議をもった。討議の結果、関西地方委臨時議長・塩川三十二署名の返書を作成した。そこでは、天田署名文書を全面的に拒否する、三月二〇日に拡大地方委会議（傍聴者も評議に加わる事実上の関西党員総会）を開催するので、そこに政治局全員が出席するよう求める、四月二日に関西党員総会を開く、などが記されていた。

一七日に中野の要請で、緊急の政治局会議が開催された。そこで冒頭、中野から、次のような趣旨の発言があった。

「自分のもとに関西の国崎（全逓）、土橋（全逓）、富田益行（国労、一四年一〇月死去）が訪ねてきた。彼らから綿々と訴えがあった。それでよくわかった。三・一四は不正・腐敗にたいする労働者党員のやむにやまれぬ正義の蜂起である。路線問題をめぐってのテロルの行使は絶対に許されないが、財政問題でのテロルの行使は正義だ。これは路線問題ではない。財政の不正に決起した労働者同志をとるか、全国連をとるかの問題だ。おれは決起した労働者同志をとる。」

中野と事前に意志一致していた天田、坂木（中央労働者組織委［WOB］議長）、木崎（関東圏委議長）、矢崎（東日本地方委担当）が豹変して、いっせいに「三・一四は労働者の正義の蜂起だ」と主張した。水谷（諸戦線担当）、岸（三里塚担当）、竹内（政治局書記）、岡（中央学生組織委［SOB］議長）が「党内にテロ・リンチを持ちこむのを容認することは党を危うくし、次のテロ・リンチを許し合法化することになる」と三・一四反対の論をはった。また、「ひき起こされた事態があまりに破壊的なものであるから、清水丈夫、高木徹らを含めた正規の政治局会議を早急に開き、そこで討議することを優先的に追求すべきだ」と述べた。

中野は強硬だった。「お前らは与田の財政的腐敗を容認し、与田を擁護するのか」と迫った。岸は「〇四年、〇五年関西会議の討議内容からして、これは政治問題であり、路線問題である。財政問題ということで事の本質を見るべきではない。議長を含めた非公然政治局会議まで結論は持ち越すべきだ」と主張した。水谷が「与田の腐敗は断罪されてしかるべきだが、与田の腐敗問題よりも党内でのテロ・リンチの行使の方が憎むべきことではないのか」と応じた。そんなやりとりがくり返された。

また水谷が、「決起した労働者をとるか、全国連をとるかだ、という議論には反対だ」「塩川たちは、与田の腐敗＝利権を「与田私党化」という言辞で部落解放戦線とひとくくりにしているが、これは「部落は利権の巣」という部落差別につながっている」「諸戦線を解体して地区委員会に再編するという要求も七・七路線を逸脱するものだ」と述べた。中野は「関西の同志たちは部落解放闘争に熱心で、部落問題がよくわかっている。その関西の同志たちがあえて与田を打倒したのだから、これが部落差別になるわけがない」という苦しまぎれのこじつけを述べた。

長時間のやりとりのあと天田が、「中野副議長と書記長である自分が三・一四支持というのだから、この政治局会議は三・一四支持を決定する」と宣告した。水谷が「では、水谷は反対である旨を明記してくれ」と要求したが、天田は無視した。

ただ、中野の三・一四支持論が「決起した労働者をとるか、全国連をとるかだ」という内容のため、そのままでは部落解放戦線全体に敵対することを天田は大いに恐れた。実際、中野が感じとったように、三・一四党内リンチは部落差別にもとづくものであり、部落差別の劣情を煽るものだった。そのため天田は、「与田にたいする徹底的弾劾は、全国連とそのたたかいにたいするいかなる対立でもなく、またいかなる対立となることもあってはならないことを確認する」という一文を書き入れて、三・一四党内リンチの差別主義的性格をおおい隠す策を弄した。

同時に、清水、高木を含めた政治局会議を早急に開くについては、中野や天田も反対しなかった。しかるべき措置を講じることとなった。

三月二〇日に関西で事実上の党員総会があることが、塩川から通知されていた。そこに政治局から誰が出るかが討議になり、天田の出席を決定した。水谷も出席を求めたが、否決された。

この日の会議の直前に、清水からメッセージが届いていた。清水は三・一四を支持するとも批判するともいわず、ただ「与田の財政的腐敗問題の究明が核心である」という、じつに短い見解を示すのみだった。この清水メッセージが、前記政治局会議の中野らを勢いづかせたのだった。

財政的腐敗を認めた与田弁明書

中野を含む政治局会議は次の週も、次々週も開かれた。議論は平行線だった。ただ、与田からの弁明文書が届いており、それをめぐる議論となった。

そこには、与田が月七九・五万円にのぼる金額をさまざまな形で取得していたことが書かれていた。それによると、関西地方委から支給の常任費月二五万円、病院関連健診事業からの給与月三〇万円、個人カンパ二四・五万円（一四・五万円プラス一〇万円）という。

他方、塩川らフェニックスは、与田が九五年の病院増改築に実弟を関与させ、建設資金六〇〇〇万円を実弟が持ち逃げした事件では、その六〇〇〇万円を与田が着服し、九州に自宅を建設する資金に充てたと弾劾している。与田はそれに反論し、会社経営に行き詰まっていたため関与させた弟の持ち逃げ金額は六〇〇〇万円ではなく三二〇〇万円であり、うち一二〇〇万円は別の形で手当てし、残り二〇〇〇万円を先の個人カンパから月一〇万円ずつ返済していると弁明している。また九州の自宅建設費用は父親から約二〇〇〇万円の提供を受け、銀行ローン八〇〇万円を加えて調達したと反論している。ところが、九四年に東大阪事務所プレハブ建築の際に実弟を関与させ、実弟が一五〇〇万円を持ち逃げした事件があった。その同じ実弟に翌年も病院増改築に関与させて二度目の持ち逃げ事件（合計四七〇〇万円）を起こしていたのである。

それらは、同じ政治局員の誰も正確にはつかんでいない事実だった。塩川らの文書には誇張があるにしても、与田自身が認めている金額、その性格から、与田が関西組織のトップである位置を濫用し、また部落解放戦線の最高指導部という権威を政治主義的に悪用して、「給与」と称して党関連事業から金を吸い上げるばかりか、こともあろうに経営難に陥っていた実弟を党関連の建設事業に二度にわたって関与させるという公私混同を平然とやっていたのである。この点、関西地方委と部落解放戦線の複数の指導部は実弟の会社に発注することに反対していたが、与田はそれを押し切って進めた。まさに党事業の私物化にほかならない。

与田らに弁明の機会を与えるという問題は、塩川や毛利らの弾劾文に加えて与田側の弁明が出たため、事実上「解決」した形になった。筆者らは、「与田自身によって財政問題の中身が明らかになった。そうである以上、与田を処分しなければならない。だがわれわれは党組織なのだから正式の審査と裁定をしなければならない」といった。天田は、「処分することを認めるといったのか。まちがいないか」と、まさかそういうとは思っていなかったという態度だった。中野らも同じような様子だった。

与田の「反論」を読んだ時点で、筆者らは「この争いでは正論は通らないな」「与田の財政問題で与田を擁護できない以上、これは負けたな」といい合った。処分するにしても、党規約にのっとって事実を究明し、厳しい審査をすべきという議論など門前払いという状況になっていたからである。何よりも与田の公私混同と権威主義ぶりと党事業の私物化は一線を越えていたからである。

なお北小路敏は政治局員のままであったが、闘病のため会議には長期欠席していた。北小路の態度は当初慎重論であったが、後の四月政治局会議以降は、清水や天田の意を受けて強硬な三・一四II支持者として振る舞った。

西島と遠山を断罪する根拠なし

西島と遠山による三・一四II弾劾の文書は、この過程でほとんど省みられなかった。しかし、重要な反論が出されていた。

そもそも西島について、塩川らから何の「罪状」も出されていない。せいぜい関西地方委の会計責任者として若干の不透明な部分があるということである。だがそれは冷静に解明すれば済むことであり、西島からの反論も出されている。そこにはこう書かれている。

「与田、遠山の除名処分が「決定」されたというが、これも革共同規約の細胞の三分の二以上の賛同で決定することができる、ということからすれば完全な規約違反である。与田、遠山同志の所属は関西地方委指導部会議なのだ。この会議で二人の同志の除名など、動議として出されたことさえない。西島にたいする「処分」も二転三転している。三・一三日の深夜の時点では、与田、遠山の両同志についてはは除名、西島以下の五名（西島、久保田、広山、武藤、加藤）については自己批判要求であった。ところが、三・一四の段階では、私は地方委員と全国委員の解任要求となった。今では、与田、遠山両同志とともに除名処分となっているようである。」（三月一七日付、西島「自己批判から逃亡し、テロ・リンチで暴力的党破壊に走った反中央・反党分子塩川、毛利らを徹底粉砕・打倒せよ」）

すなわち、塩川らが西島を即座に除名処分にしたのは、西島が二回の関西会議の決定を支持し貫徹する立場を変えなかったからなのである。そうだとすると、二回の関西会議の責任者である清水と高木、書記長の天田、副議長の中野こそが除名処分にされなければならない理屈である。それなのに、なぜ西島を悪人扱いして除名するのか。「労働者党員が生き生きと活動できる党を再生する」という「三・一四蜂起の宣言」とは、このように何の弁明の機会も審査の手続きもとらずに一方的に暴力的に追放することなのか。西島はさらに次のような痛切な弾劾の声をあげている。

「本多書記長の指導によって関西のボルシェヴィキ的再建をかちとってから40年弱、関西を絶対に右翼的反対派にはさせないという一念だけは堅持して頑張ってきたが、今回、塩川、毛利のような党破壊分子を生み出してしまったことを、痛苦の念をこめて党と階級に自己批判する。……最後にどうしても書かなければならないのは、天田同志のやったことである。塩川や毛利の党破壊分子に対して、「君たちの大義がこれだけの部分を組織したことは理解する」とは一体何事か。何よりも、2人の同志がテロ・リンチで生命の危機にさらされているのを目の前にして、「君たちの大義はわかった」といって出ていったことである。これでは、同志を見殺しにして逃げたと言われても言い訳はできない。これが、公然面で全党を背負って立つ書記長のやることか、ということである。それ以上に言うべき言葉がない。」(前同)

また遠山は、三・一四II首謀者らから「遠山の暴力支配と財政的腐敗」などと断罪されている。だが具体的な事実、罪状など何もなかった。遠山からは弾劾と反論が出されている。

「家を建てたことが小ブルとされているが、家は同志であり教育労働者である連れ合いが自分の金で建てた。月々のローン返済額は現在入居している公団の家賃よりもはるかに安い。」「連れ合いは一時金の上納額は減額しているが、毎月九万円のカンパを党に出している。」「結婚以来、連れ合いの金を当てにしたことは一度もない。今もない。大阪府委員会からの活動費一二万円でしのいでいるのです。(続いて借金と返済の状態について具体的に記されている。)」「家具といってもタンス一つない。子どもが生まれてから二〇年、連れ合いは服一枚買っていない。彼女の服装や持ち物を見てみよ! 美容院へも四カ月に一度で髪伸び放題の姿を見てくれ。この生活実態のなかでも毎月のカンパを一円も減額せずに頑張っているのだ。これを小ブルというのであればもはや反論のことばはない。」

「天田書記長に聞きたい。私はいっさい弁明も許されずに簀巻きにされた。九時半から一六時まで殴る蹴るのテロ・リンチをなぜ受けなければならないのか。これが党内闘争の組織原則だとでもいうのか。まさに党破壊そのものだ。なんで私は「除名・追放」で塩川一派に「大義」があるというのだ。これを政治局が許せば革共同は死だ。天田よ! 私の腐敗をあげてみよ!

遠山は殺されても仕方がない反革命なのか。殺される寸前の与田、遠山を見棄てたばかりか、「君たちの大義はわかった」ということばが夢にも出てくる。腐り果てたのは俺か、お前か！」
（三月一九日付、遠山「「遠山の腐敗問題」といわれていることについて」）。

事態は明らかであった。むろん遠山や西島において官僚主義的恫喝や強権的組織運営はあったであろう。それは革共同指導部が多かれ少なかれやっていたことであり、自己批判すべきことである。それゆえ自らを省みて党の誤てる傾向として問題にすべきであり、具体的に指摘し、党内での相互批判と自己批判をもって解決すべく取り組むという性格の問題である。それなのに、組織原則にもとづく方法を飛び超えて、問答無用のテロ・リンチを加え、しかも遠山と西島を「除名・追放」しなければならない一片の理由もないのである。

党内論議は真っ二つに

三・一七政治局決定を受ける形で、各種指導部会議、各級会議、すべての細胞会議がもたれていった。討議資料としては、三・一七政治局決定の一文、関西の塩川らから出された諸文書が援用されたが、その間にも、前述の与田、遠山、西島からの三・一四IIの弾劾と弁明の文書が届けられ、それも用いられた。前進社本社に入れば、関係諸文書はすべて回覧できるようにしてあったが、それぞれ細胞会議のメンバーにまで諸文書が渡ったわけではない。

各種指導部会議での議論は、賛否が真っ二つに割れた。政治組織局A・Bでは激しい対立となった。ほとんど二分され、Aでは反対論がやや優勢だったが、Bでは支持論が多数だった。支持論は、城戸通隆（前進編集長）、坂本千秋（編集局サブキャップ）、山川（本社事務局長）、松本（百万人署名運動担当)、松原、藤掛守、藤原慶久、森尾誠(三石)、川武信夫、林佐和子、反対論は、寺崎(部局長会議主宰)、中井、入江、結柴誠一、仲山良介、伊勢山(編集局デスク)、折田、梅田、慎重論は成瀬(救対部長)、今治(コミューン編集長)などだった。

地方代表者会議も対立的な議論となった。天田の基調提起を受けた討議では、中四国地方委書記長の彦田が口火を切り、三・一四テロ・リンチに反対する立場から強い口調で疑問を提起した。同議長の藤田孝之(青成。七年にわたる闘病のなか一三年五月二六日に死去。享年七三)も同様に疑問を提起し、与田が若き日に中四国で指導した経験などを話した。九州地方委議長・宇谷安雄(平田。一三年六月三日に死去。享年六七)と同WOB議長の佐川は、党内組織問題での暴力は認めてはならない、クーデター派は政治闘争を放棄する路線である、と強く主張した。北海道地方委議長は、九州と中四国の主張には理があると発言した。東海地方委、東日本地方委、沖縄県委のそれぞれの議長や担当オルグは、明確に三・一四IIに賛成した。そこでは、三・一四賛成派が多かった。

それら諸指導部会議の討議では、三・一四IIのテロリズムと除名・追放の暴力的執行にたいして、革共同が長年にわたってつくりあげ、守りぬいてきた党規約への違反を指摘する意見が少なくなかった。党の一大事にこそ規約を基準にして判断しなければならない、という危機感が表出された。それにも「規約を守れという主張は、ブルジョア民主主義でしかない」「規約よりも、労働者の蜂起の方が優先するのだ」という反論がなされた。そうした反論はじつは、中野が知恵をつけていわせたものだった。

各級会議の状況は一括りにはできないが、出席者のほとんどは起こった事態の意味がよく呑みこめないまま、三・一七政治局決定と与田の財政的腐敗の強調が声高にまかり通っていったといえる。怒りの感情が組織されていった面があった。そうなった組織的な背景には、八〇年代後半以来、激しい政治闘争や鋭い武装闘争をうちぬいてきたとはいえ、党勢の傾向的な低落があり、行きづまり感が広く沈滞していたことがある。そのフラストレーションが政治局員である与田に向かい、三・一四IIに反対する政治局員に向かったといえる。

水谷主宰の諸戦線会議では、入管戦線、「障害者」解放戦線、女性解放戦線の各キャップが与田を強く弾劾し三・一四IIを支持した。東日本部落解放戦線のキャップ倉沢が欠席したことを水谷が「テロ・リンチを受けた与田の防衛のために与田に同行している」と説明すると、三人は激しく反発した。高校生対策部のキャップは三・一四IIに賛成した。文化人担当キャップは態度を留保した。沖縄戦線と反軍戦線は過渡的な体制となっていたので二人のキャップは欠席していた。入管、「障害者」解放、女性解放のキャップ三人の意見は、中野・天田への権威主義と与田への嫌悪感によるきわめて感情的なものだった。三人は水谷の諸戦線会議担当解任を要求した。三人は会議の前にすでに木崎と会談して三・一四II支持で固まっていたことが後日、彼らが語ったことから判明した。会議の後の個別会議で、沖縄戦線キャップは三・一四IIに反対、反軍戦線キャップは支持の態度を表明した。

岸は、三・一四II問題を三里塚現闘での組織討議にまったく付さなかった。三月二六日の三里塚全国集会の準備のためその条件がなかったこともあるが、それ以上に、このテーマを論議する意義を見出せず、意欲もなかったのが事実である。

一方、関西では部落青年戦闘同志会が一七日に同志会関西地方総会を開き、三・一四IIを厳しく弾劾する決議をあげた。「革共同の路線問題・組織問題にテロ・リンチを持ち込むことに、いかなる理由があろうと断固反対する」「同志会の解体は断じて認められない。同志会は革共同の先頭に立ち、新指導路線と全国連五万人建設の実現のためにたたかいぬく」と表明するものだった。同志会は四月の政治局決定までの間、前進社関西支社を制圧する三・一四首謀者らと東大阪市荒本でにらみ合って対峙しつづけた。

「左派追放」を宣言した天田

この過程で、前述の三月一八日に関西で約一五〇人による党員集会が開かれ、天田が出席した。午前一〇時半から午後六時まで、緊張感に満ちた集会がつづいた。

天田は三月一四日にさらけ出した醜悪でうちひしがれた姿とは一変して、断固たる姿勢で登場した。天田は胸をはっていった。「三・一四労働者蜂起を断固支持する。与田を容認してきたわれわれ政治局は打倒された。蜂起した労働者同志とともにたたかう。与田を擁護する一部の政治局員を一掃する。彼らはじつは、労働者党の建設と労働運動路線に反対している。いまこそ彼らを打倒して党の革命をすすめる時だ」と激をとばしたのだった。

四月二日の全関西党員総会でも同様に発言し、終了後には「ようやくチャンスが来た。この秋までに岸・水谷らを打倒する」と勢い込んでいたのであった。

当時、筆者らは知らなかったが、中野、天田の側は、選別的にいくつかの組織、個人あてに「大原回状」を送っていた。それは大原武史名の文章で、おおむね〝関西で起こった三・一四は、与田の財政的腐敗と私党化にたいする関西の労働者の正義の蜂起であり、断固これを支持する。三・一七政治局決定も出されている。ついてはこの支持への賛同を要請する〟という文面だったという。三月二〇日前後に発出されている。中野と天田の側では、党内の三・一四Ⅱ支持工作をさまざまな形で仕掛けていたのである。

ぶざまな醜態をさらした与田

他方、与田、遠山、西島は、三・一四首謀者らのテロの追跡を逃れて、東京の部落解放戦線の責任者・倉沢をたよって身を隠していた。彼らに前進社本社に入る選択肢はなかった。なぜなら天田が、す巻きにされて転がされている同志の姿を横目で見ながら関西支社を出るさい、塩川らに「諸君らの大義を理解する」といったのをじかに聞いているからである。

三人は、関西の同志会メンバーを介して前進社本社あてに二回、文書を送った。その他の関連記録も送ってきた。

本社政治局は、与田ら三人との連絡ルートは確保し、水谷が政治局と三人との連絡の窓口役となった。水谷・岸の側からは本社政治局会議や諸会議での論議の内容を伝え、彼らに文書を出すよう求めた。とくに与田には「財政問題について、毎月の入金をどう使っていたのか、支出の中身を明らかにしなければならない。額の大きさから私的に使っていたのは明らかであり、正直に書け」と批判した。

筆者ら両人は四月に入って与田と直接に会って、「清水主宰の政治局会議がすぐに開かれるから、必ず出席し、塩川・毛利らによるテロ・リンチにかんして当事者として証言すべきだ。財政問題についてはすべてきちんと白状し、自己批判すべきは自己批判すべきだ」と説得した。与田は黙っているだけだった。岸は「三・一四のような事態をひき起こしたのは与田の責任ではないか。全党と部落解放戦線に謝れ。その責任をとるつもりはないのか。なぜ政治局会議に出ないのか。お前はそんな人間だったのか」と激怒し、机をたたき、立ちあがって弾劾した。それでも与田は一言も発しなかった。与田が清水主宰の正規の政治局会議に出席しない以上、三・一四IIの党内リンチ肯定と与田追放がまかり通ることになると、筆者らは判断せざるをえなかった。

この過程で筆者らは、天田が関与できないバック・チャンネルの手段を使って清水宛に二度、親書を送った。最初の親書には、塩川、毛利らの行動はまぎれもなく清水その人に向けられた反乱の刃であること、革共同の綱領・戦略・路線を右翼的に転換することを要求するクーデターであること、それに中野と天田が乗ることは清水を政治的に亡き者にするものとなることなどを具体的な事実にもとづいて書き記した。二度目の親書には、三・一四IIの実態を見ると「与田は別府に豪邸を建てた」「腐敗分子をただちに処断せよ」とか扇動的にテロ・リンチを正当化し、ことばにこそ出さないが部落出身者である与田をターゲットにして「部落民は利権がらみだ」という差別的な劣情を組織するものであるという警鐘を鳴らした。与田の被差別体験についても清水の記憶喚起を促した。清水自身が「わが党のなかでもっとも労働者らしい労働者」と評価した岩城(第一回・第二回関西会議に出席)が三・一四IIに反対していること、「労働者の決起」といいながら大阪、奈良の労働者の大半が三・一四IIに反対ないし慎重な態度であることを知らせた。清水がこれら親書を読んだことはわかっていた。

与田とは別に西島と遠山については政治局会議の討議・決定を待ちうける態勢となった。二人は本社の特別体制に入って指定場所に赴いた。もちろん天田、清水との確認、指示によるものだった。

第3節　清水議長、党内テロ・リンチに迎合

路線問題を不問にした清水議案

四月はじめの政治局会議の前日、清水執筆の議案「政治局会議Iへの提起」(日付は三月末日)が配布され、会議出席者はそれを読んで臨むこととなった。

筆者両人ももちろん約二万七七〇〇字にのぼる長文のそれを読んだ。それは最初から最後まで、①「関西の労働者による非常的手段を行使した与田打倒は正義の蜂起である」と積極的に追認・美化し、②与田の問題を財政的腐敗の問題にのみ切りちぢめ、③清水として与田の腐敗を結果として容認し「お墨つきを与えて」きた誤りがあったこと、議長として自己批判するという欺瞞的な記述が綿々とつづられたものだった。

そこには④三・一四Ⅱが党の政治路線をめぐる問題であることがまったくふれられていない。そして⑤党内闘争の手段として集団的テロリズムが行使されたこと、そこに部落差別主義の要因がはたらいていること、党内民主主義も党規約もすべてないがしろにされていることを不問に付している。⑥中野の三・一四Ⅱ支持の論理は「はじめに三・一四Ⅱ支持ありき」の暴論であることへの評価など一言半句もない。つまり、清水のもとに報告されている激しい論議のほとんどを見て見ぬふりをしたものだった。もちろん筆者らの親書を黙殺していた。（その清水文書をさらに詳しく展開したものが同年五月「非公然ＷＯＢ会議への提起」と七月「政治局会議Ⅱへの提起」である。）

だが何よりも卑劣な点は前記③、④にかかわるが、第一回・第二回関西会議において毛利と兵庫県委の〇三年新指導路線からの路線的逸脱・対立の問題点を徹底追及した議長たるおのれの責任の回避である。与田へのいっさいの責任のなすりつけである。端的にいうならば、塩川や毛利らをして党内クーデターを引き起こす陰謀に走らせた主犯は清水であり、与田はその清水の忠実な代理人たらんとしたというのが事態の真の構造なのである。とくに第二回関西会議で毛利を動労千葉中軸路線である新指導路線に反すると断罪し、「入党申込書を出すような形でしっかり自己批判書を書け」、つまり動労千葉中軸論を認める自己批判書を書けなければ党員として認めないという決定的なことばを投げつけ追いつめたのは清水である。ところが清水は、与田を毛利追及の主犯、一種の巨悪に仕立て上げようと躍起となり、自らのすべての責任を塗り隠しているのである。

清水議案を見て筆者らは、「いったいこれは何なのだ」と思わずにはいられなかった。党員の議論の数々、それぞれの必死の思いに向きあうのではなく、清水はただ、三・一四Ⅱのテロリズムとだけ向きあっている、と感じた。暴力の前で〝もうやめてくれ、わかった、謝るから〟と哀願している姿であった。そこには論理も倫理も情熱も、何もなかった。議長たる組織責任意志などさらさらなかった。ただただ清水の自己保身のための自己保身があるのみだった。筆者らは、心底から愕然としたのだった。

夜も更けて、清水が水谷を自分の部屋に呼んだ。水谷が座るなり、清水はこういった。「この党に残りたかったら、議案を認めることだ。よく考えてくれ」と。水谷には〝お前はこの党を離れることはできないだろう。いまはこの議案を呑め〟といっていると聞こえた。水谷はしばらく考えて、「これは路線問題ですよ。それを不問にするのですか」とだけいった。清水は黙って答えなかった。水谷はここでは議論はできないと部屋を出た。

いずれにせよ、議長決済がこのようなものである以上、明日の政治局会議の結果はもう見えている。三・一四Ⅱ反対派は敗北したのである。あとは、党に残るか脱党するか、だった。党を割るという考えは二人にはなかった（この点、後述する）。この段階で筆者らは、ここはいったん矛をおさめて、党に残り今後の流れを見ながら、何ができるのか模索することにしたのだった。

清水にはじめてかみついた天田

政治局会議は二日間にわたった。

議長代行の高木が司会をつとめ、清水が議案にもとづいて口頭提起を始めた。しばらくして、○

五年の第二回関西会議以後、与田が毛利批判したことを自分の誤りとしてとらえ返すと述べ始めるや突如、天田が「与田を庇護してきたのはあんたじゃないか」と身を乗り出して野次をとばした。木崎冴子もそれに同調して、「あなたはえらそうな態度をとれるのか。与田を増長させてきたじゃないか」と野次った。清水は「あんた」と呼ばれてびっくりした様子で、「わかっている」と応じて提起をつづけた。

長い清水提起が終わるや、水谷と岸が発言しようとしたが、それをさえぎって天田が傲然として清水批判を始めた。要するに、清水が与田を甘やかせてきたという弾劾だった。天田は「今回の三・一四がひき起こされた原因は清水がつくったものではないか」という論調をぶつけたのである。こんなことは、天田が政治局入りしてからはじめてのことだった。いまこそ清水の首根っこを押えるチャンスだ、という天田の腹中があらわにされたのだった。「三・一四労働者蜂起によって政治局は打倒された。この党の革命をわれわれは推し進めるのだ」と、天田は自分が天下をとったようなことをいった。奇妙というか、ご都合主義の極致というか、「打倒された政治局」には天田自身も中野も入っていないというわけである。木崎と坂木も矢崎も、同じ論調の発言をつづけた。

実際、これ以降、中野と天田が革共同のいっさいの決定権を握り、清水はそれに従属するという政治局の構造がつくり出されていく。この時点では、清水が最終的決定権をまだ握っていたとはいえるが、直後の五月から七月までには清水の対中野・天田隷属が固定化する。

天田はさらに筆者らに向かって、「あなたらは、「与田の財政的腐敗が明らかになった以上、与田の処分を認める」といったが、その通りか」と問うた。筆者らがどういう態度をとるか、さぐりをいれるという構えだった。中野は、関西の何人かの労働者党員の気持ちを代弁する発言をし、三・一四IIを中野風に意義づけてみせた。

水谷と岸は、「清水が三・一四Ⅱ支持を明確にし、政治局の大勢が三・一四Ⅱ支持となった以上、それに反対してきた自分らは政治局にとどまることはできない。政治局員を辞任する」と、それぞれ同趣旨の表明をした。水谷は「これまで与田の指導力を信頼し、与田を支えてきたが、彼の財政的腐敗を知らずに容認してきたことは無念である。そのことを自己批判する」と発言した。だが無念なのはそれだけではなかった。党内での公然たるテロ・リンチを「労働者の正義の蜂起」と賛美する流れがこの政治局会議をもって一挙につくり出されること、そしてそれに従うしかないおのれの無力さがあまりにも無念だった。岸は、前述の趣旨を簡単に述べただけで、それ以上発言しなかった。どのような発言も、会議の流れと結論が変わらない以上、無意味だったからである。

二人につづいて、竹内と岡も政治局員辞任を表明した。政治局内左派は、三・一四Ⅱ首謀者らとそれに乗っかった右派に完全に敗北したのである。清水は、自己批判の態度を示すことで三・一四Ⅱ支持派に無条件に迎合したのだった。それは高木も同様だった。

与田、遠山、西島の除名決定

その後の議論は二日目も比較的たんたんと進んだ。大阪、兵庫、京都、奈良、同志会における党員の意見や傾向など分析した。討議のなかで清水は、「三・一四労働者蜂起に反対した者たちにたいする紅衛兵運動はするな」といった。天田と中野は表面上、それに同意した。だが、そんなつもりがないことは、直後にたちまち明らかになるのだが。

また、清水や天田、中野は、与田の現状を知りたがった。水谷と岸が、与田の言動を詳しく報告し、それをめぐっての応答があった。そして筆者らは、西島と遠山がこの近くに待機していることを報告した。清水は、「彼らはこの党で長くやってきたんだから、最後に会おう。二人とは直接に議論を交わした関係があるし、この会議後にオレが行く」といった。もちろん誰も反対しなかった。それくらいは、同じ党の指導部へのねぎらいとして当然だという空気だった。

与田、西島、遠山について、三・一四II首謀者らの要求である除名処分を受け入れることが決定された。筆者ら四人の政治局員辞任が承認され、降格とその後の組織配置などが決定された。

会議の終わりぎわに急に、清水が「西島と遠山と会うのはよそう」といい出した。水谷と岸が「彼ら二人についてはここでは何も討議しなかったし、彼らは議長からの説明を待っているのだから、会わないなどありえない」といったが、清水は「いや、やめておこう。もし会ったら、そのことを関西からどういわれるかわからない」といったのだった。筆者らは、何と情けない議長であることか、と開いた口がふさがらなかった。しかし、天田もその役を引き受けなかった。自分が見殺しにした西島、遠山に面と向かって会うのが恐かったのだ。奇妙なことだが結局、会議後に水谷と岸が与田、西島、遠山、そして倉沢と会って、政治局会議の討議内容と結果を伝えることとなった。そして、与田をとおして同志会に自重を求める役割を負った。それが、筆者らの政治局員としての最後のつとめとなった。

「最大多数の最大幸福がオレのやり方」

会議日程がすべて終わった夜、清水が水谷と岸を部屋に呼んだ。二人が行くと、そこには、場の設定を聞きつけた高木もいた。清水が「政治局員をはずれることとなったが、これまで長い間お疲れさま」とねぎらいのことばを述べた。清水は会議でよほど疲れたと見え、眠そうであったが、こちらに顔をむけて、強い語調で「最大多数の最大幸福がオレのやり方なんだってことを、お前らは、どうしてわからなかったんだ」といった。そして「しばらく会えなくなるが、そのうち会えるだろうから、達者にな」といった。これを聞いて筆者らはそれぞれに、清水とのあいだで三・一四党内リンチをめぐる議論の余地はもはやいっさいないことを痛烈にさとった。同時に「そのうち会えるだろう」ということがいったい何を意味しているのか、すぐには理解できなかった。その後も、なぜそんなことをいったのか不明のままである。高木からは「今後はどうやって活動していくつもりか」という質問があり、それぞれの考えを述べた。

だが「最大多数の最大幸福」とはいったい何なのか！ それは、党内の力学をみて、強い方に乗る、多数派に与するということを意味する。清水には、党の議長たるべき組織指導の見識も、リーダーシップも、何もなかったということなのだ。党を共産主義者の政治的結集体として建設し活動するという立場に、清水は立っていなかったということなのだ。それにしても、典型的なブルジョア・イデオロギーであるジェレミ・ベンサムの論理の核心中の核心であるフレーズを、清水がおのれの組織指導の原理にしているとは！ この人はマルクス『資本論』をどのように読んだのか！

部屋に戻った筆者らはお互いに顔をみあわせて、いうべきことばがなかった。

また清水は岡を部屋に呼んだ。岡が日頃から天田の政治的無内容さに批判的であるのを知っている清水は、「隣の部屋に天田がいるが、お前が天田に批判的なことには同意できる。オレの本心はお前らと同じ気持ちだ。これから党内でたいへんだけれど頑張れよ」という趣旨のことを話しかけた。〝政治局が三・一四II支持を決定したことで天田が勢いづく組織情勢となるが、天田の勝手にはさせないからしばらく辛抱しろ〟と清水がいっているものと岡は聞いた。水谷と岸に示したのとはかなり違う態度であった。清水は岡に「清水＝左派」幻想を吹き込もうとしたわけである。天田や木崎から面罵され、終始卑屈な態度を取った己の姿を、若い岡には取り繕わずにはいられなかったのである。

いずれにせよ清水は〝塩川らによる党内クーデターを取り込んだ中野および天田の天下になったが、清水はこのままにはしておかないだろう〟という淡い期待を三・一四Ⅱ反対派の間に抱かせるような党内操作を仕組んだのである。

ここで強調しておくことがある。革共同において、したがって革共同の党員にとって、非公然面の清水を含む政治局の決定こそ真の政治局決定であり、それはほぼ絶対の決定だということである。もっといえば、清水議長決済が最終的な政治局決定であるという重みをもっているのである。もとより、それを修正したこともあったし、異論を提出することも認められてきた。しかし、清水の決済が革共同の「最後のことば」であるという、党首絶対化ともいうべき悪しき権威主義がいつのころからかつくりだされていたのだった。この検証は後述するが、ここでは、水谷や岸は、三月一七日の公然面の政治局決定があってもなお、清水がどう決済するかに最後の希望を託してきたこと、その結論が出された以上、もはや矛をおさめるしかないと観念したことを記しておく。

かつて本多書記長は、「党がある前に共産主義者のおのれがある」と強調してきた。そして、「その共産主義者の政治的結集体が党なのである。たとえ一人になってもおのれが党であるということ、そうした共産主義者の目的意識性こそが党の生命線である」と語っていた。こうしたことを、学生時代からさんざんたたき込まれてきたはずの筆者らが、恥ずかしいことに、その党組織論の原点的立脚点をすっかり失ってしまっていたのである。

もう一つ先取り的に確認しておくと、第2部で詳しく検証するように、七五年三・一四本多書記長虐殺以降の清水の党運営のあり方は確かに節目節目で「最大多数の最大幸福」なのであった。疑問をもつことはなかったわけではないが、それに気づかなかった筆者らがいかに権威主義・官僚主義に染まっていたのか、自らの愚かさと誤りを痛感せざるをえない。

「天田書記長は政治局内少数派だった」

政治局会議から戻った筆者らは、与田、西島、遠山、倉沢を都内に呼び、政治局会議の討議と結論を伝えた。とくに、与田が再び活動に復帰することはありえないこと、同志会が党から分裂しないよう説得すべきであることを強調した。それを聞いて、彼らはそれぞれ散っていった。与田は離党届を出すということで、翌日、再度会い、それを受け取った。

その後、四月上旬に、与田が自らの「最後の任務」として、同志会の主要メンバーと会談し、政治局決定について「党を分裂させるべきでない」という議論を交した。

水谷は政治組織局・理論政策委員会、岸は政治組織局・中央執行委員会の所属となったが、天田や中野が「三・一四蜂起に反対したのに政治局辞任とはおかしい。解任処分にすべきだ。指導部会議に所属させるのは反対。いっさいの役職を解き、三・一四労働者蜂起に反対したことを根本的に自己批判させるべきだ」という声を組織しつつあった。天田は、それらの声があがっているという理由で、筆者らの追い落としと粛清にかかった。四月上旬の時点で〝中野と天田は筆者らを党外に追放してくるな〟ということを明確に察知した。

そのなかで、四月中旬に首都圏党員総会が開かれた。そこに関西から、塩川、椿、吉岡、室井（京都府委委員長）、大久保（兵庫県委）、さらに安部今日子（病院細胞）、内田（医師）らが参加した。

司会を木崎が、基調報告は天田が、中野は姿を見せなかったが、中野の代行として、大原が準基調報告的に発言した。二人の発言は、与田の財政的腐敗を批判し、三・一四党内リンチを関西の労働者の蜂起として美化するものだった。だが、「政治局は打倒された」といいながら、書記長である天田が何の自己批判もしないという奇妙さが際立ったものだった。天田は一片の自己批判もしないばかりか、「打倒された政治局」のいっさいの責任は水谷と岸にあるとばかりに、三・一四Ⅱ反対を唱えた者たちを一方的に弾劾したのである。大原にいたっては、「天田書記長はこれまでずっと政治局内少数派であった。三・一四でようやく天田書記長が政治局を代表できるようになった。ここに三・一四が「党の革命」であるゆえんがある」といったのである。なるほど、天田や中野はそういう認識であったのか、と合点がいく、なんとも印象的なことばであった。

塩川も発言した。「われわれは暴力なんか振るっていない。ガムテープ数本を使っただけだ。与田と遠山は、与田私党化をすすめ、それに都合の悪い存在を暴力的に排除しようとした。与田・遠山体制は暴力的支配であった。それにたいするぎりぎりのやむにやまれぬ怒りをたたきつけた。天田書記長が三・一四蜂起支持をうち出したことが重要だ」といった。

会場に集まった党員のうち一割強の人たちが、天田や大原、関西の諸発言に呼応して、三・一四Ⅱ反対派を弾劾する野次と怒号をあげつづけた。そのため、会場全体がきわめてエキセントリックな空気につつまれるものとなった。

粛清の力学が回り始めた

討議に入って水谷が挙手し、三・一四Ⅱ反対を主張した寺崎ら二、三の人たちも挙手した。だが、司会の木崎はその誰も指さず、三・一四Ⅱ支持発言だけを指した。会場からは「あいつらにも発言させろ」「お前たちは自己批判しているのか」という野次もとんだが、木崎はいっさい無視した。

討議の発言の多くは、「関西の同志たちに学んで、いまこそ党改革、党の革命をやろう」「これまでの党のあり方のなかで矛盾を感じながらもいえなかったことがいっぱいある。それがはじめていえるようになった」「党指導はいろいろと歪んできた。その重圧からついに解放された。それが関西の三・一四決起である」というものだった。党員の切実な告発と決意がさまざまに発言された。

筆者らへの野次と怒号が発せられている方を見ると、それほど多い数ではなく、一割かせいぜい二割の人たちであった。ところが、それが大勢を決するような異様な雰囲気がつくりだされていた。この党員総会は、長年の政治局指導への不満のはけ口を、政治局内の三・一四Ⅱ反対派にふりむける弾劾集会とされたのである。

そのなかで古参の労働者党員が発言し、居並ぶ政治局を弾劾した。

「私は清水議長を古くから知っている。あえて「清水君」と呼ぶ。清水君はなぜ党員総会に出てこないのか。なぜ党員の前に出て自分の態度と見解を直接述べないのか。かつてなかったような重大な組織問題が起こり、党が危機に陥っているというのに、清水君はどこで、何をしているのか。清水君がわれわれの前に出てくるよう、私は強く要求する。ここにいる政治局は答えてもらいたい。」

この毅然とした発言の主は、東京南部地区委の針田耕一である。清水と同年齢で、安保ブント、革共同の道を同時期に歩んできた古参党員である。病身を押して参加した針田は、肺腑をしぼるようにいった。しかし、彼の発言を誰かがさえぎったようで、発言はそれで終わった。壇上の天田や木崎は空とぼけた顔で、針田発言を無視して議事を進めた。

針田以外にも「批判されている人間に発言禁止はおかしい。つるしあげだ。これでは紅衛兵と同じだ」という発言があったが、怒号でかき消された。

こうして筆者らは三角帽子こそかぶらされなかったが、さながら、かつて六〇年代後半の中国紅衛兵運動による党内粛清にさらされた走資派のように扱われた。四月党員総会をもって、天田や大原、木崎らと関西からの参加者ががっちりと共闘して、政治局内の三・一四Ⅱ反対派を攻撃するという不可思議な、しかし明瞭な構図がつくりだされたのだった。副議長の中野と書記長の天田は、その重い職責にもかかわらず、何一つ謝罪することもなく、また誰も彼らを追及しはしなかったのである。まことに奇妙な図であった。

こうして「三・一四II反対派＝与田擁護派」という構図がデッチ上げられ、三・一四IIを支持する天田や中野らは「与田の財政的腐敗を容認してきた政治局の責任」をあらかじめ免罪されることとなったのである。

しかも加えて、九一年五月テーゼ以来の政治局指導にたいする深く厚く沈殿してきた党員の不満、不信がことごとく「三・一四II反対派＝与田擁護派」に向けられることとなった。まさに異様な構造である。

「異様な」というのは、革共同の歴史で公式にははじめて党内粛清の論理と力学ががらがらと回りはじめたからである。それを可能としたのは、三・一四党内リンチというテロリズムを党として全面的に肯定し美化したこと、すなわち四月政治局会議での清水決済なのである。

筆者らはこの四月党員総会に身をおいて、「やつは敵である。敵を殺せ」というフレーズ（埴谷雄高「政治のなかの死」）が頭に浮かんだ。革共同はついにそんなスターリニストまがいの政治組織になったのか、ということを身体中でびりびりと感じたのだった。

天田と中野は、水谷と岸にいっさいの責任をなすりつけることで生きのびるとしても、議長の清水と議長代行の高木が同じように振る舞うことはできない。彼ら二人がどのような自己批判を示すかが、次の焦点であった（第5節）。

第4節　粛清なしに存続できない党

三・一四Ⅱ反対派を一挙的に排斥

詳しい経過は省くが、水谷も岸も指導部の位置から段階的にはずされ、五〜六月の過程で、別のメンバーの管理下で自己批判を課せられる一党員に降格された。いっさいの責任や任務からはずされ、会議出席の権利も奪われ活動停止処分の形となった。両人とも自己批判書を書かされたが、点検を受けて何回も書きなおさせられた。「自己批判」といっても、自己批判書を書けば、それを認めて活動に復帰させるのではなく、〝永遠の自己批判〟を強いるというものだった。自己批判の強制は、排斥と追放のための手段にほかならなかった。

天田と中野は最初、三・一四Ⅱに反対したことの自己批判を求めたのであるが、「なぜ三・一四労働者蜂起に執拗に反対したのか↓それは〇三年新指導路線に反対だったからである↓それは労働者の階級性を信頼しない歪んだ思想をもっているからである↓そもそも九一年五月テーゼとその階級的労働運動路線への転換に反対だったのである↓階級的労働運動路線に反対し天田打倒、中野打倒をたくらんできたのである」というストーリーをつくりあげるにいたった。塩川ら三・一四首謀者らも大きくはそれに同調した。

「水谷は血債主義者であり、被抑圧民族に迎合し、労働者階級への不信感をあおり、階級的労働運動路線に敵対してきた」「岸は三里塚基軸主義者であり、党を三里塚ゲリラ戦継続に引き込み、階級的労働運動に党の力を注ぐことを妨害してきた」という「罪状」をつくりあげ、そこから、永遠の自己批判を課すという形で筆者らの政治的・組織的な抹殺をはかった。しかしそれは、指導的個人の抹殺というより、もっと根本的な次元で、中核派らしさ——七・七自己批判の思想、アジア人民・在日アジア人民との連帯の路線、武装と武装闘争、三里塚決戦の思想と実践、帝国主義国家権力との死闘戦を党のすべてをかけてたたかうあり方など——を抹殺するための前ぶれなのだった。

いま自己批判書執筆の日々を思い返すと、悲しく、つらいものがある。「三・一四労働者蜂起の意義を理解せず、党の労働運動路線がわかっていなかった」などという作文を課せられた。そんな作文を読み返すと、「転向声明をオレは書いたのだ」と吐き気をもよおす。小なりといえども革命党をめざしたはずの革共同が、スターリンによる粛清路線と同じ変質のプロセスを一挙的にすすんでいったことがあらためて実感させられる。

天田と中野は、水谷や岸ら三・一四II反対派を餌食にして、党内を天田・中野忠誠派で固めていく組織路線をとっていった。それは当然にも、一つは、関西の塩川、毛利、椿ら三・一四首謀者らとの鋭い矛盾を生みだすことは明らかだった。二つは、非公然政治局である清水議長と高木議長代行を隷属させることと一体だった。

三・一四II反対を主張した指導的幹部たちも、いっせいに要職からはずされ、降格させられた。

SOB議長の岡は先の四月政治局会議で政治局員を辞任したのだが、その際、政治局は、後任のSOB議長に関西の武藤を任命した。武藤は三・一四IIでは、「与田私党の一員」として責任追及を受けたのであるが、学生戦線の若手であることから、関西の塩川らも、政治局によるSOB議長人事を受け入れた。武藤は上京し、天田と討議し、非公然面の清水とも面談・討議し、いよいよ新任のSOB議長として活動することになった。しかし天田は、武藤の政治的・組織的な指導力を認めつつも、きのうまで与田指導下の武藤が天田忠誠派になるとは信じられなかった。天田にとって、武藤は要注意人物であった。そのため、天田と相通じた木崎が猛然とストップをかけた。いわく、

「清水議長は、四月政治局会議のあと真っ先に武藤と面談したが、それはおかしい。なにゆえ与田派であった武藤とイの一番で会うのか。武藤がまずやるべきことは自己批判である。自己批判が先であるのに、その武藤と面談するとは、議長には何か魂胆があるのか」と。

天田や中野に首根っこを押さえられた形の清水は、「配慮が足りなかった」と返答するはめになった。そして、おりしも大阪府の泉佐野市議選闘争が始まっているなかで、政治局は、岡と武藤を選挙現闘に派遣することに決めた。武藤のSOB議長就任は、こうして破棄されたのである。結局、SOB指導は木崎が兼任的にあたることとなった。

さらに、天田と中野は、三・一四IIに反対した寺崎、中井、入江、仲山、折田ら、少なからぬ中央指導部メンバーをいっせいに降格処分していった。「階級的労働運動路線の実践の先頭にたて」という口実で、東京・関東の各地区委員会預かりとし、労組オルグやビラ撒きの要員に位置づけるとともに、救援対策部の諸活動を担わせた。さらに中野・天田体制を合理化するための御用イデオローグとなるよう奴隷の道をうながした。

そのなかで、天田と中野は、結柴誠一と新城節子にはとくに激烈な追い落としの攻撃をかけた。あろうことか、党の名で杉並区議会議員即時辞職を強要したのであった（第3章で詳述）。

ブハーリンの心境やかくならん

ところで、党外追放にむけてのこうした強権的な処分を、筆者らがどうして唯々諾々と受け入れていったのか疑問に思われるだろう。実際、筆者らは一再ならず、「三・一四決起に反対した腐敗を自己批判する」という政治的作文を書いた。一九三八年にモスクワ裁判（いわゆるスターリン法廷）に立たされ、デッチ上げの「罪」を自ら認めたブハーリンの心境やかくならん、という苦い、反吐をもよおすような思いを忘れることはできない。

率直にいうと、一つには、中野・天田体制あるいは中野・天田＝塩川三・一四首謀者結託体制という新政治局のもとでは、争って何かを得ることはありえないと見えていたからである。新政治局のもとでの党に何らかの組織的変革がありうるとは考えられなかったし、自分たちの活動復帰も望めなかった。そのことは、ついきのうまで政治局員であったから、新政治局の組織論的本性はよく理解できた。二つには、四月政治局会議とその過程において、政治局内左派はすでに敗北していたからである。「三・一四Ⅱ反対派＝与田擁護派」という図式がデッチ上げられているなかで、その敗北をとり返すことはできないと感じていた。

三つには、前述したことと矛盾するのだが、清水が今後どういう動きをするのか、その本心はどこにあるのかを見極めておきたいという気持ちも少しあったからである。それというのも、岡に「清水＝左派」幻想の粉をふりかけた清水はその後、武藤を呼んで会談した際にこういったのである。「三年でひっくり返すから、それまでしばらくがまんしろ」と。武藤はその若い純真さから、四月政治局決定を下した清水がくどくどと弁解するのを聞いて、わが身可愛さの自己保身で動いた卑劣さを見ぬいた。清水にたいする嫌悪感を抱いた。同時に「三年でひっくり返す」と明言した清水をいぶかりつつも、〃中野・天田と塩川らが野合する政治局体制になったが、ひっくり返すまで臥薪嘗胆して待て〃というサインとして受けとめた。筆者らにも清水のそのことばは伝わってきていたのである。

四つには、いちばん根本的なことだが、筆者らは、この一カ月足らずの短い過程で、「革命党とはかくあるべし」という、打ち振るべき大義の旗を失ってしまっていた。反スターリン主義を掲げてきたはずの党が、一挙的にミニ・スターリニスト組織になり果ててしまったことを、ただちには受け入れきれないでいた。心臓を射抜かれ、足元が瓦解する思いであった。三・一四党内リンチだけは何がどう転んでも、とうてい是認できないことははっきりしていた。けれども自らの党的アイデンティティをほとんど失ってしまっていたのである。

要するに一言でいえば、筆者らには、天田・中野＝塩川三・一四II首謀者結託体制を打倒するモチベーションと識見と勇気に欠けていたといわなければならない。恥ずかしいことである。

九州党員総会が総反乱

革共同にとって歴史的にも実体的にも大きな位置を占める各地方委をめぐって、中野と天田は、ここでも三・一四II反対派を追い落とすために躍起となった。

九州地方委は、天田や中野にとってまったく想定外の展開となった。四月二三日の「外登法・入管法と民族差別を撃つ関西研究交流集会」に参加した天田と九州の宇谷・佐川のあいだで、四月政治局決定を受けた九州党員総会を五月七日に設定することを確認した。総会の基調報告は宇谷がやるという確認を交わした。

その間、中野と天田は「九州の責任者らを九州から引きはがして本社にもってくる」という一計を案じた。そして天田は九州への手紙で、三・一四IIに反対したことを理由に、宇谷らの更迭人事（宇谷を本社の出版局に、佐川を中央WOBに、学生戦線責任者を編集局に移籍）を伝えた。つまり、三人を解任するというのである。移籍といっても、自己批判を継続させながら監視するために本社に置くということで、各部署で活動させるためではない。

五月七日、九州地方委主催の党員総会が開かれた。天田からの手紙の内容は、地方委指導部をとおして九州の党員に知らされていた。中央から天田、石橋（元九州学生戦線責任者）、関西から椿、石田（関西合同労組）、土橋（全逓）が出席した。

天田は、宇谷と佐川を指さして「こいつらは三・一四労働者蜂起に反対した連中だ。きょうはオレが基調報告をやる」と、傲岸な態度で口を開いた。四月政治局決定を説明し、三・一四II反対派を罵倒した。そして、宇谷、佐川、学生戦線責任者の更迭人事を告げた。それを受けて、自治労産別の一人が翼賛発言をした。関西からは、与田の腐敗をさまざまあげて、与田・遠山の暴力支配を弾劾する発言があった。

それにたいして長崎の堂本と国労の松崎博巳が立ち、天田にむかってそれぞれ「あなたたちが問題だ」と指弾し、「あなたたちはテロをやったのか。与田と遠山をす巻きにしたのか。三・一四IIの現場で、天田書記長は何をやっていたのか、テロを許していたのか」と、天田に迫らんばかりに激しく糾弾した。

教労戦線など労働者党員からは「九州地方委議長、WOB議長の人事を九州との協議もなしに決めるような、頭越しの官僚主義的決定は認められない」という意見がたたきつけられた。「もし、三・一四IIが関西の労働者党員の決起であり、党に民主主義を甦らせるというなら、九州の労働者党員の意見を尊重しないのはおかしいではないか。そんなことは認められない」という意見が一気に大勢となった。満場が党中央を弾劾するところとなった。

天田は、九州の党員たちの正論と迫力の前に立ち往生してしまった。そして何ら反論することもできず、「九州の意向はわかった。九州の人事は九州の労働者が決定するということを確認する」といわざるをえなかった。もちろん、その場しのぎの対応であることは見え透いているが、誤解の余地のない公的な確認であった。またしても天田は、書記長としての信念の不在、指導性の歪みを衆人環視のなかで露呈したのだった。

中央に戻った天田は中野に相談し、中野から叱咤激励され、九州党員総会での約束などなかったかのように更迭人事を強行することを確認し、中央の諸会議でその旨を宣言した。そして九州党員総会から四日後の五月一一日、政治局から九州に、更迭人事を当初の方針通り執行するとの返事が届いた。九州の常任らは激怒した。そして宇谷らは対応策を懸命に熟考した。

天田らは五月中旬に地方代表者会議を招集した。通常は中央からは天田一人のところ、天田の他に坂木と木崎が、関西から毛利と中原が出席した。

張りつめた空気のなかで、議事は進んだ。九州の宇谷と佐川、中四国の藤田と彦田は、三・一四IIに反対したこと、あるいは明確な賛成を表明しなかったことを謝罪した。それにたいし天田、坂木、木崎は、宇谷らを強く追及するとか居丈高に自己批判を迫るという姿勢ではなく、出方をうかがうというものだった。毛利と中原は「謝罪をふまえて、再生してがんばってほしい」と発言した。

天田は事前の中野との決定にもとづいて、九州党員総会での約束など反故にして、先の九州の三人の更迭人事を通告した。また藤田と彦田を組織活動からはずすようにさまざまに画策した。

天田は、宇谷と佐川には、更迭人事を現在この場から実行するので、このまま本社に残れといった。だが結局、身辺整理ということで、九州に戻って自己批判書を執筆するという確認で前進社本社から出た。藤田と彦田も同様に、戻って自己批判書を書くということで本社から出た。

宇谷らは、この会議の場で九州党員総会の確認と約束を盾に天田＝政治局に抗うこともできたが、そうはせず、身柄拘束を避けるために整然と会議を終えるよう努めた。他方、天田も、この会議で一戦を構えるのは先の九州での約束からいって不利と判断して戦々恐々としていた。ここで宇谷らを本社から出すことは虎を野に放つことになると半ばわかっていたが、退出を許可するしかなかった。それほど先の九州党員総会によって天田ら政治局はうちのめされていた。九州の虎を野に放った天田は、すぐに中野から叱責され、後悔することとなる。

戦闘的伝統を誇る九州地方委が集団離党

宇谷と佐川は更迭・移籍人事を含む中央の決定を九州にもち帰った。そして、個別に中央での会議を報告し、自らの決意を伝えた。宇谷は「五・七党員総会でも明らかなように、現在の革共同は堕落しきっている。現在のような党にわが身を置くことは潔しとしない。いまの党に与することはいっさいない」と話した。「自分らは、九州の皆で建設し長年にわたって堅持してきた事務所から出て外で活動するが、同志の皆さんは一人一人が主体的に考え、納得いくように行動してほしい」「望むことなら、革共同の外と内から、いまの堕落した革共同をひっくり返していきたい」と述べた。党に残るか、離党するか、どのような選択をするかは、党員一人一人の意志にまかせられた。

宇谷らの決断を受けた九州の常任らは五月一七日、九州地方委常任会議を開いた。全員が天田の約束違反に激怒し、更迭人事の決定を弾劾した。そして、九州党員総会の総意を蹂躙することと三・一四IIの本質とはつながっていると認識した。少なからぬ人は「もはや革共同は死んだ」と痛感したのである。そうして常任のほとんどが、離党して宇谷や佐川と行動をともにすることを選択した。部落青年戦闘同志会メンバーは皆と同じく心底から激怒したが、九州の大勢となった意見に理解を示しつつも、同志会全体の方針にしたがって、離党せずに党に残るという態度を表明した。

この過程を体験したほとんどの党員は、三・一四IIに反対し、同志会をのぞいて離党を選択するにいたった。ついに九州地方委の集団離党という事態に発展したのだった。ここに伝統ある革共同九州地方委は消滅した。

付言すれば、宇谷指導下の九州地方委は長年にわたって、全国の地方委のなかでもきわだって献身的で戦闘的な組織として自他ともに認められる存在だった。中央への定期的な党費上納、機関紙誌代の上納はつねにほとんど完璧であり、他組織と比べて異例の健全財政を維持しつづけてきた。その国労組織、教労組織は全国の産別をけん引する役割を果たしてきた。「動労に中野洋あり、国労に松崎博巳あり」と並び称されるほどの位置をつくりあげていた。「日の丸・君が代」強制に反対する教育現場のたたかいで全国に先駆ける運動を起こしてきたことは、自他ともに認めるところであった。八・六広島とともに、八・九長崎反戦・反核闘争を担い、革共同の革命的反戦闘争の先陣を任じてきた。

関連するエピソードを記す。九州地方委が集団離党した直後の六月一一日、福岡市で当時重大な火点となっていた教育基本法改悪に反対する教育労働者集会がもたれた。旧九州地方委の教育労働者を中心とする実行委員会主催で、日教組の組合レベルにも働きかけ戦闘的な教育労働者が集う場となった。労組交流センター本部から教労担当の廣海晶（運動場面で荒木淳の名を使用、全国労組交流センター事務局次長、一三年六月二三日死去）が参加し、すぐその報告レポートを党中央宛に出した。廣海レポートは要旨次のように書かれている。

「六・一一集会は安倍政権による教育基本法改悪攻撃に真っ向から立ち向かう九州の教育労働者の戦闘的集会となった。自分がこれまで参加した他のどの集会よりも高い路線性があり、戦闘性に溢れる集会だった。とりわけ基調報告は重厚な政治内容でありながら大衆的な説得力があった。自分も教えられるところがあり、感銘を受けた。もともとわが党の教労戦線の先頭には常に九州地方委が立っていた。その面目が示された集会だった。」

廣海は、旧九州地方委の教労戦線は離党しても優れた路線的内実があり、全国の教育労働者の先陣を担う役割を果たしている、このことは三・一四Ⅱ反対派であるかどうかを超えて率直に正当に評価すべきである、と書いている。三・一四Ⅱ反対派の旧九州地方委がまるで悪の巣窟であるかのように扇動されている党内情勢にあるとき、廣海は勇気をもってあえてこう提言したのである。

当然にも中野や天田や坂木は激怒し、廣海を締め上げた。けれども廣海に寄せる教育労働者の信頼の大きさを考え、何の処分もできなかった。彼らは〝宇谷一派恐るべし〟と臍を噛むしかなかった。それから七年後、廣海は交流センター事務所で墜落死した。その死は警察によって「事故死」と処理されたが、その七年の間の内的葛藤から死に臨むまでの廣海の懊悩の深さはいかばかりであったのか、ここに瞑して思いをいたしたい。

その九州地方委が集団離党したことの意味はじつに重大である。それだけで三・一四Ⅱが革共同のあり方にいかに背反するものであるかを物語っている。

それにたいして天田と中野ら政治局は、中央WOBの厚木を九州地方委議長に任命し、さらに西川、石橋ら数人を加えて九州に送り込んだ。まったく継承性のない、名ばかりの革共同九州地方委がこうしてつくられたのだった。

離党した九州の活動家は、労組交流センター事務所を活動拠点に、反戦共同行動・福岡を、自立労働組合・福岡、婦人民主クラブ全国協議会、部落解放同盟全国連合会、破防法と闘う連絡会などの諸団体・個人の大きな受け皿とすることで、九州の広範な労働者人民のなかに根ざした、新たなたたかいの道に歩み出した。

中四国地方委を解体的に再編、火種残る

前述したように、中野、天田ら政治局は中四国地方委指導部を排斥したがっていた。なぜなら、藤田らは三・一四Ⅱにもともと反対であり、三・一四Ⅱ首謀者らとつながっていた四国地方委が由

良をはじめ強固な賛成派であるのを除けば、中四国地方委の大勢は反対論が優勢だったからである。

中四国地方委として四月政治局決定を受けて、藤田が退任し、玄海（中四国ＳＯＢ議長）を議長とする新体制に移行する案を作成した。しかし、中央との力関係では実現できる状況にはなかった。

天田や坂木は、三・一四Ⅱ支持派の四国や関西の三・一四Ⅱ首謀者、大阪の堂本らとフラクションをもち、中四国地方委の内情をさぐった。藤田、彦田、石嶺（部落解放戦線）、玄海ら三・一四Ⅱ反対論者の三〜四月過程の言動を調査し、その罪状をつくりあげた。そして「四月、藤田ら中四国指導部と与田が会議をもった。藤田は与田と結託した」というデマ情報が流された。

そうした動きをにらみながら、中四国地方委は、中央の官僚主義的な組織介入への対策として先手をうつ形で、藤田指導を批判し、藤田を解任し、民間労働者党員を議長とする労働者中心の新体制に移行する構想を持った。とはいえ、その内部に三・一四Ⅱ支持の急先鋒である四国地方委がおり、それとせめぎあう形で、部落解放戦闘同志会および教育労働者委と山口県委、岡山県委、山陰地方委が一定の連携をとるというすくみ合いの実態があった。

中四国の会議は四月に二回開かれた。そこでは、四国が藤田指導を激しく追及し、他方で教労が三・一四Ⅱ反対ではあるが、過去の藤田指導について告発し強く批判した。関西から三・一四Ⅱ首謀者の早瀬をはじめ四，五人が参加し、与田の罪状と三・一四Ⅱの意義を高唱する場となった。二回目の会議では、石嶺を標的として弾劾が続いた。会議で追及された藤田、彦田、石嶺らは、「三・一四決起がいかに正しいものか」という文面の自己批判書をしたためた。

五月中旬に中央での地方代表者会議を受けて、中四国地方委の党員総会が開かれた。中央から天田、坂木、原田（中央ＳＯＢ、元広島学生戦線）が参加し、関西から二人が出席した。中野と天田ら中央は、中四国地方委が労働者を軸とする新体制に移行する決定について承認したが、そこに原田を書記長として投入した。それまでの中四国地方委を完全に解体し、新体制を発足させた。なお「藤田が与田と結託した」というデマについては、石嶺が「自分が与田と四月上旬に会って戦闘同志会の今後を協議していた」と釈明し、天田が「その時点で藤田は中央の会議に出ていたので、与田との会談にはいないはず」と、藤田の嫌疑を晴らすという一幕もあった。

こうして、六〇年安保闘争以来の革共同の歴戦の幹部であり、広島・中四国の地に反スターリン主義の旗を翻して毎年の八・六反核・被曝者解放のたたかいを組織・指導してきた藤田は、その並々ならぬ労苦への慰労のことばもなく解任された。持病をかかえ、やがて療養生活に移行し第一線から退いた。彦田は静養に入った。石嶺は地方委員から広島県委員に降格された。玄海は中四国から引きはがされ、中央の編集局に移籍させられた。中野や天田らは、近い将来、中四国が玄海を軸にして中央への反乱を起こしかねないと恐れていたからである。

中四国地方委は、政治局の官僚主義的な組織介入を防ぎ組織分裂を避けようと苦心惨澹したが、中央は強引に中四国の解体的再編を強行した。それは、形のうえでは奏功したかに見えたが、中央への政治的・思想的な不信を決定的に醸成し、組織的な火種を残すこととなった。こうして中四国地方委は以後、四国地方委を中心とする政治局忠誠派(この時点では、中野や天田ら政治局と三・一四Ⅱ首謀者らはまだ蜜月時代にあった)、戦闘同志会、教労、山口県委を中心とする隠れた三・一四Ⅱ反対派、数としては多い中間派が、多少重なりつつ棲み分けるという実態となった。

そうした激しい葛藤を抱える組織実態は、遅かれ早かれ破裂することが不可避だった。事態は〇七年八月に広島部落差別事件が発生する形で展開していったのである(第3章第3節)。

「韓信の股くぐり」を決断した部落青年戦闘同志会

部落青年戦闘同志会の存在とその去就は、三・一四党内リンチが引き起こしたある意味で最大の政治・組織問題であった。同志会は福岡から長野まで全国的に組織されているが、関西が最大の勢力を擁している。

前述のように、いち早く三・一四Ⅱ弾劾決議をあげた関西の同志会は、党員たちに党内リンチ反対の働きかけをおこなった。そして、四月政治局会議で三・一四支持決定が出されても、前進社関西支社に蟠踞する三・一四Ⅱ首謀者らと対峙しつづけた。なぜなら、三・一四党内リンチが直接に与田を追及するばかりでなく、同時に部落解放戦線をも与田と同罪とみなし、しかもテロ・リンチの発動という形で、同志会を政治的・組織的・軍事的な敵対物とみなしていたからである。それは当然の対応策であった。

塩川ら三・一四首謀者らは、同志会と話し合うという姿勢がなかっただけではない。本来ならば部落解放同盟全国連合会という大衆団体に、中田潔書記長のもとにただちに赴き説明する義務があるにもかかわらず、その責をはたす考えはまったくなかった。中田書記長や同志会から厳しく問い糺されても、あくまで三・一四の行為への理解を求め説得するという姿勢も、その能力もなかったといえる。

四月上旬に同志会の全国総会が開かれた。そこでは各自が自由に発言した。「三・一四は許せない」という声が大勢であった。その中で「与田にも問題があった」という発言がごく少ないが出された。

前述のように、四月上旬に与田と同志会の主要メンバー二人との会談がもたれ、「革共同であることに誇りをもってたたかってきた同志会が、党を分裂させることはできない」という議論を交した。与田は「自分はもう活動に復帰することはできない」と語り、きょうだいたる同志会の面々への釈明も挨拶もしないという態度だった。いっさいの責任を投げ出した与田の身勝手さも含めて、残る同志会指導部は悩みに悩み抜いた。同志会の全員がじつにやるせない気持ちに襲われていた。

その後、五月に二回目の同志会全国総会が開かれた。三・一四IIの現場で暴行を受けた久保田が立って、「党の分裂だけは避けなければならない。革共同を中から変えていく立場に立つということだ。ここは韓信の股くぐり[7]の精神で生きぬこう」と、絞り出すように訴えた。さまざま議論されたが、久保田提起を全体で確認するところとなった。それは同志会にとってじつに苦渋の選択であっただろう。そして、長年にわたって与田とともに部落解放戦線の最高指導部としてやってきた久保田は一歩退き、八木が同志会委員長として前面に立つことになった。

その後、八木が同志会を代表する形で自己批判書を執筆し提出した。そこでは、三・一四IIを与田の腐敗への決起とし、そうした与田を許してきたことについて自己批判するという態度を表明した。関西地方委は八木自己批判書をすぐに受理したが、承認するのか不承認なのかを返答しないままであった。

部落解放同盟全国連への敵視

じつはこの頃、五月中旬、中央の政治組織局会議では、構成員として間もない塩川が、全国連・中田潔書記長を陥れる重大な差別発言をしたのである。いわく。「中田氏には与田と同じ利権的腐敗がある。証拠もある。近く明らかにする」。その場に出席した三〇人ほどが、いったい何をいい出すのかと驚いたのだった。これは根拠のないデマであり、一線をこえた差別発言であった。なにゆえ塩川は、そのようにあからさまな自覚的な部落差別を行ったのだろうか。塩川ら三・一四II首謀者らは、「中田書記長を全国連から取り除く」という、とてつもない大それた野望をもって党内合意をつくろうとしたとしか考えられない。中野、天田ら中央はそれを渡りに船と、手段を選ばず中田書記長を倒し、同志会を脆弱化させ、全国連を党の従属物にするという悪魔の囁きに乗ろうとしたことは明らかであった。

七月の非公然政治局会議では議題の一つとして、同志会および全国連対策を協議した。そこでの協議の末、部落解放運動に全面的に敵対することへの差別主義的な恐怖から、同志会との直接的な対立を避け、同志会の党への取り込みとその換骨奪胎を企図する方針へと転換した。前述の塩川発言の問題性はあいまいにした。そして先の八木自己批判書を政治局レベルで受理・承認した。また、七月三〇日の革共同政治集会の直前に、八木を関西地方委員に着任させ、関西同志会全員の関西地方委への復帰受け入れを決定した。そして、いかに同志会および全国連を党の従属物にするか、そのための論理をどうこねまわすかを議論したのである。これ以降、政治局の部落解放戦線担当となった坂木が八木と特別の組織会議をもつこととなった。

七・三〇革共同関西政治集会では、塩川が小山明名で基調報告した。塩川は、三・一四IIについて「全国連およびたたかう部落解放戦士への謝罪」を表明し、同志会にたいし「党の革命の先頭にたつように」と呼びかけた。三・一四IIでは「与田の腐敗は部落青年戦闘同志会と部落解放同盟全国連合会を基盤にしている」と声高に部落解放戦線そのものを敵視したことなどなかったかのように、である。そして、ことばを継いで「プロレタリア革命のなかに部落解放がある」「部落差別の

◆7　韓信は紀元前二世紀、中国・漢の武将。貧しい家に生まれ苦労が絶えなかった韓信は若い頃、町のなかで無頼者に侮辱されたが、一時の恥を忍んでその者の股の下をくぐった。後、劉邦の武将となり軍略家として漢の天下統一に多大の貢献をした。その後は悲劇的な晩年をとげる。大志を抱いて一時の辱めを耐え抜くことを韓信の股くぐりという。

本質は階級分断支配にある」という、清水から知恵をつけられた言辞を弄した。当日配布された基調報告レジュメに銘記されているそれは、翌年の七月テーゼにつながる論理、すなわち七・七自己批判路線の否定と清算そのものにほかならなかった。

「部落解放闘争は党の利益に貢献せよ」

さらに九月の革共同第二二回拡大全国委員会総会（二二全総）では、部落解放闘争について最初の歴史的な反動的転換というべき決定がなされた。付属文書「革命的部落解放闘争の諸問題」が何の討議もなしに機械的に採択された。それは、第六回大会の特別報告「部落解放闘争の綱領的諸問題」を「連合戦線党の路線」と規定し、同特別報告を破棄するものであった。付属文書は塩川が代表執筆したとされているが、同志会による内容上の検討を経たものではない。事前に八木には見せたが、八木は、部落差別と部落解放運動に関する無知が目立ち、とても党の文書にするような水準ではない、と拒絶反応を示した。それを無視して採択したのである。

同付属文書の内容もしたがって、狭い労働組合運動の利害に部落解放運動を従属させる意図、もっといえば、動労千葉の利害に同志会と全国連を官僚主義的に縛りつける狙いがいたるところに露骨に現れている。「身分的差別」「党も階級も差別から自由ではない」「差別糾弾」とかの表現ははめ込まれているが、単なる粉飾でしかない。そこにあるのは、理論でもなく、綱領・戦略をめぐる究明でもなく、力ずくで同志会と全国連を抑え込み、枠にはめようとする暴力性だけである。

同付属文書の性格と狙いを端的に示す言辞は次のようである。

「部落解放闘争の「独自性」「固有性」は、プロレタリア革命にたいして部落解放闘争がいかに貢献できるのかを指標として、運動的・理論的に展開されなくてはならない。」（付属文書「革命的部落解放闘争の諸問題」)

「プロレタリア革命に貢献せよ」とは、よくぞいったりである。その「プロレタリア革命」とは実質的には党=革共同を意味する。先取り的にいうと、この「党への貢献の強制」論が、翌年の七月テーゼのキーをなす「プロレタリア性の刻印・強制」論として決定的に腐敗を深めていくのである。

そこでは、部落解放闘争の存立そのものが否定されている。そこでいう「プロレタリア革命」とは、本来の豊かな内実をもつべきプロレタリア革命ではなく、単に「党の利益」ということなのである。重要なことは、中野、天田、清水、そして塩川を含む政治局の語る「労働運動」の内実が、同志会および全国連を実体的担い手とする部落解放闘争を敵視するという立ち位置から逆規定されて、一気に差別主義的な組合主義・経済主義へと変質していったということである。

こうして九、一〇月ころから、政治局は「差別・抑圧戦線の地区党への移籍」方針を強行し始めるのである。しかし、そのような部落解放闘争への官僚主義的抑圧方針がスムーズに進行するわけもなかった。その矛盾は一気に破裂していく。

第5節　政治局内大粛清

清水が率先して三・一四II転覆を策動

三・一四II以後、政治局の内実はどのようなものとなっていったのか。

中野、天田、清水らはまず与田除名とともに岸、水谷、竹内、岡の政治局員を解任・更迭した。一二人いた政治局員のうち五人を排除したのである。とくに岸、水谷をひれ伏させようと徐々に締め上げを強めつつあった。

五月、清水が出席する非公然WOB会議をもち、三・一四IIを「党の革命」と位置づけ、推進することを討議・決定した。じつはこの会議は、いまや正義の使徒と讃えられる三・一四II首謀者らにいかに対抗するかを協議するフラクションであった。そこでは政治局を中野＝天田主導・清水従属体制とすることを確認し、そこに松丘静司（田中康宏、労働戦線）、大原武史（辻川慎一、労働戦線）を加えた再編政治局体制を決定した。「政治局は三・一四革命によって打倒された」などとリップサービスだけふりまきながら、傲然と居直ったのである。

清水はその場に四月政治局会議議案「政治局会議Iへの提起」（三月文書）に続いて「非公然WOB会議への提起」（五月文書）という自己批判書を出した。三月文書は自己批判になっていないという塩川らの批判が出てくることを想定して、口先だけではあるが清水自身の責任があることを認めて自己批判する姿勢を示してみせた。さらに七月の非公然政治局会議に「政治局会議IIへの提起」（七月文書）を出した。三つ目の自己批判書を出したのである。清水としてはその都度自己批判を深め、いかに真摯に「党の革命」に向き合っているかを演出した。けれどもそれらは表面上のことばの綾を弄んでいるにすぎず、何ら主体的な自己批判をしたものではない。七月会議には塩川が三・一四IIを遂行した勢力の代表として政治局員に任命される形で出席した。

七月文書を見ると、清水はたしかに「与田体制を許容し助長してきた清水的中央指導のあり方そのものが桎梏化していた」「清水指導の歴史的破産」とより強い表現をとってみせた。また「三・一四革命の内延的な深化・発展」などともいっている。ところが、そんな言辞にまったく相反して「〇三年新指導路線の決定的革命的意義」を強調し、「三・一四革命こそは新指導路線の全面的爆発への道を最後的にきりひらく党の革命である」と位置づける。それは三・一四II首謀者らの真の狙い＝新指導路線反対を封殺するものであり、三・一四IIそのものへの逆襲にほかならない。逆にいうと、塩川、毛利らは真の狙いを背後に隠し、与田財政問題などに絞り上げてクーデターを扇動・展開したという戦略的な致命的弱点を狡猾に突かれたのである。

さらに清水は、三月文書での「与田＝主犯、清水＝結果的容認」というロジックを貫きつつも、それでは実際の経過や実態からあまりにもかけ離れて説得力に欠けるために、政治主義的なアクロバットをやってのける。

すなわち、一方では「第二回関西会議での自己のあまりにあきらかな誤り、暴走は、今日ふり返ってみるときわめて恥かしい」「断じて許せない、徹底的に批判し組織的に粉砕していくべきだと、毛利同志などをいわば党路線からの逸脱者として徹底的な自己批判を迫るというような展開となった」とひとまず認める。他方ではそこに鋭角的な路線対立があったことを塗りつぶし政治内容を抜きにして「与田が反対派狩り的分派攻撃、毛利・塩川追放・一掃のクーデターへと暴走した」「清水は与田の反党的行動の共犯者となってしまった」とデッチ上げて描く。おまけに清水＝中野方針を進めようとした与田を「新指導路線への反対者」に仕立て上げる。

要するに与田を財政的腐敗と党内権力の権化という巨悪にすることで、清水自身の最大かつ直接的な責任などなかったことにしているのである。

その他、ここでは取り上げないが、岡田意見書問題、宝塚問題、浅尾スパイ問題、〇五年都議選での敗北問題などもろもろの論点でもごまかしとすり替えをやっている。とりわけ清水自らの組織指導の歪みと党内民主主義のあり方について、「主観的には懸命な政治局づくりの活動を行ってきた」と自己弁護にこれ努めている点は、とうてい看過できない問題を浮かび上がらせている（この点にかかわる清水政治局の組織指導の歴史的な全面的検証は第2部で詳論する）。

このように清水は「自己批判」というタームを乱発すると見せて、率先して三・一四Ⅱ首謀者らへの逆襲の道筋をつけたのである。そうすることで中野、天田らに「与田の庇護者」（天田のことば）であった自らの新たな利用価値を売り込んだのである。中野と天田の側からは、清水が三度にわたって自己批判ならざる自己批判の文書を作成したことに依拠し、自分らは三・一四IIに対応する何の文書も書かずに、自己批判の「じ」の字も語らずに済ませたのである。傲岸不遜、無恥厚顔とはこのことである。しかし塩川は、といえば、七月会議で何ら有効な対応ができなかった。

「三年でひっくり返す」発言でだましあい

清水による三つの文書、とくに七月文書の裏側には、じつは清水の「三年でひっくり返す」発言をめぐるだましあいの構図がある。

清水が次期SOB議長予定であった武藤を呼び出した個別会談で、「三年でひっくり返す」と語ったことは前述した。このことの波紋は小さなものではなかった。その清水の言は密かに、しかし尾ひれはひれがついて広範囲に党内に流布された。五月、「清水議長が三年でひっくり返すといったというわさがある。事実なのか」という二、三のレポートが出された。〝清水議長の本心は三・一四II反対なのではないか〟という憶測を呼んだ。この事態に中野や天田らは衝撃を受けたが、清水を問い詰めて事を荒立てるのは得策ではないと判断し、様子を見ることにした。塩川、毛利らは「事実であれば許せない」といきり立った。だがどうするという方策もないため、根拠のないうわさとして黙殺し、三・一四IIが「党の革命」であることをどう担保するかに力を注ぐこととした。もっとも驚愕したのが清水であることはいうをまたない。清水は三・一四II反対派に裏で通じているると見なされはしないかと極度に恐怖した。そのため党内力学の推移をにらみながらペテン的な自己批判書執筆に四苦八苦した。

六月上旬、塩川、毛利、椿ら関西地方委は浅尾スパイ問題や与田の不正・腐敗問題で政治局員全員の自己批判を要求する決定をした。それを三・一四Ⅱによる「党の革命」を貫くためと称した。それにたいして中野がいくつかの会議の場で関西地方委にむかって「オレは自己批判しない」「浅尾スパイ問題は関西問題じゃないか」と開き直った。関西地方委は猛反発を示したが、さりとて中野を責任追及する口実を見つけられなかった。矛先は清水、高木、天田に向けられることとなり、天田、木崎、坂木らは慌てて清水および高木に、非公然政治局こそが与田、岸、水谷を増長させてきたのであり、ゆえに清水・高木が政治局を代表して関西地方委が納得する自己批判を出すよう要求した。清水は塩川ら関西地方委の激しい追及の矢面に立たされ、また「三年でひっくり返す」発言をしていない証を示さなければならないという窮地に陥った。高木も三・一四Ⅱ反対派とは無縁である証を求められていると認識した。

七月、非公然政治局会議はこのような複層的な角突き合いのなかでもたれた。

清水が提出した自己批判書「政治局会議Ⅱへの提起」についてはすでに検討したが、それには前文が付いている。そこに清水が書き込んだことは、①与田の財政略取を許さず全額返済させる、②浅尾スパイ浅尾を徹底的に追及する、自宅にいる与田をつかまえて浅尾スパイ問題への関与を追及し断罪する、③旧九州地方委の宇谷一派こそ三・一四革命への悪質な敵対者であり、とくに「動労千葉は民同と同じだ」と罵倒していることは許せない、宇谷一派打倒へ全力をあげる、という諸点を政治局の三・一四革命貫徹の方針とするという提案である。そして④中野、天田を信頼し全面支持すると恭順の意を表明するとともに、「本文書を岸と水谷に突きつけて岸と水谷に引導を渡せ」とするものである。

右の諸方針を会議で決定しながら、①、②は何も着手されなかった。天田らも塩川らも与田および浅尾の探索・追及には動かなかった。誰もがこの「方針」は清水が三味線を弾いたものとわかっていた。ゆいいつやったのは③の宇谷ら旧九州地方委への打倒闘争である。九州で別の労組交流センターをデッチ上げることなどを策動したが、大勢を変えることはできなかった。④についても、筆者らは他の党員と同じように清水七月文書を回覧しただけで、何の言い渡しも受けなかった。ところで岸は七月文書を読んで、自己の政治的保身のために他人を落としいれる組織になってしまったと判断し、これをもって離党を決めたのだった。

いずれにせよ清水は「三年でひっくり返す」発言を不問に付すようにと政治局会議にメッセージを送ったのであり、それを受けて政治局はお互いの腹を探り合っただけだった。同発言の真相を究明することで「三・一四革命＝党の革命貫徹」で合意しているだけの不安定で微妙な関係が壊れることを恐れたからである。

では「三年でひっくり返す」と語った清水の本音は何だったのだろうか。

もはや解説するまでもなく明らかであるが、第一に、塩川、毛利、椿ら三・一四Ⅱ首謀者たちがいまや「党の革命の遂行者」と賛美されている党内情勢を覆すこと、見せかけの「大義」を背負い関西地方委を掌握した彼らが政治局の権力を脅かし政治局打倒に踏みきるだろう力関係を中野・天田らと一体となって逆転させることにほかならない。

第二に、塩川ら関西地方委に対抗する勢力の一翼に元三・一四Ⅱ反対派（反対派はすでに自己批判し三・一四Ⅱ支持を表明している）を抱き込むために清水幻想をふりまいた。〝革共同を塩川一派と中野・天田らが野合した権力にはしない、清水がふたたび政治局の全権力を掌握するから、それまで三年間、臥薪嘗胆してくれ〟〝軽挙をするな〟というサインを送った。

第三に、これがもっとも正直なところであるが、天田、坂木、木崎ら本社三政治局員、とりわけ常日ごろ軽蔑してきた天田ごときの軍門に下ったことへの口惜しさを思わず吐露してしまった。清水は会議のたびに天田に面罵される関係に陥った屈辱感に身を震わせていた。だがもし清水がほんとうに清水権力の再樹立を企図したのなら、まちがっても「三年でひっくり返す」という、口まで出かかった危険きわまりない言辞を呑み込むであろう。その言辞を口に出したのは、天田らにこびへつらうしかなくなった惨めな自己を糊塗するための強がりでしかなかったのである。

徹底的に卑劣な自己保身術に憂き身をやつすしかない清水。哀れというほかあるまい。そして清水は、政治局のすべての責任を盟友・高木徹に強引に転嫁し高木を切り捨てるという卑劣、非情な策動に進んでいくのである。

二二全総は腐敗と転落への最終的分岐点

七月政治局会議Ⅱから七・三〇東西革共同政治集会（東京の基調報告者は天田三紀夫、関西は小山明＝塩川）へ、中央政治局派と関西派の短い同床異夢が続いた。しかし「動労千葉型労働運動」に肉体的に反発する関西地方委の主流派＝三・一四Ⅱ首謀者らは次の行動をうかがっていた。同時に関西における塩川ら主流派と反主流派との葛藤も強まりつつあった。中野、大原、松丘、天田、清水ら中央政治局派の側は、勢いづいている塩川ら三・一四Ⅱ首謀者らの攻勢からいかに身をかわすか、いかにたぶらかすかに腐心していた。

三・一四Ⅱから約六カ月後の九月、第二二回拡大全国委員会総会が開かれた。二二全総は、中央政治局派と塩川ら三・一四Ⅱ首謀者らとの短い蜜月時代の産物である。その全路線内容について、後の関西派は完全に責任を負っている。彼らは積極的に二二全総を肯定したのであるから。

二二全総では、何を決めたのか。

一つは、政治局の全面的再編である。関西から塩川、労働戦線から松丘静司、大原武史、東日本地方委から野川、理論委員会から三石、編集局から城戸通隆、坂本千秋が政治局入りした。松丘と大原は中野直系であり、中野の位置と発言権が大きく強まった。すでに三つの自己批判書を出した清水は、天田に首根っこを押さえられる関係にあり、高木は自己批判が認められない状態だった。「06年3月蜂起で中央政治局およびその指導と指導内容、指導体制が打倒された」（二二全総・特別決議）とリップサービスしながら、中野、天田は何の自己批判もせず、副議長、書記長に居座った。現実には中野が政治局トップに座り、天田が党組織を統括し、中野・天田に清水が隷属する形になった。

二つは、与田、遠山、西島、それに前九州地方委議長・宇谷（平田）、前東日本部落解放戦線担当・倉田の除名を決定した。除名の手続きをしたという以上に、三・一四Ⅱ反対派への断罪点を事後的にとってつけるためだった。①「〇三年新指導路線＝動労千葉労働運動」への路線的反対派だったこと、②党から逃亡した四〜五月以降も党破壊策動を続けていることが挙げられた。とくに前者は中野・天田・清水ら政治局派と塩川ら関西地方委との共通確認事項と位置づけられた。これ以降、「党の革命は新指導路線反対派との路線闘争である」という確認が公式見解とされ、中野らは「新指導路線＝動労千葉労働運動」支持か否かを「党の革命」の賛否を分かつ踏み絵にしていく。

三つは、第4節で見たように、部落解放闘争という闘争概念、運動領域そのものを否定し、「部落解放闘争は党の利益に貢献せよ」という、ラディカル左翼の言辞とはおよそ信じられない差別主義に満ちた暴論を決定した。ここに七・七路線放棄のコースが敷かれたのである。そこには三・一四Ⅱ反対派のなかで最大実体をもつ戦闘同志会をいかにねじ伏せるのかという動機が強く働いていた。まったく理論外的かつ政治主義的動機が政治局や関西地方委の思想を決定し、こうして七・七自己批判を構成要素とする反帝国主義・反スターリン主義綱領に背反する党派へと変貌していったのだった。

四つは、折りからの自民党総裁選で安倍晋三が政権公約に憲法改正、教育基本法改正を真正面から掲げた情勢で、改憲阻止、教育基本法改正阻止が急速に緊迫化するなかで政治闘争からの後退、反戦政治闘争の組合運動への解消の路線、正確にはその端緒となる論理をうち出した。「三・一四Ⅱ反対派＝政治闘争主義」と断罪する以上、それは必然的な方向だった。たとえば次のようである。「労働者階級大衆の人間的生存権を奪う攻撃こそ改憲攻撃なのである」「プロレタリアの自己解放、階級への信頼なき「命がけの反戦闘争」のふり回しは、階級の武装や獲得の外側にみずからを置いているという点でけっして革命を準備する勢力たりえないどころか、階級に敵対する思想なのだ。」（大原が提案した第三報告「党の革命・労働者党建設を推進基軸に一一月一万人結集から〇七年改憲決戦へ」）。

それは宇谷ら前九州地方委への批判として強調された。右の論理は〝階級を武装し獲得する労働運動をたたかうことが改憲阻止となる〟〝改憲阻止とは労働者が生存権をかけてたたかうことだ〟という文脈となるのである。

五つは、以上すべてを総括する新見解「党（革共同）は階級（労働者階級）そのものである」を決定した。この新見解は、前記第三報告の主題となっている。この第三報告は革共同内では、下敷きとなった大原メモとあわせて「大原論文」といわれている。

三・一四Ⅱを推進した関西派と中央派の双方が大原論文、とりわけ新見解に小躍りした。「今まで「党は階級そのものである」というのではないものがわが党の中にあった。それを打ち破ったのが「党の革命」である。「党の革命」がついに全党のものとして確認された。「党の革命」を階級のものとして確認したのである」（同年一一月関西党員総会第二報告の第Ⅱ章）。

革共同のなかで労働者党員の役割と位置が第一義的なものとして高められたと解釈したため、三・一四Ⅱ推進者は新見解を絶賛した。ところが違うのである。大原が中野の意を体していったことは、何のことはない、「革共同は中野を始め動労千葉派の労働者党員が支配するものである」「労働者すなわち中野の発したことばが天の声である」ということである。これがあえていえば中野式党組織論なのである。

二二全総は、半年前の三・一四Ⅱの本質と狙いを政治的・組織的に表現するものとなった。つまり三・一四Ⅱが動労千葉派ではない、もう一つの経済主義者・組合主義者によるクーデターだったからこそ、中野らは一瞬躊躇したが積極的支持に回ったのである。三・一四Ⅱ首謀者らが中野に支持を要請した瞬間にそれは〝中野洋の三・一四Ⅱ〟となったがゆえに、「新指導路線翼賛」が三・一四Ⅱの合言葉とされたのである。

かくして二二全総は、革共同がそれまでの反帝国主義・反スターリン主義の綱領的立脚点と安保・沖縄闘争やアジア人民との連帯闘争、内乱・内戦論、戦闘的労働運動論に示される戦略的総路線の立場をかなぐり捨てて一気に経済主義・組合主義の党へと変質し、階級闘争の敵対物へと転落する転換点となった。

だが同時に二二全総は、三・一四党内クーデターの戦果を関西派から中央政治局派が簒奪する転回点ともなった。関西派の「党の革命」のスローガンをすくいとって動労千葉特化路線を敷いていく出発点となった。その意味で、二二全総は三・一四Ⅱの政治的・組織的表現であると同時に、三・一四Ⅱからの離陸の始まりでもあった。後になってふりかえれば二二全総が右のようなものであったことは、関西派も合点がいくことだろう。だが当時、関西派は〝三・一四蜂起を遂行した塩川・毛利ら関西地方委主流派が革共同を塗り替えつつある〟とすっかり思い違いをしていた。

政治局の血の入れ替え

二二全総での政治局全面再編はそれ以後、党の性格を上から決定していく重大問題なので再確認する。天田、中野らが解任した政治局員は七人にのぼる。清水はそれらすべてに積極的に賛成した。

与田除名に続いて、岸（〇六年七月離党）、水谷（〇六年一一月離党）を〇七年七月の二三全総で除名した。竹内、岡を降格させた（〇六年四月）。そして少し後になるが、高木をも降格させ、中野・天田体制への忠誠を誓う自己批判を課す処分（活動停止・自己批判処分）を下し、三里塚に移住させた。高木の除名は天田においては遅かれ早かれ時間の問題であった（一四年九月に除名）。

新たに政治局入りしたのは、塩川（関西）、松丘静司（労働戦線）、大原武志（同）、野川（東日本地方委）、三石（理論委員会）、城戸通隆（編集局）、坂本千秋（同）である。〇七年九月の二四臨時全総で政治局員・塩川、関西地方委書記長・椿を除名し、同時に鈴木達夫（弁護士）、藤掛守（理論委員会）、鎌田雅志（立花）を政治局員にした。三石はその後、病身を理由に辞任した。政治局員七人を除名ないし降格し、それと入れ替えに一〇人を政治局員に任命したのである（新任されるや一年あまりで除名された塩川は重複して数えている）。

左翼党派を経験した人ならすぐにわかることだが、政治局が大幅に入れ替わると、それだけでその党派全体が政治的・思想的に変貌する。三・一四II以後、政治局の血を入れ替えた革共同は、もはや本多書記長時代の革共同とは縁もゆかりもない政治組織となった。革共同の党としての連続性、継承性はもはや何もない。だから現在の天田、大原、清水ら政治局は「革共同は変わった」「変わってどこが悪い」とはっきりいえばいいのである。革共同ならざる新しい革共同の姿を堂々と明らかにし、自らを世に問えばいい。なぜ、それができないのか。なぜ「五〇年間、一貫している」などといわなければならないのか。それは三・一四IIの実相、本質を隠し続けているからである。

第3章　杉並、東西分裂、七月テーゼ　〇六年一〇月〜〇八年四月［第二局面］

第1節　杉並二区議に即時辞職を強要

天田の脅しと都革新区民の怒りの爆発

三・一四IIによる分裂と粛清は、党内にとどまるものではなかった。夏から秋へ、そして〇七年へ、組織的危機はさらに深刻化し、党外へと波及していく。前述のように、天田、中野らは、三・一四党内リンチの賛否をめぐる反対派の排斥を、四月以降もずっと継続していた。反対派政治局員の追放と組織再編はその基軸だった。同時に最大の政治・組織問題に発展したのが、杉並区議の結柴誠一と新城節子への議員即時辞職強要問題であった。つまり、革共同の長年にわたる地域拠点である東京都杉並区において、何千人、いや万をこえる区民を巻きこむ形で、三・一四IIの第二局面が展開されたのである。

二二全総を受けた九月下旬の政治組織局会議で、天田が「結柴と新城の二議員を即時議員辞職させ、活動停止とし、自己批判を深めさせる」という方針を出した。これは天田が、政治局決定もなく、公然面の独断でおこなったものである。中央の会議では、古参幹部である松本など、一部ながら強硬な異論、反対論が出された。また二議員が所属する東京西部地区委では、議員即時辞職は納得できないという意見が大勢となり、議論が混迷し保留となった。都政を革新する会の長年の支持者多数から猛然たる抗議が巻きおこった。この過程をすこしみておこう。

〇六年三月、結柴は所属する政治組織局会議で三・一四党内リンチに明確に反対の態度を表明した。四月に清水議長決済で「三・一四労働者決起断固支持」の立場が固められるや、結柴は厳しく追及された。天田らは「議員の資格なし」「三・一四決起に反対するのは思想的に問題がある」などと結柴を激しく責めたて、くりかえし自己批判書を書かせた。結柴は「〇七年四月の区議選には立候補しない」という一文を含む自己批判書を提出し受理された。新城は結柴への攻撃の理不尽さを見て、自分も、「次回は立候補しない」と表明した。二人は議員としての最後の務めという覚悟で折りしも始まった六月区議会に臨んだ。

二人の潔さはかえって、〇七年区議選はやはり結柴、新城、北島の三人候補でたたかうのが望ましいという気分を、西部地区委の少なからぬメンバーに呼び起こした。それに危機感をいだいた天田らは、西部地区委員長・浅原や有岡を使って結柴、新城への攻撃材料のあら捜しを始めた。九月に有岡が「二区議が、〇三年以降の高井戸保育園・学童クラブ民営化に賛成していた」という事実を歪曲した報告をあげた。それを受けて浅原が「民営化に賛成した結柴と新城は立候補させず、北島一人候補でいくべし」という意見書を出した。天田ら本社政治局は「これで二人の罪状ができた」とぬか喜びした。そして八月、依然として「三人候補」方針であった工藤（都革新担当）も有岡とともに、天田方針のもとで、都革新の区民に一人候補方針の説得に動くこととなった。区民を集めて、党決定の説明にやっきとなった。

それには後援会長をはじめ多くの区民が驚いて、つぎつぎと抗議と撤回を革共同につきつけはじめた。彼らは「結柴と新城が自ら立候補しないというなら、後援会が彼らに立つよう説得する。区民にまかせろ」「金も運動員も後援会で責任をとる」とタンカを切った。さらに「〇三年にも三人立候補でたたかったではないか。杉並の住民運動がここまで広がってきているのに、なぜ退却する必要があるのか」と、党決定に納得しない理由をつきつけた。加えて「結柴と新城が民営化に賛成したというのは事実ではない。いいがかりだ」「民営化に賛成したという話も区内の実情を知らなさすぎる」と強く訴えた。事実、結柴と新城は多くの父母らとともに民営化に反対していた。だが区があくまで民営化を強行しようとしたため、民間会社への名義変更にともなう住所移転を認めないと保育園や学童クラブに通う子どもたちの行き場がなくなることを苦慮した父母らの相談に乗り、それを後押しする現実的な対応をしたのである。こうして区民たちは、結柴と新城を激励した。

この事態にあわてた天田が、それまでの「任期はまっとうし、〇七年四月には立候補しない」という方針をひっくり返し、「区議会中であろうと、任期を残していようと、とにかく即時辞職だ」とわめきだした。政治的な判断もなければ見識もない、議員と支持者の信頼関係も考慮しない、ただただ感情的で非常識な、デタラメきわまる「方針」ならざる方針は、当然にも党内外に衝撃をあたえ、怒りと戸惑いを呼び起こした。

中央でも異論が出され、西部地区委が保留にしたことはすでに述べた。一〇月になると、都革新後援会会長ほか一二人の区民が連名で「一人候補方針反対、二議員即時辞職反対」の要請書を革共同に提起するにいたった。多くの区民が一様に抗議し主張したことは、前記の発言に加えて、「区民をないがしろにして、区民が選んだ議員を勝手に辞めさせるのは認められない」「革共同が区民抜きに選挙戦を議論して、その結果だけを押しつけている」「議員の誤りは組織の責任であるのに、トカゲの尻尾切りで二議員を切ろうとしているのは許せない」というものだった。彼らの怒りは、「区民を無視したところでの党内権力闘争を押しつけるのはおかしい」「区民の意見を聞かないのなら革共同と手を切る」というところまで高まっていた。天田が、都革新区民の革共同不信の怒りの火に油をそそいだのである。

政治局総がかりで即時辞職を強要

天田ら革共同政治局は窮地に立たされた。それを救うように、一〇月五日、議長代行の高木が「清水議長も同意している」とただし書きをつけた文書を出した。それは「二議員の議員辞職、議会からの召喚の方針を支持する。この方針は革命的議会主義の立場からまったく正しい」という文面で、天田の暴走方針を意義づけてみせたのであった。さらに同月一五日に、大原が「混乱が止揚されず、一致に至らず、前進に転じていないことを憂慮する。このたびの二議員即時辞職方針は、天田書記長が決断をしてきたものである」と、〝書記長の権威と権力に従え〟という、党内の反対論への露骨な恫喝文書を提示した。

こうして翌一六日に西部地区委が、党員からの反対意見書も出されるなかで、二区議即時辞職の強要を論議し、これを決定した。一七日には結柴、新城への通告がなされた。二五日にも坂木が、二人に最後通告をした。結柴と新城は苦悩した。しかし、この方針に従うことは区民の切実な怒りの要請に背を向けることになると考えざるをえなかった。二人は身柄拘束の危険を察知し、苦渋の選択として上高井戸の事務所に入ることや会議への出席を抗議拒否する決断をした。

これ以降、結柴と新城は区民とともに行動する道を進んだ。一一月五日の恒例の全国労働者集会(日比谷野外音楽堂)にも、区民とともに旗を掲げて参加した。区民らは二人を守るように陣取った。そしてなお即時議員辞職方針をふりかざす革共同にたいして、後援会だけでなく、介護と福祉を要求する杉並住民の会から「二議員を辞職させることは、議員とともにある住民の会に解散せよという ことだ」「あくまでも議員辞職などというなら、除名にしたらどうなのだ。私らは議員とともに生きていく」という声がたたきつけられた。革共同のあまりの硬直的な対応に、住民の会副会長は抗議辞退し脱会するにいたった。波紋は区民のなかにどんどん広がった。

西部地区委は一四日、二人に「区民と一緒になった党への攻撃をやめ、事務所活動に復帰するよう」警告した。住民の会から「結柴と新城を推して四月区議選をやろう」という声が高まる中で二六日、西部地区委は党員総会を開き、ついに二議員への議員即時辞職を突きつける決議をあげた。それまで即時議員辞職方針に反対ないし疑問をいだいていた複数の党員も大勢に従った。一二月に西部地区委は、「全国の同志のみなさんへ」と題する党内アピールで「『三人会派』論は議会主義的屈服の道である」と、翌年四月区議選を北島候補一本で臨むことを通達した。

前後して後援会長が辞任届を出した。結柴と新城は離党に踏みきり、都革新を脱会し、一二月一一日、新会派の届出を区議会に提出した。

年末の三一日、中央指導部の一人である松本が杉並区議問題を含む諸問題について全面的な党中央批判の意見書を提出した（後述）。

怒りの杉並区民、革共同との対決へ

結柴、新城は離党したものの、〇七年四月選挙に立候補を決めていたわけではなかった。あくまで議員の任期をまっとうし、支持者区民との信頼関係を壊してはならないという切なる思いだけだった。むしろ、これまで党の議員であった自分が離党した以上、出馬という選択はないと考えていた。区民の中心的な人たちが結柴、新城と何回も議論を重ねた。区民たちは、いつも若々しい結柴がげっそりとやつれ、新城が頭部の円形脱毛症になるほど悩んでいる姿を見て、二人に「住民が住民を組織して選挙をやろう」と訴えた。「区民の議員が必要なのだ」「区民の力で選挙に出させる」と激励した。

区民たちは話し合い、「革共同から区民がなめられたまま終わらせたくない」という意見で一致した。「いままでの党と都革新との関係は、区民の意見を聞くだけ聞いて、後になって確認事項をひっくり返すことが多かった」「区民の異論や反論に真剣に議論する姿勢に欠けており、党の決定だからという態度に終始していた」「離党した結柴と新城には区民の議員になってもらおう。むしろ、せいせいした」という態度を共有していった。

二議員と区民たちは、遅い新年会を〇七年二月に開催した。そこには区民が一一〇人も集まった。それまで都革新の新年会での区民の数ははるかに少なかった。明らかに区民の活性化が生み出されていた。九〇歳をこえる高齢者、区職労働者、中小自営業者、区立学校保護者、地域課題をたたかう住民、六八〜七〇年代の全共闘運動やべ平連（ベトナムに平和を！市民連合）の世代などが一堂に会した。区民たちは、憲法九条改悪や杉並国民保護計画による戦争動員の企み、「つくる会」教科書の押しつけ、必要な人への介護の切り捨てに強い危機感を燃やして、続々と結集した。そして「反自民・反石原をかかげて労働者住民の利益を守る議員を実現しよう」と誓いあった。

結柴、新城は、区民たちの必死の思い、革共同のやり方への不信の爆発を受けて、静かに出馬宣言を発した。好むと好まざるとにかかわらず、選挙戦は革共同との全面対決となる。結果がたとえ敗北に終わろうとも、区民という形をとった杉並の最良の労働者住民とともに生きよう、これが二人の信念となった。

結柴・新城除名を策動するも頓挫

革共同政治局は、天田、坂木、木崎が〇七年四月の杉並区議選挙戦に直接責任をとり、「逃亡した反党分子をたたきつぶせ」と号令を発した。そして結柴、新城を除名処分にするために躍起となった。

その一方、前年末の松本意見書への対応に苦慮していた。松本意見書は六章建ての長文で、全面的な中央批判を展開している（1、〇六年憲法闘争の無残の顚末、2、「レーニン的オーソドキシー」はどこへ行った、3、動労千葉の歴史と教訓をいかに学ぶか、4、憲法闘争の現段階と百万人署名運動、5、杉並区議問題についての私の考え①、6、杉並区議問題についての私の考え②）。そのなかで杉並区議問題について、「二人にたいする即時議員辞職は、トカゲの尻尾切りであり、こんな乱暴なことをすると組織が壊れる」「結柴、新城に投票した7千数百人の杉並区民との信頼関係を大事にし、杉並区民をなめてはいけない。正しい打開の道を模索すべき」と強く提言する。政治局方針への真っ向からの反駁であった。

それにたいして、坂本千秋が政治局を代表する形で、「二人をけっして切り捨てる意図ではない」と苦しい弁明をしただけであった。そうしたちぐはぐな対応がなぜなのかは、後でみる。

また一月の党員総会で天田らは二人の即時議員辞職方針を強行しようとし、とりわけ「二人が杉並区の民営化に賛成した」というデッチ上げの罪状を強調した。ところが討議のなかで前進社本社部局の一人が意見を表明した。

「党所属議員たちの民営化への態度を調べた。ほとんどの議員が民営化に何らかの形でかかわっている。民営化賛成という点では、相模原市議の西村綾子が民営化促進のための審議委員会という第三者機関の設置に賛成している。これは他の例と次元を異にする明確な民営化賛成である。この点、どうなのか。」

出席していた西村は黙ったままうつむいて何も答えられなかった。婦人民主クラブ全国協議会の党責任者・茂木は返答に窮して「民営化に賛成しても同志だからいいのだ」という支離滅裂な発言をし、全体のひんしゅくを買った。要するに現在の党中央に都合の悪い者は排斥する、理由は後でデッチ上げればいいということなのだ。

革共同政治局は二人の除名にむけて、彼らが所属する西部地区委をせきたてた。だが区民の不信の矢面に立つ西部地区委は、二人を除名した場合、区民の怒りが爆発するだろうことを感じとっていた。そのため除名を躊躇し、ずるずると三月までもち越した。革共同政治局は、「三・一四決起一周年」の天田論文（『前進』二二八五号、〇七年三月五日）を出し、同月一八日には、全国動員で日比谷野音の集会をもった。「労働運動で革命をやる」というかけ声は、この集会が最初だった。翌一九日に北島選挙総決起集会をもち、「結柴、新城を打倒する党の革命をやろう」とトーンをあげた。それは北島選挙闘争というより、結柴・新城打倒闘争という党の革命をやるという、まったく転倒した位置づけだった。だが西部地区委論文（『前進』二二八七号、三月一九日）を出したこの時点までに除名決議をあげることができず、統一地方選の結果が出た後まで棚上げせざるをえなかった。除名策動は結局、頓挫したのである。

他方、結柴・新城の公選はがきが明らかになった。そこには結柴と新城の推薦人としてそれぞれ一四人ずつ、計二八人もの区民が名前を出していた。これは驚くべきことだった。これまでの都革新選挙ではなかった、区民の主体的な決起が示されていたからだ。革共同の杉並でのたたかいの歴史のなかでも、じつに画期的な出来事である。それも、「反自民・反石原」を掲げ、革共同に対抗する形で区民が決起したのである。

杉並区民が革共同を打ち負かした

四月一五日の区議選告示日を前に、四八議席を六九人で争う様相の選挙戦は熾烈なものとなった。革共同政治局は、天田、坂木、木崎の責任体制のもと、選挙オルグ体制を強め、長谷川英憲を前面に立て、さながら長谷川＝北島選挙を展開する方針とした。杉並区民にとって「都革新＝長谷川」という認識が長年にわたって定着しているなかで、長谷川シンボルを使って「二議員即時辞職」方針に反発する後援会の大勢を切り崩し、分裂に全力をあげた。加えて「新城は沖縄に帰った」というデマを流し、「新城票は死票になる。北島に入れてください」を選挙方針にした。告示前日の一四日、北島拡大選対総会を開き、結柴・新城打倒闘争の位置づけをまき返し的に強めた。

四月中旬の党内指導メモ（「全国業務報告」）は次のようにわめいた。

「三・一四蜂起反対派が急速にネットワーク化し、杉並区議選をもって再結集し、組織だった反動策動にうってでてきた。……階級移行し敵対し党破壊活動を行ったすべての反動勢力が一堂に会したことは心臓部を射抜き粉砕し抜く最大のチャンスである。……三・一四蜂起反対派との闘いは決定的な綱領論争、路線論争である。二度と立ち上がることが出来ないように恥多き完膚無きまでの敗北を強制することである。」

つまり、「三・一四蜂起反対派は党破壊の反動勢力」なのであり、北島選挙は革共同政治局にとって、「『党の革命』の成否をかけた三・一四蜂起反対派絶滅」のたたかいなのであった。

結柴・新城陣営は、苦しい選挙戦をたたかっていた。たしかに、後援会の中心的な区民をはじめこれまでの支持者が続々とかけつけた。しかし、長谷川＝北島選挙戦が全面展開するなかで、後援会、支持者が分断され、少数ながら革共同側にひき込まれた区民も出た。有力な支持者もそこにはいた。何より区民の立ち上がりの広さと活性化の一方で、党的にはまったく孤立していた。前年末まではは結柴、新城に同情的だった党員も、手のひらを返したように、結柴・新城に悪罵を投げつけはじめた。選挙運動員としてフル回転できる人はおらず、車の運転体制もままならず、資金もなかった。分厚いオルグ団を擁し資金をもつ北島陣営と比べると、とても太刀打ちできる体制ではなかった。結柴と新城はまさに徒手空拳の立候補というべき状況だった。

けれども、しだいにボランティア活動家が駆けつけ、貴重なカンパも寄せられた。とくに沖縄と九州からは強力な支援が寄せられた。関西からは、温かい激励が届けられた。議員即時辞職を無理強いした革共同政治局への怒りが噴き出てきた。区民のなかでは革共同の批判が高まり、ある住民は、「北島にバイクの置き場所を提供してきたが、もう北島に協力しない。革共同は杉並にいらない。離党した結柴と新城を支持する」という意思を公然と示した。

開票結果は、結柴＝三三八八票の一三位、新城＝二二一五票（五四票差の次点）であり、それにたいする北島＝二五六八票（三八位）であった。結柴・新城陣営に寄せられた支持は、五六〇三票であり、北島支持票の二倍強だった。新城は文字通りの惜敗であり、落選はしたが、誰にも敗北感はなかった。むしろ、結柴の高位当選とあわせ勝利感が充満した。逆に革共同政治局は、選挙結果をどう評価していいか面食らうばかりだった。離党者が党を打ち負かしたことは、明らかだった。

杉並区議選結果の意味するものは、あまりに明瞭だった。すなわち、革共同が一九六五年以来、杉並で先進的な区民とともに営々として築きあげてきたかけがえのない地域住民運動、反戦・反核の政治運動、大衆運動に革共同が全面的に敵対し、それゆえ杉並のたたかう区民から全面的な不信任をくらったのであった。「二議員の即時辞職」の強要という、あまりに愚かな暴挙によって。

じつは革共同政治局は、〇七年一～四月の時期、結柴・新城への議員辞職強要だけではなく、関西地方委との内部抗争、さらに政治局内での新たな粛清としての議長代行・高木の排斥という三重の党内権力闘争でおおわらわなのだった。このような党内抗争に明け暮れる党が杉並区の労働者住民にとって何の魅力もない組織でしかなく、これまでの支持も一挙に離れていくのは当たり前のことであった。

ちなみに、その四年後、一一年四月の杉並区議選では結柴、新城がともに高位当選する一方、北島は現職であるにもかかわらず惨敗した（新城＝三四七七票・一〇位、結柴＝三二一〇票・一二位、北島＝一七六四票・五三位）。革共同の政治的没落が日を追うごとに加速度的に進み、いっそう劇的に急坂を転げ落ちたのである。

第2節　中央派と関西派の分裂

関西地方委が中央政治局を追及、挑発

杉並二区議への議員辞職強要に大失敗した革共同政治局は、同時に関西地方委との激しい抗争に陥っていた。革共同の中央政治局派も関西地方委も、階級闘争の正面課題を忘れて党内権力闘争に囚われ、ついには東西分裂となった。

東西分裂の経過と双方それぞれの立場や中間的総括については、中央派の革共同二四臨時全総報告（同報告は公表されていない。なお二三拡大全総は『共産主義者』一五一号に、二三全総は同一五四号に各報告が掲載されている）、「〇八年一月首都圏活動者会議・基調報告／大原武史」（『共産主義者』一五六号所収）、「革共同政治局の〇八年一・一アピール」（『前進』二三二五号）、二五全総報告（『共産主義者』一六二号）がある。他方で関西派の毛利「この間の路線論争の論点整理（序）」（内部文書、〇七年五月）、『革共同関西党員総会報告・決定集』（〇七年一二月）、飛田一二三「安田派中央の日帝権力への投降と転向を断罪する」（『展望』創刊号所収、〇八年四月）などがある。

これらが基本文献で、それ以外にもさまざまな諸論文が出されている。しかし両者ともに自己正当化の意図が強すぎ、事態の経過と要因、本質を根本的かつ客観的に明らかにしようとするもので

はない。東西分裂の本質的構図がよくわかるのは内部文書「政治局会議―議事録（討議部分）／by加古（坂本千秋）／〇七年七月」である。

まず経過を概観する。

〇六年五月、三・一四Ⅱ首謀者として関西地方委議長に就いた塩川が中央の政治組織局入りした。関西地方委では四月以降、与田問題への政治局の責任追及をすべしとの声が強まっており、六月上旬、与田の不正・腐敗問題それ自体への政治局責任もさることながらその一環である浅尾（高杉）スパイ問題での政治局の責任は重大であるとして政治局全員の自己批判を要求する決定を出した。それはある意味で当然の要求だった。「三・一四蜂起で中央政治局は打倒された」などとくり返し確認しながら、与田、岸、水谷以外の政治局員がそのまま居座っているのはありえない構図だからである。だが、それには中野が反発し、「高杉スパイ問題は関西地方委の問題だ。オレは自己批判しない」と開き直り、中央と関西地方委との紛争案件となった。九月、二二拡大全総が開かれ、塩川が「三・一四蜂起の代表者」として政治局員に任命された。ここでも中野が「高杉スパイ問題は関西問題だ」と発言し、関西地方委出席者を恫喝した。関西地方委側はそれ以上追及できなかったが、強い反発を引きずった。

それに先立つ五月、非公然WOB会議が開かれ、清水が二回目の自己批判書を提出する。中野はそれを承認し、清水とともに三・一四Ⅱ首謀者らへの逆襲を準備する確認をした。塩川らの出方を見て、それを逆手にとる方法を検討した。そこに前述の与田問題と浅尾スパイ問題での政治局全員自己批判要求が出されたわけである。浅尾スパイ問題でも清水が泥をかぶることが決められ、七月、清水は三回目の自己批判書を提出する。高木も自己批判書を出すが、〝与田、岸、水谷が新指導路線に反対してグループピングしたのであり、自分には責任が一切ない〟というものであったため、却下される。高木自己批判の継続を決定し、とくに浅尾スパイ問題での責任を問うこととなった。関西地方委からの政治局全員自己批判要求への政治技術主義的対策として、高木をまさに生贄として差し出す意図が動き出したのである。

二二全総が政治局と三・一四Ⅱ首謀者らとの蜜月の産物だったことは前述したが、塩川、毛利、椿らは関西派流の労働運動論を押し込むことが可能だと錯覚した。そのため恒例の一一月労働者集会向けに椿が経済主義・組合主義の本音を出す『前進』論文を執筆した。椿は、①「階級的労働運動」の名で三井三池闘争を戦後労働運動史における職場闘争の典型的たたかいと位置づけ美化する。②「三池闘争がめざした職場闘争の大衆闘争的発展の任務を引き受けるのは革命的左翼である」と宣言する。③「動労千葉の実践は戦後労働運動の精華」と一応はいうものの、「動労千葉」と「三労組共闘」と「合同労組運動」を並列する。④たたかいの方針として「職場闘争を復権し、労働運動の戦闘的再生を」というスローガンを提起する（葉月翠「戦後労働運動における職場闘争の経験と教訓」『前進』二二七〇号）。

椿＝葉月論文は中野らに対抗して三池闘争を対置し、まさに「革共同内社会主義協会」ともいうべき存在を誇示するものだった。椿＝葉月論文の立場こそ、塩川や毛利が依拠し共有した兵庫県委主流派の基本見解であり、三・一四党内リンチ＝クーデターの政治的・路線的・イデオロギー的動力だったものである。それを改めて突きつけるという、あまりに露骨な挑発に中野は激怒し、清水も放置できないと考え対応を練った。書記長として『前進』編集の最終責任を負う天田は椿＝葉月論文の意図に気づかず、中野から同論文掲載をなぜ承認したのかと苦言を呈せられた。

〇六年一〇～一二月、教育基本法改悪の衆参強行採決とのたたかいで中央政治局が何らたたかいの路線・方針を出さなかったことをめぐって関西地方委から弾劾の声があがった。あわせて改憲阻止決戦方針がないこと、帝国主義侵略戦争論がないことへの批判が噴き出し始めた。中央政治局は批判内容には答えず、組織規律違反であると切り返した。

『前進』〇七年新年号論文が分裂の火種

中野、清水、天田の側はただちに分裂劇の策動を開始する。

『前進』新年号の政治局アピールは編集長責任で草稿を政治局員に回して意見を徴する長年の慣行・制度となっているところ、〇七年政治局アピールの執筆者・坂木が書き上げた草稿は塩川にだけ回されなかった。塩川には章・節の見出しを示した、レジュメですらないメモが渡されただけだった。清水、天田がひそかに編集長・城戸にその措置を指示していたからである。

一二月下旬の非公然政治局会議は、すでに離党していた岸、水谷の除名を決定した。高木問題では、①与田、岸、水谷を唆した嫌疑による連座責任、②浅尾スパイ問題の指導責任を重視し、高木の政治局員解任を決定した（翌年二月に執行）。同時に関西地方委からの浅尾スパイ問題での政治局自己批判要求を却下した。すなわち与田・岸・水谷問題と浅尾スパイ問題の組織責任を高木に転嫁したのだった。さらに浅尾スパイ問題で「諸戦線はスパイの温床」などという暴論を口実に諸戦線解消＝地区への再編・吸収を確認した。また「階級的労働運動＝動労千葉労働運動」を確認し、ここで初めて正式に「階級的労働運動路線」という表現を決定した。塩川はそれらに抗弁・質問したが、まともに論争することができず呑まされ、逆に塩川の指導責任が弾劾された。

〇六年末、『前進』〇七年新年号が配布されるや、関西地方委や中央常任、諸戦線活動家などから批判と疑問が一斉に噴出した。塩川はそこではじめて自分以外の政治局員の事前草稿点検によって〇七年政治局一・一アピール（〇七年新年号論文）が作成されたことに気づいた。同一・一アピールにはさまざまな問題があるが、最大の問題は階級的労働運動路線の中味を確定したことである。「新指導路線は階級的労働運動路線である。」「階級的労働運動路線はプロレタリア革命の唯一無二の道である。」「それは動労千葉労働運動を広げるものである。」「プロレタリア革命の達成は労働組合の団結強化の発展にある。これとは別個に政治決戦一般を対置、並列的に位置づけることはできない。」（『前進』二二七七号）

それを受けて、一月首都圏活動者会議で木崎が基調報告する。

「『闘う労働組合を取りもどそう』が世界革命のスローガンである」「『革共同とはこれだ』というのが動労千葉である。」（『共産主義者』一五二号所収）

続いてWOB論文が書く。

「党の戦略的総路線は階級的労働運動路線である。」「労働組合の団結を拡大し革命を切り開く。」「政治闘争は連合支配の体制内労働運動と決別し、一一月労働者集会に総決起することである。」（中央労働者組織委員会論文、『前進』二二八一号）

同時に中野によってマルクス主義青年労働者同盟が先頭に立って「労働運動で革命をやろう」「労働組合の団結の拡大が革命だ」というかけ声が洪水のように流される。二月、全国労組交流センター全国総会でも同様の議論が強行され、「階級的労働運動路線＝動労千葉労働運動について根本的不一致がある」（同〇七年度運動方針案）と関西派への排斥的な恫喝がなされる。

関西地方委では大久保、国崎、早瀬などが激しい中央批判を発言する。二月、神山が九一年五月テーゼ転換を認めつつも、右への転換ではなかったのか、なぜ労働戦線でのたたかいが前進していないのか、清水議長は〇五年関西会議の誤りを総括しているのか、という中央批判の意見書を出した。塩川主宰の関西諸戦線会議は政治局一・一アピール弾劾の決議を上げた。四月一日、全国の全遁委員会は国崎を筆頭に中央批判が噴き出た。それに中野は恫喝を加えた。「オレの方針に従わないなら党を出て行ってからやれ」「二つの一一月決戦」はあの当時だからやった戦術だ。今はそれを「労働組合でやろう」「労働組合がやろう」ということだ。今はそれができる情勢だ。反戦青年委員会をつくって街頭に出てやるなんてことはしない」と。また別のところで中野は「党と労働組合は限りなくイコールなのだ」と発言した。

東西対立が激しくなるなかで天田が四月二九日、拡大関西地方委に出席した。約九〇人が集まり、党中央・天田へのさまざまな追及が出た。関西諸戦線会議決議が読み上げられ、全体で承認された。天田は全体の論調に押され、ペテン的に開き直るとともに、「階級的労働運動路線とは戦略的総路線ではなく基本路線という位置づけだ」と訂正せざるをえなかった。その訂正について、天田はすぐ清水と中野から軟弱だと辛辣に批判される。

五月、毛利は塩川と協議してレポートを作成し、批判点の紹介という形で新年号論文批判を展開した。それを党中央に隠して関西地方委の限定した範囲に回した。

「階級的労働運動路線とは革命論上はサンジカリズムというべきものではないか。三全総を否定するものではないか。」「実践的にはセクト主義になる。」「わい小なカルト集団に転落させかねない。」「天田書記長執筆の「党の革命」一周年論文は本多書記長虐殺への怒りの一言もなく、革共同史上の最大の汚点、破廉恥きわまる、すさまじい裏切り論文でなくて何なのか。」「政治闘争の完全な否定である。……」（毛利「この間の路線論争の論点整理（序）」）

かくして塩川、毛利、椿らは関西地方委内に反中央分派を結成したのであり、毛利レポートは分派共同綱領の意味をもっていた。それは政治局内塩川一人分派結成にほかならなかった。ところが、毛利レポートは複数のルートで中野、天田が入手するところとなった。

大庭パンフ発禁事件

ところで〇七年新年号問題と並行してもう一つ、大庭パンフ問題が東西対立の火点となった。動労千葉が労働学校の講師に労働運動家・大庭伸介（元総評オルグ、一九二六年浜松・日本楽器大争議の研究家）を招き、合同労組運動について講演を受けた。動労千葉がそれまでの慣行通り講演録をパンフレットにしようとしたところ、中野洋がストップをかけた。理不尽なことに、中野は大庭が自主発行することにも反対した。〇七年一月、大庭は講演録をパンフレット『今、労働運動はキミに何を求めているか――非正規雇用と地域合同労組運動の可能性』として発行した。大庭パンフは党員のなかでも広がり読まれた。関西地方委は大庭パンフを組織的に扱うことにした。

中野は関西地方委に激怒し、大庭を「革共同と違う思想と路線を党内にもち込もうとしている」と非難するとともに、関西地方委に「そんなパンフは破り捨てて当然だ」と通告した。大庭パンフを発禁本としたのである。一労働運動家としての誇りをもってたたかう大庭に一片の敬意を払うこともなく、真摯な相互批判をかわすのでもなく、利用するだけ利用して悪罵を投げつけ、講演録発禁で応えた。それは党外の団体・人士への思想弾圧を「党」の名において平然と強行したものであり、革共同史はもとより左翼運動史に最悪の汚点を印すものとなった。同時に関西地方委を規律違反とし、党内での粛清の論理をまかり通らせたのである。関西地方委側は、この問題では矛を収めたが、大きなしこりを残した。

塩川に政治局員辞任を強要

五月二〇日、はじめてのWOB全国会議が開かれ、議案の冒頭に次の一文が置かれていた。

「以下の議案書は、大原が執筆し中央労働者組織委員会の議論を経て、革共同と中央労働者組織委員会が一致して提起する内容である。全指導的同志には、本会議を期して全国全同志に対しこの議案書を基に、この内容で徹底討議して意思統一する党員としての義務がある。」（全国会議議案　革共同中央労働者組織委員会、〇七年五月）

これは塩川分派の存在に気づき、党分裂状態が現われ出たと認識した中野の対抗策だった。だから〝党中央に従うのが党員の義務である、反対する者は党から出て行け、一致を乱す者は排斥する〟という異様な強権的・官僚主義的恫喝となった。議案のなかには次の一文がある。

「階級的労働運動路線は階級的革命的指導者づくりである。マル青労同は安田（中野）同志を崇拝しているのではなく、安田同志のようになろうとしている。この接近の仕方・読み方が正しい。」

語るに落ちる。つまり中野洋を崇拝せよ、それが階級的労働運動路線だとしたのである。大原議案は驚くべき経済主義、改憲阻止闘争否定、差別とのたたかいの追放であり、暴力的党内支配のために「労働者階級」の名による恫喝政治を満展開させている。塩川や関西地方委の大部分は公然たる論戦を挑む構えで出席し、大原提起に野次を飛ばし、拍手しなかった。塩川が発言し、〝一部政治局による階級的労働運動路線には疑問がある。新指導路線から変わったのか〟〝正しい分派は必要だ。分派の権利を否定するのはおかしい〟〝革命軍は自分を含めて頑張ってきた。しかしそれは革命軍による代行主義だった〟ということをいった。それには〝革命軍といっても労働者党員が支えてきたことがわかっているのか、塩川は非公然体制を否定しているのか〟という批判が出て、塩川は叩かれた。その他、激しい言い合いとなったが、大原ら中央政治局派は会議を強行し、議案採択とした。塩川ら関西地方委のほとんどは採択に拍手しなかった。東西対立が完全に表面化し、同会議は実質的に東西組織分裂の転換点となった。

それを受けた六月の政治組織局会議は、塩川批判に終始する様相となった。〝関西諸戦線会議の決議は階級的労働運動路線への反対論である、七・七自己批判路線を血債主義に歪めた立場である〟という批判が集中した。塩川は形式主義的な組織規律違反論にうまく対応できず、同決議を撤回・自己批判させること、指導責任についての自己批判書提出を確認させられた。

七月、非公然政治局会議はさながら塩川への死刑宣告会議となった。清水を先頭に天田、大原、木崎、坂木、矢崎、城戸が塩川断罪の言を発し続けた。とくに「労働者指導部である中野同志に敵対するのか」「WOB全国会議議案を労働者階級として提起した大原同志を裏切るのか」と〝労働者は神〟といわんばかりの恫喝を加えた。塩川はいろいろ抗弁したが、階級的労働運動路線を認めた土俵での抵抗であるため、論駁するものとならなかった。塩川は、その場で自己批判書を書かされ、それをまた叩かれ、三週間の猶予で自己批判書を提出することを確認させられた。

同政治局会議には、清水が七・七自己批判問題を根本的に改ざんするレポートを提出し、それが「〇七年七月テーゼ　階級的労働運動路線のもと七・七思想の革命的再確立を／革共同政治局」となった。

その後、関西に戻った塩川は自己批判書を作成するものの使者に託して提出し、本社に拉致される危険を察知し、本社政治局会議、政治組織局会議などいっさいの会議を欠席する。後は一気に分裂が加速する。七月二九日、東西で革共同政治集会が開かれ、天田が基調報告した関西集会では中央政治局派と関西派がお互いに多数派工作を展開し牽制しあった。

九月、二三全総が開かれ、関西派封殺と七・七自己批判路線清算が強行される。関西地方委は基本的にボイコットし、関西の一部の中央政治局派が参加した。第1報告の関西問題では、「昨秋、中央打倒闘争が始まった」「新たな日和見主義・小ブル自由主義・解党主義を克服する」とあり、関西WOBの解体・再編が決定された。二三全総の集約にあたる開催宣言で、階級的労働運動路線の中味として「動労千葉労働運動を実践することに特化する」という動労千葉特化路線が正式に打ちだされた。七月テーゼが提案され採択された。浅尾スパイ問題では中野が、〝対スパイ対策委員会委員長・岸がやっていたことだから関与できなかった〟という趣旨の責任逃れを発言し、清水自己批判書をもって総会承認とした。また岸、水谷、結柴、新城ら四人の除名を決議した。

一〇月、中央政治局が新関西WOBをデッチ上げる。他方、塩川ら関西地方委は二三全総を認めないことを明確にさせ、一一月に関西党員総会開催を提案する。それは関西の側からの分裂の強行であるため賛否が割れるが、可決された（賛成九、反対六、保留二、棄権一）。一一月、中央政治局派による二四臨時全総が開かれ、塩川、椿の除名を決議した。同日、関西地方委多数派は関西党員総会を開いた。一二月、中央派による関西党員総会が別個に開かれた。関西地方委は真っ二つに分裂した。

他方、全国部落青年戦闘同志会は、七月テーゼとそれをめぐる広島差別事件（後述）への怒りを燃やしつつ、中央政治局派と関西派どちらをも利することがないよう、組織分裂の事態を静観した。

分裂劇に嵌められた関西派――分裂の特徴と本質

東西分裂の第一の特徴は、中野と清水が三・一四II直後から関西派の組織的追放を意識的に追求し関西派追放のための政治構図をつくるとともに、その機会を虎視眈々と狙ってきた。分裂劇の台本を書いたのは清水である。その点、天田は関西派に迎合的、時には融和的でさえあった。それは天田の脳裏から〇六年三・一四テロ・リンチ現場での恐怖の悪夢が去らなかったからである。

第二の特徴は、関西派は左派を追放ないし抑圧した以上、中野体制のなかで角突きあわせながらも共存できると浅はかな幻想を抱いていたことである。〇六年三・一四党内テロ・クーデターがそうであったように、党中央に拮抗しつつ関西において路線を異にする独立王国を立てることが狙いであり、それ以上のものではなかったからである。

第三の特徴は、〇六年九月の二・二全総は中央派と関西派の蜜月時代の産物であるが、関西派は二・二全総を承認するどころか賛美したために、二・二全総が敷いた政治路線と中野式えせ党組織論（「党は階級そのものである」「労働者＝中野の言が天の声である」）に縛られ、階級的労働運動路線の問題点への内容的批判ができず、また批判はすべて組織規律違反の名で統制されることとなった。

第四の特徴は、〇六年時点で三・一四IIに疑問を抱き、批判的であった党員の少なからぬ部分が塩川、毛利、椿らへの反発から中央政治局派に移行したことである。三・一四IIのテロ・リンチ＝クーデターに階級的大義のないことがねじれた形で投影しているといえる。

第五の特徴は、東西分裂を全体としてみれば、浅尾スパイ問題と動労千葉翼賛路線問題で中央追及を仕掛けたのは関西派の方だが、まったく中途半端であり中央派の分裂劇に嵌められたものだった。中央政治局派は「党の革命」「労働者の蜂起は正義」という三・一四テロ・リンチの論理をそのまま使って塩川ら関西派を暴力的に切って捨てたのである。中野が関西派排除にもっとも強硬であった点はその通りだが、清水が中野の意を受けて率先して塩川・関西派に二進も三進もいかないように縛りをかけ、分裂の構図に嵌めこんだ点で、清水の卑劣さがきわだっている。

第3節　広島差別事件こそ七月テーゼの正体

部落解放同盟全国連へのあからさまな敵視

〇七年八月二九日、広島で革共同政治局の七月テーゼをめぐるマル学同中核派の学生たちの合宿討議がおこなわれた。そのなかで中央派の学生指導部・中条や他の学生たちが部落解放同盟全国連合会（以下全国連と略）をあからさまに敵視する差別発言をした。それは出席していた被差別部落の学生KRに向かって発せられた。彼女は七月テーゼには部落差別といかにたたかうかという内容がなく、部落民は党に従えという趣旨であり、全国連を抑圧するものと気づき、その疑問を述べたのだった。それにたいする差別発言は主要には三点である。①「中田潔書記長は部落解放運動のリーダーにふさわしくない。新しい体制にすべきだ。」、②「全国連は物取り主義だ。例えば住宅家賃値上げ反対闘争がそうだ。労働者と連帯してたたかっていない。」、③「糾弾は相手の人格を否定する。もし差別がなかったら大変なことになるのが分かっているのか（だから糾弾するな）。」（③は一〇月四日の発言）。KRは中条らの発言の差別性とそこにある全国連敵視の政治的・組織的意図に衝撃を受けた（広島差別事件の全容は『「広島での学生による差別事件」糾弾要綱』全国連、〇八年五月二七日、に詳しい）。

それは日本階級闘争史上に明記されなければならない、革共同によるまぎれもない部落差別である。それも全国連の破壊、革共同のもとへの部落解放運動の従属という政治目的をもった、完全に組織的・計画的な部落差別である。直接には部落学生KRへの官僚主義的な威圧をもってその存在を否定する差別だった。さらに重要なことは、その部落差別が七月テーゼの本音むきだしの実行としておこなわれたことである。中条らは七月テーゼを実践するということは右の三点を認め、従うことだと宣言したに等しいのである。

KRは中条らの差別発言のあまりのひどさにショックを受け、全国連広島支部の青年に話し、しばらくは事態を受けとめきれなかったが、それを部落差別事件と認識し、革共同広島県部落解放闘争委員会（BOB）に訴え出た。当時、阪口克己（全国連・荒本支部長）を推し立てた東大阪市議選

（九月二三日投票）に取り組み中であったため、同選挙後の九月二七日、広島ＢＯＢは広島差別事件の検証をおこなった。事実確認をし、糾弾闘争とすべきこと、まずは党内で討議することとし、当事者を呼んでの事実確認会を設定した。この件は中四国地方委で承認され、事実確認会を一〇月四日に全国連広島支部事務所でおこなうことに学生たちと合意した。ところが、中四国地方委の中央政治局派は、そのまま進むと中条らが自己批判せざるをえなくなるだけでなく、七月テーゼの七・七自己批判路線清算の狙いとその差別性が白日のもとにさらけ出されると危機感を抱き、広島支部での事実確認会を取りやめよ、ＫＲを広島前進社に呼び出せと指示した。

一〇月四日、中条ら学生側は電話で「会場の違い」を口実に事実確認会への出席を拒否し、「そちらには行けない。糾弾は相手の人格を否定する行為なんだ」と、確認会から逃亡するばかりか、差別糾弾闘争を否定し、自らの差別を居直る態度をとった。その際の「会場の違い」なるものは確認の歪曲、反故である。そもそも事実確認会が本人の望むところでやられるべきなのは当然であり、ＫＲが行ったこともない前進社に出向いて来いなどとはそれ自体がＫＲへの差別主義的威嚇である。広島ＢＯＢはもはや革共同の党内問題にとどまらなくなったと判断し、ただちに全国連広島支部が取扱う事案とした。同広島支部は学生たちに事実確認を申し入れ、一〇月一五日に事実確認会をおこなうこととなった。

その間、中四国地方委では中央政治局派が部落解放戦線の石嶺を「学生間の討議の問題を党外の全国連にもち出したのは組織規律違反だ」と追及した。石嶺は「部落差別が行われたのは明らかな事実だ。地方委でも確認された。それを差別はなかったというなら、もはや党にはこの問題を解決する能力がないということである。全国連のもとで事実確認という一から始めていく以外ない」と論駁した。地方委の議論は割れた。それらの報告を受けて全国連本部が糾弾闘争への踏み切りが避けられないと判断した。全国連は革共同七月テーゼがそれまでの七・七自己批判の立場を否定するものであり、したがって七月テーゼとの対決が避けられないという認識を共有しつつあった。

一〇月一五日、中条ら学生たちは革共同の苅野、古川、原田らとともに確認会に出席したが、「物が取れなくても団結がかちとれれば勝利だ」「住宅家賃値上げ反対が物取りとはいっていない」「差別かどうかはこちら（革共同）が決める。差別はまったくなかった」「差別と決まってないのに謝る気はない」と居直った。当事者KRを始め全国連の支部員が事実を具体的に突きつけ、その意味するところをていねいに説明してもまったく聞こうとせず、糾弾の声を受けとめることも謝罪することもなく、激論となった。そのなかで中条は「中田書記長がリーダーとしてふさわしくないといったのは個人的見解であり軽率だった。謝罪する」と形だけではあるが謝罪を表明した。次の事実確認会を一一月一五日に設定することで同意された。

例年の全国労働者集会が一一月四日にあり、全国連は広島差別事件とその居直りへの強い怒りを胸に同集会（日比谷野音）に参加した。次の事実確認会での革共同の誠意ある姿勢をあくまでも求めたからである。ところが政治局は、一一月集会への動員が最優先事項であり、全国連の参加を確保するためには一一月集会前に全国連との決裂は避けるという卑劣なペテンを弄したのだった。中四国地方委で石嶺への「組織規律違反」との追及が再び強まった。「全国連と話し合うのはまちがいだ。KRら全国連の青年には関係ない。革共同の組織内で解決する」と、石嶺への処分をちらつかせ、差別されたKR本人を除外、排斥して事実そのものを隠ぺいする方針を露骨にさせた。

一方、〇六年四月以降、政治局の部落解放戦線担当となった坂木が戦闘同志会委員長・八木らとのBOB会議を一〇月に開いた。そこで坂木は「当該の中条に自己批判させる。次の一一・一五確認会には八木が同席し、基本的に党内で解決するようにしてくれ。その上で全国連本部に報告する形にする」と提案し、八木も中条が自己批判するなら解決の方法はいくらでもありうると合意した。ところが、一一・四日比谷野音集会が終わった後、坂木は八木との個別の話し合いの場で前言をすべて反故にした。坂木の政治的詐欺行為に八木は激怒して弾劾し、その場で殴り合い寸前となった。

一一月一五日の事実確認会には中条と革共同の側は「事実確認会を認めない。参加しない」と一方的に参加拒否を通告した。当日、事態の深刻さを知って全国各地から結集していた全国連は糾弾集会に切り替えた。怒りの発言が相次ぎ、「事実確認会を拒否したことで革共同の態度がはっきりした。差別糾弾で団結してたたかおう」と意志一致した。一二月二日、全国連は中田書記長自らが先頭に立って前進社中国支社に赴き、再度の事実確認会を一二月一五日に設定することを申し入れた。革共同は居直りの対応に終始し、結局その後、何の回答もしなかった。これをもって全国連は差別者への糾弾闘争に発展させることとなった。

中野、天田、清水ら革共同政治局はついに「広島差別事件はデッチ上げである」という差別隠ぺいの挙におよび、党内を差別主義で塗り固めるにいたった。全国連を党の従属物にしようなどという、できもしない大それた差別主義の企図を抱き、広島差別事件をなかったことにするなどということが通用するはずもない。革共同は全国連と部落解放運動そのものへの敵対者であることを満天下にさらけ出したのだった。

戦闘同志会が集団離党

他方、すでに同年五～七月以来、中央政治局派は関西地方委主流派の排撃を進めており、塩川らも対抗し、組織的な東西分裂を深めていた。戦闘同志会は両者のどちらにも与しない立場で東西対立・分裂の推移を見極めようとしていた。

革共同は一一月二八日に二四臨時拡大全総を開き、塩川、椿の除名を決議した。同時にまさに広島差別事件を完成させる暴挙をなしたのだった。すなわち広島での中条らの三点の部落差別発言を「差別はなかった」と開き直り、その正当化のためのエセ理論として文書「当面する部落解放闘争の諸問題」を採択するとともに、過去の仁村和義論文（『前進』一七四三号、九五年一一月）、六回大会特別報告「部落解放闘争の綱領的諸問題」、さらに二一全総「革命的部落解放闘争の諸問題」の撤回・破棄を決定したのだった。ところで、二四全総の場で三里塚現闘責任者・金丸が塩川派との分裂の強行に反対、塩川派を擁護するものではなく党のあり方としておかしい、と発言した。この毅然とした発言を政治局員らがよってたかって袋叩きにした。中央派はその後、金丸を前進社内に連行し、缶詰にして自己批判を強要した。そして金丸を三里塚現闘責任者から解任し、編集局に移籍した。

同日、関西派は関西党員総会を開き、最終的な東西分裂となった。関西戦闘同志会はそこへの参加をボイコットした（ごく一部が参加）。一二月二三日、中央派は新生関西党員総会を開き、戦闘同志会はそれもボイコットし、同日、関西戦闘同志会総会を開き、広島差別事件への糾弾闘争を決定した。翌二四日、中央派が中四国党員総会を開き、中四国戦闘同志会は招集されもせず、もとよりボイコットした。こうして一一～一二月段階で戦闘同志会は満を持して実質的な離党に踏み切ったのだった。

翌〇八年一月一二～一三日、全国連の拡大中央委員会が開かれた。戦闘同志会に属する役員はそれぞれ「革共同を離党する。いよいよ全国連の広島差別事件糾弾闘争の先頭に立つ」と万感の思いを込めて決意表明した。ただちに糾弾要綱（八木執筆）が決定された。思えば「韓信の股くぐり」は長く、その苦しみと悔しさはことばでは表されないものがある。だが革共同の側が自ら墓穴を掘ったのだ。〇六年三・一四IIとは何だったのか、その後の革共同の急速な変節はなにゆえなのかを中央派の党員にしても自分に納得がいくように説明できず、思考停止状態のまま「党だから正しい」と自他を合理化している。「中野親衛隊」とか「紅衛兵」と陰でささやかれる一部のマル青労同だけが動労千葉特化路線で踊っている。そのような革共同の姿をこれまで信頼を寄せてきた全国連の支部員に果たしてどう説明できるのか。しかも与田問題は戦闘同志会にとって棘だった。だが部落解放運動の精華たる全国連を革共同の政治的利用主義から守ることは自己の共産主義者としての譲れぬ生命線である。……そのような様々な思いで苦闘してきた一年数カ月の末に、ついに革共同をして自ら差別者集団としての姿を満天下にさらけ出すという誰にもわかる対決構図、革共同にとって最悪の構図に落とし込めたともいえる。

その後の全国連とそのなかでの戦闘同志会の動きは早かった。

〇八年一月狭山要請行動で広島差別事件革共同糾弾行動を呼びかけ、関西真相報告集会(二月)、同和住宅家賃値上げ反対全国連絡協議会(同住連)全国会議(三月)を開き、そして四月一日、戦闘同志会が「革共同との決別」宣言を決定し、同志会を解散した(五六人が連署、その後数人が加わる)。全国連大会(四月)で正式に革共同との共闘関係の断絶と広島差別事件糾弾闘争を決定した。パンフレット『糾弾要綱』を発行し(五月)、広島(六月)、長野(九月)で真相報告集会を開いた。その過程で中央忠誠派があぶり出され、全国連はじっくりと規約にもとづいた手続きを踏んで、〇九年にいたって西郡、杉並、品川の三支部の統制処分の発議、そして中執による三支部役員一〇人の統制処分の決定、中央統制委員会での討議と進み、さらに年を越えて全国連大会で同三支部役員一〇人の除名と支部取り消しを正式決定した(一〇年四月)。その間、狭山差別裁判糾弾・再審要求行動を強めるとともに、一〇年三月七日、東京真相報告集会を開き、その前段で前進社本社への直接の大衆的な申し入れ・抗議行動を展開した。革共同の党本部は部落大衆の差別糾弾の怒りで包囲され、なす術もなかったのだった。

警察権力と一体で中田全国連書記長の抹殺狙う

中条らの三つの差別発言の差別性はきわめて明白である。それには、ここまで露骨な差別発言が出される背景があった。

一つは、革共同政治局は三・一四IIの支持・美化・扇動をもって全国連の解体と再編を狙い、全国連の人格的代表であり主柱である中田潔書記長を排斥・追放するという恐るべき企図をもっていた（第2章第4節）。だがそれは簡単ではなく、彼らは警察権力が全国連つぶし攻撃をかけたことをチャンスとして「中田は権力に屈服した」などというとんでもないデマをもって中田への排撃を一気に強めたのだった。

大阪府警は中田への廃棄物処理法（廃棄物の処理及び清掃に関する法律）違反の口実で〇六年一二月に家宅捜索、〇七年六月一三日に中田を含む四人逮捕に出た。九月の東大阪市議選の決戦態勢づくりの時期を狙って全国連と荒本支部に打撃を与えようとした。獄中の中田を先頭に全国連は中田の起訴、長期拘留の狙いを挫き、この弾圧をはねかえした。逮捕当初、中田は関西地方委救援対策部（以下救対）からの指示がなく、産業廃棄物処理法違反のまったくのいいがかりであることから弾圧の性格を甘く判断し事実関係を釈明した。ようやく救対から「重大な政治弾圧であり完黙でたたかう」という指示があり完黙に転じ最後まで貫いた。彼はこの先、半年、一年になっても完黙で長期獄中闘争をする決意をした。二度目の勾留満期前の時点で、全国連は起訴粉砕・早期釈放の方針を立て略式起訴受け入れを選択し、同時に救対がもち帰り革共同としても検討した。ＢＯＢから関西地方委弾圧対策会議に提起があり、それを了承した（七月二日）。中央にも報告があり、天田がそれを了承した。中田は弁護士を介して「判断は外に任せる」と伝えていたが、その方針を受け、七月四日、他の三人とともに奪還された。四人のうち一人は元社員、廃棄物の責任者であり、革共同の党員である。

ところがその後、塩川が「略式起訴受け入れは誤り」と騒ぎ出し、七月下旬、天田から事情を聴いた中野と清水が中田排斥の口実にすることを考えつき、天田が略式起訴方針を了承したことを不問に付し、〝完黙せず略式起訴に屈服した中田書記長を打倒する〟というデマと全国連介入・解体方針を決定した。そこから一気にPOSBおよび全国代表者会議で「中田書記長を打倒する」ことが叫ばれ始めた。中四国地方委会議でも「中央で中田書記長打倒を決定した」と報告があった（七月二一日）。ちょうど同じ二一〜二二日に広島市で全国連婦人部大会が開催されている時、中四地方委の様子がもたらされた。その事実を全国連が知ったことに慌てた坂木が八月五日、石嶺に「あれは中四国地方委の勇み足だ」とごまかしながらも、弁明中にしどろもどろになって「革共同中央の方針としては中田書記長に代わる新体制を考えている」などと自らの腹の内を明かしてしまった。

それは二重の意味でデタラメきわまる方針である。何よりも党が部落解放運動の大衆団体とそのリーダーをデマで攻撃し、それのみならず大衆団体を党に都合のいいように介入・再編するなどやってはならないことである。それはプロレタリア階級闘争の大義性、正義性に反することであり、左翼政治党派とは無縁である。同時に、革共同政治局はそんな大それた組織介入策をいったいどうやって実現しようというのか。そのための具体的な組織戦術、工作方法は何も検討されていない。ただ上から「中田書記長打倒」を官僚主義的に叫ぶだけなのである。官僚主義的に恫喝すれば中田書記長解任ができるとでも考えているのか。何の組織工作の裏付けのない空論を決定するというデタラメな集団が革共同政治局なのである。

そんなデタラメな決定はただ部落解放運動に恐怖する差別主義者だけがよくなしうることである。

しかも清水ら政治局は、警察権力が中田と全国連に政治弾圧を加えるのをみて、よりによってその警察権力の弾圧の尻馬に乗って中田打倒をたくらんだ。中田排斥という懸案、難問を警察に激励されてついに突破しようとしたのである。権力に屈服しているのは清水、中野、天田ら革共同政治局の側ではないか。

大体、中田のどこがどう問題だというのか。中田は奪還された後、当初の自分の判断の甘さを詫びている。自分の甘さを仲間たちに謝罪し、率直な態度をとれることは中田が完黙を貫き、権力弾圧に不屈であることを示すものではないか。そうした中田こそ大衆運動のリーダーにふさわしい人格である。

くり返すが、中田は救対の指示を受けて完黙を貫いた。略式起訴受け入れは、革共同書記長・天田も賛成し全国連が選択した方針である。事実上、党の方針というべきものである。もし中田攻撃をしたいなら、先に天田の首を切り飛ばして、天田の首を差し出してからにするがいい、ということである。

この点では塩川ら関西派もとんでもない錯誤をしている。「弾圧に屈した」などと、中央政治局派に唱和して、反弾圧論議の迷路に入ってしまっている。彼らには、中田を軸とする全国連への信頼も連帯の意志もないことがよく示されている。何よりも塩川ら関西派が、中田書記長攻撃の先鞭をつけた事実は消えない。

部落のなかから決起した青年を全否定

二つは、学生戦線担当政治局員・木崎がKRを狙い撃ち的につぶそうとしたのである。KRは約一年前から全学連の活動家になった。〇六年九月の全学連大会に参加したKRは発言を求められ、〝学生が部落差別をあまり理解していない。自分が先頭に立って一緒にたたかうために全学連に入った。今の世の中を変え、皆が幸せになれる革命をしよう〟という趣旨の決意を表明した。来賓として出席していた木崎は「KRの発言は問題発言だ」とし、さらに「親（石嶺のこと）が全国連で糾弾主義だからKRを獲得しづらい」と語った。その後のKRの積極的な活動を苦々しく思っていた木崎は、七月テーゼがKRを党の統制に組み敷く絶好の機会ととらえ、SOBでその旨の指示を出した。中条らは七月テーゼをKRに承認させることがKRを共産主義者にする道であり、それが政治局の意志だと受け止めて、最初から対決的、高圧的に討議に臨んだ。七月テーゼへの核心を衝いた疑問を述べるKRにたいして必然的に暴力性を孕んだ恫喝となり、それが差別発言となった。

KRは痛切な思いで問い糺している。

「前の中条だったら、事実はどうであれ、まずごめんね、KRにそういう思いをさせたことが悪かった、と対応してくれていた。……わかってくれると思って一年間いろいろ一緒に頑張ってきたけれど、合宿の発言だったりいうのがあって、切り捨てられてしまった。七月テーゼが出てから、中条は私にたいしては少なからず仲間としての対応ではなかった。電話での対応にしても、一方的にガーっといわれて、私は仲間だと思ったから怒りはこらえた。そういうことを中条はどう思うのか。」（〇七年一〇・一五事実確認会議事録）

KRは中学時代に、福島町での友だちへの差別を体験し、同地域での学促運動に取り組んできた。地域の青年や子どもたちとの団結づくりのためにたたかい、学生のなかに「解放研」運動を自分の手でつくりあげようとしてきた。広島市福島町の部落解放運動を担い、中田書記長のもとで全国連を大きくしたいと願ってきた。同時に部落差別の根源である帝国主義を打倒するプロレタリア革命の先頭に立つことを志し全学連に参加した。中条は当時、二五歳でKRの学生運動上の先輩であり全学連（中核派）副委員長の役職に就いている。他の中核派の学生に部落差別への無理解があるなかで、中条はKRの部落差別撤廃への熱い思い、柔らかな感性と怒りにそれなりに向きあおうとしてきた。中条の内面はうかがい知れないが、その彼を人格的に破壊し変質させてしまったのは七月テーゼであり、木崎の指導である。

重要な点は、党を権威主義的に絶対視し七月テーゼを至上命令とする中条の言動が、部落のなかから部落解放・日帝打倒に立ちあがったKRの存在と生き方そのものへの抹殺策動となったこと、ここに広島差別事件の正体があることである。

七月テーゼは俗物政治局の野合の産物

三つは、七月テーゼがなぜ生み出されたかである。

前述したように中田書記長打倒、KRつぶし、全国連解体・再編という暴挙が組織的にたくらまれたからこそ、広島差別事件が必然的に発生した。政治局とそれに忠誠を誓う革共同の党員たちがそのような暴挙をなすのを正当化し、理論化したのが七月テーゼである。七月テーゼは、綱領上の理論問題、路線問題というところから立論されたものではない。部落解放運動への敵視という生々しくもおぞましい政治目的と動機からそれは作成された。だがそれだけではない。

七月テーゼは、〇七年七月非公然政治局会議への清水議案を『前進』用に編集したものであり、清水論文である。なぜ清水はそれを書いたのか。政治局の中でのおのれの政治技術主義的生き残りのためである。
まず中野は、階級的労働運動路線をさらに動労千葉特化路線へと単純化しつつ革共同をふり回し牛耳っていたが、そのためには七・七自己批判路線を完全に追放しなければならないと焦っていた。たとえば八木執筆の同志会論文（『前進』二二八三号、〇七年二月一九日）で「労働者階級が部落差別撤廃の主人公として立ち上がることが絶対に必要」と書いたことにたじろいでいた。そのため〇六年三・一四Ⅱ以降、とくに〇七年以降ことあるごとに次のように主張していた。
「（党中央に従わない連中は）「帝国主義本国の労働者はそのままでは階級的ではない、被抑圧人民に糾弾されて初めて覚醒される」なんていっている。被抑圧人民の方が「上」なんだよ。じゃあ労働者階級は革命の主体だなんていうなってことなんですよ。」（〇七年八月、原田文書に引用された中野の言辞）
七月テーゼが出された後も次のように筆者・清水や党内を恫喝している。
「七月テーゼでもまだ問題がある。七月テーゼでも三回も「日本の労働者階級は侵略戦争に屈服し」という文言が出てくる。こんなことを書くから「日本の労働者はダメだ」という意識が生まれてくる。」（〇七年八月、首都圏WOB会議、その他）
中野の主張はきわめて明白である。労働者は被抑圧民族・被差別人民よりも上座に置かれなければならない、日本の労働者階級は戦前・戦後を通じて素晴らしい歴史をもっていると語れ、日本の労働者階級が侵略戦争に屈服したなどというな、労働者は労働者であるがゆえに革命的存在であると確認せよ、ということである。中野は、〃オレは労働者だ、労働者は神だ、労働者のいうことに逆らうな〃といっているに等しい。二二全総（〇六年九月）で打ち出した大原新説「党は階級そのものである」の本音が、右の中野の言なのである。

その中野以上の俗物が清水である。清水は中野におもね、中野のすべての反階級的で俗悪な言動を革共同の正統な議論として飾り立てるのがおのれの役割とした。そうしなければ中野から見放されるからである。そのための「理論化」に四苦八苦し、デッチ上げたのが七月テーゼである。その核心は次の章句である。

「7・7思想の一面的な、誤った理解をきっぱりとのりこえ、克服する。被差別・被抑圧人民と労働者階級を並列的に扱う傾向はまちがいである。労働者階級の闘いはすべてのものにプロレタリア性を刻印し、強制していく。……労働者階級の革命的階級としての本質に絶対の信頼を置く立場に立ち切る。……現実の労働者は差別と排外主義にまみれており、これを徹底的に糾弾して正さないと革命の主体として目覚めることはできないという糾弾主義の誤りをはっきりさせる。……差別・抑圧と闘う諸戦線における共産主義者の任務は、党と革命運動の内部において各戦線の利益代表者のようにふるまうことでは断じてない。」（七月テーゼ第VI章）

先の中野の言を文章にすると、こうなるというわけである。だが、労働者はそのままでは賃金奴隷であり、革命的存在ではない。労働者が革命的存在になりうるためには労働者階級へと階級形成しなければならない。階級形成することで労働者はプロレタリア革命の主体になりうるし、プロレタリアート独裁を担い、共産主義社会をつくり出す主体になりうるのである。ではどう階級形成するのか。階級闘争をたたかうこと、そのなかで階級意識・階級的団結形態・党組織という三重の問題を解決することによってである。帝国主義のもとにある労働者にとってはとりわけ排外主義・差別主義・権威主義との意識的対決を遂行することなのである。こんなことはマルクス、エンゲルス以来の古今東西の革命運動がその血の教訓をもって教えていることである。戦前・戦後の日本階級闘争の負の教訓を明確にさせることが、反スターリン主義・革命的共産主義運動の出発点であったのではないのか。労働者の階級的な革命的本質を信頼するからこそ、七・七自己批判の立場と路線、組織政策をぬきさしならないものとして明確にさせてきたのではなかったのか。

清水流の修辞がいかに覆い隠そうとも、中野の主張は革共同の理論、マルクス主義の認識というレベルの問題ではない。そこにあるのは、左翼的な道義と良識にもとる劣悪きわまる俗物根性そのものである。その中野の顔色をうかがう清水はもっと俗物である。情けないとしかいいようがない。しかも党員の前から非公然形態に逃げ込み続けている清水は、非公然形態維持の諸条件、つまり「生殺与奪の権」を天田に握られているといって過言ではない。清水はいわば自らの生物的生き残りのために、天田にすりよっている。

「綱領的前進として、プロレタリア革命と七・七思想について整理がついた。今度の『前進』夏季特別号で、〇七年七月テーゼ的にまとめあげる必要がある。一九全総第五報告からこの間の前進の上で、整理された。」（〇七年七月非公然政治局会議、討議での天田の冒頭発言）

天田からこう認められることではじめて清水議案が七月テーゼ原文とされたのである。七月テーゼは何か深遠で高度な理論などではなく、俗物政治局の野合の産物であることを、ここでは確認しておきたい。

部落解放運動を捨てることは日本革命を捨てること

部落解放闘争は、日本革命の不可欠の一翼である。詳しくは述べないが、労水同盟といってもいい重さと大きさをもっている。しかるに、全国連の部落解放運動がとりわけ関西の地で大きな位置をもち、関西の党組織においても部落解放戦線が重きをなしていた現状に恐怖し、与田の財政的腐敗を口実に部落解放戦線を解体せんとしたのが三・一四IIの狙いの一つだった。それに乗って三・一四IIの支持・美化・扇動に走ったのが中野らであった。この意味で、広島差別事件は三・一四II反対派を暴力的に圧殺せんとするものであり、七月テーゼは三・一四II反対派への対抗的綱領を打ち立てようとしたものなのである。それが部落解放運動敵視へと集中したのだった。

今回の中田書記長弾圧は全国連つぶしを狙った政治弾圧であり、それ自体が部落差別攻撃である。全国連がそれにたいして起訴粉砕・長期拘留阻止の方針を立てて臨んだことは、全国連を守り、中田書記長を奪還するためにとった切実で切迫した方針だった。それを誰が、どのような立場で非難するというのか！　革共同はそもそも〇六年一二月以来の中田書記長弾圧にいったいどのような支援をしたというのか。彼らはその期間、中田書記長排斥のためのデマと差別にまみれた党内論議をやっていただけなのである。中田は、その半年もの間、革共同による部落解放戦線への差別主義的干渉のなかでほとんど自力で弾圧と対峙せざるをえなかった。逮捕にあたっても、拘留がさらに半年、一年になろうとも完黙でたたかう決意を固めていたのである。警察権力の弾圧をチャンスと考え、その中田をまさに背後から撃つ役割をしたのが革共同なのである。権力の部落差別攻撃に与した者たち、それが革共同である。

広島差別事件とそれにいたる全過程は、革共同が部落解放闘争を捨てたことを如実に物語っている。部落解放闘争を捨てたことで革共同は日本革命を捨てたのである。

第4章　動労千葉特化と粛清の党　〇八年四月～［第三・第四局面］

第1節　三里塚反対同盟など大衆運動への敵対

織田文書が三里塚農地死守を全否定

〇八年一～四月、広島差別事件に優るとも劣らない暴挙、暴論、傍若無人が三里塚反対同盟にたいして行われた。それが中野洋の直接指導で作成された内部文書、織田陽介（当時全学連委員長）「三里塚闘争のプロレタリア的爆発にむけて」（〇八年三月一一日）である。織田文書は三里塚現闘への踏み絵として出された。そこに書かれている核心的内容は次のようである。

「階級的労働運動路線に転換した中で真の三里塚闘争を労働者階級の側からうち立てる（これまでの三里塚闘争論はまちがっていたという意味）。三里塚現闘がこの立場で真に一致しなければならない。前三里塚現闘責任者・金丸体制を根本的に批判、打倒しなければならない（岸の後任の金丸は〇八年一月九日、ＰＯＳＢ会議で天田から三里塚責任者を強制的に辞任させられた）。」

「今論じられている労農同盟論は多くの限界性がある（萩原進三里塚反対同盟事務局次長が〇七年段階から強調している労農連帯論を指す）。三里塚現闘に求められているのは、農民の利害にたって闘うことではなく、労働者階級の利害にたつことである。三里塚闘争を農民解放闘争として語るのではなく、労働者自己解放闘争として語らなければならない。成田空港を粉砕する主体は、団結した労働者である。青年労働者に対して『あなたこそ三里塚の現実を覆す革命的主体だ』と言い切ることこそが求められている。」

「三里塚闘争の総括軸は「農地を守れたかどうか」ではない。三里塚闘争の総括軸は、労働者の団結の強化拡大である。三里塚闘争の利害を超えた闘争にならなければならない。労働者を主語に三里塚を語らなければならない。市東孝雄さんの農地を守れという運動の総括軸は、彼がNC（革共同全国委員会）に加盟することである（敷地内農民である市東孝雄には〇五〜〇六年以来、「畑明け渡し要求」という形で農地法による耕作権強奪攻撃が激化していた。それと対決して「市東さんの農地とりあげに反対する会」を軸に運動が高まっていた）。」

「三里塚現闘は、労働者階級の立場に立ちきって、同盟農民と勝負しなければならない。三里塚闘争は「何人集まったから勝てる」闘争ではもはやない（北原鉱治事務局長や萩原進事務局次長ら反対同盟は全国からの最大限の現地結集を訴えていた）。同盟農民と対決し、プロレタリア党の下に結集していく運動こそが総括軸である。」（原文は、ですます調。引用は、である調とした）

読めば明らかなように織田文書は、敷地内農地強奪阻止、農地死守のたたかいを「労働者階級」の名のもとに放棄、破壊することを主張している。なぜこんな路線をうち出したのか。

動労千葉特化路線は労農連帯を破壊する

織田文書は第一に、三里塚闘争を二三全総で正式決定した動労千葉特化路線に都合のいいように切り捨て、利用する狙いをもってうち出された。

織田文書は三里塚闘争一般論とか抽象的な労農同盟論を述べたものではない。現実に激しく火を噴く三里塚攻防をまったく無視し、動労千葉特化路線第一主義を押し通すものである。具体的には、三・三〇三里塚全国結集闘争つぶしを策したのである。中野は三・三〇に三・一六イラク反戦行動を対置し、三・一六を最優先にせよ、と三里塚現闘に、したがってまた全党に強制した。

多くの人が知っているように、三里塚反対同盟は七八年三・二六開港阻止決戦・管制塔占拠闘争を引き継いで、毎年三月下旬に三里塚全国総結集闘争を呼びかけている。政府・NAA（旧公団）の開港攻撃と対峙して常に実力闘争の構えをもった闘争を展開している。その三〇年目にあたる〇八年は三・三〇であった。ところが中野は、春闘時期と重なる三月三里塚闘争に九一年五月テーゼ以来ずっと反発を抱いていた。階級的労働運動路線＝動労千葉特化路線を敷いた機会に三月三里塚闘争の位置を徹底的に低めようと企図した。そのため中野は、三・一六を最優先課題とすること、「イラク反戦」とは名ばかりの「労働運動の力で革命を」「団結の究極的拡大が革命だ」の確認運動とすることを押し込んだ。

そして二月二四日、反戦共同行動委の全国活動者会議で織田に事実上の基調報告をやらせた。織田は、「あらゆる職場、戦線の方針の第一が三・一六だ。一言でいえば動労千葉のようにたたかって革命をやろうと訴えることだ。組合の分会をつくろうとするときも、三・一六を組合の結成大会にしようというアジテーションが必要だ」などと強調した。三里塚の北原鉱治事務局長を招請しながら、その面前で傲慢にも三里塚を一言も語らなかった。

だが中野主導の動労千葉特化路線のために三月三里塚闘争を好き勝手にもてあそんでいいのか。日本階級闘争の火点であり、広範な労働者人民が結集する三里塚で、そんなことが通用するわけがない。だからそれを押し通すために中野は、「労働者階級の利害にたつ三里塚闘争」「三里塚闘争の利害を超えた闘争」などと書かせたのである。そこでは三里塚農民の利害はまったく抹殺されている。農地死守に体現される農民の怒り、農民の国家にたいする要求、農民の階級的利益を一顧だにしていない。「労働者階級の利害」を「農民の利害」に対立させるとまで明言している。それは三里塚で歴史的に実現してきた労農連帯を労働者の側から破壊するものでなくて何であろうか。とんでもないことである。大体、「青年労働者が三里塚の革命的主体だ」「労働者を主語に三里塚を語る」というデタラメは何なのか。それは、青年労働者を三里塚に連れてきて動労千葉支持者にすること、そのために三里塚の利用価値があるといっているのである。そこには中野による三里塚利用主義の極致がある。

だが農民の生活と闘争への労働者階級の自己犠牲的＝階級的援助、これが労農連帯の基礎であり、労農同盟形成の核心なのである。このことは本多書記長の遺訓であり、革共同の三里塚闘争の理論と実践の核心である。

第二に、革共同は織田文書によって三里塚での敵前逃亡を企てたのである。なぜなら農地死守闘争の放棄を宣言し、もって政府・NAA（成田空港会社）による三里塚・市東孝雄攻撃＝農地強奪、三里塚反対同盟解体攻撃に与したからである。

当時の階級攻防をみると問題点がはっきりする。成田空港は一九七八年に暫定開港したものの完成などほど遠い状況だった。だが、国土交通省と空港公団（NAAの前身）は、〇六年七月、国土交通省とNAAが成田市農業委員会に農地法による市東の耕作権の「解約許可請求」を申し立て、続いて畑の「不法耕作地部分」明け渡しを提訴した（〇六年一〇月）。何と農地法をもってその立法理念「耕すものの権利あり」とは正反対の狙い＝耕作権剝奪に踏み込んできたのである。以後、市東耕作地強奪攻撃とのたたかいが熾烈に展開される。なおこの後、NAAは「契約地部分」明け渡しを提訴する（〇八年一〇月）。

まさに〇八年初頭は、三里塚闘争の階級攻防が〈市東耕作地の強奪か死守か〉の一点に集中していたといってもいい情勢だった。その時に、革共同は織田文書を出した。あろうことか、「農民の利害に立つな」「農民解放闘争を語るな」「農地を守れというな」「市東孝雄を革共同に加盟させればいい」「三里塚現闘は三里塚反対同盟農民と勝負せよ」と叫び出したのである。敷地内を守り、たたかいを牽引している萩原事務局次長を何と槍玉に挙げ、萩原事務局次長打倒闘争を実質的にうち出した。織田文書には金丸解任をみせしめにして、現闘にそれを強制する狙いが露骨である。それは三里塚反対同盟と三里塚闘争をこれ以上ないくらい冒瀆するものでなくて何であろう。

党内権力闘争のために三里塚闘争を破壊

織田文書の狙いは右のようなものである。しかも問題はそこにとどまらない。織田文書の本質は、党内権力闘争と反対派粛清のためには労働者階級＝人民大衆の利益をまったく顧みない、そのためには大衆運動を破壊してもよしとする党派へと革共同が極端化するというところにある。

前年〇七年一一月の二四全総をもって中央政治局派は党内に「塩川一派打倒運動」を組織し、各細胞に「塩川・椿除名支持」決議をあげるという踏み絵を踏ませた。だが、〇六年三・一四IIでは「党の革命」の「蜂起者」とされていた二人を切り捨てたことに党内では疑問、反対の声があがった。それにたいする整合的説明は何もなかった。二四全総の場で金丸は塩川派との分裂に反対する意見を表明した。POSB理論政策委員会の松本は年末に党中央批判の長い意見書（二度目の意見書）を出した。

三里塚闘争に関しては引き続き党内で論争が続いていた。

〇八年『前進』政治局一・一アピールの「三里塚」の項は、金丸ら三里塚現闘から提出された文章がほとんどそのまま採用されていた。

「今や300万の日本の農民自身が日帝を打倒し、革命をやらなければ生きていけない時代が来た。「生きさせろ」は農民の叫びでもある。三里塚は全国の農民の怒りと決起を結集し、帝国主義にぶつけていく天王山の位置をもつ。労働者の決起と結合し、労農同盟を強化し、三里塚闘争の壮大な爆発の時代を開こう。」（『前進』二三二五号）

金丸ら三里塚現闘は、階級的労働運動路線のロジックを使いながら、党の路線のなかに三里塚決戦をより大きく位置づけるべきことを必死に訴えたのである。それが中野には気に食わなかった。中野は三里塚の位置づけを低めることを政治局に押し込むとともに、金丸が塩川、椿の除名に反対していることと合わせ、金丸解任に踏み切ることを主張した。それを受けて天田は一月七〜八日、三里塚現闘の新年号学習会に出席し、金丸を槍玉にあげて関西派攻撃をがなりたてた。そして九日のＰＯＳＢ会議で天田は金丸を「塩川一派打倒に全力をあげていない」「現闘責任者の資格がない」などと集中的に攻撃した。金丸は辞任を強要された。事実上の解任である。天田はさらに松本を活動停止処分、自己批判書義務づけとした（一月一四日）。

同じころ、中央政治局派は広島差別事件への全国連の糾弾に追いつめられ、戦闘同志会の集団離党が時間の問題となったことに打撃を受けていた。そのため、「塩川一派打倒運動」と戦闘同志会批判をますます強権的に進めたのである。そこから一方では五・二七国労臨大弾圧裁判をめぐる事務局員・米村（関西派）の解任が企まれ、いま一方では三里塚現闘への動労千葉特化路線での枠はめと塩川ら関西派打倒への忠誠が強要された。しかしいずれも簡単にいくわけがなかった。

後者については、現闘責任者の解任であるため三里塚反対同盟に報告しなければならず、萩原事務局次長に一方的な通告がなされた（一月一四日）。萩原は党内事情だけで現闘責任者の首のすげかえをしたことに衝撃を受け絶句し、納得しなかった。一九日、萩原事務局次長と天田ら中央派との話し合いがもたれ、その場で天田は市東耕作権裁判（一五日）を傍聴しながら攻防情勢の激しさとその意味をまったく理解していないことを指摘され、自己批判する羽目となった。天田は、三・三〇三里塚闘争への三〇〇〇人結集に努力することを約束し、合わせて日本帝国主義の農民・農業切り捨て攻撃との対決を継続して議論することとなった。萩原事務局次長は「〇六年には長年の責任者であった岸が解任され、今また金丸が辞任ということで二度も現闘責任者が代わった。金丸の自己批判が終わったら、反対同盟をよく知っているのだから、一党員としてでも三里塚に戻してほしい」と強く要求した。

こうして萩原事務局次長だけでなく反対同盟は、現闘責任者の人事が反対同盟に相談もなく一方的に強行されることに強い不信を抱くのである。当然である。反対同盟にとって現闘の存在と活動が果たす役割が大きく、不可欠であるからだけではない。現闘のあり方に革共同の三里塚闘争路線、その政策をみるからである。現闘責任者人事を党内事情だけで二度にわたって勝手に変更したことは、反対同盟から見て革共同の三里塚闘争路線の全面転換を意味し、ついに革共同が三里塚を過小評価し、三里塚を捨てるにいたるのか、と実感させられたのである。

一方、萩原との会談の報告を受けた中野が「生ぬるい」と激怒し、反戦共同全国活動者会議―織田文書作成へとなる。織田文書はじつは中野＝織田文書なのである。その後、中央派は織田文書をあいまいにしているが、織田文書は今日の革共同の腐敗・堕落した基本姿勢、基本思想に引き継がれている。

戦闘同志会への抑圧と関西派排撃と宇谷ら旧九州地方委との対立という党内問題をいっさいに優先させ、大衆運動の利益を踏みにじってもかまわないという党に、革共同は成り果てた。いいかえれば革共同にとって、部落解放、三里塚、国鉄、反戦・反改憲という大衆運動の階級的・歴史的な使命もその利害もまったく関係ないということである。故萩原進、市東孝雄を始めとする三里塚反対同盟農民の農地死守のたたかいを否定し、政府・NAAの農地強奪に与し、三里塚の決戦場から敵前逃亡した革共同。萩原反対同盟事務局次長打倒すら企図した革共同。それを策動した中野洋には「労働者階級」「革命」を語る資格などない。

五・二七国労臨大裁判、民族差別との闘争、百万人署名運動、沖縄人民、婦民に敵対

織田文書は広島差別事件とともに、革共同があらゆる大衆運動への介入と破壊策動に踏み切る大きな転機となった。毒を食らわば皿まで、と革共同はとんでもない階級的犯罪を次々と重ねていく。

〇二年五月二七日に開かれた国労臨時大会は、四党合意や三与党声明をもってする国鉄一〇四七名解雇撤回闘争への圧殺策動に反対し鉄建公団訴訟原告としてあくまでも解雇撤回を求めてたたかう組合員を統制処分―除名せんとするものだった。それに抗議して国労共闘・支援がビラまき・説得活動を展開した。その後、警察権力は国労一部役員と結託して国労組合員七人と支援者一人を不当逮捕、起訴した。その裁判闘争が〇三年から五年間たたかわれていた。

ところが中央派は被告、弁護団、事務局が一体となって権力および国労本部とたたかっている最中の〇七年一一月〜〇八年一月、まさに権力の面前で同裁判事務局員・米村（関西合同労組）は関西派だから事務局を解任する、というデタラメな排除・追放を開始し強行した。その過程で旧九州地方委の松崎博巳（国労小倉地区闘争団日豊オルグ班）以外の中央派被告七人が弁護団九人全員を解任した（二月二二日）。また松崎が国労闘争団員として被告団をリードする存在であり、旧九州地方委派であるゆえをもって裁判の分離を勝手に裁判所に願い出て脱落していった。被告側が分離裁判を要求するなど、転向する場合以外にありえないことである。裁判所はそれに応じて弁論分離を決

定した（五月二二日、同二〇日特別抗告棄却）。

中央派は、権力の前で統一被告団の分裂を強行して五・二七裁判から脱落するだけでなく、その支援陣形「国労五・二七臨大闘争弾圧を許さない会」に悪罵を投げつけた。八月二三日、許さない会の発起人・呼びかけ人会議に集団的に強引に介入し、野次と怒号で議事を乱すなど会議を蹂躙した。許さない会は、著名な労働運動家、学者、評論家、弁護士など二〇人の発起人、三三九人・三五団体の呼びかけ人で構成されていた。多くの人々の党派を超えた広範な陣形となっていた。したがって中央派による許さない会への敵対は、五・二七裁判闘争のみならず国鉄支援陣形全体への敵対そのものでもあった。

中央派がやったことは何か。国鉄一〇四七名闘争をともにたたかう国労組合員・支援に分裂をもち込み、労働者人民のたたかう団結を破壊したことである。「団結すれば革命だ」などと唱えている中央派は現実には、団結を破壊し回っているのである。何よりも日本階級闘争の柱の一つである国鉄闘争に分裂をもち込んだのである。なぜ「許さない会」という党派を超えた広範な支援陣形ができたのか。それは五・二七裁判闘争が国労共闘のたたかいであるばかりか、戦前からの治安弾圧法である悪法＝暴処法（暴力行為等処罰法）弾圧への無罪をかちとるものであり、さらに国労再生・一〇四七名闘争勝利をめざす大きな階級的目的をもつたたかいであるからである。前代未聞の労働運動弾圧への反撃をとおして国労再生、労働運動再生を実現するたたかいへと発展しつつあった。

中央派はそんな階級的意義を考えることもなく、ただただ「宇谷派だ。関西派だ。反党分子とは同席できない」と分離裁判に走った。国鉄労働者・中野自らが音頭をとって国鉄闘争陣形破壊を推し進めたのである。この一点で、中野洋は国鉄労働者の裏切者であり、中野以下の革共同は国鉄闘争の敵対者なのである（「弁護団声明／5・27裁判の勝利をめざして」〇八年七月一四日、「敵を見失ってはならない――弁論分離請求と職権分離決定を弾劾する／弁護団」同年八月六日、「国労五・二七臨大弾圧を許さない会／発起人・呼びかけ人会議議事録」同年八月二三日に経過と問題点が詳述されている）。

中央派は、さらに九〇年五月以来営々として積み重ねてきた外登法・入管法、民族差別とたたかう陣形に分裂をもち込み、そのたたかいに共感してきた在日朝鮮人、諸人士との信義を破った（「抗議文／金石範、梁石日、千葉宣義、森正孝」〇八年四月九日を参照）。

日米新安保ガイドラインと有事立法に反対する百万人署名運動が八〇万筆の署名を重ねるところまできていたにもかかわらず、中央派は「一一月労働者集会をかちとることが改憲阻止闘争だ」などといい出し、改憲阻止闘争を放棄した。〇六年から運動の強化を訴えてきた小田原紀雄事務局次長が〇九年九月、ついに「百万人署名運動への永訣宣言」を出し、呼びかけ人の辞退が続いた。中央派がこの運動を分裂、解体させたのである（「百万人署名運動・全国連絡会活動者会議［報告と議事録］／事務局・川添」〇九年八月二二日、「私は百万人署名運動の呼びかけ人を辞めます／藤本治」同年一〇月一一日、「百万人署名運動への永訣宣言／小田原紀雄」同年一〇月二〇日を参照）。

百万人署名運動からの逃亡とともに普天間基地撤去、辺野古新基地建設阻止のたたかいに分裂をもち込み、逆に弾劾され、あげくの果てに「血債主義・糾弾主義に死を！沖縄主義に死を！」（〇八年五月一三日、全国沖縄青年委員会署名ビラ）などといわせている。革共同は沖縄の労働者人民への敵対者、本土―沖縄を貫く沖縄闘争の敵対者に成り下がった。

婦人民主クラブ全国協議会では中央派は、〇七年杉並区議選で全国的討議を封殺して強圧的に「北島候補支持」の本部事務局通達を出し、婦民会員に分裂をもち込んだ。それ以降、婦民精神を受け継ごうとする大半の会員は革共同が支配する婦民全国協から離反し、東京、関西、福岡などで支部活動、地域活動を継続している。

このように党内権力問題にとらわれ、粛清に次ぐ粛清に明け暮れる革共同中央派は、労働者階級とも、被差別人民とも、被抑圧民族とも無縁な存在になり果てた。全世界人民の苦しみ、怒り、願い、そこから発する切実なあらゆるたたかいへの妨害物でしかないのが、いまの革共同である。革共同には、米・日帝国主義の戦争と植民地主義と搾取と差別・抑圧の政策に立ち向かう何の戦略も、方針も、意欲もない。その機関紙誌や彼らの行動をみれば、それはあまりにも明らかとなっている。党内権力問題に汲々とする革共同は、反帝国主義・反スターリン主義、反権力の立脚点を完全に喪失してしまった抜け殻の存在でしかない。

第2節「四人組」除名問題

中野主導の路線に批判、疑問が噴出

中野洋が一〇年三月、死去した。それ以降、密告・査問・自己批判という忠誠確認運動と党内粛清がより顕著である。生きた中野の威光がないからなのであろう。革共同はますます、国家権力や反革命とのたたかいに背を向け、党中央防衛に汲々とする組織となっている。

そのなかで一二年九～一〇月に一連の重大な組織問題が起こった。革共同中央派が、涌井（武藤、東京南部地区担当常任、国鉄担当、三・一四Ⅱ以前は関西の学生戦線責任者）、甘糟義信（大衆運動場面で滝川宗夫。破防法研究会）、金丸（三・一四Ⅱ後、三里塚現闘責任者、その後解任され前進編集局）、志賀（三里塚現闘、反対同盟裁判事務局員）の四人を、反中央フラクション形成＝反党分派活動という「罪状」によって除名処分にしたのである。その経過と実態は、以下の通りである。

九月一〇日ころ、中央派政治局が武藤、甘糟、金丸、志賀の四人を前記の嫌疑で本社に呼び出した。直接のきっかけは、甘糟が一年前まで編集局・伊勢山の実家の空室を病気療養のために借りていて引き払った部屋から、涌井署名、金丸署名、志賀署名の文書メモ（それらはいずれも一年半前に作成されたもの）が発見されたことである。甘糟が出た後、部屋を掃除した伊勢山が発見し、中央に通報したといわれている。甘糟が秘匿すべき文書類を置き忘れたという話は真相が不明である。

その後、武藤、甘糟が本社に入る。金丸とともに、党本部が三人を軟禁状態で査問を開始する。党本部はこの段階で、四人の反中央フラクションに関連した動きを封じるために、全国の地方委への通達文書を下ろした。天田らは、「一年半前にやったことをすべて白状せよ」「その後を含めて全過程を明らかにせよ」「誰が一緒にやっているのか」と、事実の自白と自己批判を要求した。三人とも、分派活動を否定した。

その中で、武藤は経過説明文書（実質的には意見書）を提出し、中央批判を全面展開した。それは「涌井＝武藤第二文書」と呼ばれている。おおよその趣旨は次のようである。

①一年半前にお互いに連絡をとったことは事実。しかし、それは一年半前の一時的なことにすぎず、その後、現在までフラク形成などしていない。②当時、現在の党において強権的な統制がしかれている中ではやむをえず分派活動をしてたたかわなければならないと考えていた。そして今、分派を形成せねばならないという状況も変わっていないし、自分の意思も変っていない。③現在の党、とくにＰＬ（各地区委員長）は絶望的なほど腐敗した状況である。ずっと長い間ＰＬはビラを書くことすらしていない。ＰＬ会議が終わった後は酒を飲んだくれているだけである。④反原発闘争など政治闘争をまともに取り組んでいない。党の路線は政治闘争を位置づけるものになっていない。⑤国鉄闘争の路線である動労千葉特化路線は、まちがっている。故中野の指導は真に階級的労働運

動路線を展開するものではない。現在いわれている階級的労働運動路線はまちがっている。⑥内外情勢論もさまざまな面でデタラメなものでしかない。⑦こうした状況であるため、現場の労働者党員には中央への批判、不信が広がっている。とくに国労の新橋支部、全逓の中郵等々。自分の意見は現場労働者党員の広範な声を体現したものであり、現場との共通の問題意識を有するものだ。

これを読んだ人の多くは、「迫力がある。これは武藤たちの戦闘宣言だ」と受け止めている。

武藤第二文書、志賀文書の波及

志賀は、一〇・七三里塚全国集会を控えているという事情から本社に入らず、その過程で文書（意見書）を提出した。その趣旨は次のようである。

①〇八年三月の織田文書「三里塚闘争のプロレタリア的爆発にむけて」の責任を明確にせよ、②昨一一年～今年の段階で萩原進事務局次長にたいして「土地を売って金を取ろうとしている」「条件派に転向した」というデマを流した責任をはっきりさせよ。

三里塚現闘以外には党内ではあまり知られていない問題を記した文書で、事実に即した説得力があり、一部では「志賀爆弾文書」とささやかれている。

中央派政治局は、査問の結果、四人の除名を政治局決定した。九月下旬に「武藤第二文書」などにたいする断罪の文書を作成し、全国の指導部限定で下ろした。中央による反論としては中身に乏しく「反党行為」とただただ罵倒するだけであり、「動労千葉敵対だから許せない」論だけで押し通そうとするものである。そしてここでは、武藤＝主犯、続いて甘糟、金丸、志賀という順番で「罪」の重さをランク付けている。「四人全員が文書を書いたが、自己批判になっていない。統制処分を受け入れない、屈しないという態度をとっている」という趣旨が書かれており、「そのため、政治局で四人除名を決定した」と明瞭に書かれている。そして「反党行為の証拠」の参考資料として、一年半前の三人の文書および武藤第二文書、志賀文書を添付している。ただしそれらの文書は全党回覧にはしていない。

金丸は除名され、本社から追放された。所属する編集局会議で除名決議が挙げられ、本社政治局決裁となって除名となったのであろう。武藤と甘糟は、活動停止処分および細胞会議出席禁止処分を通告され、本社から追放された。武藤も甘糟もその後、除名処分となった。一〇月六日、中央から藤原慶久と土井が三里塚闘争会館に出張り、志賀に活動停止処分を通告したため、志賀は翌日の三里塚全国集会に参加できなかった。

天田ら中央派は一〇月一一日に東京都委員会総会を招集し、そこですべて「決着をつける」と豪語し、四人全員除名を決議する方針だった。だが実際には除名決議を挙げるには至らなかった。というのは、「中央文書で引用している第二武藤文書を全党回覧せよ」「引用だけで済ませるな」という要求が出たりして、中央による四人断罪の論理を簡単に受け入れる状況ではなかったからである。除名の恫喝をもって臨んだが、傍若無人に振舞うことはできなかったということである。詳細は不明だが、中央の官僚主義的な恫喝や締めつけがかなり弱まっている現われと見ることができる。

中央派は一〇月一三日に三里塚現闘総会を開き、天田らが志賀を断罪した。志賀は反論せず自己批判もせずの態度を通した。天田は活動停止処分を通告した。その後、志賀は除名となり一〇月二一日に闘争会館から追放された。

除名恫喝は組織矛盾を強める

武藤らの分派問題をめぐる本社の常任、専従のスタンスは、中央に黙って従うだけという対応だった。除名処分などに疑問や異論を出す空気はまったくない。中央派は党中央による武藤第二文書断罪論を認めよ、という形で踏み絵を課し内部統制を強めている。しかし、東京の地区労働者の中には、四人とくに武藤への共感が一定存在する。「共感と同情が広がっている」という分析もある。

関西の中央派では全体として四人除名という事態を「衝撃的に受け止めている」といわれ、とくに沢地（＝酒井、最古参女性メンバー、西郡担当）が意見書を提出した。趣旨は、〝武藤らは党の路線問題で疑問を抱き、批判を提出している。それについては全面的に論議すべきことがらである。にもかかわらず、党内論議が何もない。党内の路線論議をせず、路線問題で党本部批判したから即反党分子だと決めつけ、それをもって除名処分するのはまちがいである。党本部のやり方はあまりにもひどい〟というものである。

この沢地意見書は、中央派関西地方委における沢地の位置からして、個人の意見書というより「関西地方委員会意見書に準ずる」重みをもっていると見られている。関西には、もともと若手の代表的人格である武藤に期待する人が多いということもある。

また、中四国の中央派の中には一定の動揺が見られるともいう。八・六ヒロシマ集会実行委による八・六広島集会（部落解放同盟全国連が主力をなす）には、中央派中四国から複数参加している。「全国連との関係を良好にしていきたい」という意見が一部存在する。

中央派は一二年末に全国代表者会議（全国委員会総会に代わるもの）を招集した。そこで四人フラク＝除名問題を取り上げ、除名の恫喝で反中央の動きを抑圧する党内恐怖政治（といっても大したものではないが）を強めた。それに続いて、一三年の年初に新年総会（全国大会に代位。首都圏の全党員と地方委から複数の代表者）を招集し、出席した党員に同じような恫喝を加えた。

天田ら中枢は、四人除名問題の党内対応で躍起となっている。一定存在する四人への同情、共感にたいして、改めて内部粛清の締めつけ強化で臨んでいる。党内組織問題論議の禁止と党内の密告社会化、情報管理の統制強化へと向かっている。革共同中央派は、党組織がますます狭隘な閉鎖社会と化し、生きた階級闘争にますます背を向け、現実と無縁な党へと転落していくだけである。

武藤と志賀が出した意見書のインパクトは前述したように、小さくない。とくに、中央派関西地方委には塩川や毛利ら関西派への反発から中央派に残ったという人たちもおり、彼らは当時、三・一四IIに反対の立場をとった人たちを含んでいる。それだけに逆に、中央への忠誠を示そうと中央派の先頭に立ってきたという傾向がある。そこが内部から揺らいでいる。

いずれにせよ、革共同中央派は、一二年の四人除名をも契機として、内部からの瓦解をいま一つ大きく進めていくだろう。

三里塚闘争破壊の革共同

最大の深刻な問題として、中央派と三里塚反対同盟との関係でかつてない緊張が走っている。中央派は三・一四II以後、〇八年織田文書に示されるように、自分らの目の上のたんこぶである故萩原進反対同盟事務局次長ら反対同盟への敵視の傾向を強めてきた。中央派が看板化する動労千葉特化路線にとっては「三里塚はお荷物」というスタンスに傾斜しており、三里塚闘争への政治的利用主義がより露骨になっていたからである。

反対同盟からすれば、三里塚担当の政治局員・岸の解任・更迭と除名（〇六年四月、〇七年九月）、その後の現闘責任者・金丸の解任・更迭（〇八年一月）、そして金丸、志賀の除名（一二年一〇月）という一連の事態は、中央派の三里塚闘争への姿勢に大きな疑問と不信をいだかせるものである。「三里塚闘争を破壊する革共同」という図式とその本質がますますあらわとなっているのである。

二二年一〇月一五日に三里塚反対同盟の農地裁判が行われ、その総括集会で、萩原事務局次長が発言した。

「最後に萩原進事務局次長がまとめを行った。「率直に言って、先日の一〇・七の結集人数はあまりにも少なかった。本当に市東さんの農地を守るため、こんな姿でいいのか。いよいよ敵が襲いかかってくる時に、どうしたら勝てるのか、どうやって市東さんを守るのか。もう一度考え、肝に銘じ、奮い立ってほしい！」と鋭く訴えた。」（『前進』速報版）

萩原事務局次長は怒髪天を衝くという感じで怒りを表明した、とのことである。これは、金丸・志賀除名という事態の中での反対同盟の怒りと苛立ちと受け止めなければならない。

志賀除名にたいして三里塚反対同盟顧問弁護団の有志は、一〇月二二日に「要請書」を反対同盟に提出した。そこでは、「すべての裁判の闘争構築に中心的に関わってこられてきている三里塚現闘の志賀氏の、訴訟活動に参加を得ることが困難な事態になっている」「志賀氏が戦線から離脱される事」という認識のもと、「あくまで〈裁判闘争に勝利する！〉という決意と大局的見地から、従前どおりの事務局体制が維持されることを、強く要請致す次第であります」「反対同盟を中心とした戦線の一翼を担う者として、敢えて心からの要請をさせて頂く」とある。

革共同が三里塚闘争にたいする妨害物であることへの疑問と怒りは広がり、深まるばかりである。その後、一三年一二月二一日、萩原事務局次長が逝去した。だが萩原事務局次長の遺志は生きている。織田文書に端的な革共同の三里塚闘争からの逃亡の企図は反対同盟から見ぬかれている。

第3節　高木徹の処分と七年後の除名

清水は盟友を切って捨てた

一三年九月、革共同の前議長代行であった高木徹が除名された。前議長代行を除名しながら、当の革共同中央はそれを公表すらしていない。何とけじめのない内向きの集団なのであろうか。

同年九月六日、天田が高木徹を本社に呼び、高木に「除名に処する」ことを告げた。「党員として再生の見込みがない」ことが除名の理由である。天田は「この決定は清水議長も確認しており、お墨つきを得ている」といった。さらに高木除名は党内外に公表する方針である、とほのめかした。

天田は、一三年の二月時点で高木をすでに三里塚の地から追放し、党からの活動費支給を完全に打ち切るとともに、「誰とも会うな、家族とも会うな」と厳命して、都内のアパート住まいをさせていた。そして、九月六日をもって七年前までは革共同政治局員であるだけでなく、清水に次ぐ議長代行の位置にあった高木徹を党から最後的に追放した。一九六三年のカクマルとの分裂前に結成されたマルクス主義学生同盟の二代委員長をつとめ、その後も長く革共同を代表する古参指導部の一人であった高木を、天田や清水はお払い箱にするという扱いにしたのである。

齢七四となる高木にとっては、復権のかすかな希望も断たれた。かつて九州時代に税理士として働いたこともあったが、いまや社会への適応力もなく、文字通り路頭に放り出された。天田および清水の高木への仕打ちは、「野垂れ死にしろ」というものである。

高木除名問題は、中央派の内部にびりびりした緊張と、あらゆる面で意気阻喪を生み出している。それにしても、「再生の見込みがない」という除名理由は、古今東西の運動史上、類例がない。反中央分派活動をやったというのでもなければ、何らかの反党行為をやったというのでもない。それどころか高木は、三・一四党内リンチを全面的に支持し、「労働者の蜂起」として率先して美化してきたのである。懸命に動労千葉特化路線に支持を表明し、「観念的血債主義者の水谷」批判や

「与田、岸、水谷ら与田一派」批判をして、天田・中野への忠誠を誓ってきたのが高木なのである。

パルタイ・パトリオティズムの閉鎖集団へ

では、天田、清水はなぜ高木を除名したのか。

天田にとって高木は「天敵」であった。もっとも憎い存在であっただろう。〇六年三・一四党内リンチの支持を政治局が決定したとき天田は、これで高木を追いつめることができると考えた。天田らは塩川ら当時の関西地方委主流派と結託して、「与田や岸、水谷の存在とその役割を容認してきた」として、清水と高木を追及したのだった。清水は二度の自己批判書で、ずる賢く自己批判をパスした。自己批判などできず、する意志もない天田や中野らは、清水が政治局を代表して自己批判したのだとして、自らの固有の責任を隠ぺいし、頬かむりした。

だがその際、高木は天田や中野が認めるような自己批判書を書くことができなかった。高木は自らの責任を棚上げして、すべて岸、水谷、あるいは宇谷（当時、九州地方委議長）に責任をおしかぶせ、岸や水谷を罵倒することですりぬけようとした。それはあまりに無責任な態度であり、誰が見ても納得できるものではなかった。浅尾（高杉）スパイ問題でも、高木は責任を追及されたが、すべて他人ごとにした。

そうした高木をめぐる度々の責任追及と自己批判書執筆の繰り返し、その却下という過程が続き、〇六年一一月〜〇七年二月には、天田と中野は、高木を政治局から更迭し、三里塚で「学習せよ」と、事実上の党員資格停止、活動停止に追いやった。これ自体、きわめて激しい処分であり、党内における高木抹殺への道であった。

清水は、六〇年安保闘争以来の戦友であり、とりわけ秋山を処分した九四年以来、政治的・組織的にもっとも近い存在であり、無二の盟友でもあったはずの高木を切り捨てたのである。九七年の二〇全総では、清水の意向により政治局は「議長代行」という異例のポストを設け、高木をその職責に就けた。つまり高木はナンバー2であり、書記長・天田より格上の大書記長だったはずである。それなのに、清水は天田の異様なまでの高木排斥方針に迎合して、見捨てたのである。人間として、これ以上恥知らずなことはない。

にもかかわらず、革共同の変節と転落を見抜くことができない高木は、自らの復権の余地があると大錯覚し続けてきた。そして高木は、一三年一月に「宇野理論の根本的批判」と題する一一万三〇〇〇字にのぼる意見書を提出した。提出しただけでなく、「これを党の内外に公表させていただきたい。……塩川派や結柴・水谷・岸・岩本、そしてツンドラで脱落した連中（一二年秋除名された四人のこと）にたいして打撃を与えたいという強い思いがあるからです」と要求したのである。

高木意見書を受取った天田は、当然のことながら逆上した。そして新たな重処分に付すとともに、除名のカウントダウンに入った。

そうして〇六年一一月処分から七年近くたって、天田らはついに高木を除名にした。七年間を経て、必ずしも単純な経過ではなかったが、この高木除名は三・一四党内リンチ＝クーデターの直接の帰結であり、その肯定・美化という党的大分裂の余震なのである。

天田にとっては、議長代行として目の上のたんこぶであり続け、自らの名ばかりの書記長職をも剝奪するのではないかと戦々恐々としてきたその高木を排除することで、ようやく天田の組織的地位が確定できたのである。逆にいえば、天田にとって、高木除名をやりとげなければ、「党の革命」にならないということなのだった。

高木除名という事態となって、なお中央派内に存することは何を意味するだろうか。かつて「沖縄奪還、安保粉砕・日帝打倒」「たたかうアジア人民と連帯して日帝のアジア侵略を内乱へ」を掲げて世界革命・アジア革命・日本革命をめざした革共同とは似て非なる組織に変質してしまったことが明らかなのに、何ゆえに革共同にしがみついているのであろうか。それは、革共同抹殺、プロレタリア革命運動抹殺、共産主義抹殺に加担することしか意味しない。公然面のトップにいる天田が裸の王様であることを見ながら、おべんちゃらをいう臣下たちでしかないということである。

それは「革共同は正しい」と空しく観念的に唱えながらただ組織のなかに居続けることだけが目的というじつに転倒したありようではないか。組織結集・成立の原理が、現代社会転覆をめざすプロレタリア革命と共産主義社会の実現というものではまったくないということである。

これはもう「パルタイ（党）はパルタイであるがゆえに正しい」「パルタイはあらゆるものに勝る絶対真理である」「パルタイでなくなれば不正義となる」という観念を原理化するものでなくて何であろう。現実の革命運動とは切断した閉鎖的世界に逃げ込んで党への自己愛（党を忠誠の対象とするパトリオティズム）に浸っているものにほかならない。カルト集団化したともいえるが、自分たちの属する閉鎖的組織だけを観念的に絶対化するパルタイ・パトリオティズムということができる。腐りきった人間の集団と、その一員になりさがった者たちは、もはや救いようがない。

いずれにせよ前議長代行＝高木徹の除名という新たな粛清劇は、革共同の政治的、組織的、思想的な荒廃の最終形態を示す証左である。

第4節　荒川スパイ問題での敗北

なぜ荒川スパイ問題の事実を明かさないのか

革共同中央派は、一三年六月『前進』紙上で、指導的幹部である荒川碩哉《あらかわひろや》が一九九五年以来一八年間にわたって内閣官房内閣情報調査室のスパイであり、〇〇年以来一三年間も同時並行で公安調査庁のスパイであったことを公表し、自らの態度表明ならざる「態度表明」を行った（『前進』二五八八号、六月一七日、以下二五八八号声明）。さらに七月二八日の革共同政治集会では、天田が基調報告のなかで、政治的位置づけだけ大きく、しかし中身のとぼしい若干の言及をした（『前進』二五九五号、八月五日、以下七・二八天田報告）。さらに『革共同五〇年史』でもまったく同じ論調をくり返している。

筆者らは、〇六年までは革共同の政治局員であった。振り返れば、筆者らが政治局員であった時期に、二五八八号声明によれば荒川は権力のスパイとなっている。革共同から離れた身ではあるが、こと荒川スパイ問題については、筆者らもまた大きな責任を負っている。それゆえ筆者らは、権力とのたたかいに日夜奮闘するすべての人々に私たちの謝罪と自己批判を表明した。「荒川スパイ問題にたいする私たちの謝罪と自己批判（一三年六月）」、「荒川スパイ問題をめぐる新事実公表と革共同政治局断罪の表明（一四年五月）」がそれである。さらに一四年一二月に荒川碩哉名のパンフレット『スパイ捏造と財産略奪策動を弾劾する』が発行されたことに対応して「荒川パンフは、なぜスパイ問題をはぐらかすのか」（一四年一二月）を公表した。

荒川にかかわる右の問題は衝撃的な事態であり、当然、革共同内だけでなく、権力と対決する広範な人々が強い関心をもつところとなっている。筆者らにとっては、二五八八号声明とその後に入手した長年の連れ合い・荒川みどりの私信（碩哉の友人たち宛に出したもの）、一四年二〜三月に甘糟が流している荒川の弁明、そして荒川パンフ以外に判断材料はないが、現在に至るも革共同は断片的な事実しか公表していない。反権力の政治組織としてスパイ問題を公表する作法がまるでなっていない。革共同中央派政治局は、一三年五月上旬以来約一カ月の荒川への糾問と荒川自身の「膨大な告白文書」（二五八八号声明）にもとづいて、少なくとも次の諸点は明らかにすべきである。

1、荒川を担当した内調の七人、公調の四人の氏名、部署は何なのか。

2、荒川は内調から「毎月多額の「報酬」を受け取ることとなった」「その金のすべてを隠匿してきた」というが、その額、隠匿状態はどうなっているのか。「公調からも多額の金銭を受け取ってきた」というが、いつ、いくら受け取ったのか。

3、今回、スパイ荒川を摘発した契機、経過はどのようなものか。

4、中核派戦士であった荒川が、どういう契機で、いかなる諸関係のなかで、なぜ権力のスパイに取り込まれたのか。逆に、内調および公調が荒川を取り込んだ手口はどのようなものなのか。

5、荒川自身は、権力のスパイへの転落を反省しているのか、していないのか。

6、六月四日に荒川は「警察に保護を求めた」「自らの家族を含む三人の同志を公安警察に逮捕させ、権力の懐に逃げ込んだ」というが、その具体的な状況はどのようなものか。

7、荒川スパイ化という厳しい現実への党の反省的とらえ返しと教訓はどのようなものか。

前記について、もし革共同中央派が権力のスパイ化政策に反撃し、それを労働者階級人民の教訓として共有しようという立場であるなら、明らかにして当然ではないだろうか。だが、具体的なことは一言半句もふれられていない。どうして中央派政治局は明らかにしないのか。明らかにするとまずいことがあるのだろうか。

加えて、「スパイは捏造」とする荒川パンフが公にされているというのに、中央派は何の態度表明もしていない。なぜ反論の一つもしないのか。革共同はもはや左翼でもなければ、政治党派でもないということになる。

荒川碩哉は七〇年安保・沖縄決戦の一つの頂点をなした七一年一一・一四沖縄返還協定批准阻止・渋谷暴動闘争の容疑で、現場に行っていないにもかかわらず、翌七二年、事後逮捕・起訴され、星野文昭、奥深山幸男とともに裁判闘争をたたかいぬいた。そして五年間の保釈を得たものの懲役一三年の実刑を受け、長期の獄中闘争を経て、九二年六月に出獄した。未決・既決で一五年三カ月におよぶ獄中生活であった。荒川はその後、革共同の中央指導機関である中央労働者組織委員会WOB(労対)に属してきた。故中野洋副議長や坂木(高原洋三)WOB議長の指導のもとに自治労戦線の責任者の位置にあり、全国労働組合交流センター事務局員として枢要な役割を担ってきた。

その荒川が権力のスパイであったという事実は、「なぜ、あの荒川が……」、と誰もが思わず絶句するくらい、重々しいことである。筆者らが知るかぎり「荒川が不審である」という認識は、政治局および対スパイ対策委にまったくなく、またそのような通報も寄せられなかった。革共同政治局は権力のスパイ化攻撃の前に重大な敗北をきっしたのである。そうである以上、荒川が属してきた革共同は、荒川スパイ問題とその敗北を真正面から解明し、その教訓化を果たすことが今日の三・一一以後情勢下の日本階級闘争の必須の課題として求められていることは、いうまでもない。

天田、大原、清水ら政治局はどこを向いているのか

しかるに革共同中央派の今回の『前進』二五八八号声明ならびに七・二八天田報告や『革共同五〇年史』は、荒川スパイ問題の深刻さにたいする一片の内在的総括も、謝罪も、自己批判の表明もない、あまりに無責任なしろものといわざるをえない。「偉大な勝利」「世界史的偉業」と空叫びしているだけである。まるで権力とたたかうすべての労働者人民や党員に「荒川スパイ問題を教訓化してほしくない」といっているにひとしい。

それればかりか、権力のスパイ問題を党内抗争のネタにすりかえている。除名した者や離党した者を、すべてスパイ荒川が「陰に陽に結託し」「そそのかし」「ともに」党破壊工作をしてきたという〝スパイ謀略物語〟をデッチ上げている始末である。そして反中央と思われる人々にむかって、「いまなお党破壊のためにうごめいている輩はいまこそ思い知るべきである」などと、党内の官僚主義的・強権的なしめつけの強化に注力しているありさまである。

荒川にたいする直接の指導責任を負ってきた政治局が、自らの政治的・組織的・思想的な敗北の責任を棚にあげ、よりによって党員にむかって恫喝するなどもってのほかである。彼らの矛先は、帝国主義国家権力ではなく、党内にむけられている。

それだけではない。今回、党中央への反対派、異論をもつ者、被除名者、離党者をすべて「血債主義者」と一括りにしている。スパイ荒川はその「血債主義者」と結託し、そそのかし、一緒になって党破壊工作、動労千葉破壊工作をやってきた、「血債主義はイコール労働者蔑視であり、スパイが唱えることであり、反革命だ」というのである。これはきわめて重大な言辞である。革共同が七・七自己批判、すなわちアジア人民・在日アジア人民と連帯する思想と路線を、よりによって権力によるスパイ化攻撃と同列において罵倒するにいたったのである。これは、天田三紀夫書記長、清水丈夫議長、大原武史ら政治局が、革共同として綱領的に大転向したことを表明したということである。なお荒川スパイ問題の査問に当たった坂木は、その後ほどなくWOB議長を退き、代わって故中野の後継を任ずる大原がWOB議長に就いた。

対権力においていったん腐敗し、ひとたび屈服したとき、敗北をのりこえる自浄力をもつことは難しい。難しいけれども、敗北を率直に明らかにし、生まれ変わる決意で、みずからをきびしく自己批判的に総括するならば、きっと立ち直ることができるはずである。この自己批判と再生の自浄力は、ただ共産主義社会の樹立をめざす反帝国主義・反スターリン主義世界革命の綱領と国家権力打倒の路線の正しさによってのみ、生み出すことができる。

だが、荒川スパイ問題についての革共同の二五八八号声明と七・二八天田報告、そして『革共同五〇年史』は、現在の革共同が帝国主義権力とのたたかいから全面逃亡し、腐敗と破滅の泥沼に深く沈んでしまったこと、「血債主義反対」＝七・七自己批判路線の否定と破壊をその綱領とするにいたったことを記す紋章となった。革共同は、もはや政治組織であるとさえいえない。

荒川スパイ問題は、他のスパイ問題とあわせて、革共同にかかわるすべての者にそれぞれの原点を問うている。筆者らも、このことを深く肝に銘じたいと考える。

第5節　動労千葉特化路線という階級的犯罪

労働運動への冒瀆

革共同中央派の誤りのすべては階級的労働運動路線＝動労千葉特化路線に凝縮しており、かつまたその路線からすべての歪みが発生している。本書のここまでの叙述で、それは明らかとなったのではないだろうか。

では、動労千葉特化路線の犯罪性はどこにあるのだろうか。ここで簡潔に整理しておきたい。

一つには、労働運動を冒瀆する路線であることである。

動労千葉特化路線とは一方では、八五年国鉄分割・民営化阻止ストライキに攻め上っていった六〇年代、七〇年代、八〇年代の動労千葉の戦闘的で労働者魂に溢れ、家族総ぐるみで決起したたたかいの歴史とその教訓をことごとく清算するものなのである。看板に偽りあり、なのだ。「労働運動の力で革命をやる」「労働組合の権力をとれば政治権力をとれる」「職場の団結の拡大が革命だ」「労働者に権力をよこせ」――これが動労千葉のたたかいの教訓だというのか。冗談ではない。

動労千葉は国鉄運転職場の職能組合である狭さ、一種の特権主義、動労カクマルや右翼民同ダラ幹による抑圧という条件のなかで、それらを打ち破る戦闘的労働運動のあり方をつくりだした。原潜寄港阻止、日韓会談反対、ベトナム反戦の街頭デモに積極的に取り組み、千葉県反戦青年委の柱となって街頭行動の先頭に立ち、七〇年安保・沖縄闘争を担った。狭山差別裁判糾弾・石川一雄氏奪還闘争に積極的に取り組んだ。反戦政治闘争とともに職場闘争を戦闘的に展開し、船橋事故闘争をたたかって運転保安闘争を路線化し、マル生攻撃と真っ向から対決した。七五年スト権ストの敗北をのりこえて前進した。何よりもまた、三里塚農民との連帯にかけて、三里塚の階級的大義のもとにまさに自己犠牲的にジェット燃料輸送阻止闘争をくりひろげた。成田空港建設阻止から廃港への巨大な全国的大衆的結集と一体となって、労農連帯を切り開いた。そのなかで動労本部カクマルと対決して分離・独立をかちとり、分割・民営化阻止の歴史的ストライキ闘争に突き進んだ。

こうした動労千葉のたたかいを現在の階級的労働運動路線の核心とされている職場団結論に切りちぢめることは、とんでもない歴史の偽造であり、動労千葉への裏切りである。中野洋は自らを辱めているのだ。中野自身が職能主義的組合主義の井戸の底にまで転落してしまったといえよう。

動労千葉特化路線とは一方では、動労千葉というより中野、大原、松丘らへの崇拝運動を組織するものである。三・一四II以来の各種の党内文書に流れているものは、中野、大原、松丘のことばの一つひとつにある呪術的な権威の響きである。彼らの発するメッセージはまるで荘厳な鐘の音であり、その余韻にしびれさせようとするかのようである。「党は階級そのものである」「革共同はプロレタリア独裁の党である」（二二全総）などはその最たるものである。あるいは「本議案は大原が執筆しWOBで一致して提起する。よって全指導部はこの内容で意思統一する党員としての義務がある」(〇七年五月全国会議議案)もそうである。加えて、塩川を清水、大原、城戸らがよってたかって「労働者同志の提起に敵対するのか」と袋叩きにした〇七年七月非公然政治局会議の議事録を読むと、思わず次の一節が想起される。

「おれはプロレタリアートを赤い絹布で蔽った真理の祭壇に祀って、そのまえで拝跪はしない。解放直後の左翼万能のころのことだが、済州島でもそしてソウルででも、左翼系の集会にかならずよれよれの労働服を着て参加するプチブル・インテリ党員たちがいたものだった。彼らにとってプロレタリアートは現実の労働者農民たちであるよりも、一つの観念的な実態、頭上にそびえる絶対真理の神なのである。なぜ、プチブルどもはこうも〝プロレタリアート〟に卑屈なのか。生きた労働者、農民にではなく、その観念に卑屈なのである。党中央、党中央はプロレタリアートの心臓部、神の心臓部、神のなかの神……。バカバカしい。何が神なものか。」

(金石範『火山島 III』第一二章)

世界文学の最高峰の一つ、『火山島』から引用する無礼をお許し願いたい。だがしかし、ここには「革命」を語るえせ革命党のありのままの姿が見事に描かれているではないか。革共同もまた、古今東西のスターリニスト党が常に駆使してきた政治的マジックを党内支配の武器にするにいたっている。そこでは中野、大原、松丘がイコール党であり神であるとされ、「現実の生きた労働者、農民」が限りなく侮辱されているのである。

いいかえれば動労千葉特化路線とは、労働運動の路線でも何でもなく、自分らの党を「労働者」の名で粛清と恐怖支配の集団、奴隷根性の集団と化すものにほかならない。彼らの党は、党員を官僚主義的に抑圧し、裸の王様とそれにこびへつらう臣下の集団となりさがった以外の何ものでもない。党中央自己保身、党防衛の第一義化がそのような結果をもたらしたのである。

そのような倒錯が必要なのは、革共同の綱領的立場、戦略、総路線、組織戦術のことごとくを破棄し、まったく別の組織になっているからにほかならない。中央派は労働運動派ですらないということである。現実の労働運動の場にいる人たち、労働組合でたたかっている人たちは、中央派がまともな労働運動ないし労働組合運動をやっていないし志向してもいないことをよく知っている。

国家権力打倒闘争からの逃亡

動労千葉特化路線とは二つには、労働者階級＝人民大衆が担うあらゆる大衆運動、世界革命・アジア革命・日本革命の勝利に必須のあらゆるたたかいをことごとく妨害するものである。安保・沖縄闘争、沖縄基地撤去のたたかい、ガイドライン闘争、九条改憲阻止闘争、天皇制打倒闘争、天皇制右翼粉砕のたたかい、何よりも反原発闘争、さらに国鉄闘争、それぞれの労働組合のたたかいの妨害物となっている。

三つには、「血債主義粉砕」を掲げて被抑圧民族と被差別人民の存在とそのたたかいを敵視するものである。清水らは「血債主義者は労働者階級を信頼せず、労働者階級への不信をあおる」というのを決まり文句にしているが、帝国主義による労働者階級への具体的な民族排外主義、レイシズム、差別主義による階級性解体と差別＝分断攻撃が強まっているというのに、それとたたかわないために「信頼」ということばを空疎に使っているだけなのである。

かつてマルクスはイギリス労働者階級にむかって次のように提起した。

「イギリスの粗野な労働者はアイルランド人労働者を、賃金と生活水準を低下させる競争者として憎んでいる。また、これにたいして民族的反感と宗教上の反感をいだいている。イギリスの粗野な労働者はアイルランド人の労働者を、大体において、北アメリカの南部諸州の貧乏白人（プア・ホワイト）が黒人奴隷をみていたのと同様にみている。このイギリス自体におけるプロレタリア間の対立は、ブルジョアジーによって人為的にはぐくまれ、維持されている。ブルジョアジーは、この分裂がその権力の維持の真の秘訣であることを知っているのだ。……／他の民族を隷属させる民族は、自分自身の鉄鎖を鍛えるのである。」（「アイルランドの大赦に関する総評議会の決議についての問題」一八七〇年一月）

マルクスのことばは実に仮借ない。約一五〇年前の現実は、帝国主義の長きにわたる世界支配・階級支配、既成指導部の屈服、階級闘争の主体的危機によって今日さらに構造化、常態化している。それを容認するのが「血債主義粉砕」という路線であり、それゆえそれは、労働者階級を帝国主義の側に追いやる以外の何ものでもない。

中野、大原、松丘の語ることば、その政治内容はまさに帝国主義抑圧民族の労働者が陥った排外主義・差別主義・権威主義への居直りに終始している。広島差別事件に端的なように、彼らはもはや自覚的・意図的な差別主義集団となっている。

四つには、三里塚闘争と三里塚反対同盟農民への敵対者と成り下がるものである。〇八年織田文書を見よ。織田文書を労働者人民の真正面に置き、全面的な撤回、謝罪、自己批判を表明しない限り、動労千葉特化路線をとる革共同は三里塚闘争に仇をなす党であり続ける。

五つには、革共同の党史を偽造してはじめて成り立っているものである。彼らは破廉恥にも、革共同の党史を五月テーゼ＝階級的労働運動路線推進派と五月テーゼ反対派＝血債主義者との党内闘争であるというデッチ上げを描く。偽造であるためにいたるところで現実との説明がつかず、辻褄のあわないことばかりとなっている。とくに笑ってしまうのは、〝関西地方委を牛耳る与田ら血債主義派を〇六年三・一四「党の革命」をもって打倒した塩川、毛利、椿ら素晴らしい蜂起者たちもまた同じ血債主義派だ〟というところである。

党史の偽造という問題は、本書の序章で述べた革共同のたたかいの歴史の核心的な意義を、清水、天田、大原らがまったくとらえ返すことができないということである。詳しくは第2部で展開するが、核心問題は筆者らを含む政治局の指導の歴史的な限界と誤りをことごとく隠ぺいしていることにある。そしてそれは、戦後の日本階級闘争の歴史を歪め、日本革命運動の営々たる苦闘をないがしろにすることと表裏一体である。

総じて動労千葉特化路線とは何か。それは国家権力打倒の革命闘争からの逃亡の路線だということである。権力奪取に向けての政治闘争を忌み嫌い、全面否定する点にその誤りが集中的に示されていることは、多くの批判者が語る通りである。権力や反革命、天皇主義右翼とのたたかいに背を向け、党防衛を自己目的化した結果がこれである。ここには反駁することのできない事実の重みがあるということを確認しておきたい。

プロレタリア階級闘争を忘れたカナリア。それが清水、天田、大原ら政治局とそれをありがたく押し戴く集団の現実の姿である。

第5章　党内リンチ事件の根拠と構造

第1節　導火線に点火したのは中野と清水

異様な党内リンチがなぜ支持されたのか

ここまで、三・一四党内リンチ＝クーデターの発生とその実態、そしてもたらされた諸結果を見てきた。第1部のまとめとして三・一四Ⅱの総括を提起したい。できるだけ複層的、多面的に、かつ歴史的、構造的に究明するよう試みたい。

既述してきたように、三・一四党内リンチはなによりも、関西地方委のなかの塩川や毛利ら七人のフラクションが、関西組織の底流に渦巻いていた中央不信を基盤にして、与田と遠山を標的にして組織した集団的テロ・リンチであった。それは、暴力的粛清という形態をとった右派クーデターである。それはまさに、党内路線問題あるいは党内組織問題へのテロリズムのもち込みである。財政的腐敗にまみれていた与田のみならず、関西地方委を責任をもって主導していた左派の遠山、西島、部落解放戦線指導部、労働戦線指導部、学生戦線指導部らを拘束して数々のテロ・リンチを加えるものであった。

同時に三・一四党内リンチは、「与田の腐敗は部落青年戦闘同志会と部落解放同盟全国連合会を基盤にしている」「与田私党である部落解放戦線が利権がらみになっている」「与田私党を打倒せよ」というものであった。つまり、部落解放戦線の責任者でもあった与田を断罪するという名のもとに、デマゴギーにもとづく部落差別の劣情を意図的にあおったテロ・リンチ・粛清である。かつまた「抑圧・差別とたたかう諸戦線の地区への解体・再編」を企みながらおこなわれたものである。それらの意味で、明らかに差別主義的な反乱であったといわなければならない。ゆえに集団的・部落差別的テロ・リンチと規定しなければならない。

前述したように、〇七年八月に中央派によって引き起こされた広島差別事件は、三・一四IIがもっている部落差別主義の流れのなかで生まれたものであって、三・一四IIの本質を端的にものがたるものである。

それだけではない。三・一四党内リンチは、関西において革共同がかかわる共闘団体との信頼関係を破壊したのである。

一歩、党の外に出て大衆運動あるいは左翼運動の中に入ればたちまちわかることであるが、党内問題にテロリズムをもち込み、その粛清の結果を「呑め」といっても共闘関係に通用するわけがない。ところが三・一四II首謀者らは、〝昨日までの同志を今日はテロ・リンチによって粛清し人事を変えましたので、今後ともよろしく〟などという態度をとったのである。当然にも、革共同は組織問題を解決できない党なのか、と受けとめられ、長年にわたって築いてきた共闘関係にとり返しのつかない亀裂をもたらしたのである。

そこには、党内路線問題・党内組織問題をいっさいに優先させ、大衆運動の利害を理解することもできず、それを否定しさるという思想がある。塩川、毛利、吉岡らは、こうしたミニ・スターリン主義の思想にとらわれていたのである。問題は、なぜそれを「党の革命」と称してエキセントリックに支持する流れが大勢となったのか、ということである。

三・一四党内リンチは前述のように、党内に根強く潜在していた政治局不信を基盤にして強行されたのだった。党中央の官僚主義的政治＝組織指導や中央＝東京中心主義あるいは杉並選挙戦動員主義にたいする批判と不満は、さまざまに、かつ歴史蓄積的に、具体的に存在していた。また、労働運動指導への批判と不満が複雑な形で存在していた。とりわけ動労千葉型労働運動の一面的な強調への反発と追従がからみあっていた。さらに全金港合同や関西生コン支部に学んで民間労働運動、地域合同労組運動に取り組むことに中野サイドから制動を加えたことも、矛盾をつくり出していた。関西地方委が先進的に切りひらいた阪神被災地労働運動、関西でたたかう労働運動家たちから高く評価されたそれを中野が軽視、忌避していたことへの批判と不満も小さなものではなかった。

それら路線をめぐる矛盾が鬱屈した組織的な閉塞感になっていたことを、クーデター首謀者らが巧みに掬いあげるように欺瞞したものが、三・一四党内リンチだった。重ねていうと、三・一四党内リンチには一方で、それが起こるには起こるだけの根拠があった。そして異様でおぞましいテロ・リンチが党内で共感され、中野主導とはいえ、その肯定・美化・扇動が広範にまかり通るには、それだけの一定の組織的な基盤があった。しかしながら、そうした根拠や基盤があるということと、テロ・リンチが是認されていいということとのあいだには、とうてい跳び越せないほどの深淵がある。もとより特定のグループによる意識的で陰謀的な計画があったからこそ、あのように一線をこえた異常な事態がひき起こされたのだった。

○三年新指導路線は政治局内クーデター

三・一四党内リンチにいたる歴史的な過程を振り返れば、その根拠や基盤がいっそう明確となる。それは三・一四IIから三年さかのぼる。○三年五月に、清水と中野が新指導方針（のちに新指導路線と称す）をうち出したことが、三・一四党内リンチの導火線であった。

新指導路線とは何か。その三つの側面を確認しよう。

まず新指導路線の直接の動機である。それは同年の動労千葉春闘ストライキにあった。アメリカ帝国主義の三・二〇イラク侵略戦争突入という世界史的転機が到来するなかで、国際反戦闘争が巨大なスケールでたたかわれ、日本でも数万人規模のたたかいがくりひろげられた。同時に杉並区議選闘争があり、はじめて三人立候補の方針をとった。そのため本部長・天田、副本部長・岸という国鉄＝杉並決戦本部体制で臨むこととした。杉並区議選の結果は、結柴誠一と新城節子の当選、北島邦彦の落選となった。中野がこれを「敗北」と断罪し、実質的な本部長である岸の指導の誤りとして追及した。高木がそれに乗って岸批判に出た。清水は慎重な態度をとった。当時もわかっていたことではあるが、中野の岸攻撃は天田の責任をまったく免罪するものであり、異様な面があった。同時に中野は、動労千葉ストと三・二九春闘集会に党が支援・結集体制をほとんどとらなかったと弾劾した。九〇時間、六〇〇本の列車を止めるストを敢行した動労千葉組合員が怒っている、という論法をとっての弾劾だった。党の力量を杉並区議選に過度に傾注した結果であり、そこに労働運動軽視があるとして批判した。ただしその批判はWOB議長・坂木や書記長・天田に向けられたものではなく、それも含めて岸と水谷（イラク反戦闘争の組織化に当たっていた）の政治・組織責任を問うものだった。すなわち中野による政治局内左派バッシングとしてすべて意図的におこなわれたといっていい。中野はそれを清水に直訴した。五月に予定されていた清水主宰労対会議はそれを議題にとりあげるところとなり、そこから新指導方針が生み出されたのである。

次に新指導路線の政治内容である。「労働運動への取り組みに圧倒的に戦略的中心基軸をおき、その第一義性を確認し、他の諸闘争、諸戦線はそれとの関係で、その闘いの推進のためのものとして再編成していく」「そのためには、〈党の革命〉の推進が絶対に必要である」（〇四年『前進』新年号、政治局アピール）というものである。「労働運動への傾斜生産的投入」という表現も使われる。

新指導方針（路線）は九一年五月テーゼの延長上にあるとしたのだが、それは五月テーゼを動労千葉至上主義および経済主義に単線化するものだった。いわば動労千葉よりかかり路線を戦略化する面が強かった。そこでは火急の世界史的課題であるイラク反戦闘争を軸とする政治闘争の要素はもとより、差別・抑圧とのたたかいの要素も次第に殺ぎ落とされた。それはⒶ五月テーゼの原文、Ⓑその一九全総バージョン、さらにⒸ六回大会バージョンと比べれば明らかである。

さらに新指導路線の本質であるが、政治局内左派排除のクーデターというところにその本質があった。新指導方針（路線）を決定した会議では、清水主宰WOB会議を制度化すること、党の重要事項を決定する権力をもたせること、構成メンバーは清水、高木、中野、大原、松丘、坂木、木崎などとすることを決定した。制度化された清水直結WOB会議は実質的に〝もう一つの政治局〟を組織したということになる。天田がそこにいないことがミソであり、もし天田が参加していれば弁解の余地のない左派排除のクーデターと自白することになる。天田を入れず、あくまでもWOB系列の会議であると装うことで党内を偽ったのである。こうして清水＝中野は、この時点では政治局員ではない大原と松丘を加え、政治局二重系列体制をつくった。その狙いを端的にいうと、筆者ら二人の位置を低めることにあった。

実際、〇三年の頃から中野はしばしば労組交流センター役員のなかの党員が顔を合わせる場や、地方の労組交流センターの会議などで露骨に「岸と水谷を政治局から叩き出せ、あいつらには大きな顔をさせない」と放言していた。筆者らの耳にもそれは入ってきていた。

関西問題について指導部会議（ベルリン）

新指導路線を受けた〇四年六月に、清水主宰の関西指導部会議（ベルリンと称した。本稿では第一回関西会議とする）がもたれた。中野が、関西の労働戦線にたいして、動労千葉主軸論になっていないことをことあるごとに問題視していたからである。中野は、関西における指導の是正を清水に強く要求し、清水はそれを呑んでいた。

この第一回関西会議で清水から、新指導路線にたいする関西地方委の対応、とりわけ港合同内の党細胞が民間労働運動の立場から動労千葉に対抗的な言動をなしてきたことをめぐって議論を提起した。

それを受けて八月一日、革共同関西政治集会が開催され、与田が今岡透という名で登壇し、「労働者階級の国際的団結で世界革命の勝利を切り開こう」と題する基調報告をおこなった（尼崎市立労働福祉会館）。それは、第一回関西会議決定を忠実に表現したものであった（『共産主義者』一四二号、〇四年一一月）。

その基調報告は、新指導路線のもと四大産別決戦を先頭に一一月労働者集会に猛然と決起しようという呼びかけと、「党の革命」の提起に核心があった。与田は、同集会の獲得目標として、「第一に、〇四年一一月労働者集会の歴史的成功にむかって強固な意志一致をはかり全党一丸となって組織戦に決起すること、第二に、教労をめぐる階級的激突の決戦に絶対に勝利し、階級的力関係の逆転を教労決戦からつくりだしていくこと、第三に、マルクス主義青年労働者同盟一〇〇〇人建設を戦略的突破口に党勢倍増闘争に勝利すること、第四に、これらの課題をなしとげるために新指導路線で完全に一致し、〇四年後半戦をたたかいぬくこと」を提起した。

とくに新指導路線について、革共同の活動の重心を労働者階級に根を張った労働者細胞の建設にすえ、そのために労働運動・労働組合運動への本格的取り組みを全党の力ではじめることを強調した。そして、この新指導路線を実践することと一体のものとして、本質的、実体的に革共同を労働者階級の党、労働者階級解放の党としてつくり上げる「党の革命」を推し進めるとした。抜本的な自己変革論として「党の革命」を意義づけたのであった。

また、「新指導路線はなにを見本にして取り組むのか、それは、プロレタリア革命をめざす立場から対資本戦争をくり返しくり返したたかいぬき、反戦闘争に決起してきた「動労千葉に学ぶ」ことである」ということを強調した。ここに第一回関西会議決定の環があったからである。そして、戦時下の今日において、労働組合の防衛・強化を基軸に、資本攻勢とのたたかいとイラク侵略戦争反対の反戦政治闘争とを結合させながら原則的にたたかうことこそ、階級的労働運動の道筋であることを訴えたのであった。

第一回関西会議の意味は右のようであった。ここでの政治局指導の要をなすのは、やはり「動労千葉に学ぶ」という点を関西組織に浸透させることだった。こんにちの地点からふりかえれば、動労千葉というより中野の指導を関西に受け入れさせることであった。与田は、それを苦しみ葛藤しつつも全面的に受け入れた。だが、塩川と毛利は、面従腹背の態度をとりつづけることになる。

与田が清水・中野指導を受け入れたことは、関西地方委の一定の党員からみると、関西の意志と利害への裏切りと映った。「与田は中野の軍門にくだった」という評価がかなりの部分に広がっていったのだった。

翌年にも関西問題で会議(ホッケー)

〇四年関西会議につづいて、清水は〇五年にも関西会議(ホッケーと称する。本稿では第二回関西会議とする)を招集した。そこでの清水の提起は、①「つくる会」教科書採択阻止闘争のなかで兵庫県委が作成した対宝塚市の請願書問題、②兵庫県委所属の岡田が提出した意見書問題、③同委所属の直木のイラク行き問題、④毛利が対権力・対カクマルの長きにわたる内戦を否定的にとらえる発言をした問題、⑤四大産別決戦問題、⑥毛利の「偏向が出てきてよい」論の問題、⑦毛利に見られる党組織論、解党主義の問題、関西地方委指導部会議の細胞的団結問題、とじつに多岐にわたる。多岐にわたるけれども、毛利の政治的・思想的な傾向、資質への批判、毛利が指導する兵庫県委のいくつもの組織問題の批判が共通のテーマであった。第二回関西会議は、毛利問題＝兵庫県委問題が中心的な議題であった。

清水は、毛利と兵庫県委をじつに激しく、執拗なまでに批判した。いわく。

「毛利と兵庫県委は、新指導路線の理解がなっていない。ほとんど経済主義と市民主義で大衆を獲得するというものである」「分派の自由のみを主張することは純粋に経済主義である」「岡田意見書への批判というよりも、これを許している毛利指導を徹底的に批判する」。

「『僕ら自身、戦時的発想が染み渡っていて、転換ができていない』（毛利）とか「兵庫県党の党員の中にＰⅠ（フェーズⅠ、先制的内戦戦略の第1段階）、ＰⅡ（フェーズⅡ、同第2段階）のトラウマがある」（塩川）という発言は、内戦否定論に負けている。内戦を断固肯定し、その肯定的なものの中にある否定的なものを克服するというのでなければならない」。

「去年のベルリンでの四大産別決戦という路線が関西で貫徹されていない。毛利が四大産別決戦の意義をわかっていないことが大きな問題である」「毛利が「新指導路線をめぐって偏向が出てきてよい」ということは、指導の放棄である」「毛利のレーニン『なにをなすべきか』のとらえ方は、典型的な経済主義と自然発生性への屈服であり、解党主義的あり方である」。

「毛利はこの際、入党申込書を出すような形で自己批判書を書くべきである」。

こうして毛利は自己批判書を書くことを課せられたのだった。以後、天田をはじめとする公然面の政治局もまた、清水の意をていした与田による対毛利自己批判要求を見守ることとなる。

二度目の与田基調報告と〝フェニックス〟結成

〇五年第二回関西会議の決定を受けて、七月三一日に開いた革共同関西政治集会で与田は「都議選決戦の歴史的地平を発展させ、一一月労働者総決起へ前進しよう」と題する基調報告をおこなった（大阪・浪速区民センター）。二度目の今岡透基調報告である。

この年の都議選では、長谷川英憲をおしたて「つくる会」教科書採択阻止をかかげてたたかったが、六議席枠のうち第六位当選者が一万七三三七票に比して、七九七七票の第一〇位という大惨敗をきっしたのである。関西や全国から多くの常任や労働者党員、学生党員が選挙動員でかけつけ、ともに必死でたたかった。それだけに敗北の真剣な総括が求められていた。しかし都議選の結果が出るや、中野は「勝利論で総括する」ことを主張した。同時に、清水もまた「勝利論」をうちだし、それを公然面に通告してきた。

この都議選は、清水が直轄する、天田が選対本部長をつとめ、清水＝天田責任体制のもとに坂木、木崎が現場責任をとることを決定して臨んだ。形のうえでは「最強」の体制のようだが、選挙戦術と政治指導に不安をいだかせる体制だった。その結果の惨敗であり、清水も、天田や坂木、木崎を擁護する立場の中野も、敗北を「勝利」といいくるめる自己保身のための総括に走ったのである。

関西の革共同政治集会は、基調報告者すなわち政治局がどのように都議選敗北を総括するのか、前年の基調提起から一年間の新指導路線の実践をどう総括するのか、異常な緊張があった。「納得できない基調報告であれば、会場から野次る」という厳しい構えで臨んだ党員が少なくなかった。

今岡＝与田は、①都議選決戦を「つくる会」教科書を中心テーマにしたこと、労働組合・労働運動の基盤の弱さ、全党総決起という三つの視座から総括し、それらを今後の課題とした。つまり、焦眉の都議選敗北の総括を単純に「勝利」とせずに、できるだけ敗北の根拠に言及するようにつとめ、今後の克服課題として提起することで敗北の責任を追及する声にこたえようとした、②四大産別決戦の課題を提起した、③新指導路線をさらに発展させるために、労働者党建設の課題を明確にした、④新指導路線下での諸戦線の課題を提起した、⑤党建設の課題を機関紙拡大闘争とマル青労同建設にしぼり提起した。⑥直面する実践的結論として、一一月に関西から二〇〇〇人の労働者決起を実現する、という大方針をうち出した。全体のトーンは動労千葉労働運動の賛美であった。与田が「動労千葉派にひっくり返った」(本人の言)ことが鮮明に浮き彫りとなるものであった。

第二回関西会議に反発し、深い恨みを抱いた毛利と塩川は、同年一〇月二九日、〝フェニックス〟を陰謀的に結成した。以後、人数を最初の四人から七人にまで拡大しつつ、〇六年三月一一日の最終会議まで約四カ月半に計一六回もの陰謀会議を重ねる。ほとんど毎週会議をもち、百数十回におよぶメンバー相互のメモ交信をくりひろげる。基本的な党活動などそっちのけで、他に最優先でテロ・リンチ計画を進めたのだった。

フェニックスとはいったい何か。彼ら自身は次のように自己規定する。「与田・遠山の打倒と、彼ら反中央私党集団によって歪曲され、換骨奪胎された第六回大会の綱領路線・新指導路線の再確立、労働者の党的団結の奪回とを目的とした革命的分派」(毛利フェニックス文書)と。与田の財政的腐敗問題うんぬん以前に、党内路線闘争をたたかう分派としてあるといっている。路線問題を隠した「労働者の蜂起」論は後から弁明したものであって、どこまでも路線をめぐるクーデターなのである。ただし、これも後から弁明するところとは違い、新指導路線とそこでの動労千葉労働運動の押しつけへの反乱だったのである。

第2節　与田問題＝政治局問題の深層

筆者らは与田問題を正視していなかった

三・一四党内リンチとその肯定・美化・扇動は、与田問題を解明し組織的に解決するものではまったくなかった。中央派も関西派も、与田問題を切り縮め、いや、すりかえと隠蔽をおこなったのである。だが筆者らは、三・一四Ⅱをめぐる過程で、恥ずかしいことであるが、与田問題に立ちむかい、解明するために必要な視座が曇っており、問題点を正しくつき出すことができなかった。与田を「政治局内の左派」と位置づけていたことの誤りが致命的な敗北となったし、そこに筆者らの政治的・組織的・思想的な腐敗があったことを認めなければならない。

与田問題とは、①浅尾松則（高杉）スパイ問題への関与、②党内権力者の地位を使った金銭の吸い上げ、③関西地方委における左右葛藤問題への指導の誤り、④いわゆる三日・四日問題（持病を理由に週の三日は東大阪の事務所を中心に組織活動、四日は別府市の自宅に帰宅という活動・生活パターンの問題）という最高指導部たりえない崩壊した組織生活、⑤部落解放運動への裏切りといった諸問題があった。だが当時の政治局（旧政治局）は、与田問題を正しく認識しようとしていなかった。そこには政治局自身の組織論的な歪みがあったし、筆者らもそうであった。

端的に言うならば、与田の最大の問題は、浅尾スパイ問題への関与にあり、そのことで部落解放運動の党的リーダーでありながら部落解放運動への裏切りを犯したことにある。後になって気づくという筆者らの革命家としての崩れを正直に告白するしかないが、さまざま検証したところ、与田はもはや自己批判的再生が不可能なまでに腐敗していた。それが浅尾スパイ問題への関与である。

財政的腐敗の問題

まず財政的腐敗の問題。最高指導部における財政的腐敗はもっとも許されないことの一つである。低賃金と厳しい労働条件のもとで日々働く労働者同志や経済的に厳しい党生活を送る常任同志が、月に七九・五万円も吸い上げていた与田にたいして、万死に値すると怒ることは正当である。

だがそれは、本人を追及し、なぜそのような行為に及んだのかを告白させ、党内の調査をおこない、事実を明らかにすること、かつ与田が悪用した組織的機構のあり方と政治局選出のあり方にメスを入れ、それをどう抜本的に改善するかの解決策をはかることが必要なはずである。与田が吸い上げた金員をどのように党に返却させるかも、本人を含めて検討し、本人に承認させるべきことなのである。九四年の秋山問題に際しては、実際にそのような措置をとった。

この財政問題は、水谷、岸も、他の政治局員も知らなかったが、塩川らは前からある程度のことを知っていた。しかし、与田が動労千葉基軸化に批判的であるかぎり見逃していたのであった。与田が「動労千葉派にひっくり返った」ため、それにたいする反発から、路線問題での抗争に与田財政問題を使ったのである。

与田の三日・四日問題も、財政問題と同じく、事態を明確にさせるなら、与田が組織指導部たりえないことを確認しない人はいない。ただちに役職を解き、与田自身が自らの組織生活を革命家にふさわしいものに変革するか、それができないなら一党員としてやっていく道を選べばいい。

その場合、問題は与田自身の問題であると同時に、そうした与田を政治局員に登用し、関西地方委および部落解放戦線の最高責任者に据えてきた、清水や筆者ら政治局の誤りという問題が浮かび上がらざるをえない。それは、指導部づくり、指導部選出、指導と被指導関係の形成、ひいては非合法・非公然の党としてのあり方に大きな深刻な誤りがあるということにほかならない。

つまり、財政的腐敗や三日・四日問題は、正しく取り組むならば、一方では、与田自身の自己批判的再生の道がありうるように解決できる問題なのである。他方では、革共同の政治局体制に歴史的な組織論的反省を加える重大な契機にすることができる問題なのである。与田がこの組織討議に耐えられないならば、脱落・逃亡するであろうし、もし、この組織討議を自己批判的に推進しえない政治局であれば、そのような政治局はもはや解散するしかないのである。

いくつかの特定の組織問題への与田の指導として、三・一四IIの実行者らが、厳しく深刻な問題として提起していることは事実だが、それとてテロ・リンチに訴えることではない。

にもかかわらず、それらの問題にテロ・リンチを持ち込むことは、直情的な不満の発散となるほかない。ましてや、それを組織的に肯定するような党は、組織的解決のための自浄力のない党として、それだけで党的崩壊をとげているのである。

浅尾スパイ問題で政治局は腐っていた

浅尾スパイ問題の経過を簡略に述べる。

浅尾は一九八〇年代に党と運動から脱落し、福岡で公安調査庁の接近を受け、情報を提供するスパイ活動をおこなった。しかし、全国部落青年戦闘同志会の指導部にスパイ化を打ち明け、同志会指導部は公調に厳重な抗議をおこなった。公調の働きかけはストップし、浅尾は悔い改めて党に復帰した。

〇二年に、浅尾が男女関係の差別問題を起こしたとして、与田が鉄拳制裁を加え、追放した。だがこれは、与田による説明であるが、後述する重大な問題があった。〇三年には、悔い改めたと称し、与田がそれを認め再び復帰した。ただし、党員としては認めないままであった。

〇四年に、公安調査庁の内部資料が漏出し、その中で、革共同の関西組織にいる三人をスパイとして使っているという記述があった。〇四年春に、党内の対スパイ対策委員会（責任者は岸）が、浅尾はスパイであることを究明し、与田を含めて組織的に浅尾＝スパイ認定をした。

ところが、対スパイ対策委が浅尾査問方針を実行する寸前に、与田は「政治局決定」と装って、二人の同志を浅尾査問に派遣した。両人はそこでかなり詳しい査問をするとともに、与田の指示にもとづいて浅尾を北海道に追放した。両人は自分らに委ねられた査問と追放の任務が、与田の勝手な独断によるものとは思ってもみず、いぶかりつつも党の正式の決定と信じてそれを遂行した。

事態がすぐに判明し、政治局と対スパイ対策委は、対スパイ対策委の方針に反する与田の反組織的行為を断罪し、与田は自己批判した。同年七月に、清水や天田、中野らを含む正式の政治局会議において、与田同席の上で前記の経過が報告され、与田の自己批判表明（文書が提出されていた）を受けて議論した。とくに与田の前記の規律違反問題を厳しく弾劾した。与田の自己批判書を承認し、浅尾のそれ以上の追及はしないこととし、いったん組織的に決着させた。

七月政治局会議決定を受けて八月に岸主宰によって、与田同席で遠山、西島、塩川、毛利ら関西地方委指導部における対策会議をもった。そこで与田の自己批判書が提出され、若干の討議があったが、与田の自己批判を確認し、スパイ浅尾による組織情報の売り渡しへの対策を検討し、今後ともスパイ攻撃への党的武装を強めることを確認して、終わった。出席した塩川、毛利は何の異論も唱えなかった。その対策会議の後、岸は吉岡を呼び、浅尾スパイ問題を報告し、別個に対スパイ対策委として何点かの質問をした。

浅尾スパイ問題については、中央派も関西派も右の事実関係を隠蔽しているが、じつは〇四年七月、ついで八月でいったん組織的に決着させたのであった。ここに重大な誤りがあったのである。

浅尾スパイ問題隠ぺいの犯罪性

浅尾スパイ問題について前述のように、〇四年当時いくつかの疑念が解明されないまま残った。疑念があることに清水丈夫も、岸が責任者であった対スパイ対策委も、ほとんど自覚していながら蓋をしてきた。それはきわめて不適切な措置であり、あらゆる意味で許されないことだった。いまさら弁解になってしまうが、問題点を整理しておかなければならない。

〈第一の問題点〉

〇二年に与田が浅尾を非組織的に独断で追放した事件について、与田は「浅尾をぼこぼこにして追放した。浅尾が女性問題を起こしたため」と政治局を含む各方面に説明してきた。浅尾は実際、とうてい許すことができない男女関係での差別問題を起こしていた。それもあって、当時の政治局も関西地方委も、与田の独断による浅尾追放を黙認した。しかし当の浅尾は、その時点では組織的に認識していなかったとはいえ、一九九四年から公調のスパイとなっていた。

つまり、くり返し男女関係での女性差別問題を犯す浅尾を、本来ならこの時点で与田一人ではなく複数で組織的に問い糺し、浅尾の自己批判と再生を求める真剣な思想闘争をおこなうべきだった。もし真摯な議論が交わされれば、あるいは浅尾は権力のスパイたる己を告白したかもしれない。

〈第二の問題点〉

与田は〇四年四月に「浅尾＝スパイ」が判明したとき、個人的に岸と水谷にだけ報告し、政治局会議で報告しなかった。岸も水谷も「なぜ黙っているのか」と疑問を感じたが、岸責任の対スパイ対策委できちんと取り扱えばいいと考え、パスしてしまった。しかしこれは、与田が後段の私的査問をやるための布石であった。

与田は関西にもどり、あたかも政治局決定であるかのように偽って、二人の同志に浅尾の糾問と北海道への追放の指示を出した。このまぎれもない私的査問は重大な規律違反であり、何よりも党の正規のスパイ対策を全面的に妨害する犯罪的行為であった。第一に、本来であれば少なくとも政治局会議で、与田が対スパイ対策委を無視してまったく私的に浅尾の糾問と逃亡を指示した許されない規律違反が浅尾スパイ問題究明にたいする妨害行為そのものであることをさらに徹底的に追及しなければならなかった。すなわち、なぜそのような行為に及んだのかの真相を暴きださなければならなかったのである。「すみませんでした」という謝罪ではすまないのである。この点の真相はいまだに解明されていない。第二に、その一点で与田の政治局員の解任といっさいの責任ある組織的位置からはずす厳しい処分を課さなければならなかったはずである。第三に、何よりも「浅尾＝スパイ」の党内外への公表と浅尾断罪を決定しなければならなかった。そうしなかった岸、水谷、清水、天田をはじめとする政治局全員もまた、与田を無罪放免した罪を負っている。

なぜ、そんな当り前の原則的なことをなしえなかったのだろうか。この点について、筆者らを含む当時の政治局および現在の新政治局は、きちんと解明し自己批判しなければならないと考える。

さらにいえば、責任の重さは同列ではないが、関西地方委指導部は、ことの一部始終について報告されており、関西で起こった重大なスパイ問題として、政治局や対スパイ対策委任せにするのではなく、自らの問題として主体的にとらえかえさなければならないことは、いうまでもない。

なぜこの点をあえて書くかといえば、塩川や毛利が自らの責任を免れるために卑劣な偽りの筋書きを書いているからである。

とくに指摘すべきは、一つに、〇四年八月の岸主宰の関西地方委指導部会議について、塩川と毛利はこの会議があったという事実すら隠しているのである。二つに、与田自己批判書について、この過程で受け取り読んでいるにもかかわらず、「〇七年一月、与田の二つのエセ「自己批判」がある指導的同志の手許から発見される」などと白々しいことを書いているのである（飛田一二三「安田派中央の日帝権力への投降と転向を断罪する」『展望』創刊号、〇八年四月）。しかし当時、指導部面をしていた政治局員も関西地方委指導部もみな、対権力の原則を逸脱し、あるいはいいかげんな態度をとっていたということを、率直に認めなければならないのである。

〈第三の問題点〉

その後になって判明したことだが、二人の同志による浅尾査問の報告書と録音テープを受け取った与田は、報告書を一読して、そこから二カ所を削除し、さらに録音したテープの音源を消去した。そして与田は、岸には「報告書のうち二カ所を削除したが、関係ない、たいしたところではない」と虚言した。しかも録音テープをとったことも、消去したことも、何もいわなかった。

削除部分は与田にとって都合の悪いところだった。推測の域を出ないが、与田が中野や天田を口汚く批判した言辞を浅尾が聞き、それを情報として流したというところであろう。政治局内部の組織関係を、よりによって浅尾に生々しく語ったということじたいが、あまりに無責任、無警戒である。その中身も、中野や天田に知られると都合が悪いことだったのだ。

削除部分の事実は未解明であるが、解明にこぎつきたいと考えている。

この問題では、与田を信頼していた二同志を、その信頼をいいことに、隠ぺい工作にまきこんだことは、許されない行為である。与田はまずもって彼らに謝罪しなければならない。

〈第四の問題点〉

これも後になって判明したことであるが、与田は〇七年七月に浅尾と会った。別府の自宅に浅尾が訪ねてきたのを迎え入れ、何ごとかを話し合った。この事実はまぎれもない公調スパイとの交友関係をつづけていたということであり、とうてい容認できることではない。与田が、過去のことであれ現在のことであれ、革共同について知り得ていることを浅尾に語れば、そのまますべて公調につつぬけになるのである。

与田は肝に銘じなければならない。かつて政治局員であった責任は、除名され党を辞めたとしても消えるものではない。自らの過ちを隠し、嘘をつきつづけることはもうやめるべきである。与田自身のためにも、真実を見すえなければならないのである。

以上のように三・一四IIが、浅尾スパイ問題に端的なように、いかに無責任で、解党主義的な行動であるかがわかる。言い換えれば、三・一四IIは、党内スパイ問題を正しく究明し解決するあり方に反するものであり、それを破壊するものだということである。

党内闘争への不見識

筆者らの自己批判的総括としては、次の点に核心があると考えている。

すなわち、党内闘争のあり方、党内論争の取組み方がまったくまちがっていたことが、党内の亀裂をついた権力のスパイ化攻撃、スパイ工作を許してしまったのである。浅尾スパイ問題で、与田の一連の誤りを原則的に処断せず、かつ浅尾断罪もできなかったのは、どうしてだろうか。

筆者らは、当時の政治局内部の左右葛藤という党内闘争の問題を、浅尾スパイ問題の徹底追及という課題よりも上位に置くという誤った立場をとったといわなければならない。対権力闘争よりも党内問題重視、党内闘争優先という重大な原則上の誤り、かつ組織論的な歪みを犯したのであった。

清水丈夫は、この問題について次のような「総括」を出している。

「当時清水は政治局会議として二回もこのテーマで徹底的に討議しながら、与田への思想的批判と徹底的な自己批判の要求ということしか行いえなかった。①新指導路線の貫徹をめぐる七転八倒のなかで、警察権力との激突に突入して全面的に闘うことに党の組織的エネルギーの膨大な投入の必要性を前にしてひるんでしまった。②与田の打倒がつくりだす関西地方委の党組織、部落解放戦線 etc. での組織的混乱の予想のまえにひるんでしまった。この問題を今日さらに思想的政治的に切開してみる。第一は、一種のしのびよる合法主義への無自覚的な屈服。第二。与田の限界をこえた対権力上の腐敗にたいして原則的に闘い、政治局の罷免や党内（とりわけ関西地方委）での情報公開に踏みきってトコトン闘いぬくということを日和った。関西地方委 etc. の党組織の混乱をおそれた。党組織の本質についての百パーセント官僚主義的な思想に侵されていた。第三。与田の腐敗を徹底的に追及し原則的に闘いぬくことが革共同の部落解放戦線指導に混乱をもたらすといった考え方になっていた。裏返してみれば、部落解放戦線のためには腐敗した与田でもつづけさせていくというとんでもない誤りである。」（「政治局会議IIへの提起／〇六年七月」）

上記は、真剣な自己批判のように読めるかもしれないが、ペテン的弁解に終始しているだけである。清水はほんとうのことを語っていないし、やはり問題の核心をつかめていない。なぜなら、〇四年の時点では、前年にうちだした新指導路線をめぐって、なお党内の討議が流動的であった。かつ一九九一年五月テーゼ以降の政治局指導への不信もつのっていた状況であった。政治局内では左右の亀裂が生じていた。そういうなかで、浅尾スパイ問題の取扱いいかんでは、与田を含む政治局そのものへの批判が起こるであろうことに、とりわけ清水が恐怖したという問題があった。「恐怖」というと誇張と思われるかもしれないが、非公然形態をとっている清水は、自己の指導への自信と確信をかなり喪失しており、自己保身に汲々としていた。

他方、中野や天田の側は、対権力のたたかいに無定見であったことに加え、新指導路線を関西の党に貫徹するうえで与田の力に期待していた。

また筆者らは前述したように、党内に生じていた左右葛藤をのりきっていくためには、与田へのそれ以上の追及をしないという恥ずべきスタンスになっていた。そうすることで清水を中心に党を守っていかなければならない、という意識が強くはたらいていたのだった。

すなわち政治局は、路線をめぐって党内に軋みが生じている状況にあって、党内抗争ののりきりを自己目的化し、それを対権力のたたかいの上位に置いてしまったのである。最高責任者としてふるまっている清水においてとくに顕著であるが、政治局全員が自己保身の最優先化、対権力のたたかいの放棄という決定的な過ちを犯したのであった。

筆者らは、このことをすべての人々の前に真剣に自己批判する。

世界史的には〇一年九・一一反米ゲリラ戦争情勢がつくりだされ、小泉政権によるイラク侵略戦争参戦が加速され、九条改憲の策動が強まり、奥田経団連路線が独占救済と成果主義・非正規雇用化をおしすすめていたのがこの時期であった。東京電力の原発事故隠しが発覚して東電全原発停止という前代未聞の事態が起こった（〇二〜〇三年）のにつづいて、美浜原発の蒸気漏れ事故で五人が死亡する事態が起こったとき（〇四年八月）でもあった。

いま思えば、階級闘争の死活的な情勢を前にし、党内矛盾のりきりを自己目的化して権力とのたたかいをないがしろにした党に、何がたたかえるというのだろうか、といわなければなるまい。路線をめぐって党内で論争が起こるのはよい。その党内闘争をどう活発におこない、かつどう統一していくかの原則や方法、そこでの組織的人間関係のあり方を筆者らも革共同全体としてもつくりだしえていなかったのである。

このテーマは大きな組織論上の課題であり、第2部第11章で論及したい。

第3節　テロ・リンチ以外に方途はなかったか

与田腐敗問題は口実にすぎなかった

三・一四IIにおける与田腐敗の断罪は、三・一四II首謀者らにとってじつは口実にすぎなかったのである。なぜなら、塩川、毛利ら関西派は当時、「非常手段に訴えるしかなかった。そうしなければ自分らが党から排斥されるという、ぎりぎりのところからのやむをえない行動であった」と弁解している。

だが、第一に、もし与田の財政的腐敗問題を糾すのが狙いであったなら、正々堂々と問題を突き出し、与田を組織的あるいは直訴的に告発するのが当然であり、その余地はあったはずである。当時の革共同政治局が官僚主義的であったとはいえ、党全体に訴えれば、それをもみ消すことなどできるはずもなかった。だが、そうした組織規律を踏みにじったのである。

第二に、「自分たちが抹殺される寸前だったから、やられる前にやり返した」というのは事実に反する。何のための陰謀であり、何のためのテロ・リンチ作戦であったのかを問えば、その嘘は明らかである。

それは、首謀者ら自身が語るところ（「（改訂版）三・一四労働者蜂起の経緯～フェニックスとしての報告と総括　06・7・15　文責・毛利」）によっても明らかである。七人のフラクションの動機と端緒は、○五年岡田意見書を始めとする兵庫県委の右派路線、右派体質の擁護と開き直りであった。すなわち、彼らは、革共同を右派日和見主義路線に引き込み、経済主義および差別主義の党へもっていくという暴挙をはかったのであった。当時の革共同は、中野がヘゲモニーを握り右に傾いて大きく歪んでいたが、それでも三・一四II首謀者らのあからさまな日和見主義・経済主義志向を受け容れるところとはなっていなかった。ゆえに彼らはテロ・リンチを行使する以外に、革共同のあり方そのものの変更を公然と要求することはできなかったのである。

このように、路線的な右派クーデターであったからこそ、テロ・リンチ・粛清の手段をとったのであり、その狙いのために与田の財政的腐敗問題を政治主義的に利用したというのが真相なのである。すなわち三・一四IIは、与田問題を口実としつつ、革共同を右派日和見主義の経済主義的・差別主義的な党へと右旋回させようとした党内右派クーデターであった。

第三に、三・一四IIは、当時の関西地方委議長の与田が革命家として内的崩壊と腐敗の現実にあったことを奇貨として、与田に制裁を下すという口実を掲げるものであるが、それと裏腹に、与田問題を組織的に解決しようとするものではなく、ただ与田を政治的に処刑し、与田を暴力的に切除するというテロリズムの論理と手段をもってするものであった。無原則で無軌道、でたらめなテロリズムというほかないものであった。逆に言うと、政治局内左派と目されていた与田が深刻な腐敗と誤りを抱えた存在であったことが、右派メンシェビキのでたらめきわまるクーデターを決定的に利することとなったのである。

では、三・一四II首謀者らが与田問題を正面から見すえ、問題を組織論的にえぐり出して解決しようとしていたのかといえば、全然そうではなかった。

第一に、与田問題に関する自分たちの共同責任の側面を意図的に押し隠す、きわめて欺瞞的なものであった。もちろん、与田問題に関わる旧政治局と関西地方委の責任は同列ではありえない。しかし十余年にわたって与田とともに関西地方委を構成していた塩川、毛利らの共同責任は明確にある。その責任をどうとるのかという問題を完全にネグレクトしている。

第二に、彼らは党内左派への攻撃に出るために与田問題を政治主義的に利用したのである。「与田私党化反対」などというが、自分らが塩川＝毛利私党をつくろうとしただけなのである。この点で、彼らの行動の動機と目的が清水＝中野による〇四年関西会議および〇五年関西会議で追いつめられたことへの焦りと反乱にあるにもかかわらず、三月一四日の二日後には使者を中野のもとに送り、中野に救いを求めたことは、醜悪な政治主義的立ち回りの姿を示すものでなくて何であろうか。

第三に、彼らの与田問題の扱いはまったくの部落差別であった。党員の中にもある差別主義の劣情をあおったという重大な誤りを犯すものであった。

第四に、以上のすべてと重なることであるが、彼らは、与田における浅尾スパイ問題というもっとも重大な問題を意図的に避けたのである。

したがって、三・一四Ⅱ以前だけでなく、三・一四Ⅱ以後でも、与田問題とは何であり、与田問題を正しくのりこえ、解決するにはどうするのかというテーマは革共同に突きつけられている。

端的にいうならば、部落解放闘争という、日本革命において必須不可欠の重要な戦線のたたかいの指導を、革共同政治局および関西地方委はほとんど与田一人に託してきた。与田に丸投げしてきたといってもいい。もとより、そこにおける「与田の苦悩」という同情は必要ない。しかし三・一四Ⅱ首謀者らが、与田指導のもとで部落解放戦線の同志たちが営々たる努力を積み重ねてきたことをまったく一顧だにせず、与田問題にテロリズムをもって応えたことは、問題の解明と止揚をすべてぶち壊し、かつ部落解放戦線の同志たち、部落解放同盟全国連合会にたいして深い傷を与えた。

そもそも、党内組織問題あるいは党内闘争に問答無用のテロリズムを持ち込むことは、あってはならない。それは、何よりも党を組織問題が解決できない党にしてしまう。党内でのプロレタリア民主主義を破壊するのであるから、テロリズムから党内民主主義が生み出されることは一〇〇%ありえない。それどころか、テロリズム＝粛清の論理がまかり通る党になってしまい、粛清に対抗するテロリズムと分裂を繰り返す党になってしまう。

それだけではない。むしろもっとも大きな問題は、党内問題でのテロリズムをいったん肯定するならば、その党は階級敵を見失い、党内にたえず敵を探し求める党、階級闘争と切り離された党内権力問題という閉鎖的空間に身も心も支配される党になってしまう。つまり、党内問題でのテロリズムの行使を「労働者同志の蜂起」「党の革命」などと最大限に美化した革共同は、必然的に一気に敵日本帝国主義権力や反革命カクマルとたたかわない集団になりさがるのであり、現に階級闘争と無縁な観念的閉鎖集団となってしまったのである。

中野洋と三・一四Ⅱその後

中野は、三・一四Ⅱの本質にある対抗性と同質性をいち早く察知し、その同質性を全面支持し、党内左派攻撃と部落解放戦線攻撃に出るチャンスという政治判断をしたのである。「決起した労働者同志をとるか、部落解放同盟全国連をとるかという問題だ」という中野発言がそれを端的に表わしている。そして、三・一四Ⅱ首謀者らの自己への対抗性を封殺する条件と機会を、左派および部落解放戦線の粛清の過程でつくり出そうと企図したのであった。

清水は、中野の意向と党内の政治力学をにらんで、浅ましい自己保身から、与田問題を財政的腐敗問題（プラス三日・四日問題）にのみ切り縮め、三・一四Ⅱに「最高指導部の不正・腐敗をめぐる組織問題」という枠づけをした。党は賛否をめぐって収拾のつかない状況となったが、最後的に清水は、自らへの批判をかわすためのペテン的な「自己批判」と「三・一四全面支持」を打ち出した

（三月文書と四月政治局決定）。

それによって、中野、天田、大原武史らが先頭に立って、「三・一四は党の革命」という扇動がなされ、中枢指導部内の三・一四Ⅱ反対派に「与田の擁護者」「労働者の決起に反対し、労働者の素晴らしさを理解しえない反労働者性の持ち主」というレッテルが貼られ、自己批判が強制された。中野は「路線問題でテロ・リンチを行使することは許されない」などといった舌の根も乾かないうちに、「三・一四Ⅱは路線問題である。三・一四Ⅱ反対派は5月テーゼ＝新指導路線にたいする路線的反対派である」として、党内左派への攻撃、排斥を一気に強めた。

党内闘争へのテロリズムの持ち込みに強く反対した三・一四Ⅱ反対派は矛をおさめ、自己批判に取り組むという屈辱の選択をした。

党中央の官僚主義に苦しんできた多くの党員が三・一四Ⅱを支持し、それによる「党の革命」に党内改革の希望を託すという、倒錯的な党内情勢が生み出されるにいたった。かくして、反対派の更迭、排斥、そして除名・追放がなされ、あるいは踏み絵的な統制と監視が強要されていった。

その中で、旧九州地方委は〇六年五月の時点で、革共同の変質、それも取り返しのつかない変質に与することを拒絶し、決然と集団脱党した。さらに、少なくない数の党員が、革共同に絶望し、志を堅持しつつ脱党する事態が生まれた。それにたいして党内では、三・一四Ⅱを批判する声はことごとく反党行為、反労働者性の現われとする空気がいよいよ高まり、それを組織的基盤にして粛清＝中野独裁翼賛体制が形成されていった。革共同の政治路線にとどまらず、綱領的立脚点そのものの右翼的転換が推し進められた。そのために、中野崇拝の紅衛兵運動が組織された。

切実に党内改革を求める党員は、中央派と関西派を通して存在していたが、異様な粛清＝中野独裁翼賛体制に迎合することで、党内改革の本来的な意志を自ら捨てていった。

しかし、それでも臥薪嘗胆の意志が絶えず再生産されざるをえないことに、中野、天田、清水らはおびえきっていた。

三・一四IIの七人の首謀者（そのうち西は中央派に寝返った）とそれに付き従う関西派は、自らの所業をもって中野、天田、大原ら中央派に「正統性」を与え、勢いづかせ、党内改革の芽をことごとくつぶしていった。

関西派はこのことを押し隠しているが、三・一四IIとその後の第二回拡大全国委総会（〇六年秋）を経て、〇七年五月の全国会議前後までの約一年余にわたって、関西派は中央派と野合を形成した。その野合なしには、ここまで急速かつ露骨な革共同の組織的変貌はありえなかった。はっきりさせなければならないことは、関西派は、中央派という形をとった革共同の堕落と階級的敵対物化の罪深い共犯者だということである。

それにたいして中央派は、三・一四IIに追い詰められながらも、関西派の無原則・無軌道ぶりを見透かして、三・一四II反対派攻撃のために関西派と野合した。そしてそれもつかの間、〇七年の年初から五月全国会議を決定的な転機としつつ年末にかけて、今度は関西派攻撃による党内緊張激化政策をとり、関西派を追い詰め、切って捨てた。こうして中央派は、歴史的存在たる革共同からの離脱、今日の観念的閉鎖集団化を完成させてきたのである。

〇七年の七月テーゼと広島差別事件は、このような中で中央派と関西派の相互補完関係のもとで準備され、組織的に企図された、三・一四II貫徹のための差別事件なのであった。

三・一四II以後の経過がはっきりと示すように、中野は、三・一四IIを左派攻撃のための願ってもない武器が投げ与えられたものと受け止め、〈中野の三・一四II〉として革共同の中野＝天田独裁―清水従属体制への組織替えのために使ったのである。

革共同は組織的自浄力ゼロである

こうしてみると、三・一四党内テロ・リンチとそれがひき起こした革共同の組織的大分裂にたいして、生きた組織的感性と訓練された政治的自浄力をもつ組織であるならば、はたしてどうすべきだったかという設問が浮かびあがってくる。三・一四党内リンチを回避し、組織分裂をふせぐ道ははたしてなかったのだろうか。三・一四Ⅱがあのような党内リンチの形をとらないで、諸組織問題を解決する方法は、ほんとうになかったのだろうか。筆者らだけではなく、多くの党員が右のような自問自答をしてきたし、いまも、それは続いている。

筆者らは、その時点で頭をかすめたことだが、いま、つぎのような考えにいたっている。

まず議長・清水は、ただちに公然面に移行し、党員の前に姿をあらわし、即時の党大会の開催を呼びかけなければならない。こういうと、清水および党大会を警察権力や反革命カクマルから防衛できないという点をもって、反論するむきもあろうかと思うが、そんなことはない。いくらでも防衛できる手段はある。なぜ、このことを書くかというと、清水は、高木と岸というかぎられた政治局員には、「自分が公然面に現われる条件は、病気で倒れる時か、党内分裂が起こった時である。そのときは表に出る」と語っており、岸に「三里塚にオレが住む場所はあるか」と尋ねていたからである。そのため、筆者らは三・一四Ⅱに際しては、清水が公然面に出てくることを期待していたのだった。それは、東京南部地区委の故針田が直言した（〇六年四月中旬の首都圏党員総会）ように、少なからぬ党員たちの切実な期待であり要求にほかならなかった。

その上で、次に述べることは現実には机上の空論にすぎない。しかし本来の革命党であるならば、同志的信頼関係を相互に確認しつつ、仮借ない批判と公正な議論と投票によって決定するという、組織問題の正しい取扱いができなければならないはずであった。

党大会は、清水と中野の出席はもちろんのこと、与田、遠山、西島も出席させる。党大会では、清水、天田、中野ら三役をはじめとする政治局全員の辞任を提案し、決定し、臨時執行部あるいは大会実行委員会を選出する。当事者だけでなく党全体が共産主義者らしく理性的に沈着にふるまうよう呼びかける。

大会では、与田問題についての報告と本人の弁明を受け、それにもとづいて与田の処分を決定する。旧政治局としては、与田のあらいざらい全面的な自己暴露を強制し、その上で与田除名を提案する。三・一四党内リンチを実行した三・一四首謀者らには、テロ・リンチへの自己批判と、二度とくり返さないことの確認を求める。本大会をもって、他の過去のもろもろの組織問題の歴史的経過を検証し、新たな視点からの切開を開始する出発点とする。同時にまた、階級闘争の切迫する課題への決起などを決定する方向に進む。

重ねていうが、三・一四党内リンチの是非いかんという問題の真剣で全面的な討議は、なによりも政治局全員が辞任に踏み切ることによってしか、始まらないものである。それだけの、かつてない一大組織問題だからである。

およそ右のようなたたかいに取組まなければならなかったのではないだろうか。だがしかし、組織的自浄力をそなえた党――筆者らを含む革共同は無念にも、そのような党ではなかったのだ。何よりも政治局内左派は当時、それを提起することもできず、一方的に退場させられたのだった。いまとなっては、ただ無念としかいいようがない。三・一四IIをめぐって政治局内左派がたたかいえず敗北したことも一因となって、今日の革共同の惨状、堕落、階級闘争の敵対物化がある。旧政治局内左派が負っている責任はきわめて大きく、重い。このことを、筆者らは厳しい自戒をこめて提起せざるをえない。

呪縛からの解放は自力しかない

そもそも三・一四党内リンチとそれによる組織の大分裂は起こるべくして起こったものだろうか。あるいは、それにいたるさまざまな深刻な組織問題をのりこえて前進してくることはできなかったのだろうか。

三・一四Ⅱは突如起こったものではなかった。そこに至るには長期にわたる紆余曲折を経た複雑な過程がある。すなわち三・一四本多書記長虐殺（一九七五年）以来、第五回大会（一九八一年）以来、そして五月テーゼ（一九九一年）以来の革共同の苦闘、そこにおける積極面と否定面、創造性と守旧性、歪みの是正と歪みの固定化、何よりも清水政治局体制の限界と根本的な誤り、そこにおける政治局内左派のていたらくと腐敗などの複層的な積み重ねがある。それらをとおして不可避的に政治局指導への不信あるいは面従腹背がつくり出され、それを基盤にして醜悪きわまる三・一四Ⅱが醸成されてきたのだった。新指導路線（〇三年）が三・一四Ⅱの直接の導火線であることは前述のとおりである。

だから、三・一四Ⅱが肯定・美化・扇動されたことによって、まるでパンドラの箱が開けられたかのように、革共同内部にあった右派日和見主義的な要素、ミニ・スターリニスト的な腐敗と堕落の要素が一斉に噴き出し、多くの党員が三・一四Ⅱに共感し、それが大手を振ってまかり通ることとなったのである。そうしたまさに第二、第三、第四の三・一四Ⅱが、中野体制の下で、「党の革命」の名によって次々に強行されていったのだった。

中央派と関西派に問う。その指導部だけでなく、組織にあるすべての党員たちに問う。

いうところの「三・一四労働者蜂起」「労働者党員を軸とする偉大な党の革命」は、「たたかわない党に変質させようとする腐敗を打倒して、党の変質を阻止し、党の危機をぎりぎりのところで救った」ものだったのだろうか（〇六年一一月関西党員総会「基調報告」その他）。

それは、「労働者党員の決起によって反帝・反スターリン主義党が核心的に死守され、階級自身のマルクス主義党建設に向け、決定的な前進が始まった」（二二全総「第三報告」、いわゆる大原論文）というものだったのだろうか。

いや、まったくそうではなかったことが、もはや誰においても明らかとなっているではないか。にもかかわらず、中央派の語る三・一四Ⅱ論も、関西派が掲げる三・一四Ⅱ論も、すべて卑劣な歴史的偽造と唾棄すべき自己保身のみなのである。中央派や関西派のもとにある党員たちが、もし一人の共産主義者であると自負するなら、もはや三・一四党内リンチを「正義の労働者蜂起」とあざむく、あやまてる呪縛からただちに自らを解放すべきではないだろうか。

この意味で、筆者らは、三・一四Ⅱが何であるのかの全貌と本質は、ただ政治局内左派自身の膿を出す真摯な自己批判として貫徹される以外に、けっして明らかにならないと考えるにいたったのであった。

第4節　左派はなぜ敗北したのか

自己批判の入口にも立たず、背走した清水

三・一四Ⅱに際しての政治局内左派の無惨なる蹉跌はどこに起因していたのであろうか。この自己切開にあたって、まず清水の自己批判的総括を検討する。

清水は三・一四Ⅱが突き出したもののとらえ返しと自己総括をさまざまな文書でくり返し言及している。饒舌なくらい「自己批判」ということばを使っている。だがほんとうに清水は真剣な自己

批判をしているのだろうか。まがりなりにも自己批判の中味らしいのは、じつはあまり書かれておらず、〇六年七月文書の当該部分くらいであろう。

「党内民主主義（すなわち労働者民主主義を原理としての民主主義的中央集権制ということ）にかんする清水における歴史的偏向。」

「清水が主観的には懸命な政治局づくりの活動なるものを行ったとしても、清水的政治局会議討議では革共同の官僚制・疎外を補強し維持してしまうものとして働いてしまった。」

「知らず知らずのあいだに官僚主義的なものに犯され、中央批判の討論もふくめて討論が自由に展開できる党組織としての〈文化〉を確立していくことが大切（であるのにできなかった）。」

「清水の革共同の組織者としての限界、幅の狭さ、思想的未熟性、総じていえば党創成以来、三全総以来の本多書記長をはじめとする先輩同志のもっているものを十分継承しえていないことがあった。」（「政治局会議Ⅱへの提起」）

清水はおのれの共産主義的個性の問題性、指導的人格としての限界性について、ある程度自覚している。おそらくある日あるときの具体的場面でのおのれの振る舞いを想起しながら、「偏向」「官僚制・疎外」「官僚主義」「限界」「狭さ」「未熟性」と書いているのであろう。また何らかの具体的なテーマをめぐって本多書記長らから継承すべきものを「継承しえていない」と記しているのであろう。しかしそれはそれだけのことであって、まだ何も自己暴露していない。これでは自己批判の入口にも立っていない。清水個人の人格問題を一人で悩んでみても意味がない。もちろん悩むのはいい。だが、革共同は世界革命・アジア革命・日本革命の勝利へいかにたたかうべきだったのか、そこにおける清水の指導はどうだったのか、何をどう誤ったのかをあくまでも基調にしなければ、悩みの堂々めぐりとなるだけで、本多書記長のもとでの政治局員、本多書記長虐殺以後の政治局トップ・議長としての自己批判的総括になるわけがない。

ただここで清水が、①党内民主主義と官僚主義の問題、②本多書記長に体現される革共同の思想とその継承の問題、③それらに清水がどう対応したかの問題を俎上に載せていることは、それとして確認しておきたい。もちろん問題はこれにとどまらないが、少なくともこれらの問題は筆者らも突っ込んで検証し総括しなければならない問題だからである。だが重ねていうが、組織的なものは政治的なものであり、政治的なものは組織的なものなのであるから、政治と組織の往還のなかで右の三つの問題は対象化されなければならない。

いずれにせよ、清水の自己批判はまだ一歩も進められてはいないのである。「自己批判」の乱発で責任をすりぬけることは許されない。

しかるに、『革共同五〇年史／上』の清水執筆の序章には「私の誤りと自己批判」「私自身の新たな決意」という二つの項がある。そこでは自己批判とは名ばかり、傲岸な自己保身と開き直り、そのための党史の杜撰きわまる偽造があるだけである。清水はやはり自己批判を拒否し、すべてを「血債主義者」に責任転嫁してはばからないのである。右の三つの問題を清水はすっかり放棄してしまった。何と厚顔無恥であることか。

党内闘争の欠如と党至上主義

三・一四党内リンチ＝クーデターをめぐる党内闘争で筆者らは無惨に敗北した。三・一四IIの原因を究明し、党としての認識を共有すること、それを土台に三・一四IIを止揚する党内情勢をつくり出すことができなかった。だから敗北したのである。それは、なぜだったのか。

党内闘争で勝つか負けるかはその結果の問題である。そもそも筆者らは三・一四IIをめぐる党内闘争を起こしかつ推進することができなかった。無念にも、一戦も交えることなく敗退したのである。たしかに三月一四日深夜の本社政治局会議では三・一四II弾劾の決議をあげた。その後も中野イニシアティブに対抗はした。それは一戦を交えたとはいえない。四月清水決済に際してはなすべもなかった。

もっとも核心的な誤りは、筆者らには党内闘争の生きた概念が欠落していたことである。分派闘争の見識がなかった。そのため左派形成をついにおこなわないままであった。

だが三・一四IIを経て思えば、本多書記長虐殺以後、意識的な党内闘争、党内闘争の意識化が必要だったのではなかっただろうか。

革共同の本多的統一が失われたことは決定的に大きな危機であった。三・一四復讐戦貫徹の一点で党は統一して断固たる戦争をやりつつ進んだが、その反面、水面下では意見の対立や意志統一の齟齬、組織的人間関係の軋轢はさまざまな形で生み出された。当然である。それも含め、党の内的な分岐、分裂の芽が潜在的に生まれていたと見なければならない。そのこと自体は何も恐れることでもなく、忌避すべきことでもない。なぜなら本多書記長を失った革共同は、一度は死んだのである。したがってこれからどう生きていくのか、どういう革命闘争を構想し展開していくのか、どういう党になっていくのか、このことについて組織的統一を守るという共同の意志の下で徹底的に議論しなければならなかったからである。

いいかえれば、本多書記長時代の革共同は、本多の指導性のなかで相当程度よく統一され、本多の非妥協性と柔軟性、右にも左にも展開する大きさと硬質さをあわせもった党として形成されていた。六七年都知事選・美濃部支持問題など重要な党内闘争もいくつかあったわけだが、本多的統一がしっかりとあった。強いていえば、熾烈な党内闘争の経験をあまりもたない党なのであった。本多は「党を出ていく自由がある」と公言しており、粛清もなく、除名処分もなかった。政治局員であって離党した小野田襄二、田川和夫を除名処分にはしていない。

反革命カクマルによる本多書記長虐殺以後の革共同には、少なくとも七〇年安保・沖縄闘争、そこでの二つの一一月決戦を継続・発展させる「第三、第四の一一月決戦」実現のために何をどう準備するのか、日本革命勝利に向けての戦略・戦術的構想をいかに明確にさせるかという課題があったはずである。それをめぐる党内議論、ひいては党内闘争が必要だったのではなかっただろうか。新しい革共同は同志的で真剣な党内闘争のなかからこそ生まれるものだったのではないだろうか。

だが革共同は、対カクマル戦争下での党の統一の規律、まさに軍事的規律を最優先にした。基調的な流れとしては、党内闘争を封印する、抑えるという合意が軍事下で成立していたともいえる。このことは党防衛の自己目的化となり、党内民主主義の封殺となっていった。

筆者らは一概にはいえないが、基本的には清水体制確立を至上命題化してきた。そして九五～九七年の中野洋の政治局入り以後、政治局内に次第に右派が形成されたことを認識しながらも、右派を軽視してきた。驕っていたからであろうし、何よりも清水体制に安住していた。だから左派を形成しなければならないこと、その意義についてまったくといっていいほど自覚していなかった。そのため五月テーゼ路線に代わる反帝大衆運動・武装闘争の路線を創出する積極性を発揮せず、その力量もなく、清水の敷いた路線の枠内でその限りでは主観的には全力でたたかってきた。そのことのつけが三・一四IIに際しての左派の敗北となった。

ところで、本多書記長虐殺の後、ある場で「守・破・離（しゅ・は・り）」についての議論を交わしたことがあった。能や茶道の継承にかかわる概念とされているものである。創業者の至芸を守る、次いで破る、そして離れることで二代目が二代目でなく新しい創業者になりうるという意味である。本多が得意の雑学論議のときに語っていたことである。その本多が虐殺され、「われわれも守・破・離に直面したな」と議論したが、それ以上ではなかった。

だが本多革共同から新しい革共同への道は、党防衛至上主義で頑張ればいいはずのものではなかった。かつて若き本多が激しい党内闘争を展開し、窮地にも立たされ、三次にわたる分裂を断行しつつ反帝国主義・反スターリン主義の綱領的立脚点を確立して革共同全国委員会をつくったようなたたかいが求められていたのではなかっただろうか。この意味で、現実にある党を固定的に保守するのではなく、生き生きとした党内闘争を創意的に模索し、そのなかから新しい革共同を生みだすべく苦闘しなければならなかった。それは反帝・反スターリン主義綱領をも新たに深化・進化させるものとなったにちがいない。逆に生き生きとした党内闘争がないところでは反帝・反スターリン主義の綱領・戦略・路線もひからびてしまうのである。そのためには何をどうすべきだったのだろうか……。こういう問題意識が少なくとも筆者らにはなかった。

筆者らにおいて一方で党内闘争の生きた概念が欠落していたこと、戦争下で党防衛の自己目的化に陥ったこと、他方で七〇年代後半からの世界史の新しい流動情勢に対決しうる反帝・反スターリン主義の深化・進化がなしえず、「第二、第四の一一月決戦」の路線をうち出しえなかったことは表裏一体の、致命的なほどの弱点だった。第2部では、この問題をさらに究明したい。

第2部

政治局の腐蝕はいつから始まったか

第6章　本多延嘉書記長虐殺を超克しえたか

第1節　カクマルによる凶行

清水時代は本多時代とどう変わったのか

革共同の歴史と現実を総括する場合、一つの方法として、本多延嘉を党首とする時代と対比して、清水丈夫を党首とする時代、すなわち一九七五年三月一四日の本多虐殺以後の時代を検証していく。本多時代と清水時代という区分あるいは性格規定は、便宜的とみえるかもしれない。だが、けっしてそうではない。今日からとらえ返すならば、本多亡き後はやはり清水時代の革共同となったことは明白である。問題は、清水時代の革共同が、本多時代を継承しながら、党としての新たな誕生、新たな発展をなしとげることができたのか、どこがどう変わったかというところにある。これを検証することをとおしてはじめて、筆者ら革共同にかかわる者にとっての共通の総括もなしうるにちがいない。

革共同における本多延嘉の存在の大きさ、その思想と精神の全組織的な浸透性のゆえに、彼を失った政治局は生きるか死ぬかの決定的な試練に直面させられた。三・一四以後の政治局は、この試練をどう突破しえたのか、あるいは突破できなかったのか。やはり問題の核心は政治局に凝縮されるであろう。

清水時代の革共同には、それ以前との明確な隔絶がある。清水時代の、本多時代との異質性は検証するにつれて、明白になる。「異質である」こと自体が誤りなのではない。本多時代とちがった党になることは、党にしても政治局にしても一つの人間集団であり、具体的な人間的素材によって構成されている以上、また時代が変化し内外情勢が変転する以上、当然のことである。ここには、新しい党を創造する意志があり、意識性が働いているからである。問題は、それが何なのか、いかなるものか、革共同は果たして発展的に転化したのか、あるいは退化・衰滅していったのか、である。いま一つの問題は、清水が革共同を異質なものにしたにもかかわらずそれをひたすら押し隠し、反帝国主義・反スターリン主義の革命党として一貫しているかのように欺瞞していることである。この問題を解明していきたい。

革共同の本多時代は言うまでもなく、黒田寛一、松崎明らカクマルによる本多虐殺によって、暴力的に終焉させられたのである。それは、五九年八月の革共同全国委員会創設から一五年と七カ月の時代であった。その一五年余の本多時代は、レーニンがロシア社会民主労働党の第二回大会でボルシェビキを形成した一九〇三年から一四年後にロシア革命を実現したことを想起すれば、けっして短くはないが、私たちがめざす革命のために費やすべき時間からすると、じつに短いといわなければならない。それは短くも色彩豊かな、多くの波乱にみちた、中核派の成長と進化の時代であった。その本多時代の突然の終焉の後、本多亡き政治局はどうなったのであろうか。

血にまみれたフランス語版『資本論』

忘れることのできない一九七五年三月一四日。前日、本多はいくつかの活動が重なったためアジトにしていた埼玉県川口市の部屋に帰り着いたのは一四日午前一時をかなり過ぎていた。午前三時二〇分過ぎ、頭からパンティストッキングを被ったカクマルの白色テロル集団が、本多の部屋になだれこんだ。あらかじめ三カ所で電話線を切り、二階にかけ上って部屋のドアと窓を斧で叩き割り破壊して中に突入した彼らは、本多に襲いかかった。本多は異変に気づいて起き、出刃包丁を取って立ち向ったようである（入口付近に出刃包丁が転がっていた）。しかし、襲撃者集団は、いきなり手斧を本多の頭部に打ち込んだ。明らかに殺害を狙った行動をとったのである。倒れた本多の頭部を、襲撃者らは手斧で集中的に何度も割った。

血は部屋中に飛び散った。畳が大量の血で染まっただけではない。畳から壁へ、壁から天井へ、血が真っ直ぐに線を描いて走った。各所に血が飛び散った。そこは、あまりにも凄惨な虐殺の場と化したのだった。

襲撃者たちは本多を殺害した後、室内を物色し、文書類や金品を奪った。押入れにあった段ボール箱数個、そこには党関係の諸文書類が収納されていたが、それらには手を付けることなく撤収していった。襲撃にかける時間の限度をあらかじめ決めていたからである。白色テロル集団は手斧、ナタ、鉄パイプを北側の畑と空き地に投げ捨て、車三台に分乗して逃走した。本多の起居していた部屋には、フランス語版『資本論』[8]とフランス語辞典が血にまみれて残されていた。

反革命カクマルによる本多延嘉書記長の虐殺をいま想起しても、煮えくり返る怒りを抑えること

◆8　フランス語版『資本論』は、マルクスがフランスの広範な労働者に読んでほしいという意図があり、全四〇分冊の小冊子にして九シリーズ（セット）で出版された（ラシャトル版、一八七二～七五年）。マルクスは出版にあたって全面的な校訂の筆をとった。「読者へ」でマルクスは「ドイツ語版第二版から独立した科学的価値をもつものであって、ドイツ語に堪能な読者でさえ座右から離してはなりません」と書いた。マルクスの手になる最後の『資本論』といえる。修辞上の訂正も多いが、内容的には「第七篇　蓄積過程」で重要な加筆修正がおこなわれている。また第七篇第二四章のなかの本源的蓄積論が独立の第八篇となって

ができない。黒田寛一による本多虐殺の下知、それを受けた虐殺計画の立案、そのための手段の選択、実行部隊の編成と執行の概要を、われわれは第一報の後、ほどなく知るところとなった。

本多虐殺の襲撃に加わったのは、当日、部屋に突入した七～八人、部屋の外および建物の外で構えていた数人、電話線を切った部隊、レポ（偵察と見張り）役、逃走車の運転者などが作戦配置されていた。それだけではなく、準備段階での調査隊、本多の隠れ家を探索するための特殊な作戦の担当班がおり、それだけでおそらく三〇人前後にのぼる。そして虐殺計画の司令部であった黒田、松崎明、根本仁（土門肇）、鈴木啓一（森茂）、池上洋司（朝倉文夫）、白井健一（山代冬樹）、木下宏（西条武夫）、藤原隆義（杜学）など政治局員がいる。本多虐殺に直接かかわった者だけで、約四〇人とみなすことができる。

ラディカル左翼の最大党派である革共同の最高指導者、本多延嘉。日本革命運動の知性と人格と夢を体現する本多延嘉。その本多を虐殺目的で手斧を振るって虐殺したという事実は、日本階級闘争の歴史上、言語に絶する悪行である。虐殺の事実だけではなく、その狡猾きわまりない虐殺計画の一端を知ったとき、たとえようもない衝撃であった。三・一四反革命、それはまさに悪魔の所業であり、恐るべき謀略工作であった。その一つひとつを、けっして忘れることができない。

第2節　三・一四復讐戦を政治局は指導しえたか

試練に立たされた政治局

本多を失った政治局は、党員がそうであったのとは比較すべくもない恐るべき絶体絶命の崖っぷちに立たされた。

この後の叙述のためにも、ここで当時の政治局体制とその再編について言及しておく。六九年四月二七日に革共同に破防法が適用され、本多が逮捕されて以来、政治局は本多投獄の時期、本多出獄後の時期をとおして非公然体制に入ったのである。非公然といってもまるっきり地下に潜ってしまうのではなく、政治局の重心を非公然（いわゆる「裏」）に移行し、公然部門（いわゆる「表」）に配置された政治局員をとおして政治局の指導を貫徹していく方法をとり、非公然の政治局員も必要に応じて表に出るという一定の柔軟性をもたせていた。

さて、本多に次ぐ位置にあったのは陶山健一である。本多が破防法弾圧で獄中にあった時期には書記長代行であり、七一年春、本多の出獄後も本多のもとで公然部の政治・組織指導の責任を負い、時に大衆運動場面にも登場するとともに、非公然に設置した軍事部門を統括し、その一環として非公然機関誌『雲と火の柱』の編集・執筆・制作責任に当たっていた。だが七二年と七四年に二度にわたってカクマルの襲撃を受け、それも遠因となって七四年秋には持病の難病が発症し、フィジカルな意味で政治・組織活動ができる状態ではなかった。

野島三郎は、革共同創設以来の政治局員として、また本多の盟友として別格の位置にあり、六八

いるなど構成上の変更がある。エンゲルス編集のドイツ語版第三版、同第四版にはなぜかフランス語版が正確には反映されていない。日本ではフランス語版があることは研究者の間では知られていたが翻訳はされてこなかった。宇野弘蔵は資本論の原理論体系では本源的蓄積論は除外すべきだという考えであり、宇野派は傾向的にフランス語版を軽視する。日本でフランス語版が最初に翻訳出版（ただし抄訳）されたのはようやく七五年六月、全訳は七九年である。本多は本源的蓄積論を一貫して重視しており、宇野の立場を批判していた。ラシャトル版に続くエディシオン・ソシアル版が六九〜七一年にフランスで出版された機会に、本多はフランス語版を入手して読み始めていた。

年以来ずっと最大の地方組織・関西地方委員会の指導に当たっていた。秋山勝行は七〇年闘争の指導責任で弾圧を受け長い投獄をへて出獄後、対カクマル戦の調査部門責任者、そして七三年九・二一革命的報復戦以降、対カクマル軍事体制の責任者に任命されていた。この意味で本多、陶山（闘病中）に次ぐ位置にあった。

清水丈夫は、本多からもっとも信頼され、一〇・八羽田闘争以来の七〇年安保・沖縄闘争、その後の対カクマル戦にいたるまで、とくに党の政治路線形成という面で本多と二人三脚で歩み、時に本多を補完する役割も果たしてきた。また陶山が倒れた後、非公然軍事部門の責任を引き継いでいた。だがこの部門ではほとんど指導性を示すことができないでいた。それもあって、政治理論面では他の政治局員から一目おかれる存在である一方、政治・軍事・組織の実践面ではかならずしも主導的な位置にいなかった。

北小路敏はいわゆる表の指導責任の位置にあった。党本部である前進社本社に座って本社諸組織を統括し、首都圏・関東の地方委員会の指導および全国の地方組織の指導の任に当たっていた。表の指導責任というのは、実際の党指導ということであり、誰がやっても重く難しいものである。それ以前のある時期は藤原慶久（政治局員ではなかったが）が務めたこともあるが、戦略的視点に欠ける場当たり主義的な指導で現場を引き回す傾向のため、本人も行きづまり、その後、高木徹が務めていた。高木は対カクマル戦の指導の破産、とくに七三年九・一七鷲谷戦闘の敗北をもたらした指導責任を問われて政治局員を解任され、本多から厳しく自己批判を要求され、それがなかなかできず、本多から繰り返し批判を受ける状態がずっと続き、結局、まともな自己批判書を書けないままであった。前任者たちの破産に次ぐ破産という重圧を受けつつ、高木の後を北小路が引き受けたのである。

七三年九月以降は、本多のもとでの秋山＝北小路体制として政治局指導体制は再編されていた。そして本多書記長虐殺に直面したのであった。

革共同のもてる英雄主義が爆発

三月一四日の本多書記長虐殺が判明した即日、清水丈夫が政治局署名で復讐戦への決起の檄「復讐の全面戦争に突入せよ」（『前進』三月一七日）を発し、全員が火の玉となって、カクマルへの憎しみを燃やし、「反革命頭目・黒田、松崎、土門を処刑せよ」を掲げ、本多書記長虐殺という未曽有の危機をのりこえて進まんと決意した。

しかし、筆者らがそうであったように、ほとんどの革共同党員が「信じられない。信じたくない。何かのまちがいだ」と思いたかった。直後に葬儀を済ませ、追悼と復讐を誓う集会の後もなお、「本多さん、どこかで生きていてほしい」という気持ちに陥っていた。拭っても拭っても涙がとまらない中で、国際階級闘争の数多ある血の教訓を思い起こして自らを奮い立たせ、虐殺者カクマルへの怒りと憎しみを燃えあがらせていった。ただひたすら復讐戦のために必要な任務を遂行しようとしたのだった。復讐を誓いあった同志たちと心を一つにし、ここから新しい歴史を切りひらくことを互いに決意したのだった。

本多を奪われたことの絶望感と無力感にたたき込まれ、離党する党員は少なくなかった。〝本多亡き革共同〟を想定することはできないと考え、今は踏みとどまっても、いずれ革共同を離れるしかなくなるだろうと予感した党員も、いた。

詳述しないが、三月二〇日のカクマルせん滅戦を突破口とするその後の数々の戦闘は、ほんとうに無我夢中のたたかいであった。それはもうすさまじい英雄主義の爆発の連続であった。カクマル本部・解放社の責任者である服部多々夫の完全せん滅を頂点に新橋駅大会戦、大阪市大大会戦を含めて同年七月まで東京・関東圏、関西、中国、九州など全国で七三戦闘・一二七人せん滅（うち完全せん滅一二人）を遂行するという壮絶なものであった。

この時点で対カクマル戦闘の政治局担当責任者であった秋山勝行は、表面上は強気を装っていたが、内面は本多虐殺の衝撃に右往左往していた。実際、軍事部門にたいして具体的な戦闘方針を出すべきなのに、ほとんど無方針状態に陥っていた。秋山は、実際の諸作戦いっさいを現場指揮官と戦士たちに丸投げするだけであった。軍事部門の党員たちは、動揺する秋山をのりこえて次々と作戦を立案し、実行し、生還してきた。

これらの戦闘を担った同志たち、それを支えた同志たち、彼らの勇気、本多へのかぎりない同志的敬愛の心、カクマルへの憎悪、革命家としての革命勝利への執念――それらが瀕死の革共同、いやいったんは死んだ革共同を生き返らせたのだった。赤色テロリズム行使のもつ本質性と疎外性を背負い、人間的極限に身を置いてたたかったのである。もしも、革共同が本多虐殺にたいする血みどろの復讐戦に決起しなければ、その後の日本階級闘争の舞台はカクマルとその暴力によって制圧されていたであろう。そうなれば、ラディカル左翼諸党派だけでなく、あらゆる労働組合運動、民主主義運動、住民運動はカクマルの暴力支配の前に息もできない状況を強いられ続け、それをいいことに、帝国主義支配階級が反動攻勢をほしいままにしたにちがいないのである。暴力を振るって傍若無人な振る舞いをしていた当時のカクマルの姿、敵権力にたいしてではなく戦闘的な学生や労働者人民に牙をむいてきたカクマルの罪状は、多くの人々が証言するところである。

もとより、革共同全体がこの三・一四復讐戦を誇ることができる。とりわけ、この初期の戦闘の数々を直接・間接に実行した同志たちのことは、日本革命運動史に長く記憶され、記録されてしかるべきである。階級闘争の歴史が生身の人間の歴史である以上、それを切り開いた個々人の行為とその尊厳ははっきりと確認されるべきことだからである。

同じ意味で、本多虐殺の深い暗雲が垂れ込めるもとで、東京・杉並区議会選挙に決死の思いで取組み、みごとに当選を果たした長谷川英憲をはじめとする首都圏の党員たち。その後の数年間を職場に通い続け、防衛戦争に取組み、個人生活がめちゃくちゃになっても、職場で孤立しても、歯を食いしばって、党員としての任務をまっとうしようとした全国各地の労働者党員など。これら党員たちの献身的なたたかいは、高く称賛されなければならない。

階級闘争の生きた現場の第一線を担ったすべての党員たちは、カミュが『シジフォスの神話』で描いたシジフォスのような絶望的な苦行を担った革命家群像として、敬意をもって語られるべき存在である。

先制的内戦戦略を提起

こうした血みどろの決死のたたかいのなかで、七五年七月三一日の革共同政治集会で政治局を代表して北小路敏が、二年前の九・二一戦闘の革命的報復戦突入以来の路線と党のあり方の転換をうち出した。北小路は、三・一四復讐戦を連続的に猛然とカクマルにたたきつけていることを高らかに確認し、対カクマル戦を第一の課題としつつ、第二の課題として、日本帝国主義の朝鮮侵略戦争の策動にたいして真正面からたたかうことの意義を強調し、「帝国主義国における武装解放闘争の新しい地平としての、新しい形での一一月決戦に突入する」ことをうち出した。その二つの課題の鉄火の中で党を建設するという第三の課題を訴えた。それは、より強力に対カクマル戦をたたきつける宣言であるとともに、党組織のありかた全体を対カクマル戦傾斜路線からはっきりと転換させることを提起するものであった。

それまでは、本多指導によって七一年一二月以降を戦略的防御段階という位置づけのもと「戦線縮小」という思い切った組織的措置をとってきた。カクマルからのテロルにたいする防戦に必死になり、実質的にはほとんど唯一、対カクマル戦に集中した過程であった。戦略的防御段階から七三年九月二一日をもって革命的対峙段階に進み、七四年八月五日、本多は戦略的総反攻段階への突入の号令を発した。大衆運動や独自の党建設を犠牲にしてでも、対カクマル戦に全力投入していたのである。その「倒立した状態」（本多）をいつ、どのようにして転換していくかは、本多ら政治局にとって最大かつもっとも矛盾に満ちた指導上の課題であった。

本多の絶筆となった七五年『前進』新年号巻頭論文「七五年決戦で総反攻を完遂せよ」はカクマル完全打倒への激しい檄を発したのであるが、「カクマル完全打倒をかちとることは、二つの一一月が生み出した革命の事業をうけつぎ、発展させることといがいのなにものでもない」と意義づけている。そして「新しい安保闘争＝七〇年代安保日韓闘争と狭山闘争の歴史的勝利のたたかいを両軸とする七〇年代中期・後期の展望」を切りひらくことを呼びかけている。対カクマル戦激化方針のうちに次のステージへの転換をまさぐっていたのである。しかし、その「転換」は本多自身によってはなしえず、本多書記長虐殺の後、残った政治局によって七・三一革共同集会をもって試みられたのである。

ここには清水の戦局にたいする政治判断があった。解放社責任者・服部らカクマル一二人の完全せん滅をはじめとする七十数戦闘がカクマルに甚大な恐怖と実体的打撃を与えたことは明白であり、本多書記長虐殺への直接の第一次的な復讐戦はやりぬいた、という判断をくだしたのである。じつはこのとき、黒田と松崎のターゲット化はほとんど煮つまっていたのだが、清水はどちらにもゴーサインを出さなかった。対カクマル戦の総括上、この点は重大な問題を投げかけており、後述する。

清水はその政治判断を政治的・理論的に明確にするために八月、津久井良策署名の「朝鮮侵略戦争の歴史的前夜における革命党の基本的任務体系」を執筆し、党として最初に先制的内戦戦略論を提起し、そのもとでの「三つの任務体系」をうち出した（『共産主義者』二七号、七五年一〇月）。それと符節を合わせて一〇月、野島も革共同政治局を代表するかたちで『前進』紙上に「先制的内戦戦略」をうち出した（織田武雄「現代革命と先制的内戦戦略」）。

これらは、対カクマル戦を日本革命の戦略的総路線の中に有機的に位置づけようとするものだった。同時に、対カクマル戦争下で可能な限り政治的空間を広げるたたかいに挑戦していくものだった。いくつかの地区委員会や戦線では、積極的に大衆運動の再建と党組織の大衆的基礎の再形成に一定の成功をつくり出していった。さらに同年七月一四日、対権力ゲリラ戦を初めて発動した。中核派と沖縄青年委員会は「皇太子訪沖阻止」「沖縄海洋博粉砕」「沖縄石油基地建設阻止」を掲げて防衛庁、三菱石油本社、羽田空港および日航機、横田基地への同時多発の火炎ビン攻撃をかけた。七・一七皇太子訪沖阻止デモに先駆けたゲリラ戦であり、七一年沖縄返還協定粉砕闘争を引き継ぎ発展させようとする決起であった。同時にまた九月の天皇訪米阻止にむけて天皇制粉砕闘争を路線化しようとしたものだった。

革共同がこの段階で対カクマル戦第一主義からの路線転換をめざそうとしたこと、その政治内容を沖縄闘争ならびに反天皇闘争に設定したことをはっきりと確認できる。

対カクマル戦第一主義の倒立性

ところで、前項で触れた「対カクマル戦を第一にしたあり方の倒立性」という本多のことばについて敷衍しておかなければならない。

帝国主義による侵略戦争や内乱鎮圧の階級戦争と根本的な質において異なるとはいえ、革命戦争であろうと解放戦争であろうと、戦争は戦争である。すなわち敵戦闘力をせん滅する。それは、具体的で個別的な精神と肉体をもった人間あるいは人間集団をせん滅するという行為である。直接的に人間が人間を殺すものが戦争である。赤色テロリズムはもとより特定の人身にたいして行使する革命戦争の戦術・闘争方法である。この点について、革共同はどのように認識していたのだろうか。

「革命軍対反革命軍の勝敗、優劣を究極において決するものは、軍の政治的強靱さ、思想的強靱さ、組織的強靱さ、イデオロギー的強靱さの強弱なのである。……したがって、軍における正しい政治組織活動を党の指導のもとに実現し、軍においてこそ模範的党活動を原則的に展開できるような軍を建設し、そうした組織活動、組織建設のなかから、革命的人間像、戦争的人間像も創造していくのである。戦争の異常性、日常破壊性にうちかち、原則的党活動を貫徹することによって、軍を最高の党学校となさなければならないのである。……／非公然、非合法体制下におけるたたかいこそは、敵にたいする本質上もっとも強力で攻撃的な闘争形態であるという積極的要素をもつものである一方、非合法、非公然体制は、戦後民主主義下で運動を開始したという負の蓄積をもつわれわれに、巨大な日帝国家権力と対峙し、勝利していくという多大な困難や苦痛を強いるものである。さらに、非合法、非公然体制下にあることから生じる「安易さ」、安逸感、ありとあらゆる弛緩とマンネリ化の傾向とのたたかいという日常的あり方が死活をもって問われるのである。」（村野智久「強靱強力な革命的軍隊の建設へ」『共産主義者』三一号、七七年一一月）

革共同は基本的に右の一文のようにとらえていた。すなわち政治は軍事に優先させられなければならない。軍は政治的軍隊でなければならない。戦争（この場合は赤色テロリズム行使）のもつ異常性、日常破壊性を対象化しなければならない。非合法・非公然に遂行される赤色テロリズムに内在する危険性――独自運動化の傾向、自己目的化の陥穽、安易な行使の危険、傲慢と自己満足化など――を十分に認識しなければならない、と。こうしたとらえ方は当時も議論したところである。しかしほんとうに思想的・理論的に議論を深めたかといえば、あまりにも不十分であったといわなければならない。本多指導も限界があった。筆者らも軍事の陥穽にはまっていたことに、つい最近まで無感覚であった。

虐げられた被支配階級、暴虐と搾取に苦しむ労働者階級人民が追いつめられた末についに暴力をもって立ち上がることは、人類の普遍的な社会史的本質に根ざしている。まさに「暴力は、古い社会が新たな社会をはらんだときにはいつでもその助産婦になる。暴力はそれ自体が一つの経済的な潜勢力なのである。」（マルクス『資本論』第一巻第二四章）。

だが同時に、革命の暴力は暴力をなくすための暴力でなければならず、赤色テロリズムは権力や反革命による虐殺や死刑をなくすための革命的なテロリズムでなければならない。革命的暴力あるいは赤色テロリズムのもつこの本質的な内在的対立性をどのように止揚していくことができるのかは、革命運動のいわば永遠のテーマである。反革命分子の頭上に鉄槌を打ち下ろすことは、まったき正義であるばかりではない。人間存在と人間の命の尊厳を守ろうとする者、人間の全人間的解放を求めてたたかう者が特定の人間を抹殺するという非日常性、逆転性あるいは内的な痛みを突き破ってなおかつ正義を貫くことができるのか、という極限的な緊張関係をはらんでいるものが、赤色テロリズムなのである。

ところで一九世紀から一九一七年にいたるロシア革命の歴史は数多の蜂起、暴力、テロリズム、暗殺で印されている。次の有名なエピソードもその一つである。セルゲイ大公（前モスクワ総督）は一九〇五年二月一七日、エスエル戦闘団のカリャーエフの投げた爆弾によって馬車丸ごと吹き飛ばされ暗殺された。だがその二日前、カリャーエフはセルゲイの乗った馬車に肉薄し、まさに爆弾を投擲しようとしたとき、馬車のなかにエリザヴェータ夫人やパーヴェル大公の子、マリヤとドミートリが同乗していることに気づき、思わずその手を下ろしてしまう。それは暗殺の機会を失しただけでなく、待機していた同志たちを危険にさらす行為である。カリャーエフは煩悶するが、子どもたちを爆弾の巻き添えにしないという決断はまちがっていなかったと確信する。エスエル戦闘団の同志たちもそれを是とする。そして彼は二日後には断固として暗殺計画を遂行する。五月一〇日には処刑が執行されるが、カリャーエフの誇り高い生き様は受け継がれていく。

この話はサヴィンコフ著・川崎浹訳『テロリスト群像』（現代思潮社、一九六七年）に記されている事実である。サヴィンコフは筆名ロープシン『蒼ざめた馬』で小説化もしている。またカミュの戯曲『正義の人びと』（一九四九年）、早くには大仏次郎「詩人」（一九三三年）で作品化されている。一九六九年には民藝が米倉斉加年のカリャーエフ役で『正義の人びと』を上演している。日本のラディカル左翼が疾駆していた時代に、ロシア・テロリストの行為と思想、支配階級打倒という革命の政治目的と敵せん滅戦、テロリズムの敢行、それを遂行する革命家の思想的葛藤というテーマをめぐる議論が静かに交わされていたのだった。前進社内でもカリャーエフ論、赤色テロリズム論が話題にのぼっていた。

革共同のカクマルにたいする赤色テロリズムのたたかいは、本多のいう「倒立性」、その本質性と疎外性という内在的矛盾の止揚の立場を明確にさせようとするものであった。したがってまた軍事にたいする政治の優位を貫くものとして、少なくとも次の三つの課題の解決に直面していた。

第一に、対カクマル戦第一主義は特定の短い時期のうちに終わらせなければならないものであるということである。その特殊性ゆえに一〇年も二〇年も続けるものではなく、また続けられるものではありえない。だからこそカクマルとの相互せん滅戦において爆発的・集中的に軍事力を投入して必ず勝利の大勢を握らなければならない。

第二に、あくまでもカクマルによる不正義の暴力の行使にたいして労働者人民の誰もが理不尽かつ不条理であり反革命であると怒りを沸点にまで高めずにはいない状況と条件のもとで行使するものである。それゆえいったん行使する以上躊躇なく断固たるものでなければならない。

第三に、赤色テロリズムしかないという必須性と正義性を労働者人民に訴えつつ、労働者人民の支持を獲得するだけでなく、労働者人民自身の行動や意識においてカクマルへの政治的包囲をつくり出す、まさに現代の反ファッショ解放戦争となるようにたたかわなければならない。

関連していうと、対権力ゲリラ戦においても同様の課題が意識されていた。そこから対物戦と対人戦の安易な混同を排した厳格な区別、それを踏まえた対人戦の限定的遂行という戦術思想に立とうとしてきたといえる。

だが革共同は本多書記長虐殺以後、赤色テロリズム行使が抱えている三つの課題、その高度に政治的で複雑かつデリケートな問題を真に対象化しえていたのだろうか。

「本多さんの弔辞を、オレは書いていない……」

さて、清水の先の檄と野島が『前進』に発表した追悼文「反革命どもに血の処刑を」は、政治局が身を賭して復讐戦の先頭に立つことを内外に鮮烈に表明するものであった。野島の一文は、盟友であり、かつ党首である本多への満腔の思いと虐殺者カクマルへの憎しみに身をよじっているおのれの裸の姿をさらし、カクマルがわが身を襲うならやってこい、という烈々たる覚悟を示し、その情念と決意をびりびりと全党に伝播させたのだった。三・一四反革命の第一報を関西の地で受け取った野島はその直後、西島（当時関西地方委議長）に「アジア革命を唯一戦略的に考察して導いていける人を、革共同は失った。大きな戦略家だった……」と語りかけて絶句したのだった。

それに続いて白井朗が、後に離党する際の姿とはまったくちがって、彼の生涯で唯一もっとも真心の溢れる一文「偉大な首領 本多延嘉書記長」を発した。秋山勝行も、政治指導論文を発表した。陶山北小路敏は、組織会議と活動者集会でほんとうに全身全霊を傾けた演説を何度もおこなった。陶山が政治的意志表示をできる身体的な状態でなかったことは、前述したとおりである。

党に踏みとどまったほとんどの党員は、この本多亡き後の政治局を信頼しようと思い定め、ともに革命家としての初心を貫く決意をした。ところで、気づいた党員も、気づかなかった党員もいたが、政治指導論文を次々と書き、組織指導の責任を引き受けた清水は、自らの心からなる追悼文を書かなかった。もちろん清水によって書かれた文書は、党内指導メモを含めて厖大な量にのぼるが、それは政治路線の書である。だが、清水自身の魂と肉体と肉声をもってする本多への思い、本多との別れ、本多の遺志を引き継ぐ決意、そのための覚悟を、清水は書かなかった。いや、書けなかったのである。そして、いまにいたるも、それは書かれていない。

雑誌『情況』が六〇年ブント書記長・島成郎の追悼特集を企画した際、編集部から乞われて清水は一文を寄せた（「悼辞　島さんの思い出によせて」『六〇年安保とブント（共産主義者同盟）を読む』〇二年六月所収）。そのころ、ある場で清水はぽつんと「本多さんの弔辞を、オレは書いていないんだよな……」とつぶやいた。あのとき書けなかったのなら、何年たっても書けばいい。だが清水は、恐らく本多への追悼文を永遠に書けないまま、死んでいくのだろう。

また清水は、本多が殺された二、三日後のある枢要な会議において、出席者が不思議に思うような姿を示した。

この日、清水は、自分が本多亡き後の革共同を率いる全責任を負うという決意表明をした。誰もが、後継者は清水と考えていた。そして清水は、大部のメモの青焼きコピーを配布し、内容の提起を始めた。メモは、黒田哲学つまり黒田寛一による唯物論の観念論的改作への批判であった。もともと党内学習会用に書き溜めてきたものを整理したものか、それとも一気に書き上げたものかは、わからない。清水の説明を聞きながら、出席者は、これは本多虐殺にまで手を染めたカクマルを完全打倒するには、彼らの根幹をなす黒田哲学を徹底批判するのだという清水の考えから出た行為なのかと受け止めつつも、この非常事態にイの一番に復讐戦方針を検討せずに、心をどこに定めているのだ、と感じる者も少なくなかった。もちろん、その後半では復讐戦貫徹の諸方針を決定したのだが……。

いずれにせよ、清水が革共同に結集して以来、積年の黒田コンプレックスは相当根深いものがあったが、それが党の非常事態に出てしまったのではないだろうか。起こった事態に清水が茫然自失したとしても、何ら恥ずかしいことではない。その精神的打撃から容易に立ち直れないのも、当然である。皆、そうだったのだから。だが、なぜ黒田哲学批判をえんえんとやるのか。出席者が内心、首をかしげたのも不思議ではない。これが、対カクマル戦最高指揮官のいつわらざる姿だった。

前項でふれたように、じつは当時の軍は黒田の組織活動と生活実態の法則性や習慣と不規則な動きの様子をほとんどつかんでおり、黒田のターゲット化は煮つまっていた。同じく松崎の存在形態と動態を具体的に把握しており、とくに松崎の動きの最大の弱点を握っていた。にもかかわらず七五年夏の時点で、清水は松崎をターゲットからはずすよう中央軍事委員会（準）で指示した。「松崎を完全せん滅したら中野がやられるから、やめよう」と。また黒田せん滅戦の作戦化にゴーサインを出さなかった。「黒田をやればオレがやられる」と思っていたからなのだろうか。実際に黒田完全せん滅と松崎完全せん滅の現実的可能性を握っていた軍は、清水の指示を戦局全体についての高度な政治判断によるものと理解しようとしたが、部隊長の何人もが納得できないままであった。七五年の段階ではカクマルの側も、黒田と松崎の組織防衛という点で決定的な甘さをまだ残していた。勝機がある早いうちに強力で集中的な作戦化をはかり、一気にせん滅戦を敢行していたならば、黒田と松崎、とくに松崎の完全せん滅は可能であったというのが、当時の軍の部隊長たちの実感である。清水（および秋山）はそれにストップをかけたということになる。

勝機は一度逃してしまえば、もはや容易につかめるものではない

これらは革共同史の重大な総括点であるが、今となってはエピソードであるにすぎない。だが、ことが本多の後を継いだはずの新しい党首の生身の姿であるがゆえに、じつは根本的な問題を示唆している。

反清水グループの形成と処分

離党者について前述したが、数年間にわたって、それぞれ個人的な動きではあれ、全国で散発的に古参や若手の離党者が生まれた。離党はしなかったが、本多亡き後の革共同からの離党を真剣に考えたメンバーは少なくなかった。

そのなかで公然と清水体制に反対するグループとして「勝利に向かっての試練」派（試練派）が現れた。対カクマル戦の戦士である瀬戸内孝志が権力による指名手配を受け、戦線から離脱すると

ともに国外亡命（別の係争中裁判の被告として保釈逃亡）し、亡命先のロンドンから帰国した八〇年に「勝利に向かっての試練」編集委員会を数人で立ち上げた。本多執筆のいくつかの主要な論文を想起するよう呼びかけて「本多路線の復活」を主張した。試練派は組織内での分派ではなく、組織外から分派を標榜するものであり、対カクマル戦からの逃亡という要素が強く、本多理論の優位性に光をあてた着眼点の意味はあるものの、ほとんど誰の共感を得ることもできず、ほどなく第四インターに接近していった。八六年に第四インターナショナル・ボルシェビキ派を名乗ったが、グループを維持することができず消滅した。瀬戸内自身は権力やカクマルから追われ、革共同の追及も受けて孤立した非公然生活を続けざるをえず、苦しくつらい人生を選んだことになった。

他方、七九年秋から翌年の春にかけて、学生戦線で法政大を軸とする比較的大きなグループピング化も生まれた。路線内容をめぐる対立というのではなく、当時のSOB（中央学生組織委員会）議長の松尾眞と堀内日出光（松尾の後任の全学連委員長）の指導体制への反乱という性格のものだった。彼らの要求は、伝統的拠点校・法政大が党の必要性という重責を課されている重圧の大きさにたいして、法政大の学生運動の利益や学内的諸関係にのっとってより自由に展開することを認めよ、というものであった。その論争と組織的危機は半年にわたったが、八〇年春に清水裁定によって関係者の言い分にも一部もっともな面があることを確認し、グループピング化を解消し、この事態の指導責任をとって松尾が自己批判することで決着した。

また学生時代にマルクス主義学生同盟・中核派の副委員長として関西における学生戦線の人格的代表者と目された黒木が、下獄を終えて出獄した八〇年に党の路線と理論への疑問を展開した意見書を提出した。本多の理論や路線をそれとして意識的に継承すべきことを問題提起するものであった。「本多理論に還れ」という党の論理を用いつつ、現在の清水体制のもとでの内戦戦略への批判を投げかけた。黒木意見書への支持はほとんどなく、彼は文書を撤回させられ、ふたたび組織活動をすることになった。黒木が党の路線はいかにあるべきかを論じたのは建前であり、彼自身はマルクス主義への懐疑を深めていた。そのため、党員としての確信が揺らいでおり、九〇年になって離党し、関西地方委から除名処分となった。しかし、中央本部で説得する動きもあり、復帰して活動するも九三年末には離党した。

その中で、本多直属の破防法裁判闘争系列から派生したものとして、岸グループがあった。岸（破防法裁判を支える会担当の後、東京南部地区委員長）や青木忠（破防法裁判被告、埼玉県委員長）は、いわゆる第二の課題において三里塚闘争が基軸化していく過程で、日米安保ガイドライン攻撃とのたたかいを重視すべきことを主張した。時期的には、日米防衛協力委員会が設置された七六年七月から、アメリカにおけるカーター政権登場（七七年一月）によっていわゆる在韓米軍撤退問題が焦点化し、日米共同の朝鮮侵略戦争体制構築が動き出した七七年半ばころまでである。

岸・青木の主張は、〝地区委員会が労働運動・労働組合運動に積極的に取り組む。そこで党勢を拡大していくべき。そのためには労働組合の中で三里塚だけを闘争課題にすることはできない。広範な労働者にとって三里塚は一つの課題であり、反戦闘争を党派性にして労働者の中に入っていくことが基本である〟——そこに力点があった。反戦派労働運動の優位性、魅力を労働者にアピールすることで、労働組合的基盤を形成し、党の強化をはかるべき、という提起だった。それは、革共同の基本戦略に踏まえるならば当然にもガイドライン闘争を正面課題にすえるべきだという点で、正論であった。また岸と青木には、安保・沖縄闘争—反戦闘争こそ本多書記長の遺訓にのっとったものだというこだわりもあった。

当時、有力な二つの地区委員長がそれを主張したため、北小路が主宰する首都圏地区委員長会議は紛糾することたびたびだった。この対立的論議はそれ以外の組織には波及しなかったが、革共同中央における最重要ラインでの論争と対立であったため、革共同の党内闘争の歴史においては特筆される事態となった。

その組織内対立のあげく、岸と青木は、七七年七月の三里塚闘争勝利・ジェット燃料貨車輸送阻止大東京実行委員会（代表・浅田光輝立正大学教授）の結成集会をボイコットするにおよんだ。さすがにそれは党内支持は得られない行動であった。政治局は激怒し、岸と青木を処分した。ボイコット事件を知る党員で岸・青木を公然と擁護する者はいなかった。もっとも処分といっても、地区委員長の職責はそのままで、若干の担当責任をはずすというものであった。岸については、本多直属で担当してきた雑誌『破防法研究』の指導責任からはずし、闘争現場責任者を解任した。二人とも自己批判書を書き、認められたが以後一年間、自己批判中という扱いを受けた。二人の受けた精神的打撃は大きく、尾を引いた。

しかし翻って考えるに、このときの党内対立とそのテーマは、けっしてエピソード的な事件ではなく、本多書記長以後の革共同が戦略的・路線的にどういう進路をとるのかという党的本質にかかわる問題なのだった。

第3節　本多延嘉の革命観

七〇年代革命の爆発的高揚へ

では虐殺される直前までの本多は、対カクマル戦をどう勝利に導き、次のステージにもっていこうとしていたのだろうか。単刀直入にいって、カクマルとの特殊な戦争状態をどのように終わらせ、そのことで、いかなる階級情勢の展望をきりひらこうとしていたのか。

それは公的に語られることはついになかったが、革共同政治局の最重要のテーマであり、微妙で高度な政治課題であった。これは対カクマル戦のあり方にかかわると同時に、革命の戦略構想をどう措定するかという根本問題と表裏一体であることはいうまでもない。

本多の生の声を再現することは正確にはできないが、本多は「対カクマル戦で党を精錬化するのだ」「今は槍の穂先をつくっている」と当時よく語っており、「カクマルとの戦争を第一にして、戦線縮小しているいまの姿は倒立したものだという自覚をもたなければならない」と強調していた。そして「いかに現在の倒立した姿を変えていくか。だがそれには、異常なほど強力が必要である。それはオレが先頭に立ってやるしかない」ということであった。「強力な力」というのは、カクマルにたいする軍事的な力だけではない。それは、特殊な戦争を終結させる明示あるいは暗黙のカクマルとの協定をも含むものである。

この本多の発言は、岸を含め何人かが討議の中ではっきりと聞いている。清水、野島の二人は、こうした本多の意志を直接聞いていたか、少なくとも感じていたはずである。

対カクマル戦に関するそうした戦争戦略にもとづいて執筆されたものが、前述した絶筆「七五年決戦で総反攻を完遂せよ」（七五年『前進』新年号論文）である。右の本多発言の公的な表明ということができる。

「日帝のこのような体制的危機をかけた攻撃の激化にたいし、日本の労働者人民は生きていかれないと感じてはじめており、政治的な活性化と流動化がいたるところでまきおこっている。……現在の情勢のなかで、いまこそ真の革命党の全面的な活動がはじめられなくてはならない。／七〇年代革命の戦略的総路線の勝利をめざすわが革共同の強化と発展こそ、このようなこんにちの階級的要請に真にこたえる道である。／……反革命カクマルを完全打倒することは、七〇年代中期、後期の大高揚にとって必要不可欠の条件であり、その最先端をきりひらくたたかいである。」

右の文章では、七〇年代革命が措定され、そこに向かって七〇年代中期、後期の大高揚を実現すべきことが掲げられ、革命党としての全面的な活動を始めなければならない（＝転換する）ことを確認している。そうしたすべてを実現する条件としてのカクマル完全打倒をかちとるために奮闘することを訴えている。すなわち、七〇年代革命の爆発的な大高揚を必ず実現するのだ、そのためには、いまここで強烈な勝利を敵カクマルに強制するのだ、という次のステージをみすえた確固たる戦争意志が表明されているのである。

あえて言えば、「総反攻完遂」と自他ともに呼べるような戦争的力関係を相手に強制するということであり、カクマルとの戦争を部分的、局面的なものに押しとどめつつ、労働者人民の政治的活性化と流動化を徹底的に推し進め、牽引して、七〇年代革命を実現しよう、ということである。この認識は、当時の政治局の公的な共同の確認であり、党員の共通の志向性でもあったのである。

さらに付言すると、戦略的総反攻完遂までの時期を本多は、比較的短くすべきものと想定していたようである。

七三年九・二一直後に岸は本多と直接議論を交わし、本多は次のように語った。

「戦争論としては、クラウゼウィッツによれば攻撃と防御の二段階しかない。これが真理だ。「対峙段階」というのは戦争論としては便宜的用語である。毛沢東も使用しているが、ベトナムのボー・グエン・ザップがとくに意味をもたせたことばであり、ベトナム民族解放戦争のなかで必要だった概念である。それを対カクマル戦で「戦略的防御段階、革命的対峙段階、戦略的総反攻段階」として援用したのだ。したがって「対峙段階」というのは非常に不安定な力関係にある戦局であり、長期に続くものではない。そのため九・二一で対峙段階の戦取を宣言したのであり、その対峙段階で党の総力をあげて可能な限り早く戦略的総反攻段階を実現しようとした。そのために、『前進』六四六号論文（後述）は棚上げして党を全面的に戦争に突入させ、対峙段階、次いで総反攻段階を戦取しなければならないのだ。」

つまり当時、革命的対峙段階から戦略的総反攻完遂までは本多にとって、「一年から二、三年の概念」だったように、岸は受け止めた記憶がある。

革命の原理と内乱の論理

右の認識に関連して、本多とその指導下にある革共同の党員の基本的な革命観について、再確認しておく。

「本質的には、革命が国家権力と革命的大衆の闘争、資本家階級と労働者階級・人民大衆の闘争を基軸とする垂直的な内乱の構造をとることはいうまでもないところであるが、しかし同時に確認されなくてはならないことは、現実的には、革命の展開過程が、権力対人民の闘争を基軸としつつ、帝国主義によって動員された「人民」と、革命党によって動員された人民との水平的な内乱の構造をともなって進行することである。」（「戦争と革命の基本問題」七二年六月）

革命の垂直的構造と水平的構造の絡み合いとして、革命の原理と内乱の論理が同時に現実化するという認識を、当時の革共同は、一九三〇年代国際階級闘争の研究と教訓化から全体化していたのであった。さらに本多は言葉を継いでいる。

「もともと革命の政治的な過程は、革命の原理が内乱の論理として具体的に進展し、ふたたび革命の原理として止揚されていく構造をもつのであるが、帝国主義の危機の時代においては、内乱の問題が、革命の問題の提起と同時に永続的に現実化していくのである。それゆえ、革命的内乱の問題は、プロレタリアート人民の武装蜂起と権力奪取と、それにたいする帝国主義の反革命的内乱として生起するだけでなく、一斉武装蜂起と権力奪取に先行するプロレタリア階級闘争においても、戦略視点としてたえず一定の現実的物質化を要請されるのである。」(同前)

本多はここで、革命的内乱の遂行が、一斉武装蜂起―権力奪取の段階だけでなく、それに先行する過程でも必要であり、そうした戦略思想をもたなければならないことを強調している。しかしその前提には、内乱の論理を革命の原理として止揚していくべきことを本質論的かつ現実の実践として明瞭におさえている。平たくいえば、革命の原理を欠如ないし喪失した内乱の論理などありえないということである。すなわち、カクマルとの特殊な戦争状態を終わらせることは、帝国主義国家権力を暴力的に打倒する内乱と蜂起へ進み出るための必須の条件という認識があったのである。

『前進』六四六号「堅実で全面的な発展」の構想

七三年八月六日付『前進』掲載の本多「革命闘争と革命党の事業の堅実で全面的な発展のために」は、革共同内部では「六四六号論文」と呼ばれていた有名な論文である。六四六号論文は、六六年第三回大会、五年間におよぶ七〇年安保・沖縄決戦、それにたいする権力の破防法攻撃、それに呼応した武装反革命カクマルの白色テロル襲撃とのたたかいを中間総括し、その教訓化を理論的・実践的に深めつつ、反帝・反スターリン主義綱領にもとづく革命闘争と革命党の構想を明確にさせようとしたものである。

その特徴点をあげてみる。
1、戦後世界体制が解体的危機に陥り、階級闘争の発展の面からも革命的情勢への過渡期の成熟があるとの時代認識を打ちだしている。
2、基本戦略としての反帝・反スターリン主義の内容を明確にさせ、七〇年代革命の戦略的総路線を「戦後世界体制の危機を反帝・反スターリン主義世界革命に転化せよ」「沖縄奪還、安保粉砕・日帝打倒」「たたかうアジア人民と連帯し、日帝のアジア侵略を内乱に転化せよ」という四つのスローガンに表現されるものとしている。革共同の構想する革命を世界革命・アジア革命・日本革命として明確にさせている。
3、レーニン『第二インターナショナルの崩壊』が革命的情勢にたいする党の態勢と基本原則を提起しているのを重視し、それを「革命的情勢に応じた革命党の三つの義務」として再構成した。すなわち第一の義務は革命の問題、革命的手段の問題の真っ向からの提起、革命にむかっての宣伝、扇動の全面的展開である。第二の義務は革命的行動への移行の促進、革命的行動の可能的着手、その計画的・系統的強化である。第三の義務は非合法的基盤、非合法組織、非合法活動の創造、合法・非合法の問題の正しい解決である。それを踏まえて七〇年代中期の革共同の任務を次のように設定している。「時期尚早の決起にひきこまれることなく、情勢によって不意をうたれることのないよう、革命的情勢に応じた党態勢の本格的建設をかちとる」としている。
4、基本任務は二重対峙・対カクマル戦のたたかい、戦略的前進のたたかい、党建設のたたかいの三つとしている。ここで重要なのは二重対峙・対カクマル戦を第一の任務とし、「革命党と革命勢力の直接の存亡にかかわる絶対不可避のたたかい、それに勝ちぬかないかぎりいっさいはありえないたたかい」としたことである。革命の水平的構造を革命の垂直的構造のうちに内在化させたのである。とりわけ二重対峙・対カクマル戦の戦略的防御段階から革命的対峙段階をかちとるためにすべての力を傾けることを訴えている。戦略的総反攻の準備を本格的にかちとるために積極的に対カクマル戦を推し進める指針を明確にさせている。そのために六四六号論文は書かれたといってもいい。

第二の任務である戦略的前進のたたかいについて、階級闘争において自然発生的に起こる多様で多岐にわたる諸課題を三大政策として位置づけ返すこと、労働者人民の怒りと要求の根本的解決のためにたたかうこと、改良の問題をも正しくとりこむことを押さえている。三大政策とは、一つは日帝のアジア侵略をめぐるたたかい、二つは小選挙区制など政治反動とのたたかい、排外主義・差別主義・権威主義とのたたかい、三つは労働者階級の労働運動、学生運動、農民のたたかいである。とくに重要なのは、政治闘争と経済闘争について内容規定を明確にさせ、革共同の労働運動論を六二年三全総以来の経験を踏まえて理論的・実践的に発展させたことは特筆されるべき点である。

第三の任務である革命的情勢に応じた党の独自の建設について、党の歴史的任務、党の性格と構成、党建設をどう進めていくのかという過程の問題を突っ込んで論じている。党内闘争論が提起されている点はもちろん初めてではないが、銘記されなければならない。ここでは字数は少ないが、じつは非合法のたたかいの問題で重大な踏み込みがなされている。

その他の特徴点は割愛する。

六四六号論文はこのように、来るべき革命と内乱・内戦―蜂起に向けて、革命党の綱領―基本戦略―戦略的総路線―基本任務―政策―方針・戦術―それらを通貫する革命党建設、を全面的に論じている。革共同の革命論の新たな体系的構築という意義があり、本多理論の集大成といっていい。いくつもの重要な諸概念が明確な規定を与えられて提起されており、まさに革共同の歴史的到達地平の宣言でもある。その反面、新聞掲載原稿のため字数の制約があり、説明や展開が略されている部分が少なくない。ただその点は、他の論文、「勝利の七二年を武装進撃せよ」(『前進』五六四号、七二年一月一日)、「反帝・反スターリン主義とは何か」(全学連大会記念講演、七二年七月一五日)、「革命的共産主義運動の歴史について」(全学連講演集会、七二年一一月四日)、「偉大な勝利の道」(『前進』六二五号、七三年一月一日)と合わせ読むと、六四六号論文の意図する内容がよくわかる(『本多延嘉著作選』第五巻、第六巻所収)。

だが六四六号論文には、苦い悔恨をもって語るしかない大きな欠陥があった。

六四六号論文の欠陥は何か

六四六号論文を発表してほどなく、本多はこれを惜しげもなく棚上げにした。なぜか。

同年九月一七日午前七時、法政大での情宣活動のため東京の鶯谷駅で集結中の中核派部隊へのカクマル鉄パイプ部隊の集団戦的襲撃があり、中核派は重軽傷者を出して敗走した。戦闘では勝つときも負けるときもある。だがこの日は一方的に攻められて戦闘とならず、敗れるべくして敗れた。革共同の歴史上もかつてない恥辱だった。その間、いわゆる防衛戦争の集団行動は高木徹を責任者とする前進社本社の指揮のもとに展開されていた。高木の防衛戦争計画は、単に時間とコースの組み合わせによる机上の駒を動かして部隊移動を決めるだけのものだった。カクマルといかに遭遇しないようにするかという戦争回避思想であり、およそ戦闘のための戦術づくりではなかった。常任からは高木指導への批判も出ていたが、それが九・一七鶯谷での惨敗をもたらした。

本多は激怒して高木を批判、政治局員解任・降格とし、「指導部たる資質がない。金輪際、指導部には復帰させない」と厳しい処分を課した。同時にそれは自らの戦争指導の未熟さが生み出した結果ととらえ返し深刻に自己批判し、六四六号論文の棚上げを決めたのだった。

特定の指導部には、「今はカクマルとの戦争に依然として全部の力を投入しなければならない段階である。六四六号論文を実践に移すという段階ではない。六四六号論文はこの際、棚上げにすることが決まった」という説明がされた。

本多六四六号論文の欠陥はどこにあったのだろうか。対カクマル戦争の戦局分析の誤算、相対的強者であったカクマルの襲撃力への過小評価は否めない。しかしそれも含めて、「戦略的防御段階から革命的対峙段階をかちとる」と提起しているにもかかわらず、そしてそのための革命的報復戦の部隊形成と作戦・戦術に着手していたにもかかわらず、革命的対峙段階をどうかちとるかについての軍事観に根本的な誤りがあった。本多はこの点について「われわれのプログラム、われわれのヘゲモニーをもって、戦争の段階をじっくりと前進させるのである」「革命的対峙の段階への真の突入をじっくりとかちとっていかなくてはならない」と二度も「じっくりと」と書いている。戦争は生き物であり、戦争の一段階から次の一段階に勝利的に転ずるのは「じっくり」とか、何か移行するような自然的過程ではありえない。一か八かの局面転換をかけた戦いによってのみかちとりうる。戦争論を徹底的に研究してきたはずの本多が、現実の生きた戦争については未熟であり低水準だったのである。

本多は自ら戦争現場を掌握し戦争指導に当たることを決断し、本多＝秋山体制を形成して九・二一東京外語大カクマルへの赤色テロルを突破口とする革命的報復戦を展開する。まさに自らの主体的変革をかけて！

その一方、清水が津久井良策「七〇年代中期におけるわれわれの政治的・組織的・軍事的任務」を執筆する（『共産主義者』二五号、七三年一〇月一五日）。

清水論文は、本多論文の欠陥を補うために対カクマル戦争論に徹底したものであり、とくに項を立てて「プロレタリア革命の軍事綱領」を展開することで対カクマル戦争を推し進める動力を与えようとしたものである。また革命的情勢の規定、三つの義務論、三大任務論、三大政策、党建設論など本多論文の主要概念と核心的な論理をそのまま踏襲している。その結語は「革命的対峙段階への移行をかちとり、党と運動の堅実で全面的な発展をかちとれ」である。すなわち清水論文は本多論文の修正＝改訂版としての意味と位置をもつ。

ちなみに、この清水論文を収録した『清水丈夫選集』第三巻の解題で、参照文献に本多の他の論文はあげているのに六四六号論文だけあげていない。当時、水谷が疑問に感じて調べたところ、解題執筆者の原稿からその部分を削ったのである。清水という人のケチくささが示されていることを指摘しておく。

本多六四六号論文は革共同の革命論を体系化しようとするあまり一種の指導教程のようになっており、革命闘争のもつ生きるか死ぬかの飛躍と暗転のダイナミズムの論理が弱く、スタティックな整理に流れていると感じざるをえない。このことが前述した軍事観の誤りという欠陥をもたらしたのではないだろうか。しかし本多が〝自分の生きている間に必ずや日本革命をなしとげなければならない〟という必死の焦りが指導教程を作成するかのような筆致になったと受け止めたい。

カクマルによる本多書記長虐殺は、本多革共同の戦略思想ならびに革命の原理への志向を打ち砕こうとする反革命であったと言える。七〇年代中期・後期を見通した七〇年代革命の展望は革共同においては、三・一四反革命によっていったんついえ去った。

では、本多の遺志、すなわち革命勝利への全党的な志向性を、残された革共同はどう引き継ぎ、どう実現しようとしたのだろうか。

七五年三・一四による杜絶と回復

七〇年代革命の展望はいったん遠のいた。だが、それをふたたび取りもどし、八〇年代革命、あるいは九〇年代革命の展望として再構築しなければならなかった。そのためには、カクマルとの戦争に決定的な決着をつけなければならない。革命と反革命との特殊な形態をとった戦争を終わらせるための主体的要因は単純ではないが、戦争意志の強さ、あるいは強い戦争意志をもった指導力にしぼりあげられる。徹底的な戦争遂行ができない脆弱な精神では、戦争を終わらせることなどできない。厭戦主義や戦争指導へのコンプレックスからは、戦争を終わらせる目的意識性は生まれない。「終わらせる」と書いたが、次のような疑問と反論が返ってくるかもしれない。対カクマル戦を長期強靭に続けること、それは日本革命勝利までなだれ込むような戦争であることを確認したのではなかったか、と。たしかに、対カクマル戦における最後的な勝利のイメージを描くことは難しい問題であった。実際に三・一四復讐戦で掲げた「黒田、松崎、土門ら三頭目の処刑」という目標が、きわめて厳しいものとなっていたことは、誰でも理解していた。

けれども、国際階級闘争の歴史をひも解けば、中国共産党と人民解放軍は、蔣介石・国民党軍に総反攻完遂の怒涛のような猛攻を加え、いたるところで打倒し、ついに台湾海峡に叩き落し、蔣介石が台湾に逃げ込んだ状態をもって決着点としたのだった。蔣介石は生き残り、その意味で一九四九年中国革命は未完の革命ではあった。そういう形で、中国の民族解放・革命戦争としての内戦はいったん終わったのであった。同じではないにしても、革共同の対カクマル戦にも現実的な決着の形態を措定することは、革命の原理と内乱の論理からして必要なテーマであった。

だが本多書記長虐殺後の政治局に、それはあったのだろうか。

本多死後の革共同党首となった清水には、対カクマル戦争に決定的に勝利してこの戦争を終わらせるという意志はなかった。この点の解明と検証が本書の大きなテーマの一つである。七五年夏の時点で黒田・松崎せん滅戦の決定的な勝機をみすみす逃してしまった、というより〝潰した〟のが清水であったことは前述したとおりである。

本多虐殺後の数年間、革共同の新しいあり方、進むべき戦略的路線をどう定めるか、革命への展望をどう描くかは、清水と野島および秋山の決断にかかっていた。そこに北小路敏も加えることもできる。この三人（四人）に責任をかぶせるためにいうのではない。そうではなく、三・一四反革命への全党員の無念と奮起、絶望と希望、喪失と再創造の意志のすべてが三・一四復讐戦貫徹の情念へとめらめらと燃えあがっていったとき、戦略的な大局を見通し、革命の原理と内乱の論理の弁証法をつかんで、革命的情念の次元を突き破って、あるいは軍事の自己運動性を政治の目的意識的な指導性のもとに包摂しつつ、新しい戦略と具体的な路線および方針を創造することが、政治局諸個人に凝縮的に求められたからである。

いいかえればこのことは、政治目的と、その実現のための手段としての軍事を、政治優位のもとで高度に統一する目的意識的な指導ということにほかならない。したがって前述の三人（四人）において、右のテーマにかかわる認識はどのようなものであったのだろうか。その認識を裏打ちする反帝国主義・反スターリン主義世界革命と共産主義的暴力論および党建設論にかかわる思想性、政治力、さらにいえば知性のいかんに、革共同の党的帰趨が集約されていたのである。

「本多虐殺後の数年間」と書いたが、正確には、八一年に開かれた革共同第五回大会と、そこにいたる六年間ということなのである。

いずれにせよ事物の本質は、その誕生や創成がどのようになされたかというところにはっきりと宿る。本多書記長虐殺以後の清水時代の革共同は、カクマルにたいする三・一四復讐戦の数年間のたたかいを踏まえて開かれた第五回大会に顕現したというべきである。さらにその後、三十余年にわたる革共同のありようは、第五回大会によってほぼ決定づけられたと総括することができる。〇六年三・一四党内リンチ以後の革共同のあり方も含めて、そういえるのである。

その第五回大会とは何であったのか。

第五回大会は清水においては、切迫する三里塚二期決戦に党の総力をふりむけるための路線転換の大会だった。対カクマル戦を第一義とする路線や党のあり方から、党の重心を三里塚二期決戦に転換的に移行させることが清水の方針だった。したがってそこでは、①対カクマル戦の総括と展望をどのように位置づけるか、②帝国主義打倒、権力奪取の革命戦略およびそれを実現するプロセスと三里塚二期決戦論をどう連関づけるか、③どのような党として建設していくのか、が討議・決定の柱となっている。

これらは換言すれば、三・一四以後の数年間の激烈な苦闘をどう生かしたのか、生かしきれなかったのか、という問いとも重なる。そして、ここに清水指導の原理と原型があり、清水時代の新たな革共同は、ここ第五回大会から発進していったのである。

第7章　歪曲と転落の分岐点＝第五回大会

第1節　戦略的総路線の彼岸化

変則的で異例づくしの大会

革共同第五回大会については詳細な説明が必要である。

この大会は八一年、非公然形態で全国の地方委議長や首都圏・関東圏の主要な地区委員長、革命軍指導部、労働戦線および学生戦線の限られた指導部など、いわゆるラインを軸に大会を開き（基本会議）、その決定・討議内容をさらに全党化するために時期をずらして比較的少数による複数の分割会議を開く（分割会議）という形でおこなわれた。政治局内では「分散大会」と呼んできたが、同時期に分散して開かれたものではなく、本書では実態にそくして「大会（基本会議および複数分割会議）」と規定する。

代議員を政治局が指名し、党内でも密かに組織された。大会終了後も、大会が開かれたことを党内に明らかにもしなかった。そのため、出席者のなかには「歴史的な路線転換を決めた重大な全国会議」ないし「実質的な全国委員総会」という誤解も部分的に生み出された。

しかし、それぞれの基本会議や複数分割会議には、清水、野島、秋山、北小路、福島平和、白井、篠田志郎、大橋弘ら政治局員はほぼ全員が出席した（水谷は下獄中、高木は七三年九月に政治局員解任）。とくに非公然形態にあった政治局員は白井なども含めて例外なく全員がどの分割大会にも出席した。また所属する支部会議以外には党の組織会議にめったに出席しない中野洋もいた。大会では政治局員選出の手続きをしなかったが、誰が政治局員であるか出席者にはわかるようにしていた。後の〇一年に第六回大会を開催した際に「あのときの全国会議が第五回大会であった」と、はじめて組織的に確認した。

第五回大会はこのように異例づくしの大会であった。なぜ、このように変則的で特殊な大会としたのか、理由ははっきりしている。権力による一網打尽の弾圧を極度に恐れたからである。

同年警察権力の一・一三フレームアップ弾圧が打ちだされていた。革命軍は八〇年一〇月三〇日、東京で学生カクマル五人を完全せん滅する戦闘を敢行した。カクマルとの軍事的・組織的力関係を一挙に有利に転換させる戦略的な巨弾だった。それにたいして警察権力は「これはもはや治安問題だ」「従来の捜査方針を変えよ」と悲鳴をあげ、何の証拠も根拠もなしに、同戦闘に参加しておらず完全にはっきりしたアリバイをもつ中核派五人を殺人容疑で全国指名手配するというフレームアップにうって出てきた。それは革共同に属していれば誰であろうと殺人罪で逮捕・起訴し極刑に処すというまさに革共同罪の適用だった。無実の五人を先頭に革共同はあらゆる手段で反撃し、途中で二人が不当逮捕されるも不起訴釈放をかちとり、一五年後の九五年一〇月三一日、ついに殺人罪フレームアップ攻撃を打ち砕いた。だが五人にとって苦しく重く長い一五年だった。この一・一三弾圧は非公然と公然を問わず、革共同のあらゆる活動展開への暴力的鎮圧となって襲いかかり、第五回大会は極度に緊張した条件のなかで開催されたのだった。

当時、清水は自分が党首であることを内外に明らかにすることを異様に恐れた。つまり、党首であることはいうまでもなく、政治、軍事、組織、財政のすべての最高責任者ということであり、革共同の理論と実践のすべてに責任をもつということである。国家権力から見て、革共同弾圧の最高の標的ということにほかならない。清水が自己の標的化を恐れたのは、何ら恥じることでもなく当然のことであって、そのために必要な組織的処置をとればいいのである。しかし清水のその恐怖心はクラウゼビッツのいう武徳としての臆病さではなく、きわめて歪んだものであった。

少し後の八四年秋のことであるが、清水の卑劣さと理不尽を示すエピソードを記す。この年の九月一九日、革命軍が自民党本部火炎攻撃ゲリラを敢行し、同本部三階〜七階、約五二〇平方メートルを延焼させた。三里塚二期工事阻止を掲げたこのゲリラは自民党に大打撃を加え、そのため中曽根首相（当時）の陣頭指揮のもと警察が翌年四月、無実・無関係の藤井高広をデッチ上げ逮捕・起訴・拘留するというフレームアップ弾圧にうって出てきた。

その過程で、ゲリラ戦敢行のすぐ後に写真誌『フォーカス』が警察の示唆にもとづいて「自民党本部放火事件の首謀者」として清水の若いころの写真を掲載した。ちょうど中央軍事委員会（七三年九月に「遊撃隊」を組織し、以後の準備過程を経て七七年秋に正式に発足）に出席していた清水はショックを受け、「どうしてオレの顔写真が出たのか。お前らみたいな危ない奴とつき合っていると身がもたない。オレはもうこの会議に来ない。お前たちはオレが会議に出ていたことをしゃべるなよ」といい捨てて退席した。以後、清水は同会議にいっさい出てこなくなった。権力弾圧にたいして万全の構えをとるのは当然のことである。しかし少数の歴戦の革命家たちによって構成される軍事委員会を信頼できない、ゲリラ戦への弾圧にオレを道連れにするな、という露骨な発言に出席者たちは堪えがたい不快感をもった。

いずれにせよ、清水も他の政治局員も、最終的な組織責任の所在を明らかにすることを避けたといわなければならない。そのため、本多亡き後の党の最高責任者が清水なのか、野島なのか、いろいろな誤解が生まれることにもなった。関西地方委やその他の若干の部署では野島が書記長（つまり党首）と認識しており、野島もそれを否定しなかったのである。

ここには、清水らすべての政治局員において、党組織がもつ党大会の決定的な意義を認識しようとしなかったという根本的な問題があった。

大会前後の政治局会議

第五回大会については、以上に加えて大会直前の政治局会議と大会後の八一年末の政治局決定に言及しなければならない。

大会直前の政治局会議では当然ながら、大会の設定と内容に関する討議をおこなったのだが、党の路線および指導体制の重心を対カクマル戦から三里塚二期決戦を基軸とする政治闘争に転換するという正式の確認を、じつはしていないのである。

清水は、三里塚二期決戦方針の必要性と加速性を提起し、ほとんど路線転換を孕むという認識を全体で確認するところとなった。しかし、第一の戦闘任務ないし基軸的柱は、「二重対峙・対カクマル戦にひきつづきわれわれの全エネルギーを投入し、総反攻完遂、カクマル完全打倒をなしとげることである」という確認は変更しなかった。そして第二のそれは、「二重対峙・対カクマル戦の一環として、対日帝の闘争と戦争を強力に組織していくこと」「とりわけわれわれの運動と党のいっさいをかけて三里塚決戦勝利の陣形をいまただちに構築せねばならない」ことを確認したのであった。重心の転換を確認せずに三里塚二期決戦への突入を決定したのであり、決定としては、はたしてどう実践するのかという組織論的な裏づけのない中途半端なものであった。

いまとなっては「奇しくも！」としかいいようがないのであるが、その記録が残っている。同年一〇月五日発行の『共産主義者』五〇号巻頭の北島真一（秋山）執筆論文がそれである。大会直前の政治局会議の確認のままに、秋山は巻頭論文を執筆し、印刷に回った。印刷・製本にストップをかけるわけにいかず、その間に歴史的な路線転換を決定する第五回大会が開かれていった。右の引用は、その路線転換直前の意識を表現した秋山執筆論文からのものである。

したがって第五回大会は、政治局員総体あるいは個々の共同の厳格な意志統一がないままに開かれることになった。

第五回大会を受けた年末の政治局会議では、大会とそれ以降の組織討議に踏まえて、先制的内戦戦略を第一段階から第二段階に移行させることを正式に決定した。それまで第一の任務としてきた対カクマル戦争を第二の任務にし、第二の任務としてきた対国家権力の闘争と戦争を第一の任務としたのである。この決定内容をうち出したものが、野島執筆・清水加筆修正の一九八二年『前進』新年号巻頭論文である。

三里塚現地からすれば、三里塚二期決戦基軸への路線転換（先制的内戦戦略の第一段階から第二段階への転換）について何の事前討論もなく、政治局決定を後から伝えられただけだった。

第五回大会の前年の一二月、政治局は三里塚現地指導体制を強化することを決定し、新人事を執行した。東京の南部地区委員長であり、動労千葉支援現地闘争本部の責任者であった岸を、清水の直接面談で三里塚現地責任者に任命した。翌年一月に三里塚現地に着任した岸は、毎日のように反対同盟と青年行動隊にあいさつ回りしながら、三里塚闘争の歴史を学び直していた。その年に第五回大会があり三里塚二期決戦の決定的な重視が確認された。だが路線転換の提起も確認もなかった。その後の正式決定にあたっては現地との協議もなく、決定直後に三里塚にいる岸と現闘に報告されただけだった。

「オレはいま、まっさらな気持ちだ。真っ白、白の心だ。三里塚二期決戦に清い気持ちで突き進むんだ。」

冒頭、清水はこう発語して第五回大会の議案提起を始めた。

大会で政治局が提出した議案は一本だったが、構成上、一つは対カクマル戦を軸とする数年間の総括、二つは内外情勢と党の基本任務、三つは三里塚二期決戦論の三部からなっていた。最後の三里塚二期決戦論が本体であり、前の二つを含めて全体が三里塚二期決戦論のために構成されていた。

この三部構成の議案の執筆と報告は、基本会議およびいずれの分割会議でもすべて清水が一人でおこなった。これまでの大会では、複数の政治局員がそれぞれの議案を報告するのが革共同の基本スタイルであった。たとえば第三回大会（六六年）では、第一報告（政治・組織総括）は陶山、第二報告（情勢認識）は清水、第三報告（組織建設と任務）は本多がそれぞれ報告した。革共同にかぎらず、おそらくどの党派の大会でもそうであろう。ところが、ここでは他の政治局員が揃っているのに、清水一人が全議案を提起した。「オレはまっさらな気持ちだ」と何度も繰り返しながら……。他の政治局員は、不本意な煮え切らない気持ちを抱いて臨席していたため、出席者には「清水一人が興奮して、他の政治局員は暗い顔をしている」と見えたのであった。こうしたことに違和感をもった出席者は少なくない。

それもそのはずである。政治局会議では明瞭な路線転換を決定していないにもかかわらず、大会の場で清水が政治局を代表して路線転換を提起するのだから。それは組織論的にみれば、清水による政治局内における路線上のクーデターに等しい。党首、それも正式に大会決定していない党首が独断でやっていいことではない。また議案提起を受けた討議は、大会設定の事情から当てられた時間が短く、提起された内容があまりにも大きな路線転換であり、出席者はそれを受けとめるのに精一杯というところがあり、活発な論議とはならなかった。その討議の特徴については後述する。

清水・三里塚二期決戦論のカラクリ

さて、清水の議案提起の本体および核心は三里塚二期決戦論にあった。つまり、革共同のたたかいと組織の重心を対カクマル戦から三里塚二期決戦に大きく転換することが、清水における第五回大会開催の動機であり目的であった。

清水議案は当時も以後も公にされなかったし、筆者らの手元にもない。いまそれを読める条件をもっているのは清水くらいであろう。

しかし、二つ目の議案のうち内外情勢論の部分は、清水が同年二月に執筆した論文（津久井良策「先制的内戦戦略を貫徹し、八〇年代階級決戦に勝利せよ——日米帝国主義をめぐる情勢分析の深化のために」『共産主義者』四八号巻頭論文）が基本内容であり、若干の加筆修正が加えられた。そこに同年一月に発足した第二臨調への批判と国鉄決戦の重大化という認識が付加された議案である。

また議案全体を貫く重要なフレーズと論理も、今日的に検証することができる。第五回大会から約一年後に出版された柴田浩行『三里塚二期決戦——蜂起する革命的左翼と農民』（前進社、八二年一〇月）は、清水議案の三里塚決戦論にもとづいて、金山克己がその後の情勢の展開を組み入れて膨らませて執筆したものであり、清水が校閲して出版の運びとなった。とくに第三章「成田空港にかける日帝の野望は何か」、第六章「三里塚決戦勝利・日帝打倒へ」は、清水議案とほとんど同じ叙述の展開となっている。もとより、当時の『前進』や『共産主義者』掲載論文は、いずれも第五回大会の決定内容を押し出すものとして書かれている。

ちなみに前書では、「本書は、革命的共産主義者同盟・政治局における討論に全面的にふまえ、三里塚二期決戦に勝利し八〇年代中期階級決戦の壮大な爆発をかちとるための武器として作製されたものである」（まえがき）と記されている。これは同書が政治局の意志であることを党内外に表明するだけでなく、じつは第五回大会の報告・決定集にほかならない。

では、清水議案の核心部分を確認しよう。引用はすべて同書第六章からである。

《八〇年代中期階級決戦と三里塚二期決戦の関係》

「日本帝国主義は軍事大国化、改憲、全面的反動化の攻撃を、体制の死活をかけたものとして本格的にしかけてきた。／日本帝国主義は、階級決戦の爆発を未然にたたきつぶし無力化させるために、三里塚二期着工＝三里塚闘争解体に全体重をかけてきているのである。われわれは、このような三里塚二期攻撃の切迫と死活性にたいし反帝闘争をもって断固決起することを決断した。その基軸的突破口は日帝国家権力にたいする革命的武装闘争である。……農地死守」「軍事空港反対」のたたかいは絶対的に正義なのである。三里塚農民の正義を貫徹する道が、日本の労働者人民が軍大化・改憲、全面的反動と対決し、たちあがっていく道なのである。／三里塚戦線への壮大な規模の労働者階級人民の結集をかちとったとき、八〇年代中期階級決戦の勝利の展望は大きくきりひらかれるのである。」

《先制的内戦戦略と三里塚決戦の関係》

「二重対峙・対カクマル戦を一〇年にわたってたたかいぬいてきた革共同が、三里塚二期決戦に向けて死活をかけた決断をし、日帝国家権力との革命戦争に形相をかえて総決起していくのである。……三里塚二期決戦勝利・革命的武装闘争は、三里塚勝利の展望をひらくとともに、現代革命勝利の戦略である先制的内戦戦略の第一段階から第二段階へと日本階級闘争をおしあげるのである。……カクマルは反革命であり、真の勝利をめざすあらゆるたたかいはカクマルとの対決を避けて通ることはできない。……第四インターのように反革命にたいしてあいまいな態度をとるのは、革命や闘争をあいまいにし、ふまじめな態度でとらえているからである。このような態度は三里塚闘争を裏切るものである。／三里塚闘争の勝利のためには、カクマルの打倒一掃が不可欠であり、逆にカクマルの完全打倒のためには、三里塚闘争の大高揚が絶対に必要である。三里塚闘争の勝利はカクマルの仮面をひきはがし、反革命としての正体をさらけ出して、全人民の標的とするのである。」

「強いられた決戦」の過度の強調

右が清水議案の核心である。

大会当日の清水の提案は、前記引用よりさらに切迫感に満ちた激しいものである。その語り口のままではないが、複数の出席者の記憶にもとづいて再現すると、次のようなものである。

「われわれは、三里塚二期決戦を強いられている。好むと好まざるとにかかわらず、日帝が三里塚二期攻撃、三里塚闘争つぶしに全体重をかけてきている以上、三里塚で勝利すること、三里塚空港を完全に廃港に追い込むこと、ここにだけ唯一生き残れる道がある。避けることのできない決戦を迎えたんだ。敵から強いられた三里塚二期決戦に、党の死活がかかっている。党のすべてをかけるということだ。……カクマルとのたたかいは、三里塚の大衆運動をでっかくつくり出し、運動をぐるぐる回し、党員はその先頭で大いに運動量を高めて動き回れば、カクマルは対応できない。こうした対カクマル戦の新しい形態をつかみとっていけば、必ずできる。」

清水特有のいい回しで、一大路線転換をアジったのである。「強いられた決戦」というフレーズを、清水は何回も用いた。

清水は名指しこそしなかったが、誰もが分かる形で手厳しい北小路批判をぶった。公然部門の指導部が三里塚二期決戦の切迫性を不十分にしか認識しておらず、立ち遅れている、と弾劾するものであった。北小路は発言を求め、ほとんど全面的に自己批判を表明した。

秋山が対カクマル戦争について発言したが、誰が聞いてもまことに冴えないものだった。秋山は当時、ちょっとした病気に悩まされていて、あまり元気ではなかった。秋山は、三里塚二期決戦への突入に心から賛成し、その先頭に立つ覚悟をしていたとはいえ、軍事部門の担当責任者として苦悶を深めていた。対カクマル戦を継続しつつ、対権力の戦争に進んでいくという高度な戦争指導の理論、計画、方法論をつかもうとはせず、投げやりになっていたのである。

三里塚現地責任者の岸が、三里塚闘争の現局面と決戦論を発言した。岸は、議案による清水提起を現地の立場から補完していくつか述べたが、清水の意図を理解しないままの部分的な発言だった。白井は、本多と同世代の革共同の最古参として、本来ならそれにふさわしい識見を示してしかるべきであるのに、緊張感がまったく欠如していて、会議中ほとんど居眠りしているありさまであった。そしてある分割会議では、討論の進行とは関係なく、脈絡なしに突如として、ある中堅幹部夫婦が逃亡した組織問題に関して篠田志郎（公然部門の政治局員）と藤掛守（前進編集長代行）の責任を追及する発言をした。口汚く篠田を罵倒し、批判されても仕方ない篠田は何も言わずに黙っていた。白井が、政治家としても組織人としても精神的に荒廃している姿を、はしなくもさらけ出す大会の一幕であった。

大会の基本会議と分割会議では、会場ごとの特色があったが、右のようなものである。

いずれにせよ、本多虐殺後の政治局が久々に多くの党幹部の前に揃って姿を現したのが第五回大会であった。政治局と幹部たちが一堂に会すること自体に重要な意義があったといえる。だがその政治局は、清水を中心に率直に意見を述べ、たたかわせ、意思一致すべきことは意思一致し、違いは違いとして尊重する、という有機的な組織関係をつくりだしえていないことをさらけ出した。

三つの議案をすべて清水一人で報告し、「強いられた三里塚二期決戦」論を強調するという大会運営は、出席者にたいしてだけではなく、他の政治局員の異論を抑え込むための、有無をいわせないぞという清水流の方法にほかならなかった。

問題はまた同時に、提起された内容そのものにあった。大会での清水議案を含む政治局提起の特徴は結論的にいうと、一つは、八〇年代中期階級決戦の彼岸化である。二つは、農地死守と軍事空港化反対を掲げる偉大な農民闘争である三里塚闘争に乗っかるという党派的な政治的利用主義であった。三つは、対カクマル戦争を歴史的な勝利の決着をつけて終結させるという政治・軍事判断の欠如である。四つは、戦闘的大衆運動の時代をふたたびつくり出すこと、破防法弾圧を恐れず革命の垂直的対決構造を鮮明にさせることへの日和見主義である。五つは、清水を軸とする非公然体制をさらに強める形態での党建設を固定化したことである。これらを順次、述べていく。

第2節　党絶対化と大衆運動利用主義

八〇年代中期階級決戦というフィクション

七〇年代後期~八〇年代初頭の国際情勢、国内情勢についてここでは略すが、革共同は、第五回大会を根底的な意味での世界史的な転形期あるいは動乱期の真っただ中において開いたのだった。

ベトナム侵略戦争におけるアメリカ帝国主義の敗北、ベトナム人民の民族解放戦争の勝利が七五年であり、帝国主義を襲った世界同時恐慌が七四=七五年であった。それ以降、世界史を画する事態が次々と起こった。スリーマイル島原発事故、エジプト・イスラエル和平条約の締結、イギリス・サッチャー政権の登場、韓国・朴正煕暗殺と朴独裁体制の瓦解、イラン革命の勝利、ソ連軍のアフガニスタン侵攻の開始などが七九年であった。翌八〇年には韓国光州蜂起と血の大弾圧、ポーランド「連帯」のたたかい、イラン・イラク戦争の開始があった。八一年には、アメリカ・レーガン政権の登場と新たな帝国主義侵略戦争の時代の開始、中国・鄧小平による改革・開放路線の加速化、そしてエジプト・サダトの暗殺が起こった。

その過程の日本では、来栖・自衛隊統幕議長のいわゆる超法規的発言、福田政権による有事立法研究・制定の動きが具体化し、かつ日米安保協議委員会で戦後初の日本有事の際の日米安保体制発動のガイドライン（日米防衛協力のための指針、旧ガイドライン）を協定したのが七八年一一月であった。この年には、在日米軍駐留費の日本側負担が始まる。これらを歴史的な転機として日米安保同盟体制の深化がはかられ、一八年後のＳＡＣＯ（沖縄に関する特別行動委員会）合意（九六年）と新ガイドライン締結（九七年）に連なっていく。他方で、七九年に第二次石油危機があり、八一年に国鉄分割・民営化に直結する臨時行政調査会（第二臨調）が発足し、同時にまた第九条解体を始めとする憲法改正策動が強まったのである。それらの凝縮点として、米・日帝国主義による朝鮮侵略戦争がまさに前夜情勢にあったのである。

その後、中曾根政権登場（八二年一一月）と続く七八年から数年間の政治・軍事過程、経済社会動向は、世界史的にもサッチャリズム、レーガノミクス、中曾根臨調政治が軌を一にして展開されていく、帝国主義の危機と凶暴化、侵略戦争の新しい次元への移行であった。

それにたいして革共同は、日本帝国主義が日米安保ガイドライン締結と沖縄五・一五体制強化を推進軸として軍事大国化と改憲という戦後史を画する歴史的な大反動攻撃に出てきたととらえ、八〇年代中期階級決戦を措定することを確認した。この八〇年代中期階級決戦を、これから日米関係と朝鮮・アジア情勢が長期的に激動し、かつ侵略戦争と内乱が激突する情勢が到来するだろうなかで、日本帝国主義の安保・沖縄政策とそれをテコとする軍事大国化・改憲を粉砕するたたかいと位置づけ、軍大化・改憲粉砕の決戦をもって「五・一五体制粉砕＝沖縄奪還、安保粉砕・日帝打倒」「たたかうアジア人民と連帯し、日帝のアジア侵略を内乱へ」という革共同の戦略的総路線を物質化するとしたのである。そして、そこに至る八一〜八三年過程を三里塚二期決戦としてたたかうとしたのである。これが、第五回大会直前までの党的な意志統一であった。たとえば、同大会の直前に脱稿した麻生浩（岸）論文では次のようである。

「……だからこの八一—八三年の政治過程において三里塚闘争を中軸にすえることは、全国のあらゆるたたかいが、日帝とのきわめて高い内乱・内戦的対決の形成を可能にするということである。八〇年代中期階級決戦にいたるわれわれの側からの主体的準備は、二重対峙・対カクマル戦の完遂を基軸とし、その展開過程に三里塚二期決戦を政治的基軸にすえてたたかいぬくことによってはじめて可能なのである。」（麻生浩「切迫する二期着工攻撃に先制的反撃の巨大な火柱を」『共産主義者』五〇号所収）

わかりやすくいえば、三里塚二期決戦の切迫性とその高く大きな質量を確認しつつも、それよりもさらに巨大な決戦として軍大化・改憲粉砕の決戦を戦略的に位置づけ、八四年からの八〇年代中期政治過程を構想したのである。この点は、前述した津久井論文（八一年二月執筆）でも明瞭である。

だが第五回大会の清水議案は、先の引用をよく読めば浮かび上がってくるのだが、一方では、「三里塚二期決戦をたたかうことが軍大化・改憲粉砕のたたかいへの先制的突入である」と位置づけ、他方では、「日本帝国主義の軍事大国化や改憲攻撃を始めとするさまざまな攻撃にたいする労働者人民の怒りをすべて三里塚に総結集する」と強調している。すなわち、「三里塚二期決戦イコール軍大化・改憲粉砕」、あるいは「軍大化・改憲粉砕イコール三里塚二期決戦」とする論理である。これは政治論としても、ことばの使い方としても「基軸論」とは呼べない。多種多様な豊かな闘争内容があって、多基軸をたたかうなかでこれが基軸であると位置づけるというのではないからである。実際には三里塚一本化路線であり、三里塚オンリー主義なのである。〝三里塚闘争のなかですべての戦略的政治内容を実現していく〟とも清水はしばしばいっていたが、それは政治概念の観念的操作といわなければならない。それを基軸論と意義づけたということは、ペテン的手法といわなければならない。

清水は、右のようなペテン的論理を使うことで、八〇年代中期階級決戦の戦略内容である軍大化・改憲粉砕のたたかい自体を三里塚二期決戦に移し替え、かつ解消したのであった。理論上、前者の後者への解消論であることは明瞭である。それは反面、三里塚二期決戦の戦略的な位置と意義を最大限に高めるという効果を発揮するものであり、したがって革共同総体が三里塚二期決戦に猛然と燃えあがっていく動機と動力を与えるものとなった。

すなわち、「三里塚二期決戦を党の死力を尽くしてたたかうことがイコール軍大化・改憲阻止のたたかいである」というように、ある闘争概念を別の闘争概念に観念的に移し替えることなのである。このような論理を、〈清水流観念移行の論理〉と呼ぶことにする。

あの時点で、日本階級闘争の現実的な厳しい諸条件のもとで清水議案以外のたたかいの道がはたしてあったのか、という問題は残る。

しかし、革共同の反帝国主義・反スターリン主義世界革命という基本戦略とその実現のための戦略的総路線である「五・一五体制粉砕＝沖縄奪還、安保粉砕・日帝打倒」「たたかうアジア人民と連帯し、日帝のアジア侵略を内乱へ」の成否をかけた軍大化・改憲粉砕の決戦をすり抜けていくことになったのは、まぎれもない事実である。「強いられた三里塚二期決戦」論を口実として……。

こうしてサッチャー、レーガン、中曾根登場という世界史的な転換期において、自国帝国主義との正面戦、正規戦を避けたということは、この時点で革命党としての根本的な思想的敗北と政治的日和見主義を決定づけていくことにならざるをえなかったのではないか。

そこには世界史的・人類史的な課題である原発ゼロ化、核戦争廃絶もなければ、日本帝国主義の新たな安保・沖縄政策粉砕、軍事大国化・改憲・北朝鮮侵略戦争阻止もなければ、天皇国家元首化粉砕もなければ、非正規職撤廃もなく、排外主義・差別主義・権威主義とのたたかいもない。この意味で第五回大会は、今日の革共同の分裂と転落、頽廃の原型であったといわなければならない。

三里塚農民への政治的利用主義

三里塚闘争はいうまでもなく六〇年代後半〜七〇年代を通して常に日本階級闘争の重要な一方の基軸である。とりわけ七八年三月の成田空港開港阻止決戦は、戦後日本史上に築かれた農民闘争、政治闘争の金字塔である。これ以降の日本階級闘争はそれまで以上に、三里塚闘争が決定的な位置をしめるものとなっていった。

ちなみに、七八年三月二六日の管制塔占拠を頂点とする三月決戦を報じる『前進』の編集方針をめぐって、公然部の指導部間の議論があった。管制塔占拠を大きく報道することでは一致していたが、一面を飾る写真と記事をそれにするか、それとも党の機関紙なのだから中核派の奮戦にするかで意見が分かれた。管制塔占拠を一面に出すべきという意見の方が少なかった。二六日は日曜日だった。水谷は火曜日の編集会議で、一面に中核派の奮戦、二面に管制塔占拠を全面的に大きく載せるという方針をとった。それで編集を進めたが、編集局内部には一面に管制塔占拠報道をという有力な意見があり、最終的判断に迷っていた。そこへ清水から「一面トップ見出しは、思い切って管制塔占拠にすべき」という異例の指示が届いた。翌週月曜日発行の『前進』一面は、管制塔占拠のトップ見出しと写真、これを称える記事で飾られたのであった。

第四インターを中軸として、共産主義労働者党（プロレタリア青年同盟）や共産主義者同盟戦旗派（荒派）という他党派、しかも対抗的に競い合っていた他党派のたたかいを一面で全面報道したというのは、『前進』紙上かつてないことだった。また三月決戦をめぐって革共同は、三里塚反対同盟青年行動隊との間で鋭く意見を対立させていたのであった。それだけにこのとき水谷は、階級闘争全体の利益を自党派の党派的利益に優先させるという、革共同の政治的な度量と思想的資質というものを改めて学んだ。ほとんどの党員がそうであったと思う。ただし、指示を出した清水自身の意図がそうであったのか何であったのかは、確認したわけではない。

付言すると、国家権力は管制塔占拠の三・二六を口実に第四インターに破防法適用に踏み切るにちがいない、と革共同は政治情勢を分析した。第四インターははたして破防法重圧に耐えられるのか危惧したのだった。同じことを第四インター指導部も敏感に感じ取っていた。政府が破防法適用をちらつかせた数日後には、政治局員の今野求が記者会見し、〝第四インターは武装闘争組織ではなく平和団体だ。破防法が適用されるような組織ではない。三・二六のようなたたかいは繰返さない〟という趣旨を表明し、それがテレビに流れ、商業新聞の記事になった。第四インター政治局が国家権力に懇願するみじめな姿をさらけ出したにもかかわらず、いやむしろそうだからこそ、「中核派はあの三・二六管制塔占拠闘争を辱めてはならない」と確認したのだった。

しかし政治局、とくに清水の真意は単純なものではなかった。最大の課題は、党の生き残りのためにどうするかという一点にあった。清水が叫ぶ「強いられた三里塚二期決戦」論の「ここにだけ唯一生き残れる道がある」というフレーズは、当時の政治局の雰囲気を代表するものであった。

ここにも示されるように、端的にいって政治局は、革共同の生き残り、政治的延命、党の防衛を第一の、とはいわないが、主要な動機と目的として、三里塚二期決戦に決定的に舵を切ったのである。それは同時に、三里塚農民のたたかいおよび三里塚闘争、さらには三里塚闘争に全身全霊で決起していった党員たちの存在への政治的利用主義であった、といわなければならない。

誤解なきように敷衍するが、革共同全体が政治的利用主義で三里塚闘争に取組んだというのではない。そうではなくて、筆者らは、清水が路線提起と組織指導をする基本理念が本末転倒したものである、ということを政治局全体の誤りとして総括しなければならないと考えるのである。

それを雄弁に物語る事実を記す。

「三年間、三里塚をもたせてくれ」

清水は八〇年一二月に東京南部地区委員長の岸を非公然会議に呼び寄せ、個人会談をもった。その前に北小路が岸に三里塚現地責任者への着任の要請をしていた。岸は七七年に路線論争のなかで三里塚基軸論に反対し、自己批判処分を受けていた（第6章第2節）。そのため三里塚闘争に積極的でない自分が着任するのは不適格であるという理由で断った。北小路は岸を説得しきれず、清水が直々に岸を呼ぶこととなった。革共同のそれまでの組織慣習を知っている岸にしてみれば、清水との面談に応じることとは三里塚着任の要請を受け容れるか離党するかの選択を迫られることになる。そのいずれにせよ、あらかじめ結論はもたずに清水の話を虚心に聞くことにしよう、と岸は考えた。

清水は、岸が動労カクマルによる動労千葉への度重なる襲撃から動労千葉を防衛するたたかいの先頭に立った労をねぎらった。そして要旨、次のように語った。

「三里塚闘争はいま非常に危機である。七八年開港後すぐに二期決戦に突入している。このままでは三年は持たないかもしれない。革共同の存在は三里塚闘争にかかっている。三里塚が敗北することは革共同の敗北、解体にもつながる。三年の間、三里塚闘争を継続・発展させられれば、他の政治課題を基軸に闘争を発展させる主体的状況に移行することができる。あんたが三里塚現地の組織責任者になって何とか三里塚闘争を三年間、維持してくれないか。現在、責任者をやっている倉石庸が病気であり、このまま任務を継続させることはできない。これは人道問題である。しかも七八年管制塔占拠闘争以後、三里塚では第四インターが主流派的位置を占めている。三里塚で主流派にならなければ革命的左翼の中心的位置は占められない。対カクマル戦争が一定のメドがついたので、八〇年代の政治闘争に躍り出なければならない。そのためには、三里塚で主流派になり、革命的左翼全体の主流派にならなければならない。」

　清水がそのように訴え力説する以上、岸に異論をさしはさむ余地はなく、「三年間の約束」で受け入れざるをえなかった。

　なお時期的にはもっと後の秋山更迭処分後の九四年にもたれた清水＝岸会談のことだが、本章と関係することなので、指摘しておく。清水はこのとき次の提案をした。

「オレは軍事にコンプレックスがある。不入斗《いりやまず》事件◆9の失敗はオレの責任だ。軍事能力がないことを痛感している。だから軍事委の責任をとるのは無理だ。あんたが秋山の後をやってくれ。」

　このことは清水の軍事コンプレックスだけでなく、国家権力への恐怖、卑劣な自己保身、組織的無責任さを端的に示している。改めて厳しく総括しなければならない問題である。

話を戻して、問題は清水の岸任命における企図である。清水の「強いられた二期決戦」論は、前項でみたように、日米安保ガイドライン締結を推進軸とする軍事大国化と改憲とのたたかいという、もっとも戦略的に大きな決戦を日和見主義的にすりぬけるための裏返しの政治主義的な強調である。それと同時に、第四インターとの党派闘争上の不利を巻き返さなければならない、という意味で「強いられた二期決戦」論だったのである。これが第一の企図である。

右のような二重の意味をもつのが清水「強いられた二期決戦」論である。それはじつは、三里塚農民の怒りと苦しみ、三里塚空港建設問題の深刻性に発したものではなかった。「三年間」といわれた岸はその後、〇六年までずっと三里塚現地を軸に活動を続けることとなった。その四半世紀を振り返って清水の書いたもの、語ったことを改めて検証すると、そこには三里塚農民の生活と存在をかけた闘いの政治的位置づけも、その生き様への感動も見出すことができない。清水は革共同の党派闘争上の利害のために三里塚を利用したのだ、といわなければならない。岸はそのことに無自覚なまま二五年有余にわたって三里塚闘争を支えつづけたのである。自らの責任の大きさを省みて慚愧の念にたえない。

労働運動軽視の裏返し

清水による岸任命の企図にはいま一つに、労働運動軽視という問題がある。

当時、岸は東京南部地区委員長として労働運動をはじめて経験していた。とりわけ全逓労働運動においていくつかの支部の執行部に影響力があり、全逓南部地区のヘゲモニー掌握を最大課題にして活動していた。また国労田町電車区の指導を通して国鉄労働運動を一から学んでいた。さらに一般労組の結成も視野にいれて活動していた。地区指導の活動とともに、動労千葉の分離独立のために七八年からは党の動労千葉担当の現場的責任者としても活動していた。対カクマル戦争下ではあったが、学生運動、獄中闘争、破防法反対運動を経験してきたことに加え、労働運動の真っただ中に身を置いて革命家として最も充実した活動をしていた。

だが、清水との会談の結果、労働運動の継続は不可能になった。岸としては、三里塚への着任か離党かの選択であり、判断は迷ったが、清水との約束で「三年間、三里塚闘争を継続させられれば、また労働運動に復帰できる」と考え、三里塚着任を引き受けたのである。しかし岸の労働運動への復帰は叶わなかった。逆に清水の立場からいまとらえ返してみれば、岸任命は南部にとどまらず東京における労働運動推進か三里塚か、という選択だったのである。清水は労働運動の有力な展望をいとも簡単に捨て、三里塚を選択したといいうる。清水の八〇年代方針には労働運動推進の路線が欠如していたのである。

清水の三里塚闘争利用主義、それと表裏一体の労働運動軽視に関連して、『革共同五〇年史』での歴史のあからさまな偽造について一言しておく。

同書上巻の「序章」は清水執筆であるが、そこでは第五回大会での路線転換、すなわち先制的内戦戦略の第一段階から第二段階への移行、それにかかわる三里塚二期決戦の言及が、まったく省略に等しい記述となっている。三里塚に関する論建てが驚くほど無味乾燥なのである。下巻ではもっ

◆9　不入斗事件。七五年九月四日、横須賀市不入斗のアパートで爆弾が暴発し三人の同志と無関係の市民二人が爆死、負傷者八人を出すとともに、東宮御所近辺で二人の同志が逮捕され長期下獄した。だが革共同はこの事態に「無関係」を装い、いっさい沈黙した。党内論議を政治局と関係部局のみにとどめ、疑問や批判を無視し何の説明もしなかった。

と露骨になっている。

第3節　対カクマル戦をどうする

対カクマル戦を続けるか否か

次に、第五回大会路線の中で、対カクマル戦がどう位置づけられたのか、いや位置づけられなかったのかを検証しなければならない。

同大会議案の公開版である柴田前掲書では、〝三里塚闘争の勝利のために対カクマル戦をたたかい、カクマル完全打倒のために三里塚闘争の高揚をかちとる〟という論理が示されている。そして〝三里塚闘争に敵対するカクマルの姿は全人民の標的と化している〟としている。ここにあるように、対カクマル戦争は三里塚闘争の一環とされている。だが対カクマル戦争推進への積極的で主体的な方針、その戦争意志といったものがまるでない。大会での清水の発語が「三里塚大衆運動をぐるぐる回せばカクマルは対応できない」というものであったことも、同じ趣旨を述べたものである。ここに清水が敷いた第五回大会路線のもうひとつの特徴的な本質がある。

この点を明確にするために、「八二年一月一日　革共同政治局アピール」をみてみる。同論文は野島が執筆し、清水が骨格および細部にわたって加筆修正したものである。

「先制的内戦戦略下の三里塚二期決戦勝利・革命的武装闘争は、総反攻完遂、カクマル完全打倒へといっきょにのぼりつめていくものであり、対カクマル戦自身をいっそう熾烈化させるものである。カクマルを対権力戦の爆発の戦場にひきずりこみ、まきこみ、孤立化させ、追いつめ、三里塚二期決戦の反革命的武装敵対者として、その階級性をはっきりさせ、純化させ、全人民的弾劾のなかで粉砕、せん滅、一掃していくのである。……三里塚二期決戦を二重対峙・対カクマル戦の最大の戦場と化し、カクマルをたたきのめし、一掃していくべきだ。」

右の引用は、五回大会議案と軌を一にしている。この文章は誤解の余地なく雄弁に語っている。カクマルにたいする軍事としての戦争は実質的に終え、政治戦としてのカクマルとのたたかいに切り替えていく、と。カクマルを三里塚にひきずりこむことで、対カクマル戦争を三里塚決戦の一環としてたたかうという位置づけに変える、と。

しかし当時、文章の行論のままにストレートにこのように理解した党員はどれだけいただろうか。なぜなら政治局は、各組織会議に〝先制的内戦戦略の第二段階はカクマルとの戦争を激化させる路線である、われわれが三・一四復讐戦を放棄することがありえようか〟と強調したからである。

実際は、対カクマル戦を実質的に終わらせることについて、清水と野島は一致していた。秋山は明確な判断ができないでいた。秋山指導下の中央軍は、その組織編成を新方針にそって組み替えたが、対カクマル戦体制は縮小しつつも堅持した。秋山が路線論議をすこしもリードしない中で、対カクマル戦の強化ということが組織討議で議論され、対権力戦系列と対カクマル戦系列が大いに競い合って先制的内戦戦略を発展させるという意気込みに燃えていた。北小路は対カクマル戦を依然として継続するものととらえていた。そのため公然部の全国の党基本組織は、「継続論」で確認していた。岸は、中央軍と同じく、対権力を軸にしつつも対権力と対カクマルの二つの戦争をともに強化するという立場であった。他方、下獄中の水谷は『前進』の字面から新方針は対カクマル戦撤退路線なのかと衝撃をもって読み、反発して新方針への反対を表明した。

その後の一〇年間をみると、対カクマルの作戦遂行は年に一回程度、それもカクマル常任指導部にではなく動労カクマルにたいするものであった。カクマルの側は八七年六月に、岸および岩本慎三郎（当時『破防法研究』担当）を襲撃した。九一年四月には、杉並区議選中の結柴誠一に頭部を狙う殺人を意図した襲撃を加え、瀕死の重傷を負わせた。カクマルは依然として凶悪な白色テロリスト集団であり、革共同とカクマルとの相互せん滅戦はたしかに続いた。とはいえ、革共同の側からの対カクマル戦展開はそれまでとはちがっていた。厳密な意味での三・一四復讐戦はもう作戦化できていないのである。

黒田、松崎、土門の革命的処刑いまだならず！　このじつに無念な思いはあるけれど、結果的現実において、対カクマル戦としての対カクマル戦は、清水のなかではすでに七〇年代後半の早い時点で終わっていたのである。カクマルとのたたかいは実際にはイデオロギー戦にシフトしていた。すなわち、ここで述べてきたことから明らかなように、対カクマル戦終息プロセスの転機は、清水主導による第五回大会および八二年一・一アピールだったのである。

対カクマル戦は革命的党派的人間集団と反革命的党派的人間集団との綱領的立脚点およびその存在と命をかけた戦争であり、それを単に統計上の数だけで表記するのは適切ではないが、行論上、あえて作戦数を記しておく。（　）内は完全せん滅。

一九七三年（九月以降）　六五
七四年　一一八（一人）
七五年　一四八（二五人）、うち三・一四以降は九五（一四人）
七六年　三六
七七年　一三（二人）
七八年　一〇（三人）

七九年　　　　　　　　　　　　　　　　九（五人）
八〇年　　　　　　　　　　　　　　　　五（七人）
八一年（八月まで）　　　　　　　　　　三
これ以降、年間ほぼ一作戦
八六年から動労カクマル（JR総連カクマル）せん滅戦へシフト

清水は対カクマル戦の仮象を必要とした

では、七五年三・一四本多書記長虐殺から八二年一月までの対カクマル戦について総括すべき問題は、どこにあるのか。

第一に、清水（および野島）は対カクマル戦収束の方針であるにもかかわらず、それを真っ向から全党・全軍に提起せず、もしそれをすれば当然にも真剣な沸騰するような討議となることを恐れ、それぞれの解釈にまかせるという無責任な指導ならざる指導スタンスに終始したのである。ここには、カクマルへの赤色テロリズム行使というたたかいのもつ鋭い内在的矛盾への無自覚、ひいてはプロレタリア暴力革命の人類史的使命への無思想がある。それが指導の無責任を必然化したというべきであろう。

第二に、軍事コンプレックスに悩んでいた清水は、それを個人的・組織的に克服する努力を何もしなかった。対カクマル戦の戦争計画および軍事方針について政治判断、政治決断することを避けてきた。政治が軍事を統括しなければならないにもかかわらず、自らの軍事能力のなさを口実に、政治優位の戦争指導のあり方を放棄しつづけた。軍の同志たちは、戦争指導に上の空といった体の清水や秋山を突き上げつつ、どしどしと積極果敢に作戦を遂行していったというのが、血で書かれた三・一四復讐戦の真実なのである。

第三に、したがって八〇年代を通して結局のところ、対カクマル戦争体制をぐずぐずと続けさせ、全党に満ちている本多書記長虐殺への復讐の情念を不完全燃焼に終わらせ、対カクマル三・一四復讐戦貫徹を空文句にしてしまった。それは軍のメンバーの気持ちを腐らせ、組織的危機を招くものとなる。軍のみならず、中核派そのものを有言不実、大言壮語のたたかわざる組織にしてしまう。

第四に、清水は自らの軍事コンプレックスの裏返しとして、軍の同志たちへの敬意と感謝をついに抱かないままなのである。同時にまた、軍を後方支援し、大衆運動と生活の場でカクマルの白色テロリズムの脅威に勇気をもって対峙したすべての党員たちへの敬意と信頼も、清水のなかに見出すことができない。長い対カクマル戦の歴史の折々での清水の文章や言動には、それがない。『革共同五〇年史』序文にいたっては、お話にならない。

第五に、こうしてみると、ある意味でもっとも深刻な問題として、清水において対カクマル戦とははたして何であったのだろうかという疑問が浮かび上がる。先取りしていうと、清水は自己の秘匿された非公然形態を守り維持するために、まさにそのためにのみ対カクマル戦争、とくに八二年以降は対カクマル戦の仮象を長々と引っ張ってきたのである。

大衆運動の戦略的後景化

清水における三里塚農民の政治的利用主義について前述した。これとまったく表裏一体であるが、清水による第五回大会路線には、三里塚大衆闘争の発展にたいする軽視、広くは反帝国主義の戦闘的大衆運動への戦略的な軽視がある。三里塚農民をはじめとする労働者階級人民の自主的で創造的な決起と運動への蔑視といってもいい。筆者ら自身がそれに深く染められていたという強い自己批判をもって、こう断言せざるをえない。

八二年一・一アピールは、統一戦線体である三里塚実行委員会運動（東京や関西をはじめ全国各地で立ち上げられていた）や三里塚現地での決戦攻防を簡単に指摘し、「日帝打倒の戦略的前進運動としての三里塚二期決戦」とか「革命的武装闘争と大衆的人民決起の結合」という言葉は踊っているものの、その大衆運動展開についての中身がゼロである。「革命的武装闘争の壮大な実現のためのたたかいは、大衆闘争の戦闘的高揚、実力的決起をかならずひきだすものとなる」というだけである。この政治局アピールには、三里塚大衆闘争をみずからつくりだそうという呼びかけも、大衆的実力闘争の先頭に立つという決意も皆無である。

いま読み返すと、大衆運動軽視のあまりのひどさに、ことばもない。当時も読んだはずなのに……。だが、なぜこんなことに成り果てたかは、明白である。

清水、野島ら政治局は、三里塚を革共同の革命的武装闘争の舞台とし、そこで対権力の革命戦争を進めると位置づけ、それを革命勝利の方法としている。ここに決定的に大きな誤りがある。三里塚の攻防をめぐって内戦的手段を駆使してゲリラ戦を展開することは、あくまでも三里塚闘争の利益にそったものでなければならない。それは三里塚闘争を支え、励ますものであって、内戦をもって三里塚闘争に代えるものではありえない。なぜなら、三里塚闘争はあくまでも農民の営農と生活の場におけるたたかいであって、内戦の戦場にすべきものではないからである。

政治局はすでに七七年三・一四アピール（野島が執筆、清水加筆）で、第二の任務のたたかいの基本型を対権力ゲリラ戦にシフトする方針であることを示唆していた。すでに七五年七月、皇太子訪沖阻止のゲリラ戦を敢行したことは前述したが、二年後の八月、鹿島コンビナート（九日）および日航本部長宅（一〇日）にゲリラ戦を実行し、革命軍としての本格的な対権力ゲリラ戦推進に踏みきった。ただ、この段階では革命軍のゲリラ戦はあくまでも党の側での大衆運動の組織化を励ますための補助的なものという位置づけであった。

ともあれ、清水や野島においては、三里塚闘争あるいは三里塚農民という生きた現実が認識されておらず、極度に観念的な接近でしかなかったというべきであろう。労働戦線や学生戦線、諸戦線の現場でたたかう党員たちの現実的な皮膚感覚とは、はなはだしい乖離があったのである。この段階で、先制的内戦戦略論はほとんど観念の世界にスリップアウトしていたといわなければならない。

まじめな党員たちがこうした誤りを権威主義的に受け入れていったことも事実である。しかし、個々の党員の名誉のためにいっておく。八二年一・一アピールに何の説明もなく、とってつけたようなお飾りのごとく書き入れられた「巨万大衆の武装決起で成田空港への突入・占拠・解体かちとれ」というスローガン。これを真っ向から受け止め、決意を新たに三里塚農民との連帯を誓い、それぞれの場で大衆のなかにわけいって三里塚闘争への決起を呼びかけ、必死に組織化していった数多くの党員の奮闘が、八〇年代の三里塚闘争の新たな高揚をつくりだす基礎にあったということを。

あえて付記すると、第五回大会路線が内包する誤りがより端的に現れたものが、反原発闘争の軽視と放棄であった。七九年三月のスリーマイル島原発事故の世界史的な衝撃の中、世界と日本で反原発闘争への決起がつくり出された。日本では、五・二三反核行動に四〇万人が結集し、地殻変動的な階級情勢が訪れた。革共同は、広島、長崎など部分的にはこのうねりに合流する動きがあったが、基本的には三里塚闘争を宣伝し、組織化するためのかかわりに終始した。チェルノブイリ原発事故（八六年四月）の勃発といういっそう深刻な事態と合わせて考えるならば、政治局は、反原発という人類史的テーマの綱領的・戦略的な解明のたたかいに背を向けていたのである。

党防衛の絶対化＝清水独断・権威主義体制の始まり

八一年、革共同第五回大会はいまからとらえ返せば、ポスト本多時代の〝新しい革共同〟の画期となった。このことに、ようやく筆者らは思い至ったのである。

画期という意味は、本多時代との断絶性がいくつかの次元でつくり出されたということである。清水においては当初から、きわめて意識的に第五回大会を革共同史の画期をなす大会にしようとしたのであった。だが筆者らは当時、革共同をどう守るか、自分がその中で何をなしうるか無我夢中であったため、本多時代から清水時代への移行における断絶性の認識が弱かったといわなければならない。

結論をいおう。筆者らはいまはっきりと認識したのである。第五回大会とそこにいたる私たちのたたかいを、革共同の分裂と転落の現段階から冷厳に見つめると、個別個別の具体的経過の意味するところと、大きな俯瞰図が見えてきたのである。

それは何だろうか。

清水は、責任の大きさと重さゆえの葛藤のなかで対カクマル戦をずるずると引き延ばす、指導ならざる指導をするばかりで、確固たる戦略的な方針、その方法と論理をついにつかみえなかった、といわなければならない。

清水は表向き徹底した対カクマル戦争激化論者として内外に現れていた。清水が党全体を戦争遂行へけん引したことはまぎれもない事実であり、清水が果たした指導的役割は他の誰も代わることのできないものであった。先制的内戦戦略の理論と路線の提起者は野島である、と見られている向きがあるが、そうではない。清水と野島との相互浸透の部分もあるけれど、基本は清水主導である。とはいえ、その実態をみれば、軍事コンプレックスにさいなまれていたのであった。清水は誰よりも苦しんだであろう。最高指導者である以上当然のことである。それに比べれば、筆者らは自己の責任を部分的に限定していたにすぎない。だが、清水が苦しんで苦しんでその結果、うち出したものが誤っていたのである。

清水の政治指導と軍事指導の原理、ないし動機と目的は何だったのか。

第一に、七〇年代革命―八〇年代革命の展望をふたたび引き寄せることにあったのではない、ということである。ただただ党、つまり本多亡き後の清水体制下の党の維持と防衛のみにあったことは明らかだろう。清水政治局体制の自己保身を動機とし、党防衛の自己目的化に陥ってしまった党――これが清水時代の革共同の姿であり、これが清水指導の一貫した本質である。ここに、本多時代との断絶性の核心があるといわなければならない。

すなわち、①八〇年代中期階級決戦、核心的には安保・沖縄闘争の日和見主義的回避、②三里塚農民の政治的利用主義、③対カクマル戦争決着の不決断、④大衆運動の戦略的軽視といった問題は、すべて⑤党防衛の自己目的化から発生し、そこに帰着する。

それを可能にし正当化したものは、清水特有の革命の待機主義戦略であった。本多の言を援用するならば、「情勢の主体化と主体の情勢化を積極的・能動的につくり出す」という考え方をとろうとしないのが、清水である（第8章で詳述）。

第二に、そうした清水指導の本質は、組織づくりにおいてトップへの権威主義の党をつくろうとするものである。それは、中核派の長所を殺し、党員の主体的なあり方を歪めるものである。

実際、第五回大会は清水のいわばクーデターとして運営された。党首の位置にある者がクーデターに訴えるというのも形容矛盾ではあるが、事前の政治局で論議がなく、一人で三つの議案を提起し、出席者がよく呑み込めないで論議にかめないまま、決定されたのであるから、クーデターというのである。別の面からいえば、清水提起は、真正面から反対を唱えられない迫力、恫喝力と、ある種の説得力があった。だがそれは明らかに、党の決定をめぐって議論の沸騰を嫌うやり方であって、それでは、権威主義・官僚主義の組織をつくるだけである。

本多時代の革共同は、たしかに本多独裁の党であった。本多独裁は、多様な構成、異質な要素、多義的な理解を是認したところの独裁指導であった。よくいわれるように、十人十色をよしとする組織哲学がそこにはあった。もちろん、美化できない面や否定的な実例は少なくないし、組織論的な誤りもあったが、平たくいえば、談論風発をはぐくむ党風をもつ党であった。

それに比して、清水体制は筆者ら自らを省みて、政治的・組織的人間集団としてのいかんともしがたい狭さをまとったものだった。それは清水の独断専行、議論封殺、権威主義、そして包摂ではなく排斥の組織へと革共同を変容させるものである。何度もいうが、第五回大会の実態が清水指導の典型なのである。

第三に、党のあり方を非公然体制にいる清水を中心にして固定化することになった。前述したように、第五回大会では人事問題が議題になかった。本多書記長虐殺以後はじめて開く大会であるのに、全国委員の選出がなく、その全国委員による政治局員の選出および三役の決定とそれらの党内への公表がなかった。清水が党首であることの確認もなかった。だが野島も秋山も北小路も、これを受け入れた。もちろん白井も、である。

筆者らはといえば、初期の反発と逡巡を捨てて、この清水体制および清水路線をもっとも先頭に立って貫徹しようとふるまってきた。

第五回大会当時、筆者らはどういう態度をとったのだろうか。岸は、党の路線転換の渦中にあった七七年に三里塚基軸方針に反対の立場をとり、そのため清水や野島からにらまれ、政治局指導に組み敷かれる位置にあった。党に残ってたたかうなら路線転換を受け入れ、清水の望むように三里塚現地の責任者になって全精力を注ぐ道を選ぶほかなかった。水谷は、第五回大会の前年から下獄中であり、機関紙誌によって路線転換を知り、連れ合いとの面会や手紙という制約された条件のなかで、連れ合いをとおして政治局と意見交換するしかなかった。路線転換に納得できないまま受け入れるほかなかった。だが出獄後は一転して、この路線で率先してたたかうという覚悟を決めたのであった。

両人ともに以後、清水体制のもとで、清水指導のいわば現場監督官としてふるまってきたのであった。党員からみれば、清水のエピゴーネンであった。いまさらながら、無念の極みである。

第8章　本多内乱・内戦論の改ざん

第1節　先制的内戦戦略論のジグザグ

革命の垂直的対決への恐怖にとりつかれた清水

ここまで書いてきたことを先制的内戦戦略論の次元で整理しておかなければならない。なぜなら、本多書記長虐殺をのりこえんとする清水体制を支えた理論および路線として、それはうち出されたものだからである。

七五年からの時系列で整理していくが、その前に、筆者らが先制的内戦戦略の理論と路線を検証して得た結論を先に記しておく。というのは、先制的内戦戦略は、その論理が難解な文章でつづられていること、清水自身がこの路線の実践について何度も動揺し、それと裏腹に「強気の軍事主義者」として自己を押し出したこと、党指導の危機の責任を他者（主に北小路）に転嫁してきたこと、そしてこっそりと先制的内戦戦略論を改竄していたことなどの経緯をたどったため、問題点が複雑で、理解しづらいところがあると思われるからである。

問題の所在は、先制的内戦戦略の理論と路線をめぐって、提起者である清水自らが大きく動揺し、その反面でいわば指導の一貫性を装ってきたというところにある。しかも清水は党の基本路線を中央権力闘争の方向に向けないために、ある段階では対カクマル戦の激化を強調し、ある段階では党の総力を三里塚決戦へと振り向けるとともに、対カクマル戦の展開にたがはめをしてきたのである。そしてそうした自らの動揺を隠して政治局内でのクーデターをくり返すのである。

もとより清水が人間的資質として日和見主義者かどうかを問題にしているのではない。逮捕・投獄への恐怖がない人はいない。むしろ、党の指導者であれば権力による弾圧を恐れ、弾圧への警戒心をたくましくさせ、そして無用な弾圧を避けるように党を防衛し戦争と闘争を指導しなければならない。また党の最高責任者たる者は、権力やカクマルによる襲撃から自己を組織的に防衛するために必要な措置をとらなければならない。本多書記長虐殺の三・一四反革命の再現を許さないためにも、である。

では、清水の動揺の正体、あるいは責任の他者への転嫁の動機は何だったのだろうか。その深層にあるのは何なのであろうか。筆者らは本書において、それが革命の垂直的対決構造の先鋭化への清水の恐怖であると認識するにいたった。一言でいって、対権力の戦争と闘争を激化させることへの清水の恐怖、もっといえば自らの逮捕・投獄への恐怖である。つまり革命の垂直的対決軸を立て、広範な労働者人民とともに内乱・内戦—蜂起の道を突き進んでいくならば、それが自らの非公然的存在形態の危険を高める——このことに恐怖していたのである。

この点を見究めることは、革共同史の総括において核心をなす。

先制的内戦戦略論の原典＝津久井論文の特徴

七五年三・一四本多書記長虐殺以後の復讐戦のただ中で、政治局は苦悶しつつ議論を重ねて先制的内戦戦略論を立論し、同年八月に清水による最初の文章化がなされた。政治局でそれを討議・確認し、「朝鮮侵略戦争の歴史的前夜における革命党の基本的任務体系」の題名をつけ津久井良策名で掲載した(『共産主義者』二七号、七五年一〇月)。これ以降、先制的内戦戦略を内容とする論文は数多いが、右がその原典である。これは、立論の初心を鮮明にさせており、いわば先制的内戦戦略の思想的な本領をなすといっていい。それを改めて確認しておこう。

「現代における革命運動が、革命の現実性の具体化の過程でかならず二重の内乱的対峙〈権力およびえせ革命的民間反革命との二重の内乱的対峙〉の問題に直面するものである以上、〈戦争〉勝利をとおしてのみ革命党が革命党たりうるというのはあまりにも当然なことである。」

「第一の基本的任務を、一九三〇年代階級闘争の血の教訓を現代プロレタリア革命戦略の内部に積極的に包摂したものとしてある「先制的内戦戦略」を革命的・戦略的に推進すること、その当面の突破口として二重対峙・対カクマル戦勝利＝総反攻完遂にむかって驀進することとして確定しなければならない。／……革命派は、すでに直接的に内戦的形式さえとってきている民間反革命との対決を革命的内戦の徹底的推進の立場からきわめて積極的に〈階級闘争全体をそれにひきずりこむかたちで〉展開し、先制的に内戦形式を形成・発展させていくことによって敵階級にたいして本質的にはむしろ一歩先んじたかたちで内乱的激動期の戦争陣形をつくりだしていかなければならないのである。このことが先制的内戦戦略の核心的内容をなすのである。」

「第二の基本的任務の重要性は、それが日米帝国主義の朝鮮侵略戦争の歴史的前夜という情勢に、ある意味で直接的に対応するたたかいの形式であるということである。すなわち、激動する内外情勢への直接的対応形式のもとに全人民を闘争に決起させ、それを不断に革命闘争へと高めていくたたかいであり、革命にむかっての過渡的スローガンの物質化のたたかいとしての意味をもっているということである。／……第一の任務のこのような基軸的性格をしっかりとおさえたうえで、逆にわれわれは第二の任務の決定的な戦略性を確認しなければならない。第二の任務……は、帝国主義の侵略と反動、搾取と収奪の諸攻撃に直接的形式をもって対決する闘争を不断に帝国主義そのものの打倒のための闘争へと発展させるたたかいなのである。……／新しい型の一一月決戦をかちとれ。」

「第三の基本的任務は、革命的前衛党建設のたたかいである。／第一の環は、武装し戦う革共同への党的飛躍を完全かつ徹底的に実現するということである。／第二の環は、党の各級指導部と指導系列を革命的に建設・強化し、帝国主義権力およびそのカクマル的手先どもとの死闘に圧倒的に勝利していく指導力と体制を確立することである。／第三の環は、合法・非合法、公然・非公然の問題を解決するためにたたかうことである。／第四の環は、戦争と闘争が相互に激しくなるなかでの党生活の三原則（会議、機関紙誌、財政活動）の貫徹のための闘争である。／第五の環は、機関紙誌体制の圧倒的強化をかちとることである。／第六の環は、労働者・学生・人民諸階層のいたるところに強大な革命的前衛党を建設することである。」

革命の展望と先制的内戦戦略の位置

年月がたって読み返すと、清水流の形式主義的な思考法や生硬な文体が目につくが、当時は提起された内容にキャッチアップせんと必死であった。清水は、直面する対カクマル戦争を、生々しい戦場からいったんステージを移し、世界革命・アジア革命・日本革命の大きな展望のなかに革命論的に位置づけ直している。また対カクマル戦の徹底的激化の先には、「たたかうアジア人民と連帯し、日帝のアジア侵略を内乱に転化せよ」という革共同の過渡的綱領的スローガンの実現を設定すべきことを提起している。そのため、全篇をつうじて第一の任務＝対カクマル戦を繰り返し強調しつつも、「逆にわれわれは第二の任務の決定的な戦略性を確認しなければならない」としている。

清水は、対カクマル戦が独特な形式あるいは特殊な形態をとった内戦であることを理性的に冷静に確認するとともに、三・一四復讐戦貫徹をかけた対カクマル戦に勝利するための理論と路線として先制的内戦戦略をうち出し、そこに党の総力を傾注しつつ同時に、先制的内戦戦略が革命の目的からすると過程的あるいは過渡的性格を有することを規定している。〈プロセスとしての先制的内戦戦略〉という規定を与えているのである。

この点は、翌一九七六年の『前進』新年号論文（無署名）で、いっそう明確になる。「朝鮮侵略戦争前夜における革命的共産主義者の任務」という副題をもつ同論文は、「現代戦争テーゼ」――帝国主義が帝国主義であり、スターリン主義がスターリン主義であるかぎり、帝国主義の侵略戦争、帝国主義間戦争、帝国主義とスターリン主義の一部または全部をまきこんだ国際戦争―世界戦争は、基本的に不可避であると言わなければならない――をうち出したのである。

そして、現代戦争テーゼを受けて、「七〇年代革命を規定する四つの戦略的諸問題」を提示する。第一に、反帝・反スターリン主義世界革命とその一環としての日本革命の戦略綱領の実現のためにたたかうこと、第二に、世界危機と侵略戦争を世界的＝日本的な革命的内乱に転化するという過渡的、綱領的総路線の物質化のためにたたかうこと、第三に、先制的内戦戦略をもって積極果敢にたたかうこと、カクマルという民間反革命との内戦を権力打倒の革命戦略の具体的プロセスのなかにしっかりと包摂し、二重の内乱的対峙に勝ちぬくこと、第四に、日本における革命闘争、権力闘争、革命的蜂起が端緒的に開始されている階級闘争発展段階にあることに対応するたたかい（もう一つの系列による対権力ゲリラ戦の展開）をくりひろげることである、としている。

そこでは、先制的内戦戦略はプロセスを規定した戦略であること、それは、革命の大きなパースペクティブからすると四つの戦略的諸問題の有機的構成要素であること、全体にたいする部分であること、を規定している。

ただし理論上、実践上の反省として一点だけ指摘しておく。革共同の論文には「全階級闘争をひきずりこむかたちでカクマルとの内戦を展開する」というフレーズが決まり文句のように使われた。筆者らも使った。だが率直にいって「ひきずりこむかたちで」というのは、階級闘争の大きさと豊かさ、深さを無視した大言壮語である。あらゆるたたかいに敵対する白色テロリスト集団＝カクマルとの戦争を全階級闘争の利害がかかっているものとしてたたかうことは絶対に正しいが、「ひきずりこむ」といってしまうと他の党派や厖大な大衆団体のたたかいで構成される階級情勢の社会的な根底をみない独善的でセクト主義的なものとなってしまう。この点の自覚が薄く、ときに欠如していたことは大きな誤りであった。

とまれ、清水のこの二つの論文には、本多亡き後、本多の遺訓を継承・発展させるべく革共同を自らの双肩に担って立つという革命家・清水丈夫の気概が込められている。かつ革共同の綱領と戦略の高さを想起し、壮大な政治目的にむかって、直面するカクマルとの苛烈な血みどろ汗みどろの戦争をたたかって前進するという、いわば革命の大義の理想が込められたものといえよう。そこにすべての党員は確信をもったのであった。清水は、本多六四六号論文「革命闘争と革命党の事業の堅実で全面的な発展のために」と清水自身の論文「七〇年代中期におけるわれわれの政治的・組織的・軍事的任務」に螺旋的に立ち戻るという志向性があったのである。

原典を自ら換骨奪胎――清水の三・一四宣言

しかるに清水は、二つの論文の内容とその貫徹のたたかいに動揺して、早くも七六年三月に軌道修正をはかり、自ら先制的内戦戦略の換骨奪胎をおこなった。それが清水丈夫の「三・一四宣言」(「全党は本多精神で完全武装し、カクマル反革命を一掃せよ」(『前進』七七五号、七六年三月八日)である。

「先制的内戦戦略とは、こうした階級戦の発展を必然的なものとして把握し、革命党がこれに受動的・消極的に対処するのではなく、きわめて積極的・先制的に対処しみずからの主導性において、全階級、全社会を内乱・内戦的過程にひきずりこんでゆくことによって、内戦的勝利として革命の勝利をかちとってゆこうとするものなのである。／こんにちの二重対峙・対カクマル戦は、まさにそのような内戦の具体的な形態であり、内戦期の開始を意味するものである。／われわれは、二重対峙・対カクマル戦が、すでに三〇年代の歴史を経験したわれわれにとっては、元来きわめて必然的、本来的、現代的なもの、あえていえばきわめて自然なものであるということを確認しなければならないのである。／日本における階級闘争が、反帝・反スターリン主義世界革命の突破口をきりひらくべく、ついに到達した世界史的地平であり、ついに創造された革命闘争形態であるということなのである。／先制的内戦戦略の突破口としての、二重対峙・対カクマル戦こそ、こんにちにおける革命闘争の基本的形態であり、……。」「いわゆる「三つの任務」とは、先制的内戦戦略、その突破口としての二重対峙・対カクマル戦のもとにおける「三つの任務」として把握されなければならないということである。」

ここで清水は対カクマル戦の意義を最大級に高めているが、そうすることで革共同全体を対カクマル戦に駆り立てようとしている。その意図がかりに正しいとしても、政治局の指導内容・指導路線としてはあまりに極端に流れてしまっている。

一つには、七五年津久井論文では、「情勢の主体化と主体の情勢化」という革命党たる立脚点が先制的内戦戦略の基本骨格となっているのに、ここでは全篇をとおして、その立脚点がまったく消し飛んでしまっている。

二つには、二重対峙・対カクマル戦勝利をイコール革命勝利と等置している。津久井論文では、先制的内戦戦略は現代革命戦略にとって代わるものではなく、あくまでも現代革命戦略の内部に包摂されたプロセス規定としての戦略であり、かつその「当面の突破口」が対カクマル戦であると位置づけられているが、それとはまるでちがっている。

三つには、二重対峙・対カクマル戦を「ついに創造された革命闘争形態」「こんにちにおける革命闘争の基本的形態」と短絡的に規定している。さらに（必然的、現代的というのはいいが）、「本来的できわめて自然なもの」といっている。津久井論文では対カクマル戦はあくまで革命闘争の綱領の実現の端緒をなすものと意義づけているが、それが綱領全体を示すものではないと押さえていることとはちがっている。対カクマル戦は「特殊なかたちをとった内戦」という基本的な認識と位置づけがすっかり脱落している。

四つには、第一の任務のたたかいを革命闘争のいっさいとする反面で、第二の任務の「決定的な戦略性」（七五年津久井論文）を否定してしまっている。これは一つ目の「情勢の主体化と主体の情勢化」の消去と対応している。

五つには、第二の任務としての対帝国主義の闘争にたいしては対カクマル戦の展開から制限を加え、タガはめをしている。

総じて、前にみた七五年津久井論文および七六年新年号論文とは、同じ先制的内戦戦略とはいえ、似て非なるものにすりかわっている。自らつくった原典を自分で解釈変更したようなものである。なぜ、このような抜本的な変更をしたのだろうか。この年の二月に、カクマルは静岡の堀内信孝、山本信三、反戦世話人の橋本秀次郎を相次いで虐殺した。革共同はかけがえのない同志たちを連続的に失ったのである。そのため、党の態勢再強化を求められた。このことが「清水の三・一四宣言」の前提にはある。

理由が何であれ、これは、対カクマル戦争の単線的基本戦略化といわなければならない。対カクマル戦の戦術上の強化や防衛戦争のひきしめという指導が必要となったことはその通りだが、「清水の三・一四宣言」はその次元を超えた内容改変である。革命の壮大なパースペクティブを閉ざし、いっさいを対カクマル戦に単線化する意図が濃厚に滲み出たものである。これでは、同時代の国際・国内情勢や世界とアジアと日本における労働者人民のたたかいに向き合い、その内在的な一要素としてみずからをとらえ返し、革命の勝利へ向かっていくという革命党の立脚点を捨て去るにひとしい。

つまるところ、これでは、情勢がどうあろうと、時代が何を求めようと、労働者人民がどのように苦しもうと、われ関せず、ただ党が存続すればいいという、恐るべき独善的で閉鎖的な思想に転落することになってしまう。

野島「三・一四宣言」との異同は?

「清水の三・一四宣言」と同じ号に、野島執筆「三・一四宣言」(織田武雄署名)が掲載されている。

引用はしないが、そこでは前出、津久井論文と同じフレーズで、同様に革命の全体像とその部分としての対カクマル戦という論理展開を試みている。二重対峙・対カクマル戦が独特の内戦であり、特殊なかたちの内戦であることが強調され、過渡的綱領的任務としての「第二の任務」の大きさを明示的に指摘している。つまり、野島「三・一四宣言」は、津久井論文および新年号論文を引き継いで野島流にリフレーンしているのである。だがじつは、野島の「三・一四宣言」は「清水の三・一四宣言」的修正が押し込まれた折衷作となっている。実際、清水がいくつもの細かい訂正を加えている。野島「三・一四宣言」読解の難渋さは、その折衷性のゆえである。

なお、翌年の「三・一四アピール」（野島執筆、織田武雄署名）は、「清水の三・一四宣言」の内容展開をはっきりとリフレーンするものとなっている。内戦決起への「信念的信念」というキーワードを駆使して、対カクマル戦争指導論文という性格を強めるものとなっている。ただ、折からの三里塚闘争と狭山闘争の大衆運動的な激化を反映し、「戦争下に内乱的質をもった巨大な大衆的実力闘争を実現するという、比類のない革命的教訓と経験を積んできた」という政治総括が強調されてもいる。

多くの党員にとって、清水の三論文（七五年津久井論文、七六年新年号論文、「清水の三・一四宣言」）よりも、野島の「三・一四宣言」および「三・一四アピール」の印象が強烈であり、それが先制的内戦戦略論の核心として受けとめられた。なぜなら野島のそれは、津久井論文などと並べて読むと明らかだが、清水的修正の問題をのぞいても、論理的な構造と展開の厳格さに欠け、単純化のきらいがある。一方、党員の情念に訴えて三・一四復讐戦に奮い立たせるような文章となっている。清水は対カクマル戦争を推進していくためには、それをよしとして、野島の三・一四宣言と三・一四アピールを押し出した。

右の事情のゆえに、先制的内戦戦略論の提起者たる清水の三つの論文における原初的提起（七五年津久井論文）、その補強（七六年新年号論文）、それらの抜本的変更（「清水の三・一四宣言」）に気づいた人は、軍でたたかう少数の人以外には、ほとんどいなかったのではないだろうか。筆者らにしても、このたび改めて読み返し、あまりのちがいと清水の動揺ぶりに驚いた、というのが正直なところである。

第2節　清水の動揺がもたらしたもの

先制的内戦戦略論にふりまわされた闘争現場

党の最前線ではどうだったのだろうか。

前にみたように革共同は、七五年七・三一革共同集会以降は、津久井論文をはじめとする諸指導論文、それを貫徹する党内通達と討議をとおして、戦争と闘争と党建設の最前線において対カクマル戦一本やりのあり方を転換させせつつあった。とくに七六年に入って、政治局は『前進』巻頭論文で第二の任務の全面展開方針を「新方針」と明記してうち出した。先制的内戦戦略論の理解はどの組織でもなかなか難解で論議に苦労していたが、この方針を「対カクマル戦下で大衆運動を大いにやる」という決定として受けとめた。カクマルの白色テロルの危険を覚悟して、防衛戦争を必死で展開しつつ対外展開に一斉にうって出ていった。

四月からは、東京・関東圏の地区委員会の強化をはかり、学生出身の常任を各地区委員長に抜擢するかたちで次々と任命した。新任の地区委員長を先頭に、いわゆる三つの任務のたたかいを全体として強化していった。とくに第二の任務に相当の力を投入していった。

ところが政治局は、八月には、大衆運動の全面展開方針にブレーキをかけた。「清水の三・一四宣言」の線を、一定のタイムラグを置いて、指導の前面に押し出したのである。

そのため、東京・関東圏の地区委指導部は、いったんどっと外に向かって展開し、労働者人民の前にふたたび登場したそれぞれの組織の動きをとめようにもとめられず、立ち往生してしまった。メンバーから説明を求められて返事に窮するという場面がどの地区委でも生まれた。地区委員長白身が「梯子をはずされた」ととまどったのだから、メンバーにうまく説明できるはずもない。

現実には金芝河死刑阻止、沖縄闘争、三里塚闘争、狭山闘争や各産別でのたたかいが急迫している状況があり、党はそれに積極的に対応することが求められ、対カクマル防衛戦争の体制を緻密化させながら、日常活動を展開していった。

ただ第二の任務への決起にブレーキがかけられているなかでは、一つには、全体としての政治路線や個別課題をめぐる闘争論的な内容の形成や政治討議は『前進』を確認する以上ではなかった。現場での生き生きとした反応の汲み上げや大衆運動オルグの練り上げなどは二の次となった。そのため第二の任務は、闘争論の内容深化にふまえた政治的展開というのではなく、闘争スケジュールの動員主義的消化に傾斜していかざるをえなかった。

二つには、対権力闘争の全体的な発展ではなく三里塚闘争に限定する傾向を強めていった。地区委レベルでは反戦政治闘争を始めとする大衆運動への取り組みを抑制する傾向になっていった。ただ労働組合運動は、当時の党中央が見識に欠けていたため地区委の判断で取り組んでいた。

三つには、同年春から夏に、清水主導で政治局が機関紙活動の強化、具体的には『前進』三割拡大計画の立案と遂行を基本組織に求め、厳しい点検サイクルが始まっていた。そのため第二の任務のたたかいは、党勢拡大の基盤あるいは手段とされ、政治闘争の展開はますます政治集会、デモへの動員主義に偏っていった。それは、党勢拡大の自己目的化といわざるをえないものだった。

関西、中四国、九州など各地方委においても、同じような組織状況だったのではないだろうか。

他方で政治局は、第二の任務の政治闘争は主要には学生戦線が担うものとしていった。

このように、党組織とりわけ基本組織である地区委・地方委は、清水自身が大きく動揺しブレるところとなった先制的内戦戦略論にふりまわされたのである。

もとより革共同が全階級闘争課題をたたかう任務を遂行しながら、対カクマル防衛戦に勝ちぬいていくことはたいへん厳しく難しいたたかいであった。何よりも、カクマルによる卑劣で狡猾な白色テロルは、革共同の第二の任務のたたかいの展開をたえず脅かすものであった。カクマルは実際、強敵なのであった。清水指導のブレの原因の一つが、白色テロリスト集団カクマルの凶悪ぶりにあることはいうまでもない。

指導における政治と軍事の逆転

清水の指導はその後もブレ続けた。それを清水論文の跡づけによって確認しておこう。

「先制的内戦戦略の革命的意義……その観点からわれわれは、二重対峙・対カクマル戦を直接的・本質的突破口とする先制的内戦戦略の物質化こそ、われわれの基本戦略および戦略的総路線を場所的に実現する具体的・今日的形態であることをあきらかにするとともに、軍事をもっていっさいを徹底的に集約することを原理として、軍事・闘争・組織建設の三つの任務を戦争的統一的に推進するという路線を基本的に完成したのである。／……いわゆる〈闘争〉の分野におけるわれわれのたたかいを、内戦の一契機にふさわしいほどに、圧倒的に、戦闘的に、爆発的にかちとっていくということである。……われわれは先制的内戦戦略のもとに、軍事としての軍事を基軸として、軍事、闘争、組織を一体的なものとしてとらえつつ、全体を内戦的総合においてたたかいぬいているのである。」（津久井良策「内戦勝利へ全党・全軍の総決起を」『共産主義者』三二号、七六年一二月）

右は、対カクマル戦争と対権力闘争と党建設の三つの任務について、軍事が集約軸あるいは基軸であること、軍事をいっさいの原理とすること、したがって第二の任務である対権力の闘争は内戦（ここでは対カクマル戦争を指す）の一契機であることが書かれている。よく読むと、政治にたいして軍事を優先させるという含意が明らかにある。党指導において政治と軍事の関係は政治優位でなければならないことは、理論的にも現実的にも明らかである。ある一局面や一定の短期間に軍事優先で指導することもありうるが、あくまでも例外的で過渡的な措置でなければならない。このことを承知しているはずの清水は、指導の基本的な型を軍事優位に逆転させるスタンスがここには明瞭に読みとれる。

先制的内戦戦略の原典を自ら反故に

さらにもう一つ例示する。

清水は野島三郎の名を押し出した『現代革命と内戦』の「まえがき」を執筆した（津久井良策署名、七七年八月執筆）。同書は、「一九七五年三月から一九七七年三月にかけて発表された革共同の内戦に関する諸論文を、同志野島の労作を中心にして一冊の本にまとめあげたもの」（まえがき）である。「まえがき」のなかで、「この間のわれわれのすばらしい飛躍的前進を促進し、実現せしめてきた内的原理」として六点を指摘している下りで第二の対権力闘争の任務について次のようにいっている。

「第三に、われわれは、戦争をやりぬき、戦争を支えぬくために、……権力にたいする人民のたたかいをわが党の旗の下、真に革命的に発展させるために、すなわち、戦争勝利のために、直接間接の全領域で味方を強化し、敵をうちくずすために、いわゆる第二の任務を確定確立し、圧倒的にたたかいぬいてきたのである。」

引用をみれば、第二の任務すなわち日本帝国主義権力打倒の政治闘争、諸闘争の位置づけは、明らかに対カクマル戦争の勝利に貢献するもの、いや従属するものとされている。どこからどう読んでも、第二の任務は後景化されている。これはもう、先制的内戦戦略の原典たる七五年津久井論文や七六年新年号論文とはまったく異なるものとなっている。

さらにいえば、本多虐殺から二年間の内戦に関する主要な論文を一冊に編んだのは清水であるが、この本には右の清水自身のもっとも主要な二つの論文が収録されていない。とすると、革命党における出版が指導行為であり、そこには政治が働いている以上、野島三郎『現代革命と内戦』の出版は、清水執筆の二つの原典的論文を実質的に反故にするということにほかならず、清水による先制的内戦戦略論の意識的な解釈変え、すり替えを党内に追認させ路線化するものということになる。革共同のもっとも基本的な理論と路線をめぐって、党首が一方的に、公然としかも何の論議も組織せずに、したがってまた、二つの論文撤回の自己批判も説明もなしに、似て非なるものへとすり替えたことになる。

そもそも、同書の「まえがき」では党のいくつかの主要論文を当事者であるはずの清水が何か客観主義的に解説しており、そのためもあってか、力のない文体に終始している。それは、いまみたように、収録した諸論文に一種の枠をはめるために、清水は「まえがき」を書いたからなのである。この点はじつは、同書の出版時、筆者らは強い違和感を抱いていた。批評家でもあるまいに、どうしてこんなに客観主義的で戦闘性のない文章を書いたのか、と。その違和感の正体が何だったのかが、このたびの先制的内戦戦略論の時系列的な検証によって明らかになった。

その結論を導き出す前にもう一つ検討しておこう。

「水平・垂直論を削除してくれ」――七八年巻頭論文の作成論議で

　水谷が政治局員に任命されてはじめて『共産主義者』の巻頭論文を執筆することになった七八年三〜四月、書いた原稿を破棄して、書き直したことがあった。水谷は当時、先制的内戦戦略論の清水的な原初的提起の内容がその後ほとんど強調されず深化されていないと感じていた。そのため、この執筆の機会に、本多の「内乱の垂直的構造と水平的構造の論理」（「戦争と革命の基本問題」など）をいわば復活させ、対カクマルの三・一四復讐戦を激化させつつ、権力打倒にむかって反帝国主義の大衆運動を強化し、大衆運動の武装的発展から対権力の垂直的内乱構造の推進へという提起をしようと考えた。脱稿した原稿は清水の点検に回した。ほどなく清水から呼び出しがあり、原稿をめぐる会談をもった。清水はおおむね次のように語った。

「この原稿をこのままイスト（『共産主義者』の略称）に載せようかとも思った。これはこれでとくに直すところはない。しかし、水谷には党のなかで対カクマル戦をリードする役割を担ってもらいたい。政治局のなかでもカクマルを全面的に対象化しているのはオレくらいだ。佐藤さん（本多の組織名の一つ）の時代にも佐藤さんとオレだけだった。黒田らカクマルとの対決ということのなかに、反スターリン主義党である革共同の〈部族の誇り〉がある。この〈部族の誇り〉を水谷たちに伝えなければならないと考えている。この原稿はこれでいいんだけど、政治局のなかで水谷がどういう位置に立ってやっていくのかを考えると、この際、思い切って対カクマル戦論文として書き直してみてはどうか。」

　そして、清水が破産した六〇年ブント（清水自身はプロレタリア通信派を組織）から革共同に結集して以来、政治局員のなかで比較的若いために年長の政治局員との組織的人間関係でいろいろと苦労したこと、本多とのあいだで最も強く意志を通い合わせて指導にあたってきたこと、三・一四反革命の段階では清水は政治局のなかでナンバー2・ナンバー3の位置ではなかったが、即座に決意して政治局の全責任をとる位置に立ったことなどを語った。

水谷は、一人の革命家として内的葛藤を表白する清水のことばに感銘を受けた。その一方、この原稿について清水が「これはこれでいいんだけど」と何回も繰り返しながらも内容上、同意していないと感じた。おそらく「新たな一一月決戦をかちとろう」という政治内容についていまは出すべきではない、という判断なのだろうと感じた。そうだとしても垂直的な内乱と水平的な内乱の絡みあいの構造の論理が大事ではないのか、と清水に確認を求めた。清水は、それはその通りだが、その前提には革共同をどうやって対カクマル戦をたたかえる党にしていくのかが問われている、そこがまだできていない、と力説した。そして前述のことを清水はくり返した。なおも議論を重ねて結局、水谷はいったん書き上げた原稿を横において、新たに対カクマル戦争論に徹した原稿に取り組むことにした。「崩壊的危機のカクマルを追撃し、三・一四復讐戦を貫徹せよ」(峰岸武夫署名、『共産主義者』三七号巻頭論文、七八年六月)である。いま読み返すと、威勢はいいが、平板な論理展開の論文であり、清水に忠実だったおのれを苦々しく思わざるをえない。

年月が飛ぶが九八年『前進』新年号論文をめぐってまったく同じ問題があった。執筆者は岸だった。九七年にもたれた二〇全総を受けての新年号論文であり、岸は二〇全総の政治内容を深めようと思考を練り、草稿を提出した。岸執筆草稿完成作業のために同年一二月中旬に清水、岸、高木、水谷、城戸(前進編集長)が参加する会議をもった。その席で清水は、岸が対カクマル戦争を戦略的総路線のなかに位置づけるための一章を設け「対カクマル戦という水平的対決の激烈な発展は必然的に対権力との垂直的対決に転化する」という趣旨を書いた部分をばっさりと削除した添削を示し、「水平・垂直論は削除してくれ」といった。他の部分では基本的に修正箇所は少なく、総括部分で若干の修正があった。岸が「なぜ削るのですか」と問うたが、「全体が長いから削るとしたらここだ」「この論理展開はなくていい」と答えるのみだった。修正作業の時間的制約もあり、討議は打ち切られた。納得できなかった岸は部屋に戻って同室の水谷に「水平・垂直論の削除の理由は何なのか」と質問した。水谷は「オレも二〇年前、イスト巻頭論文で同じことがあった。理由は分からないが、水平・垂直論が本多さんの打ちだした理論だから、嫌っているのではないか。本多党ではない、清水党だと示したいからかもしれない」と答えた。水谷も岸もその時点ではまだ本当の意味で清水の底意をつかめていなかった。

いずれにせよ、清水＝水谷会談、岸執筆新年号論文会議の検証でもはっきりしたことがある。

一つは、清水は本来、水谷や岸にかぎらず党員全部にむかって、先制的内戦戦略の理論と路線を「清水の三・一四宣言」をもって根本的に変更することを正面から提起し、なぜ変更するのかを説明し、賛否を問う議論をしなければならない。変更にともなう自己批判の表明も必要である。にもかかわらず、清水はそうした当然の党内論議の組織化を終始まったくしなかった。機関紙誌の巻頭論文をめぐる議論の場がありながら、問題を政治局内のいわば任務分担のような話にすりかえたり、結論を押しつけるだけだった。ずっと不思議に思ってきたが、ここには、清水におけるプロレタリア革命と党建設、ひいては共産主義の思想にかかわる非常に歪んだ考え方が凝縮しているといわざるをえない。つまり、あまりに傲慢で強引な党内民主主義の無視という問題である。しかも問題なことには、清水本人は党内民主主義の無視であることに無自覚なのである。二つは、清水は先制的内戦戦略論の原初的提起でも、その反故とすり替えにおいても動揺しており、政治的にも理論的にも確信をもっていない。だから真正面からの路線論議をしようとせず、できなかったのである。党首としてはありえないような無責任きわまる態度である。

三つは、ではその確信のなさの正体は何であろうか。この項の二つのエピソードが共通して明らかにしていることは、革命闘争の垂直構造の鋭角化、すなわち国家権力との直接的対決への嫌悪、いや恐怖であるといわなければならない。

第3節　政治局の内的解体

政治局における歪んだ党内闘争

清水は、一方では稀代の反革命テロリスト集団の凶刃から党と党員を守るために誰よりも心血を注いで指導にあたったはずである。その責任感の強さと真剣さは清水ならではのものと誰もが認めていた。他方、権力は、帝国主義の危機の深さに規定され、民間反革命カクマルを革共同を始めラディカル左翼襲撃にけしかけつつ強権的な治安弾圧を強め、死力をつくした延命のための内外政策を展開する。階級闘争は生き物であり、労働者人民は革共同がどのような状況にあろうと必死にたたかい、政治的流動化の渦中に身を置いている。そうした敵味方の生きた階級情勢のなかで党をどう位置づけ、どう適用していくかは、カクマル反革命と対峙している以上容易ではない。

そこから清水は、いままでみたように先制的内戦戦略の理論と路線をめぐって動揺を重ねてきた。そして、自らの動揺はひた隠しにし、路線内容の重大な変更をめぐる真摯な党内論議を組織せず、党首としての責任＝自己批判にも背を向けてきた。それどころか、清水は党首として負うべき責任を他者に転嫁するために、政治局内での歪んだ党内闘争を展開してきた。

清水による党内闘争は一面では、政治局における北小路批判、いや北小路罵倒として現れ、もう一面では、秋山へのタガはめとして現れた。

政治局会議はいつも北小路罵倒

本多書記長虐殺以降、政治局は「3P」体制、すなわち清水プラス野島プラス秋山の三政治局員主導体制にシフトした（Pはパーソンの略）。公然部門の責任者である北小路は、その責任の大きさと広さにもかかわらず、そこからはずされた。その三人指導体制は、全員出席の政治局会議を開催するようになってからも並行して継続された。清水と北小路の意思統一がもし原則的かつ同志的におこなわれていれば、対カクマル防衛戦争の制約のもとでは、そういう変則形態もありうるかもしれない。だが、実態はそうではなかった。

七〇年代後半をつうじて、政治局会議は常に清水による北小路批判が論議の主要な部分をなしていた。そのテーマ、論点、批判点がどういうものだったのかは必ずしも鮮明ではない。だが、はっきりしていることの一つは、公然部門での対権力・対カクマルの防衛戦争の失敗や危険をもたらす行動が非公然部門の危機に直結しかねないため、清水は常にびりびりしていた。それは戦争として構えている以上、当然のことであるが、問題は、公然部門での権力やカクマルとの防衛戦争の難しさをともに共有して打開策を検討するという姿勢ではなく、公然・非公然にわたる防衛戦争での危険の発生について北小路の責任を問い、「あんたが戦争を戦争として見すえないことが原因なんだ」と弾劾し、北小路の思想問題、人格問題としたことである。そういうとき、しばしば野島が北小路に助け舟を出して、清水を間接的にたしなめていた。その場合、対カクマル問題もあったが、主要には対権力での秘匿にかかわる問題であった。

それに関連することであるが、清水は北小路が党としての重大発表をするために記者会見をすることに強く反対した。北小路の顔がテレビに映ると一種の指名手配写真効果のようになり、北小路が出席する非公然の政治局会議が露見する危険がある、というのが理由である。だから北小路には記者会見だけではなく、大衆運動場面には出るな、ということにもなった。筆者らもやむをえない措置かと思ってはいたが、それも革共同が全面的に大衆運動を展開するブレーキの作用をはたしたことはまちがいないであろう。

もう一つは、北小路が責任をもっている大衆運動の政治指導、統一戦線づくり、他党派との党派交渉をめぐって、毎回のように清水が北小路を激しく批判したことである。とくに三里塚闘争勝利・ジェット燃料貨車輸送阻止大東京実行委員会（七七年七月に結成）への党派的かかわりについてつねに懸案事項であった。清水は北小路にむかって一再ならず「あんたは文化人が好きなんだ。だからダメなんだよ」という言葉を吐いた。そこには出席していない藤原慶久への罵倒にも、それは及んだ。「藤原は平気で他党派と話ができる。他党派のいい分を呑んで話をつけてくる。そんなのはおかしい。だから藤原は信用できないんだ」というのを、筆者らも三度か四度きいている。それらの言動を清水の偏狭な個性として受け流してきたが、それは正しくはなかった。

たしかに北小路には批判されるだけの誤りや弱さがあった。しかしそれは、清水の路線的ブレによって公然部門の指導の矢面に立つ北小路がたえず振り回され、方針の手直しを強いられることをぬきに語ることはできない。根本的には、清水に統一戦線の理論と政策について積極的な定見があれば、北小路を罵倒することもなかった。「文化人が好きなのはダメだ」ということばに端的に示される清水の統一戦線論の無知、無為無策こそ大きな問題なのである。それなのに、清水による北小路罵倒には、党としての大衆運動政策をともに悩みながら形成していくという創造性や、非公然部門と公然部門との同志的な信頼関係をつくっていくという意識性はまったく感じとれなかった。清水にとって北小路は、六〇年安保闘争をともにたたかい、ブント解体後のプロレタリア通信派をともに形成するなど、二〇代以来のかけがえのない盟友であるにもかかわらず……。

なぜなら清水による北小路批判は、じつは清水自身の指導と指導内容の動揺と破綻を押し隠す自己保身のためであったからだ。

清水・秋山の葛藤

他方、中央軍事委員会を秋山に任せることに清水は不安を抱いていた。そのため、本多書記長虐殺直後から中央軍事委に出席し続け、秋山指導を支えるというより、監視しようとしてきた。清水は、八四年九月の自民党本部火炎攻撃ゲリラへのフレームアップ弾圧まではすべての軍事方針の決定に直接かかわってきた。そのなかで、とくに毎回の会議の三分の一を学習会にあて、マルクス・エンゲルス『ドイツ・イデオロギー』などの学習指導をしてきた。軍を政治的軍隊として建設するためである。だがそれには秋山への監視の意味があった。もっといえば、清水は秋山をいかにねじ伏せるかに腐心してきた。

本多指導体制の最後の時期、対カクマル軍事体制の責任者が秋山だったことは前述した。清水はそこからはずされていた。その清水が秋山や野島を押しのけて政治局の責任者に座ることは、陶山が闘病生活に入っているなかでは、順当なあり方ともいえるが、軍事コンプレックスを味わっていた最中の清水にとってはまさに一念発起というべきことだった。しかも清水は、その直後に不入斗・東宮御所事件（七五年九月）の敗北という致命的な失敗を犯す（283〜5頁）。清水が本多の後を継げるのか、という問題は最初からずっと突きつけられ続けた。清水が政治局の責任者であるためには秋山を超える指導の高さに挑戦するとともに、秋山の頭を押さえつけなければならなかった。

秋山は先輩である清水の本来的な党的位置を認めざるをえないものの、七三年九・二一報復戦突入以来の対カクマル戦争は本多のもとで自分が指導してきたという自負があった。内心では、「新さん（清水のブント時代からの筆名・岡田新からつけられたニックネーム）に軍事ができるのか」と思ってもいた。ところが、秋山自身、本多体制下において戦術的には不徹底かつ日和見主義的で、対カクマル戦の全局をみない大失策というべき一つの事件（七四年一月一九日、府中市の黒田宅放火事件。黒田はすでに身柄を別の場所に移していた）を起こしている。本多は、軍事目標を逃がしてしまうだけの、秋山の軍事的に低水準なやり方を厳しく批判した。当時の軍メンバーは、アンバランスな秋山指導への不安をいだいていた面があった。そのため秋山は戦術主義的に清水に対抗しようとする要素が強かった。また同時に秋山にとっては、こうした清水・秋山葛藤関係は非常な重圧であり、秋山はその重圧にたえられず、そこからの逃避、本質的には内戦からの逃避として早い時期から重大な組織的犯罪に手を染めてきたのである。

こうした清水・秋山葛藤体制は、対カクマル戦、対権力戦の展開に微妙な影を落としてきた。

大衆運動政策での「最大最高の失敗」

清水の無定見と北小路の指導の破綻について付言する。

六〇～七〇年代に佐多稲子（作家）を代表とする婦人民主クラブ（四六年三月創立、以下婦民）が戦後婦人解放運動の先駆的な本流として市民運動、左翼運動に大きな位置を占めていた。「佐多婦民」は、ラディカル左翼の六七年一〇・八羽田闘争以来のたたかい、六九年破防法適用との対決を評価し、大量逮捕された青年・学生のために婦民救援委員会を立ち上げて支援してきた。七〇年安保闘争のなかで日本共産党が婦民の新日本婦人の会への合流を図るなど組織解体策動とたたかい、大会で彼らを除名、共産党系支部を解散させた。六〇年代半ば以来、革共同は田川和夫の指導で東京の婦民のなかに徐々に影響力を強め、古くからの活動家たちと多様な形で協力関係を形成し始めていた。全国的にも関西、広島、福岡などで革共同に共鳴する女性活動家が広がりつつあった（田川は七二年に離党）。

七四年春、カクマルは婦民で活動する革共同系活動家をターゲットにして渋谷区神宮前の婦民本部に盗聴器をしかけた。すぐにそれは摘発されたが、カクマルによるターゲット化にどう対処するかをめぐって、北小路ら本社政治局は最悪の無責任な指示を出した。対カクマル戦争下でＦＯＢ（革共同中央女性組織委員会）が停止状態にあることをいいことに一言の相談もせず、婦民本部に勤める活動家三人に即時撤退のみを軍令的に指示し、佐多を始め本部役員への説明をすべて放棄させたのである。そのため婦民本部は事務局機能が突如、停止、混乱するなど少なからぬ被害を受けた。

同年七月の婦民全国大会で、日本のこえ派が本部を「容過激派」と批判、追及し、その結果、本部執行部体制が再編された。革共同にもっとも理解を示していた川田泰代（ジャーナリスト、政治犯救援運動家、アムネスティ・インターナショナル日本支部創設メンバー）がとばっちりを受け、婦民本部への出入り禁止を通告される事態も生んだ。当時、女性解放戦線（責任者・長谷）には七四年問題の事情も組織的責任の所在もまったく知らされていなかった。七五年四月に伊吹（一時期、政治局員だったが、組織指導で破綻し七八年五月解任）が政治局として担当になった機会に女性解放戦線は自力で再建をはかり、事後ではあるが川田など各方面に謝罪して回るとともに、関西地方委の婦民担当・酒井とともに再三、政治局の指導責任を厳しく問う文書を出した。北小路、伊吹は無視し逃げ回った。

七六年一〇月、伊吹が天皇在位五〇周年式典粉砕闘争に婦民の各支部旗をもって参加するよう長谷を本社に缶詰めにして強要したため激論となり、結局、原宿支部旗をもって参加した。それが婦民本部から問題とされ、原宿支部は要観察処分とされた。この件につき、伊吹は長谷、酒井ら女性解放戦線との総括討議をボイコットするありさまだった。北小路、伊吹ら政治局の度重なる無責任、無対応のために、現場の婦民活動家はその前後から一〇年近く、苦しい立場に立たされ続けた。

八二年、婦民本部は原宿支部解散処分に踏み切った。直接のきっかけは、原宿支部パンフレットで動労千葉ジェット燃料輸送阻止闘争を取り上げたことだった。婦民本部はすでに三里塚闘争や北富士闘争との共闘からの撤退を企図しており、また労基法改悪反対、男女均等法制定反対から是認に転換しようとしていた。原宿支部、相模原支部、祐天寺支部、豊島支部、関西、広島、福岡などは、婦民の原点である〝反戦と女性解放〟を真に貫き発展させる潮流として婦民全国協議会を結成した（北富士にて、八四年七月）。

八一年に再建されたＦＯＢ（議長・長谷）からは、①一連の問題を起こした最終的責任者は誰なのか、②引き起こされた事態への政治局の自己批判的総括を明らかにせよ、③失敗の教訓化を全国の組織に明らかにせよ、とのレポートがくり返し提出された。政治局は党の婦民政策における七四〜七六年問題を「革共同始まって以来の大衆運動政策での最大最高の失敗であった」（八二年、高木徹の言明）とのみ表明し、何の自己批判も組織的総括もしないままである。

第一に、直接的指導責任を負う北小路は自己批判を拒否し続けた。最終的指導責任を負う清水は「最大最高の失敗」といいながら、北小路責任をうやむやにし、現場からの追及に政治局同士で馴れ合うという醜悪な姿をさらしたのだった。第二に、日本階級闘争における婦民の位置と役割はかけがえのない貴重なものであることに無知、無定見だった。そのため、対カクマル戦厭戦主義から婦民本部の事務局的担い手を一方的に撤退させた誤り等々について、何ら全党的な教訓化をはかろうとしなかった。第三に、党の利害によって大衆運動団体を利用し引き回すという傾向的な誤りが婦民政策に集中的に露呈したことを自己批判的に総括しなかった。それは、革共同の大衆運動政策の独善的な歪みへの組織論的な反省を自ら封殺し、それ以後も誤りを温存、再生産し続けるものとなった。政治局の腐蝕は婦民政策に示されるように、すでに対カクマル戦下の七四年から進んでいたのだった。

「政治局の顔が見えない党でいいのか」

ここまで先制的内戦戦略の理論と路線を検証してきて、筆者らがたどりついた結論を述べる。

①清水は内乱の垂直的構造あるいは革命の垂直的対決軸を明確に立てることを避け続けてきたこと、中央権力闘争の激化の方向をたえずそらしてきたこと、②そのことが清水路線の表象であるはずの先制的内戦戦略を実践する際の動揺となり改ざんと解釈変えを繰り返し、自らの指導への確信のなさを露呈してきたこと、③その動揺を隠し自己保身をはかるために、党首でありながら重要な結節点で党内民主主義を無視したクーデター的な党運営と他者の排斥をおこなってきたこと、④その確信のなさの正体は自らの逮捕・投獄への恐怖であること、そこから清水は永続的な政治局非公然体制という形態を必要としたこと——これである。

最後の④の問題点を敷衍するならば、「非公然の政治空間は実は革命党が革命党であるための自由な空間である」というのが清水の常套句であり、筆者らを含めて党指導部全体がそれに同意し、〝非公然体制堅持のためには党大会や全国会議を簡単には開けないのはやむをえない。組織的な意志統一の方法を民主主義的な方法ではないやり方で創造しなければならない〟という観念にとらわれることとなった。いま振り返れば、「非公然は自由の空間」という清水マジックにすっかり騙されてきたのである。

革命党のあり方としては非合法・非公然を本質とすることはいうまでもない。だが第五回大会を開きながら党内にも明らかにしないというあり方に端的なように、清水体制における「非公然」論には明らかな歪みがあった。それは政治局絶対主義と政治局のもとでの秘密主義を生み、筆者らを含む政治局は清水独断・権威主義体制をつくりだしてきたのであった。

時期的にはずっと後になるが、前進社を東京都江戸川区松江に移転・拡充して間もない九六年春のことである。五月テーゼ方針にもとづいて階級闘争の新たな発展をつくりだす共同の決意を固める目的で首都圏党員総会を開いた。多彩な発言で議論がもりあがったが、全逓労働者の東中が立って痛烈な党中央批判の演説をぶった。

東中の発言の核心は、「政治局の顔が見えない。そんな党でいいのか」という点にあった。実際、本多書記長虐殺以降、第五回大会を開いたことも党内に明かさず、誰が政治局員なのか、誰が三役なのかも明らかにしなかった。もとより中枢指導部は誰々という党内観測は可能だった。だがそれは、東中が怒りを表明したように、指導責任を負う立場から党内民主主義を実現する努力に背を向けたものであった。東中の中央弾劾は、とくに六〇年代・七〇年代以来の古参・中堅の党員のかなりの部分に潜在していた不信感を表現したものだった。

ひるがえって六九年四月二七日、すなわち四・二八沖縄奪還・首相官邸占拠を掲げたたたかいの前日、破防法が革共同および共産主義者同盟に発動され、本多が逮捕され、同時に前進社本社（東京都豊島区東池袋）に警視庁の家宅捜索が入った。清水はそこに居合わせ立会人として、かなり長時間をかけた家宅捜索を見届けた。家宅捜索が終わった後、清水は社外に出されていた水谷を呼び、連れだって川越街道を歩き、ある店に入った。そこで清水は、懐から文書を取り出して示し、「立会人も身体ガサをやられるかもしれないが、身につければ押収をまぬがれるかもしれないととっさに判断して立会人になるのを要求した。ほれ、無事だった。この文書を見てくれ。オレはこのまま潜る。政治局の決定だ。明日の四・二八の全体をよく見渡して計画通りにいかない事態も起こるものだが、断固貫徹してくれ。秋の一一月決戦はお前が全責任をとってくれ。まかせる」といった。今後の学生戦線の強化方針や地方組織への意志統一の方法などを議論し、清水の指示を受けた。そして去っていった清水は、一定の措置をとった後、そのまま非公然化した。

そのとき以来、〇六年三・一四党内リンチまでじつに三七年、『革共同五〇年史』出版まで四四年、清水はずっと非公然生活を続け、ついに表には出てきていない。いくつかの全国会議には出席して限られた幹部党員とは顔を合わせたが、ひたすら政治主義的な自己保身だけの閉じこもり生活を続けている。清水にしかできない、驚異的な非公然生活である。だがそれでは、一人の政治家、組織人として極度に観念化し、人間性そのものが歪まないはずがないのである。

東京南部地区委の針田が「清水君はなぜ党員の前に出てこないのか」と呼びかけた声はその後も、多くの党員によって清水に向かってずっと発せられ続けている。それを拒否し続ける清水は〇六年三・一四II以後、MEL研（マルクス主義基本文献シリーズ編集委員会の略称、その後は革共同五〇年史刊行委員会）の際に次のように弁解したことがわかっている。

「オレが表に出ると逮捕される。そうなると二〇年は獄中から出てこられない。党としてそうすることはできない。」

だが警察・検察・司法権力は、清水を二〇年投獄する何の証拠ももっていない。内戦下で清水と接したほとんど誰も、清水を刑事的に追及しうる材料を与えていないからだ。何人かの権力スパイもそれにかかわる情報など知っていない。しかも清水が公然部門に移行して活動できる方法は、いくらでもありうる。それに逮捕の危険があるといっても二三日間で出てくる可能性が高い。野島も高木も非公然部門構成員も皆、権力の逮捕攻撃に立ち向かってきた。どうしてそれが清水にはできないのか。

前記した四点の結論にもどれば、ことほどさように本多亡き後の党首・清水丈夫は真の革命家ではなかったということである。理論においても、実践においても、組織的人間関係づくりにおいても、そして何よりも共産主義革命の大義に死ぬという覚悟において……。

清水弁護論的にいえば、小なりといえども日本階級闘争を揺り動かし日本帝国主義権力を脅かした中核派あるいは革共同の党首の器では清水はなかったということである。器でなかった人が否応なしにそこに座った。とはいえ、器でなかったとしても、本多時代を超える党と党指導部をつくる道はあったはずである。いうまでもなくそれは、政治局を集団指導体制として形成する道である。にもかかわらず、縷々述べてきたように、清水は自らを変革するのではなく自らの器量に合わせた組織に再編するという意識的な選択をしたのである。

検証の結論がこれであるとすると、まさに絶望的な確認というほかない。「本多さんが殺されたときに革共同は終わっていたのか」と……。

その清水につき従った筆者ら自身がしょせん清水のコピーでしかなかったという腐蝕と無力を無念の思いで噛みしめ、痛切に自己批判する以外ないことである。だが同時に、節々に感じてきた疑問と批判がやはりそうだったのかと思い当たるところでもあり、その意味ではこの絶望的結論にさほど意外性はないということもまた、はっきりといえる。

述べてきたように、清水が敷いた路線、筆者らが清水の手先となって推進した路線は日本のプロレタリア革命を実現するものとはかけ離れたものでしかなかった。清水路線は革共同の世界革命・アジア革命・日本革命の基本戦略を形骸化させたのである。

第9章　清水政治局の堕落と党員の英雄主義

第1節　三里塚三・八分裂をめぐる誤り

八〇年代において戦闘的大衆運動の再建が三里塚をテーマとし舞台として大きく進んだ。そのなかで三里塚反対同盟および三里塚闘争の三・八分裂とそれに続く革共同による第四インターへのせん滅戦の誤りについて問題点を明らかにしなければならない。

石橋弾劾運動から三・八分裂へ

まず八〇年代初期の三里塚現地の政治状況の核心点を確認しておく。

当時、三里塚芝山連合空港反対同盟は二期用地（敷地）内に一五戸、騒音地区に一〇〇戸以上の農家によって組織され、三〇カ所以上の団結小屋があり、現地に常駐している現闘活動家は各派あわせて二〇〇人以上いた。騒音下の反対同盟の多くは成田用水賛成派◆10になっていた。「絶対反対派」は敷地内（天神峰、東峰、木の根）と、それを支持する騒音下の芝山町、成田市側の反対同盟員であった。後者は地域の中では少数派であった。

八一年末に「官並《かんなみ》会議」（芝山町岩山地区官並にある官並共同利用施設での会議）があった。政府・公団との話し合いに臨むために石橋政次副委員長・委員長代行（天神峰）、内田寛一行動隊長（岩山）、石井英祐事務局次長（辺田）などが集まったものである。政府・公団側の出席者は自民党の加藤紘一、松井和治運輸省航空局長、服部経治審議官、中村大造空港公団総裁、吉田巖同公団理事である。この会議は、七九年の島寛征事務局次長＝加藤紘一内閣官房副長官会談での条件闘争への転換が破産して以降はじめて開かれた反対同盟の条件派反対同盟への改組・結成の第一回会合であった。大規模な反対同盟の解体策動であった。それにたいして革共同が中心となって石橋、内田、石井などへの徹底した追及を始めた。八二年二月、石橋、内田は反対同盟役員を辞任した。その後、石井も辞任し、三人は反対同盟から脱落する。さらには一一月に島事務局次長と池田行彦官房副長官との秘密会合（八二年）が暴露され、島辞任にまで発展した。

内田、石井は移転せず、それまでの住居で生活を続けていたが、石橋は千葉県酒々井町伊篠の代替地に移転することが暴露された。敷地内反対同盟の反発は強く、それに依拠して革共同は天神峰の石橋家をデモ隊で囲み、「石橋の裏切り弾劾、移転反対」のシュプレヒコールを突きつけた。石橋だけでなく、内田、石井、島にたいしても「空港絶対反対、一切の話し合い拒否」「農地死守・実力闘争」「二期阻止・空港廃港」という反対同盟の闘争原則に逸脱し、「話し合い」「政治交渉」

◆10　成田財特法（成田国際空港周辺のための国の財政上の特例措置に関する法律）にもとづく「新東京国際空港周辺地域整備計画」の一つとして成田用水事業は進められてきた。「空港周辺地域の農用地約三一〇〇ヘクタールの農業者の農業所得の増大を図るため　かんがい排水事業、ほ場整備事業、畑地帯総合土地改良事業および土地改良総合整備事業を行なう」というもので、当時の予算で約五〇〇〇億円であった。具体的には七八年の暫定開港後の周辺農民対策、つまり三里塚闘争の切り崩し、騒音下反対同盟の解体のために計画された事業である。当時、芝山地区は谷津田で湿田が多かった。そのため水はけが悪く、暗渠工事を自らおこなわないと稲作作業が大変であった。またほ場整備ができていないので田植機やコンバインの作業効率が悪かった。政府・公団はそこを突いて農民を空港賛成に取り込む一大攻撃として成田用水事業を仕掛けてきた。反対同盟、青年行動隊は、「自主暗渠」の取り組みを重視して成田用水に反対してきた。しかし反対同盟の中にかなりの数の用水賛成派ができ、空港反対運動から遠ざかっていった。

に手を染めたとして厳しく弾劾する運動をくり返し、反対同盟の役職辞任にいたらせたのである。
この弾劾運動が八三年三・八分裂の遠因になるのである。というのは、官並会議の趣旨は〝政治状況が変化し、移転条件もよくなっている。絶対反対の方針を軌道修正し、話し合いでより高い移転条件を獲得して、三里塚闘争の新しい段階をつくりだそう〟というものであった。またこの趣旨は、三里塚闘争を支援（とりわけ革共同）に握られることなく、反対同盟農民の手に取り戻そうというものでもあった。そこには三里塚闘争が出発した六六年当時と八一〜八二年とでは政治情勢や農業をとりまく状況に変化があることが示されている。

六六年に富里地区から三里塚に空港建設予定地が変更された時の状況はどうであったか。「寝耳に水」「一片の話し合いもなく空港敷地が決定した」ということへの怒りが三里塚闘争の原点である。同時に経済的・営農的側面も見逃せない。当時、空港敷地内には三二五戸の農家があり、その大半は開拓農民として生活が苦しく、古込地区などは条件派が多く二八〇戸が移転していった。敷地内で「絶対反対」を掲げて闘争を継続したのは、スイカ、サツマイモなどで営農が成功した農家が大半であった。また芝山地区は丸朝出荷組合の成功があった。それまでは米作と落花生などが主たる生産物であったが、六〇年代に入り、交通網の発達により蔬菜《そさい》農業が主となり農家経営が成功しつつあった。三里塚芝山連合空港反対同盟は農業成功者たちが中心であり、その人たちによる農業・農地を守ろうという運動であった。

だが八〇年代に入ると、日本政府の農業政策もあり、専業農家は基本的に営農が困難になり、稲作農家は十数町歩の耕作地があっても営農は苦しくなり、畑作農家も特殊園芸作物か産直農業以外には営農が難しくなってきた。このまま市場出荷で農業を続ける条件がなくなってきていたのである。実際、三里塚微生物農法の会を主宰する東峰の堀越昭平の指導のなかで島寛征、石井新二、小泉英政、石井恒二などは「ワンパック」という産直農業をはじめていた。こうした現実的諸条件下で官並会議はもたれたのである。

三里塚農民は「党派は闘争第一であり、生活の面倒は見てくれない。条件（条件派のこと）になれば弾劾される。石橋さんはそれが原因で病気になった」と思い、お互いにそんな話を交わしていた。この政治状況のなかで、「三・八分裂」は起こるのである。

一坪再共有化運動の政治構図

三・八分裂の焦点は「一坪再共有化運動」であった。では一坪再共有化運動の真意はどこにあったのか。論議はいろいろあるが、結論的にいえば「最後まで反対闘争を続ける側」にたいする「農民の生活と営農の主体性を軸に三里塚闘争の転換を検討する側」からの分裂である。もっといえば石橋弾劾、島辞任要求に見られる、革共同による闘争だけの押しつけに反対し、天神峰反対同盟と革共同を運動から排除するための方針であった。

一坪再共有化運動推進派は八二年一二月一六日と翌年一月二七日の反対同盟実行役員会で八三年の運動方針として事業認定粉砕の裁判闘争と一坪再共有化運動を決定したとし、「反対同盟三里塚大地共有委員会」を設置した。それにたいして北原鉱治事務局長を軸とする反対同盟（北原派）は二月一四日に「共有化運動に反対する」声明をだし、先の同盟実行役員会では一坪再共有化運動は決定されていない、として絶対反対の立場を明確にした。一坪再共有化推進派は三月三日、反対同盟幹部会を開き、北原事務局長の解任と中核派（革共同）との絶縁を謳った「緊急声明」を発表した。ついで三月八日、芝山町の千代田公民館で反対同盟（熱田派）総会を開き、熱田一行動隊長を代表とする八人の新役員を決定した。共有化運動反対派は同じ日、成田市天神峰の現地闘争本部で反対同盟（北原派）本部・実行役員会を開き、「この本部・実行役員会のみが反対同盟の正式の最高決議機関であり、三月三日の幹部会なるものは存在しないし、認めない。分裂集会は条件派の道に転落する第二同盟づくりの何ものでもない」ことを確認するとともに、石井新二事務局次長の除名と共有化運動推進派の幹部一四人の解任を決定したのである。

反対同盟三・八分裂をもたらす主導的な役割を果たしたのはたしかに革共同である。しかし「一坪再共有化」を闘争課題にもち出せば天神峰の小川嘉吉を始めとして敷地内の大半が反対することは、同盟員であれば誰でも知っていることである。小川嘉吉の宅地が「一坪共有地」になっており、「このままでは自宅の土地がいつ公団に売られるかわからない、相続もままならない」といつも反対同盟実行役員会で抗議していた。

そのため、反対同盟のなかに一坪共有地委員会をつくっていたが論議はいつも深夜まで続いた。また反対同盟は小川ら敷地内の宅地などの「一坪共有地」の解消、名義書き替えに全力をあげていたが、うまくいっていなかった。そこに「一坪再共有地化運動」をもち込めば分裂することはわかりきったことであった。これが三・八分裂の対立構図であった。

農民の生活というとき、いま一つ東峰十字路闘争裁判を抱えているという問題があった。当時、青年行動隊の中心的活動家の多くが七一年九・一六東峰十字路闘争の被告であり、警察官三人死亡の事実をめぐって争う裁判で実刑が予想されていた。農家の中心が獄中に奪われかねない重圧のもとにあった。青年行動隊の少なからぬ人たちは、革共同とともに絶対反対の実力闘争でたたかえば同裁判で重罪・重刑が科せられると思っていた。このことも三・八分裂の要因であった。

だが一坪再共有化運動と三・八分裂の根底にある問題は、革共同が一九七八年以来、政治課題の第一に三里塚闘争をすえ、農民の生活の視点に立たずに「絶対反対」を押しつけたことである。この点を厳しく総括しなければならない。

三・八分裂は回避できたか

三里塚闘争の政治過程において三・八分裂は避けることはできたのか。もちろん歴史に if はありえない。しかし革共同の歴史を反省的に総括するために必要な考察であり、あえて付記する。

前述したように、一坪再共有化運動が提起されたとき、その目的が革共同排除であることは青年行動隊の中心的メンバーや第四インター指導部は自覚していた。反対同盟一坪共有地委員会の責任者である東峰の石井武はそのことを十分知っており、同時に天神峰反対同盟が絶対に承服しないことも知っていた。そのため石井武は一坪再共有化運動を強行することに反対であった。彼は「一坪再共有化運動で反対同盟を分裂させていいのか」と主張し、「一坪再共有化運動で敷地内反対同盟を説得するというのが方針でなければならない」といっていた。そうすれば分裂は回避できた、とは思わない。

しかし革共同が真の責任党派として三・八分裂以前から、もし三里塚闘争の展望と農民の生活、東峰裁判の重圧を十分に汲み取り、反対同盟・青年行動隊とともに悩み考え、現地の現実に立脚して闘争論と闘争方針を練り上げてたたかいぬくという立場に立ちきっていれば、三・八分裂はなかったといえる。右の石井武の論点を貫いていれば少なくとも反対同盟分裂という形とはちがうあり方になっていたのではないだろうか。革共同の現地責任者であった岸はいま、痛苦に反省せざるをえない。

ところで、『革共同五〇年史』下巻では、一坪再共有化運動を「金集めこそが目的」「敷地内の土地を不特定多数に（結局は政府・公団に）自由に売り飛ばす道を開くもの」と批判している。

三里塚闘争が闘争資金を得るたたかいという「批判」は批判にも値しないことは明らかである。「政府・公団に土地を売り飛ばす道を開くもの」と短絡的に批判することは誤りである。なぜなら一坪再共有化を担おうとする人たちは、土地登記という形で三里塚闘争支援の意志をもつ人たちであるからである。土地を売り飛ばすうんぬんは、三里塚闘争をたたかう人たちを信用していないということであり、革命党派としてはありえない論点である。この論点を苦し紛れにつくりあげた責任の多くは現地責任者の岸にあった。批判のための批判であるという自覚は当時からあった。今なおそれをくり返しているのを見ると、悔恨の念ひとしおである。

ちなみに、三・八分裂にいたった苦い反省から、九〇年代に公団が一坪再共有化された土地（木の根ペンション）を買い占めにきたときは、岸は現闘の力を結集して公団を徹底的に批判し、一坪再共有化の土地を持っている人たちを応援したのだった。この行動は青年行動隊や熱田派を支援する党派から「何をいまさら」と冷笑を浴びたが、政治局を事後承認させ、あえてそうしたのである。また三・八分裂以降、革共同も産直運動を本格的に始めた。農協頼み、市場出荷の農業では営農はより難しくなっていた。「三里塚有機農法産直の会」を組織して、反対同盟の生活と闘争をともに同値として支援することにした。さらには革共同も東峰十字路闘争裁判に組織の重心をかけた。千葉地方裁判所は三里塚闘争の正義性に圧倒され、一九八六年、被告五五人のうち三人に無罪、他全員に執行猶予の判決を出したのである。

第四インターへのテロル

三・八分裂の主導的原因が革共同にあったことは前述した。にもかかわらず革共同は「青年行動隊と第四インターが三・八分裂の元凶である」として、八四年一月と七月、第四インター活動家八人へのテロルを展開した。六〇年代半ばの都学連再建、全学連再建以来、革共同と第四インターはラディカル左翼内の運動的な競り合い、論争・相互批判する関係である。それをなぜ、カクマルと同列に置く軍事的せん滅戦を発動したのか。その理由は明らかである。清水＝岸会談に明らかなように、「三里塚闘争で主流派」になるためである（第7章第2節）。三・八分裂以後、反対同盟の中での同盟員数では北原派にたいし熱田派が圧倒していた。北原派は敷地内の天神峰反対同盟を擁していたが、現地での劣勢は明らかであった。そのため全国的運動で巻き返し、さらに熱田派の中心的支援党派である第四インターに軍事的せん滅戦を仕掛け、その党派的瓦解を策動したのである。

この行為は、筆者らは今にしてはじめていえるようになったのだが、国家権力にたいしてともにたたかう左翼運動の原則を踏み外したものといわざるをえない。

救援連絡センター事務局長・故水戸巌（物理学者、反原発運動の第一人者）は次のように書いた手紙を添えて革共同の誤りを弾劾する共同声明を組織した。

「もはや、三里塚反対同盟のどちらを……などということではないと思います。ともに権力に対して戦っている人民に対して意見の違い＝たとえそれがどんなに重要であったとしても＝を理由にテロルを加え、それによって、他の人びとを支配しようとする思想を認めるか否かという問題です。私はこのような輩を「革命党派」などと認めることはできないし、この人々と共に「反弾圧」を語ってきたかと思うとゾーッとします。」

水戸の呼びかけには六〇〇人を超える人士が署名し、一〇月五日に発表された。革共同は水戸巌らの痛恨の思いを込めた弾劾と説得に応えることをしなかった。そのことはラディカル左翼の犠牲を恐れぬ戦闘的な反帝国主義・反権力のたたかいに共感してきた広範な労働者人民の支持をいっきょに失う結果を生み出した。日本階級闘争全体に深い傷をつけることになった。しかしその現実を革共同は直視してこなかった。

三里塚現地責任者であった岸の責任は重い。当時、三里塚現地には第四インターへのテロルの結果報告だけで、事前に何の相談も連絡もなかった。ここには、政治局が三里塚闘争全体の利益、三里塚農民の利益をまったく尊重していないことが如実に暴露されている。また革共同の組織実態の硬直化は甚だしいものであったといわなければならない。だがそれに、岸は何の異議も唱えなかった。岸自身が政治局による三里塚闘争の政治的利用主義に染まっていたのである。他方、前年秋に刑期を終えて出所した水谷は政治局員として活動再開しつつあった。強まっていた第四インター批判の当否を検証することもなく鵜呑みにし、第四インターへのテロルの流れを促進する役割を担った。

重要な総括点はどこにあるのだろうか。

ラディカル左翼党派間でのテロリズムは、論争、相互批判あるいは話し合いの封殺を意味する。共通のより大きな敵である国家権力の前ではともにたたかう仲間であるという認識と立場を忘れてしまっていたのである。このことを率直に認めなければならない。

第四インターへのテロルは、党派闘争、党派関係を軍事で突破するという一線を越えたエスカレーションであり、革命運動のなかで赤色テロリズムを行使するとき必ず守るべき鉄則、道義性を踏み外したのである。対カクマル戦の手段をきわめて安易かつ傲慢に適用したのは誤りだった。それは対カクマル戦の正義性、道義性を辱めるものともなった。

また相対的な多数派が相対的な少数派にたいする姿勢はいかにあるべきなのか、という問題も突きつけられている。水戸が「他の人びとを支配する思想」と批判している点を真摯に受け止めなければならなかった。統一戦線政策を重視し、六〇年代の三派連合、七〇年代の五派共闘、八派共闘を構築してきた革共同の基本的な政策からの逸脱という誤りを犯したのである。同時に党派間抗争にたいする労働者人民、人士の批判と疑問を無視・抹殺したことも揺るがせにできない誤りである。

それらは、国家権力との対峙のもとで三里塚闘争をどう担い、どのように勝利を切り開いていくのかという農民と労働者人民の切実な共通の課題を無視・抹殺することにほかならなかった。その根幹にあったものこそ、清水政治局の党派的生き残りのために三里塚闘争を政治的に利用するという基本政策の誤りにほかならない。これは決定的な誤りであった。

ここに、第四インターへのテロルの誤りを自己批判的にとらえ返し、襲撃を受けた第四インターの被害者の方たちに心から深く謝罪する。あわせて第四インターの皆さんとラディカル左翼を支援してきたすべての皆さんに謝罪する。

ところで、この第四インターへのテロルについて、『革共同五〇年史』上・下ではまったく触れていない。この問題を何も書いていないということは、無責任のきわみである。同下巻では第四インター批判を記している。七七年に反対同盟が出した「革マル弾劾声明」に党派署名を拒否し、「党派としてカクマルを擁護した」ということ、さらに直接的には三・八分裂で熱田派に加担し、北原派を誹謗中傷したことを大きく打ち出している。だがこれではせん滅戦に踏み切った根拠になりえないのである。

三里塚闘争の歴史の中で三・八分裂と第四インターへのテロルの問題は、三里塚闘争にとどまらずラディカル左翼全体のあり方を規定し、根深い分裂を固定化し、その歴史を大きく変えるものとなった。その真剣な自己批判的総括が必要と考え、記したしだいである。

第2節　三里塚決戦と国鉄決戦の推進へ

八五年一〇・二〇三里塚戦闘と収用委解体の勝利

三里塚反対同盟（北原鉱治事務局長）は二期工事阻止・空港廃港へ、八五年一〇・二〇全国総決起集会を呼びかけた。三里塚第一公園に全国から一万四〇〇〇人もの労働者・学生・人民が結集した。政府・警察権力は一万人の機動隊を動員、配備し、いっさいの武装手段の会場への持ち込みを封殺する体制をとった。だがそれを打ち破って丸太棒、角材、投石用の石などで一斉に武装し、集会を終えるや成田空港突入をめざす武装デモ隊を先頭に大衆的実力闘争にうって出た。鎌田雅志全学連委員長の「第三ゲートに突入せよ」を合言葉に三里塚十字路に一気に進撃した。機動隊の阻止線に丸太棒で突入し次々と突き崩し、機動隊の放水と催涙ガス弾の発射をものともせず、鉄パイプと角材、火炎ビン、石をもっていたる所で機動隊せん滅戦を展開した。最強といわれる警視庁を始めとする機動隊は叩き伏せられ、逃げまどい、放水車も占拠され、三里塚十字路は二時間半にわたって決戦場となった。機動隊八個大隊が壊滅的打撃を与えられた。同時に、結集した多くの労働者・学生・人民は機動隊と対峙してたたかった。さらに成田空港内外で果敢なゲリラ戦が展開された。

一〇・二〇三里塚闘争は七八年五・二〇成田空港一期開港以来の最大規模のたたかいとなり、三里塚農民の怒りの決起を先頭とする歴史的な大闘争となった。

さらに革共同・革命軍は八八年九・二一千葉県収用委員会会長せん滅戦を敢行し、結果、同年一〇月に収用委全員が辞任し、〇四年まで一六年間、収用委が存在しない事態となった。行政機関に関わる公的委員会の不在という例はおそらく戦前・戦後を通じてないだろう。国家機能としてあり得ない異常事態である。そのため成田空港には収用法が適用できなくなった。政府・公団（後にNAA）は、「話し合い」によってしか土地取り上げができなくなり、任意買収の方策として九一年から隅谷調査団が主宰する形で熱田派との「成田空港問題シンポジウム」、九三年から「成田空港問題円卓会議」をおこなった。九三年、シンポジウムの最後に隅谷調査団が「国側は土地収用法裁決申請を取り下げることとされたい」とする所見を出し、政府・国交省・公団は裁決申請をとりさげた。八八年の収用委解体のたたかいが直接に今日の不完全な成田空港を強制しているのである。

いまなお三里塚闘争が力強く続いているのは、現地農民の不退転の農地死守のたたかいを軸に、一〇・二〇三里塚決戦、その後の九〇年成田治安法による全団結小屋の撤去・封鎖にたいする現地決戦の爆発とともに、収用委解体の勝利がある。

八五年一〇・二〇闘争はこうして三里塚空港建設阻止闘争の歴史上、七八年一期暫定開港をめぐる総力戦的激突に続く強制収用阻止の大きなエポック・メーキングとなったのだった。このたたかいは二四一人の大量逮捕、五〇人以上の起訴、多くの負傷者という犠牲を払ったが、大衆的武装闘争、大衆的実力行動をもって三里塚農民の怒りの正義、三里塚闘争の大義を満天下に知らしめた。また同時に、それはたたかいのスローガンに「中曾根政権打倒」を掲げて中曾根「戦後政治の総決算」攻撃と対決する意義をもっていた。中曾根政治粉砕のたたかいは三里塚決戦に還元しえない大きさを有しているが、三里塚の地からもっとも鋭く中曾根路線を撃つたたかいだったのである。

一〇・二〇三里塚闘争は革共同の歴史においても、六九年と七一年の「一一月決戦」を頂点とする七〇年安保・沖縄決戦を引き継いで「新たな型の一一月決戦」をめざす意識的・計画的な接近形態としてかちとられたといえる。三里塚という有利な戦場で巧みな戦術を駆使して、最大限可能な蜂起戦を実現したのだった。三里塚農民の怒りと訴えに応えて蜂起戦に決起した武装デモ隊を始めとする数多の党員の英雄主義、自己犠牲は改めて心から称賛されるべきであろう。

動労千葉第一波ストと浅草橋戦闘

八〇年代の中曽根「戦後政治の総決算」攻撃に直接的に対決したのが国鉄決戦である。

中曽根政権は、憲法改悪攻撃への本格的着手、軍事費のGNP比一％枠撤廃、国鉄・専売・電信電話の三公社民営化、総評労働運動解体、教育改革、靖国神社公式参拝、治安警察国家化など全面的な攻撃にうって出てきた。

それに加担し、中曽根政治の先兵となったのがカクマルだった。松崎ら動労カクマルは、すでに七八年七月、動労津山大会で「三里塚と一線を画す」と決定するとともに「貨物安定宣言」に踏み切った。後者は貨物列車をストライキの対象から外すというもので、国鉄当局の貨物合理化への全面協力を組合方針とするものだった。それが後の国鉄分割・民営化への水路となったのだった。動労カクマルは民営化に率先協力し、中曽根政権と一体となって国労解体、動労千葉解体に全力を傾注した。まさに中曽根＝動労カクマル連合が形成されたのである。

また総評・民同労働運動は、七五年スト権奪還スト敗北から八七年国鉄分割・民営化への屈服、八九年総評解散にいたる後退と自壊の過程をたどった。

国鉄労働者は、政府・マスコミあげての「公務員は民間に比べて楽をしている」「国鉄は諸悪の根源」などという常軌を逸した国鉄労働者バッシングの渦中にたたき込まれ、国労本部がそれに屈するなかで厳しい状況にあった。職場では自殺者が増えていった。八五年七月、国鉄再建監理委員会答申が国鉄七分割、一二万四〇〇〇人首切り・合理化、国鉄労働運動解体をうち出し、国鉄改革法案成立へ踏み出してきた。国鉄労働者の三人に一人を首切るという大攻撃に、松崎ら動労カクマルは率先して協力し、その一方、二〇万組合員を擁する国労本部はまったく無方針だった。

動労千葉・一〇〇組合員は首切り覚悟で分割・民営化に反撃する労働者魂を示すべくストライキを決意していた。定期大会、支部大会、地域集会を積重ねて組合総ぐるみ、家族・親族総ぐるみの地道な下からの一一・二九ストライキ体制を構築していった。政府・国鉄当局は動労千葉ストライキを潰すために国労、動労の組合員をスト破りに動員する体制をとり、スト破りダイヤを策定した。

動労千葉は二九日午前零時からのスト突入を繰り上げ、二八日正午から二四時間ストに突入した。スト破りダイヤは大混乱し、緒戦から動労千葉が主導権を握った。当局と結託した協会派と日本共産党・革同は国労組合員を恫喝してスト破りに駆り立てた。だが国労組合員のなかから非協力を示す動きが現われ、運休が増えだした。さらに国労から五分会役員の辞任、二人の組合脱退が起こり、ついに国労を巻き込んだストへと発展した。国労津田沼分会の執行役員会は「毎日顔をつき合わせている動労の仲間を裏切れない」「国労の誇りはどこへいったのだ」という議論が続出するにいたった。それが国労本部を揺り動かし、ついに「業務命令拒否」という方針転換にもち込まれた。動労千葉二四時間ストは空前の弾圧体制をはね返し堂々と貫徹された。

他方で一一月二九日、首都圏と関西など三四地点の国鉄の通信・信号用ケーブルが切断された。その結果、首都圏で二八九六本、関西で三七八本の列車が運休、六〇〇万人に影響が出た。革共同・革命軍が全国一斉に非合法・非公然の国鉄ゲリラ戦を敢行したのだった。同時に総武線浅草橋駅において百数十人の武装行動隊が駅占拠、火炎ビンによる炎上・破壊を敢行した。浅草橋駅にいたる過程で、武装行動隊は警官隊の銃口を構えた警備を突き破り、何発もの拳銃の発砲にひるまず数カ所で激突し、駅への突入を果たした。駅制圧後の撤収過程では突入時以上の激突となり、果敢にたたかいぬいた。それは機動隊一万人を総武線沿線に張り付かせた厳戒態勢下でのたたかいだった。

国鉄ケーブル切断ゲリラ戦闘は「国鉄を粉砕した先端技術ゲリラ」「世界史的な都市ゲリラ事件」（『週刊読売』八五年一二・一五号）と日帝権力を震撼させた。浅草橋戦闘は英雄主義的にたたかわれたが、甚大な犠牲を払うものとなった。武装行動隊の少なからぬ隊員が逮捕され、うち鎌田全学連委員長ら三九被告が重罪重刑攻撃を受け、未決拘留・実刑判決で長期の獄中闘争をたたかった。また二人が全国指名手配され、時効成立の〇八年一一月まで厳しい非公然生活を強いられた。この戦闘では国鉄労働者が決起し二人が起訴されたこと、全国部落青年戦闘同志会が非常の決断をもって全力を投入してたたかったことは、特筆されるべきことである。

動労千葉の二四時間ストは、革共同・革命軍のゲリラ戦とあいまって国鉄分割・民営化問題の不正義性と矛盾を社会問題化させるものとなった。「ストライキが起きたには理由がある」「本当に労働者の生首を切るのか」「土地売却問題はどうなっているのか」などの疑問がマスコミに現われ、「労組との話し合いをすべき」「現に働いているのに余剰人員と呼ぶのは不適切」という論調まで出た。中曾根政権は打撃を受け、余剰人員対策を打ちださないかぎり動労千葉ストに続く国鉄労働者の決起が起こるというところにまで追い込まれた。

第一波ストへの処分は二〇人解雇を含む一一九人処分という過酷なものだったが、動労千葉はやり抜いた勝利感をもって前進した。八六年には二・一五第二波二四時間ストをうち抜き、八人解雇を含む二七二人処分、第一波ストへの三六〇〇万円損害賠償訴訟、さらにJR下での一二人不採用攻撃を迎え撃って進んだ。

動労千葉のたたかいは、中曾根と連合した動労カクマルの反労働者的裏切りを白日のもとにさらし、国労のなかのたたかう潮流を勇気づけた。国労は八六年の大会で「大胆な妥協」方針を決定し、労使共同宣言の締結という裏切りの道に転落したが、同年一〇月の国労修善寺大会は中闘提案否決、執行部総辞職という一大反転攻勢を決定するところとなった。

分割・民営化とのたたかい、JR下での不採用、清算事業団送りとのたたかいは、さらに一〇四七名闘争とその全国的支援陣形となって不屈に推し進められる。こうした国鉄闘争の永続的展開の戦闘的原点が、八五〜八六年の動労千葉ストによる国鉄決戦であり、それと連帯した革共同・革命軍のゲリラ戦闘であったといっても過言ではない。だがその一方、国労闘争団や動労千葉に連帯してそれぞれの職場・産別でたたかう労働者階級の決起、総評解体・連合支配に抗する戦闘的労働運動の再登場をつくり出す課題に応えきれなかった問題をどう総括するかは、なお残されている。

九〇年天皇決戦の近現代日本史上の意義

天皇ヒロヒト(裕仁)が八九年一月七日に死んだことを転機に一挙に天皇制攻撃がかけられた。同年二月二四日「大喪の礼」に始まり、九〇年一年間を通して天皇代替わり行事が展開され、それを絶好の機会として日本帝国主義支配階級は、天皇制の前面化をはかり戦後体制を天皇制ボナパルティズム体制へと転換せんとしてきた。それをもって歴史的に新たな侵略と戦争の道を押し開こうとしてきた。

天皇決戦は八九年二・二四「大喪の礼」粉砕の大衆デモと全学連二戦士による葬列突入闘争で火ぶたを切った。革命軍は四・二九宮内庁宿舎爆破ゲリラを遂行し、同時に一二波の三里塚二期工事阻止ゲリラ戦闘をうち抜いた。天皇制攻撃の本格化の前段階で三里塚二期工事を決定的に進めようとする企図に猛然と反撃をくらわせ、階級攻防を下から天皇決戦に絞り上げるたたかいだった。

革共同は九〇年、天皇・三里塚決戦のゲリラ戦争的展開に党の力量の大半を投入してたたかった。

天皇代替わりは一一・一二「即位の礼」、一一・二二〜二三「大嘗祭」、一一・二七〜一二・六

「親謁の儀」という一連の儀式からなっており、それにたいし革命軍は、年初の一・八京都御所、常陸宮邸砲撃を第一波として年間をつうじて総計四八波・一一五戦闘のゲリラ戦を叩きつけた。とりわけ「即位の礼」当日には三地点からロケット弾計一一発による皇居砲撃戦を始めとする七波・三五戦闘、さらに天皇伊勢行き東海道新幹線土手爆弾攻撃（一一・二六）、天皇伊勢行き特別列車火炎攻撃（一一・一八）を敢行した。警察権力の戒厳体制のなか文字通り死力を尽くした大中小の蜂起戦を準備し発動したのだった。なおこれらのうち直接に三里塚二期・関西新空港にかかわるゲリラ戦は一二波・二〇戦闘にのぼる。天皇・三里塚決戦として意識的に配置してたたかったのである。

天皇代替わり儀式にたいする広範な労働者人民の危機感と怒りは当初からいたるところで噴き出していた。加えて「国連平和協力法案」国会提出が具体化し、自衛隊海外派兵と一体で天皇制攻撃があることが明らかとなった。自衛隊海外派兵に反対し、新天皇即位儀式に反対する一一月共同行動委員会が結成され、労働者人民の結集軸となって全国各地で戦闘的大衆運動が取り組まれた。

九〇年天皇決戦の全容は右記にとどまらないが、さまざまな意味で歴史的な決戦であった。

一つは、二〇世紀末期の大きな世界史的転機において日本帝国主義の最後の反動的牙城である天皇制の前面化に革共同と他の党派がともにラディカル左翼の死活をかけた蜂起戦をたたきつけ、そのことで天皇制・天皇制イデオロギーにしたたかの打撃を加えるとともに、日本労働者階級人民の戦後的堡塁を死守したことである。

一方で、八九年六・四天安門事件（中国スターリン主義の政府・軍による労働者学生への鎮圧）、ベルリンの壁崩壊、ソ連スターリン主義の瓦解情勢があり、他方でアメリカ帝国主義による新たな侵略戦争の時代が始まろうとしていた。国内では、国鉄清算事業団労働者の解雇（四月一日）、一〇四七名闘争を軸とする国労や動労千葉など戦闘的労働運動の解体、連合支配の強化、ＪＲ総連カクマル

（八七年二月に鉄道労連結成、鉄労系の分裂を経て八九年二月にＪＲ総連と改称）による国労・動労千葉解体策動が激化し、三里塚二期攻撃と三里塚闘争潰滅の攻撃が強まっていた。また天皇制前面化と重ねて革共同の潰滅を狙う破防法団体解散の適用が策動されていた。それは八六年五・七宣言体制とそのエスカレーションとしての破防法団体解散攻撃であった。爆取（爆発物取締罰則）弾圧、殺人罪攻撃、フレームアップ弾圧がそこに重なった。日本階級情勢が激しい流動化に入ったのである。

そのなかで何らひるむことなく、むしろ攻勢的に天皇制打倒闘争を構築したことは、その後の階級関係を規定するものとなった。

二つは、侵略と戦争の権化である天皇、暴力的な内乱鎮圧の要である天皇を標的とする反天皇闘争が日本階級闘争の大地に決定的に定着したといえる。

三つは、天皇決戦は同時に天皇・三里塚決戦であり、かつ天皇・国鉄決戦であった。それは国家権力にたいして以上にＪＲ総連カクマルの度肝を抜き、大打撃を加えた。さまざまな困難のなかで三里塚と国鉄のたたかいが不屈に前進していく諸条件をつくり出す意味をもったことは重い。

四つは、情勢と切り結んで大衆運動を職場、大学、地域の底からつくり出していくということにはいたらず、党が先頭に立って事態を切り開くという性格を脱してはいなかった。本来ならば党が先陣をきりつつも労働者階級本隊の総蜂起を実現する方向でたたかわなければならなかった。だが革共同の力及ばず、そうはできなかった。とはいえ非合法・非公然闘争とそれを軸とする大衆行動を展開することで、戦前・戦後をとおしてはじめて現代の治安維持法＝破防法攻撃を真正面から打ち砕いた点は、日本階級闘争の歴史に深く刻み込まれるべき大きな意義をもっている。革共同はそこで破防法団体解散を覚悟したがゆえに、必要な組織的措置をとりつつ非合法化を前提とする一年間におよぶ蜂起戦にうって出ることができたのだった。

清水は「日本＝単一民族」論者

九〇年天皇決戦を清水はたたかいきったのか。

少し後になるが二〇〇〇年暮れに第六回大会議案を非公然政治局会議で事前討議した際に、九〇年天皇決戦の積極的総括、意義づけがほとんどといっていいほどなかった。そのため水谷が「五月テーゼ提起にあたって、〝九〇年天皇決戦で勝利した地平があるがゆえに五月テーゼに踏み出す〟と確認したはずである。大会なのだから九〇年決戦の地平と意義をきちんと確認すべき」と発言すると、清水は「それはまあ、いいよ」と投げ捨てるように対応した。なお納得できないというと「わかった」とだけ答えた。ところが、実際に提案され、その後加筆された大会第一報告「総括と党建設の基本的諸問題」の第Ⅰ章「総括――歴史的到達点と展望」のなかでは九〇年天皇決戦にほんの申しわけ程度にしか言及していない。それも破防法適用攻撃との関係で記述しているだけである。九〇年天皇決戦それ自体がもつ歴史的・階級的意義をまったく論じていない。九〇年天皇決戦についての主体的な表現がまるでないのである。

九〇年決戦の過程ではほんとうに無我夢中でたたかったが、振り返ってみると、清水は一体どのような積極的な政治的・軍事的指導をしたのだろうかと疑問が残った。筆者らの実感としては、それはほとんどなきに等しい。秋山からの指導もなかった。秋山は傍観していただけだ、という証言がある。それもあって、清水にははたして天皇制・天皇制イデオロギーの歴史的・今日的意味がわかっているのだろうかと疑念を抱かざるをえなかった。その後も「日の丸」「君が代」強制や歴代自民党首相の靖国神社参拝にたいする清水の日和見主義的態度がしばしば露わとなり、不信感をもたざるをえなかった。そして〇六年三・一四Ⅱがあってほどなく、次の章句を読むこととなった。

「……明治国家の極反動性を形成している。／急速な資本主義形成は、「原始的蓄積」と労働者階級の形成を暴力的に膨大に一挙的につくりだす。……ここでのすさまじい階級矛盾を外への植民地支配として突破していく。さらに内においてきわめて差別・抑圧的に（あたかも国内植民地的に）琉球処分、アイヌ支配によって、沖縄・アイヌを民族統一過程にひきこむ。／このようにして、ブルジョア資本制国家における「単一民族」の自己形成と、初期の日本労働者階級への分断としての部落差別などという差別・抑圧構造を体制化していったのである。」（〇七年一一月、二四全総・特別報告①「当面する部落解放闘争の基本的諸問題」、速見健一郎署名で『共産主義者』一五五号に再録）

右は清水＝速見が部落問題を論じている部分であり、賃労働と資本の関係からストレートに部落問題を位置づける誤り、天皇制が部落差別を不可欠の存立条件としていることを無視抹殺する誤りを犯しているが、それはここでは措くとする。清水は、琉球とアイヌは最初から「内において」の存在とみなしており、琉球、アイヌを含む近代的民族統一―単一民族が自己形成されたとしている。カッコをつけてはいるが、明治国家＝近代日本を単一民族とみなしていることがはっきりと確認できるであろう。

だが薩摩藩による琉球王国侵略・征服、明治天皇制国家による琉球出兵―琉球王国解体、琉球人民の抵抗の鎮圧、日清戦争勝利による強権的外交的決着、その後の天皇制国家への強権的隷属化と皇国臣民化攻撃の展開といった過程を「単一民族の自己形成」とするのは、それこそ天皇制国家とその琉球への暴力支配の美化以外の何ものでもない。先住民族であるアイヌの土地・北海道への「開拓」という名の侵略、原野、森林など自然環境の破壊、狩猟・漁労の権利強奪、アイヌの伝統的生活様式と諸条件の解体、いっさいのアイヌ文化の解体と強制的皇国臣民化政策、「旧土人」規定による「北海道旧土人保護法」制定、国家的差別と偏見の構造などのどこをどうみれば、単一民族の自己形成などといえるのか。驚くべき天皇制史観というほかない。それは「ブルジョア資本制国家」という規定にも明確なように、侵略と戦争と暗黒支配による明治天皇制国家形成を近代化過程と美化する俗物的近代主義であり、日本帝国主義による排外主義・差別主義・権威主義の先兵化というべき反階級的なものである。

天皇制・天皇制イデオロギーに本質的なところで思想的に敗北している清水がうわべの強がりとは逆に、天皇決戦への恐怖、天皇制への恐怖にとりつかれていたと断じてもまちがいではないであろう。それはとりもなおさず破防法団体解散攻撃への恐怖であった。

五月テーゼはじつは九〇年天皇決戦からの逃亡という動機と本質をもっているということである。

中核派の〝白鳥の歌〟

八五年一〇・二〇三里塚戦闘、同年一一・二九浅草橋戦闘と国鉄ケーブル切断ゲリラ戦闘、八九～九〇年天皇決戦の三つのたたかい以後、革共同は、革命軍の三里塚ゲリラ戦を別にして、組織の総力をあげた決戦的闘争を一つも打っていない。九二年の自衛隊カンボジア派兵阻止・小牧基地闘争は大衆的実力闘争と反軍決起としてたたかわれ、政治的流動情勢を生み出した。だが党としての決戦的たたかいではなかった。もとより大量逮捕、長期投獄、解雇など処分攻撃を安易に出すことは正しくない。だが党が犠牲を恐れずに決起しなければならない階級攻防のときは訪れてくる。階級情勢は党の成長や準備を待ってくれない。日本情勢だけではなく東アジア情勢、とくに韓国での内乱と鎮圧の激突情勢の勃発という潜在的可能性を考えるとき、無準備のまま党が蜂起しなければならないときはあるという覚悟をもたなければならない。

さすれば党の蜂起的決起が求められたこの三つの戦闘は、大衆行動の戦闘的・武装的展開（一〇・二〇三里塚）、集団戦的都市ゲリラ戦闘の貫徹（一一・二九浅草橋）、全国規模の非合法・非公然ゲリラ・パルチザン戦争の遂行（一一・二九国鉄ゲリラ戦闘と九〇年天皇決戦）においてそれぞれ頂点をなすたたかいだった。これ以上のたたかいはその後実現しえていない。いまとなっては三つの戦闘は、中核派の〝白鳥の歌〟というべきかもしれない。

革共同は党として死力を尽くした蜂起戦を打ちながら、前述のように労働者階級本隊の政治的蜂起戦を実現するにいたらなかった。それは、八〇年代のたたかいが先制的内戦戦略第二段階の規定のもとに大衆行動の全面的組織化と伸び伸びとした展開の努力を抑制してきたからにほかならない。

第3節　非公然政治局体制の破局

古参政治局員の政治的・組織的破産

七二年、二重対峙・対カクマル戦への突入は、政治局および革命軍の非合法・非公然体制への移行と一体であった。政治局のみならずどの部署にある党員も試行錯誤しながら、非合法・非公然体制の形成と展開に取り組んだ。恒常的な破防法適用攻撃、八一年一・一三フレームアップ弾圧（八〇年一〇・三〇対カクマル戦闘への弾圧）体制、八六年五・七「過激派潰滅」宣言体制が連続的に襲いかかるなかで、非合法・非公然活動でのさまざまな失敗と成功、挫折と突破、敗北と勝利の錯綜する過程を必死に進んだ。

八三年一〇月、七三年九・一七鶯谷戦闘での敗北以来の長い自己批判・降格処分から政治局員に復帰して間もない高木徹が、カクマルによって諸戦線および一地区委員会のほとんど全文書を奪われた（シルク事件）。高木はまた八六年一二月、自らが管理責任をもつ支持者名簿約一〇〇〇人分を警察に押収された（キューバ事件）。政治局員の失敗は甚大な被害を党と労働者人民に与える。結果的に敵カクマルや警察権力を利するものであり、利敵行為に等しい。

清水と政治局は高木を厳重処分にしたが、再度の降格処分とはしなかった。高木という人物への一面的な評価はもちろん正しくないが、内乱・内戦をたたかう党の最高指導部とするには危険な存在であるという高木認識（本多による厳しい処分。261頁参照）とそれにもとづく果断な組織的措置は必要だったのではないだろうか。いまにして思えば、党の最高指導部がその内部でお互いに馴れ合い、傷口をなめ合っていた。政治局の腐蝕はこういう形でも生まれていたのである。

野島三郎が八七年三月、非公然生活でのモラル問題、差別問題を起こした。政治局では白井朗が野島追及の急先鋒だった。秋山勝行が同調した。福島平和の責任下で野島の査問がおこなわれた。野島は自己の過ちをすべて認め、自己批判に取り組んだが、関係者からの厳しい糾弾は続いた。約半年後、野島を政治局員から解任、更迭し、長期の自己批判を課した。事実上の半永久的な党員権停止処分である。

筆者らが関与できない形で野島問題の検討、処理が進められた。結局、起こったことは、政治局内権力闘争のために野島の誤りを組織問題化した白井、それに与した秋山、それを黙認して消極的なポーズをとりつつ野島の政治局からの排斥を決定した清水、という構図だった。清水にとって本多の古くからの盟友である野島の存在は、集団指導体制形成に不可欠の学ぶべき対象というより、清水独断体制にとって排斥したい存在だったといえる。

戦争的重圧下で野島は政治家、組織人として破滅的な状態に陥っていた、と筆者らはみている。非合法・非公然の組織生活のあり方は、長期になればなるほどあまりにも無理を重ねるものであることは確認されなければならない。野島を弁護するのではないけれど、資質において文学者志向型である野島を長く非公然形態に置くべきではなかったのではないだろうか。野島の陥った誤り、危険を教訓化し、それをのりこえ、あるいは防止する組織的あり方をつくり出す方向で問題を解明すべきだったのではないだろうか。

九〇年天皇決戦渦中の八九年一二月、白井朗が民族問題論文（初稿）を完成させ、翌年一月に清水に渡した。これ以降、九四年二月にいたるまでの白井問題が発生する。その後、白井は党外から革共同政治局批判のみを自己目的化した活動に入る。

白井の問題は端的にいうと、九〇年天皇決戦への無関心と妨害という非組織的態度に示されるように、二重対峙戦という形で激化する階級闘争の展開についていけなかった古参指導部の自滅という問題に尽きる。八一年第五回大会で居眠りなどをし、突如脈絡なしに他の指導部を罵倒したエピソードのようなことに事欠かないのが、白井である。政治局会議でも、腰痛持ちと称して居眠り常習犯だった。

白井は、清水主導の政治局のあり方について党内民主主義の欠如と背反を指弾する。それはその限りでは当たっている。清水の先輩である白井は、ではそれをどうして七五年三・一四反革命以来ずっと清水に提起してこなかったのか。筆者らからみても清水に卑屈で従順な態度を、なぜ白井は続けていたのか。白井による党内民主主義再生論は、ただ自らの政治局員としての組織責任を回避するだけのものでしかない。白井は一貫して非公然部門の財政統括者であったが、党内民主主義のいかんは財政問題に集中する。白井は財政責任者としての自己の破産の真摯な自己批判から議論を始めなければならない。もしそうするならば、生産的な議論ができたかもしれない。だが白井にはそれができなかった。なぜなら、白井自身が党内民主主義の抑圧者だったからである。

とりわけ吐き気をもよおすのは、白井が同志であり、盟友であった本多への誹謗中傷、人格攻撃に熱中したことである。この点は除名された白井に共感、同情する人にしてもほとんどが「品格を疑う」と感じている点である。

さらに驚くべきは、白井という革共同創成期世代における日本民族主義への舞い戻りである。白井執筆の「日本人の民族性について」（『マルクス主義と民族理論』所収、社会評論社、〇九年四月）はその満展開である。何と「日本民族が誇りと自信を回復すべき」と提言しているありさまである。九〇年天皇決戦に背を向けたのもなるほど、と肯ける。

関連して特筆すべきは、黒田寛一の天皇制・天皇制イデオロギーへの帰依、天皇制国家による侵略戦争の美化である。黒田は恥ずかしげもなく詠っている。「鎮守にて武運長久祈りしも武運つたなく辛びし屍」（『自撰黒田寛一歌集　日本よ！』こぶし書房、〇六年八月）とは解説するまでもない。黒田軍国少年は何の主体的省察の契機もなく、そのまま大人になったのである。それを麗々しく飾り立てるカクマルもまた、戦後主体性論争とはまったく無縁だったということである。

いま一つ特筆すべきは廣松渉の大東亜共栄圏まがいの大アジア主義である。最晩年に「日中を軸とした東亜の新体制を！　それを前梯にした世界の新秩序を！」（朝日新聞夕刊、九四年三月一六日）と提言したことはよく知られている（ちなみに、廣松は白井と伝習館高校同級生）。

本題ではないのでこれ以上言及しないが、先の清水の「日本＝単一民族」論と合わせて、日本の反スターリン主義・ラディカル左翼の抱える最も鋭い思想的課題の一つが、天皇制・天皇制イデオロギーと根源的に対決しうる共産主義の理論と実践とその思想の構築であることを銘記しなければならない。清水、黒田、白井、廣松を含め五五〜五八年世代、六〇年安保世代の少なからぬ者が、そこで思想的に完敗しているのである。

秋山による最悪の組織的犯罪

秋山勝行問題は政治局員による最悪の組織的犯罪であり、清水政治局の最大の敗北である。だがその秋山は一一年八月、破廉恥にも清水と天田が復権させ、公然と活動している。

清水が病で倒れた九二年五月以降、秋山が清水代行となって指導責任を負った。そして九四年三月、秋山は自らの男女関係での腐敗問題を告白した。政治局はただちに査問を開始した。清水は闘病生活を打ち切って活動に復帰し、問題の糾明に加わった。男女関係の問題が多額の公金の私的流用=横領をともなっていたことが、明るみに出た。秋山は八〇~九四年にかけて中央軍事委が管轄する資金の個人的抜き取りをくり返し、驚くべき乱脈財政を続けていた。それは非公然形態を隠れ蓑とする、長年にわたる腐敗した男女関係の維持のためだった。それは総額一億円にのぼる。その犯罪にはすでに七〇年代に手を染めていたことも判明した。秋山における腐敗の根深さに政治局は驚愕し、かつ怒りを爆発させた。

政治局はただちに秋山を解任し、真相の徹底追及、秋山への弾劾と自己批判の闘争に取り組んだ。関係部署と一定の指導層、政治組織局には秋山問題を報告したが、全国委員段階で報告・討議することはせず、党内への公表は避けた。秋山には横領した金員の返還と根本的な自己批判を課し、一労働者として働くことを決定した。その他、秋山が人間として道義的に果たすべき最低限の行為をさせた。秋山は政治局決定に従い、自らの労働をもって少額ずつながら横領金の返済を二〇一〇年代初期まで続けた（少なくとも筆者らが離党した〇六年半ばまで履行された）。それは一億円のほんの一部であり、その程度で政治局員・中央軍事委責任者たる者の重い罪を償いうるとはとうていいえないが、秋山がその期間、ひたすら汗水流して働いたことは事実である。

本多書記長虐殺以後、中央軍事委の総責任者である秋山が二重対峙・対カクマル戦の七〇年代、八〇年代から九四年まで腐敗にまみれ、政治的・組織的・思想的堕落の底に転落していた。形容すべきことばもない衝撃的事態である。

腐敗した秋山は秋山個人ではない。秋山問題はそのまま政治局問題である。秋山は非公然体制のシステムを悪用することで自らの犯罪をなした。その意味で秋山の犯罪は組織的犯罪である。秋山が横領した一億円はすべて労働者人民と党員が拠出した革命勝利への貴重な志のこもった金である。秋山の党的に逸脱した所業という形で、革共同政治局は労働者人民と党員の信頼を裏切ってしまった。土下座して謝って済むものではない。それに照らすならば、筆者らを含む政治局が秋山問題でとった右の組織的措置がはたして適切だったかどうか、教訓化が何もなされなかったのはなぜかという問題は改めて考え直さなければならない。

秋山問題は何を突き出しているのだろうか。

秋山は政治局員・中央軍事委責任者という組織的地位を悪用して財政と人事を特権的に支配し、他の政治局員に隠れて、また当該党員たちを黙らせながら、長年にわたって組織的犯罪を続けた。その秋山を政治局という一個の細胞は何ら点検せず、秋山に自らの犯罪への思想的・道義的な反省の自覚を促すこともできず、放置した。共産主義者の党といえども少数の最高指導部は組織内の権力者である。財政と人事を独占的に握り私物化することは、いわば絶対的権力者を意味する。「権力は腐敗する。専制的権力は徹底的に腐敗する」という警句（ジョン・アクトン）は残念ながら、秋山問題に当てはまる。

筆者らは清水とともに、問題発覚時に政治局内で秋山を追及した。それはまさに秋山打倒闘争であり、同時に自らを厳格に律するための闘争だった。たしかに財政と人事を一人に特権的に集中するあり方を廃し、財政の分散、人事の集団的検討という本多以来の考え方を再確認はした。だがそれを政治局内で明確に痛恨の教訓事として確認することはしなかった。秋山問題を極秘事項とし、秋山問題の組織論的反省に蓋をした。政治局としての自己批判を回避したのである。それは重大な誤りだった。自己批判しない権力者集団は新たな腐敗を生むだけであるという自覚を欠いていた。

また秋山による財政と人事の私物化は党の非合法・非公然体制の名で容認されてきたのだった。少なくともいえることは、革命闘争における非公然生活の維持・継続は、その否定面、悪弊、特権化への痛烈な組織論的自覚を欠かしてはならないのである。秋山の告白の数々は、彼が七〇年代以来、徐々に、そして一挙に人格、資質、思考方法、思想のすべてにおいて歪みに歪んできたことを物語るものだった。秋山問題をどうのりこえるのか、どうすれば繰り返さないことができるのか、どう防止するのかの教訓化は、非合法・非公然体制づくりの絶対不可欠の条件である。それなしに「非合法・非公然体制の必要性」を語ることは許されない。

秋山しかり。清水もまた、長きにわたる非公然生活（四十六年間もの長き！）によって歪んでしまっていることは、本書でくり返し言及しているところである。

その秋山はいま復権し、秋山問題などなかったかのように平然と大手を振って活動している。「伝説の全学連委員長が登場」などと喧伝しつつ。清水と天田は、三・一四Ⅱをもって政治局員を次々と粛清し、中野（一〇年三月）、北小路（一〇年一一月）が相次いで死んだ後、〝まだ立派な指導者がいますよ〟といわんばかりに秋山を前面に押し出した。かつての秋山問題の事実の党内公開も、秋山の謝罪と自己批判も、政治局の自己批判的総括もまったく何もしない形で、秋山を復権させた。政治党派の原則も、組織のけじめも何もないのである。清水、天田ら政治局は秋山の組織的犯罪をまさに合法化するという新たな階級的犯罪を犯している。言語道断の所業である。

不運の陶山健一を切り捨てた清水

陶山健一は九七年一月、難病を抱え無念の死を遂げた。享年六〇。筆者らは、七四年秋に病に倒れて以後の陶山の姿をほとんど知らない。ただ一つ、どうしても書き記さなければならないことがある。

陶山が病状悪化のため非公然形態から公然形態に移行した際、三里塚現地にいた時期がある。陶山は明るく振る舞っていたが、あるとき、岸一人にこう語った。

「非公然生活では特別の支援体制はなかった。ほとんどすべて一人でやっていた。地方の旅館に住み込みでの働き口があり、そこでもっぱら布団の上げ下ろしの仕事をしていた。病気治療があり、きつい仕事だった。」

陶山はいつもの穏やかな笑みを浮かべながら、淡々と語った。そして「東北を中心に全国の温泉旅館を廻っていたので地元の酒を味わい、酒の研究をしていた」といって、地酒ラベルを蒐集したファイルを岸に見せたのである。それを聴いた岸は仰天し、二重に衝撃を受けた。陶山にそうした生活形態を強制したのは清水にほかならない。清水は陶山を何と考えているのか、清水は何という同志の扱い方をする人なのか、と。だがそのような過酷な境遇でも、趣味を見出し、むしろ愉しんでいた陶山の人間性を改めて尊敬しなおし、驚嘆したのだった。

革共同はカクマルによって本多を虐殺されたばかりではない。本多に次ぐ位置にあった陶山を倒されたのであった。陶山は対カクマル戦下で非公然形態の活動を展開するとともに、党の代表者としてしばしば公然と大衆の前に出る任務を担った。あえて軍事的危険に身をさらしながら、政治局の任務を遂行しようとしたのだった。その陶山をカクマルは狙ったのだ。

七四年秋以降、陶山は政治局員のままではあるが、指導部としても、一人の党員としても、第一線から退かざるをえなかった。厳しい難病の発症が重なり、不運としかいいようがない。その陶山を権力とカクマルから守ることは、革共同の非合法・非公然体制の任務の一つだった。誰もがそのように非合法・非公然体制が機能しているものと信じていた。ところがじつは、陶山は一人にされて投げ出されていたのだった。

政治局員であり病身の陶山を何の財政的、人的な援助体制もとらずに放置したことは、陶山への裏切り、切り捨てである。清水は陶山の政治局員としての復活を願っておらず、排斥したかったがゆえに、そうした理不尽をおこなった。それは一個の組織内犯罪ではないのか。清水やそれと同罪の白井、秋山などの政治局員に、岸は強い不信と疑問を抱いた。清水に対カクマル戦を語る資格があるのか。岸はそのことを清水に直接、質したが、何の返答もなく、沈黙をもって無視された。ただしその後の政治局会議で、清水から「陶山の防衛体制には問題があった」という発言だけがあった。清水は党首としての自らの誤りを十分に自覚していたのだ。だが何の反省の弁もなかった。岸も水谷も嫌な気分にさせられ、闘争意欲をそがれた。

いまとなっては、組織問題として闘争しなければならなかったと強い自責の念にかられる。陶山には申し訳ない気持ちで一杯である。

清水を中心とする政治局体制が孕んでいた誤り、腐敗は、右の一点にも凝縮的・象徴的に示されている。それゆえここに、亡き陶山健一を追悼するとともに、革共同政治局の敗北とその腐蝕を徹底的に自己切開、自己批判しなければならないと決意するものである。

第10章　九一年五月テーゼの虚実

第1節　五月テーゼが党内亀裂・路線的混迷を加速

清水＝中野密約から始まった

五月テーゼ「党建設とりわけ労働戦線における党建設の前進のために」について総括する場合、まず指摘しなければならないことは、一九九〇年一〇月に清水・中野会談がもたれ、そこでの議論があって一二月文書が作成され、それが五月テーゼ（当初は「五月ガイド」と称した）となったということである。

一〇月清水・中野会談は折りしも九〇年天皇決戦のとき、中野の要請でもたれた。中野は小西誠と意見交換し、ゲリラ戦を中心とする天皇決戦の展開に反対であった。大衆運動に力点をおいたたたかい方を求めた。会談では、中野は、一方では動労千葉と労組交流センターを率いて、他方では小西誠の存在とその力を引き出して大衆運動にうって出ることを提案した。清水は中野にたいして、中野が革共同の大衆運動再建の先頭に立つことを要請し、両者は合意した。その一〇月会談のことは政治局だけではなく一定の指導層には明らかにされていたし、中野が種々な場で公言したこともあり、党内では知られていた。中野の意見と要求を容れた内容で清水が一二月文書を書いたものと理解されていた。筆者らもそう考えていた。だがそこには重大な秘密があった。すなわち、そこで清水が重大な戦略的転換を「決断」したこと、清水＝中野密約と呼ぶべきゆゆしき確認事項があったことが隠されていた。

それは第一に、「血債主義」を破棄する。第二に、先制的内戦戦略の第二段階のたたかい（八一年から一〇年間）を清算し、ゲリラ戦争路線を放棄する。第三に、七〇年代世代の学生出身の指導的幹部を政治局や政治組織局から排除するための「世代交代」を進める。これらが密約の中味である。中野は同会談で「要求が容れられないなら革共同を辞める。辞めるだけでなく革共同とは離れる」と清水との取り引きに脱党の恫喝を使った。清水は屈服し、三項目を認めた。清水は決断したものの、路線転換の理由を党内にどう説明するのか苦慮していたため、これらを二人だけの確認にとどめるよう中野に言いふくめた。中野が脱党の恫喝を手段としたことはその後、中野自身や大原が労対会議その他で漏らしている。

右の密約の存在は事実であるが、筆者らは一〇年間以上も認識していなかった。筆者らが感づいたのは、第六回大会の少し後の〇二年前後であり、それ以降だんだんと疑問を深める契機がいくつかあった。そして〇六年三・一四IIの後に決定的に確信し認識することになった。清水＝中野密約についてははじめて公表することであり、ほとんどの党員・旧党員は気づいていないと思う。ここでは行論上、五月テーゼの源が七か月前の清水・中野会談とその密約であることだけを確認する。

なお「血債主義」というタームは中野の造語であって、革共同は現代における差別・抑圧とのたたかいを七・七自己批判路線（七・七路線）もしくは血債の思想と規定してきた。それを全否定する意味で憎しみをこめて「血債主義」と呼ぶのは中野に発し、中野だけが使用してきたものである。強いていえば、カクマルが革共同の七・七自己批判路線を「被抑圧民族迎合主義」と罵倒するのと、思想的には一脈通じるものがある。

実際、この時期に党の動労千葉細胞や労対との討議あるいは全国労組交流センターでの論議において、中野がもし「血債主義は捨てるべきだ」と発言したら、中野は「カクマルみたいなことをいっている」と、ほとんど誰からも信頼されず、侮蔑されただけだろう。それが誇張ではない証拠に、中野も形式上は同意した次の文章をみてほしい。

「未組織労働者をはじめ、争議団・下請け・パート・派遣労働者、女性労働者など資本の搾取と差別・抑圧に苦しむすべての仲間と連帯し、その生活と権利を守るために闘う。国鉄清算事業団四千名の仲間を支援し、連帯して闘う。アジア人労働者への無権利状態の強要と強搾取に反対し、排外主義を許さず真の国際主義の立場から連帯して闘う。また、反戦、反基地、反原発、反安保の闘い、三里塚をはじめとする農民の闘いや地域の住民・市民運動と連帯して闘う。差別と侵略の象徴である天皇制・「日の丸」「君が代」支配に労働者人民の怒りは高まっている。……天皇制攻撃と対決し、自民党政府の暴挙を断じて許さず闘いぬく。……資本の強搾取と差別・抑圧を断じて許さず、労働者の未来を自らの手で切り開こう。」（八九年二月、全国労組交流センター結成アピール）

すなわち差別・抑圧を許さない、排外主義を許さない、アジア人労働者と連帯する、差別と侵略の象徴・天皇制と対決する――これが革共同系ではない労組活動家も含めた現場の戦闘的労働者・労働組合活動家たちに横溢していた精神であり、共同の決意であった。

ところが、中野の唱えた「血債主義の破棄」が清水＝中野密約から一七年後の〇七年七月テーゼをもって革共同の公式タームとなったのである。加えて『革共同五〇年史』では、意図的に党史を偽造し「血債主義派との党内闘争の歴史」が革共同史のモティーフとされているありさまである。

清水によるクーデターとしての五月テーゼ

次に指摘しなければならないことは、労働者党建設への重点移行という新方針文書は清水・中野会談の二カ月後の同年一二月の政治局会議に提出されたが、清水によって、四月統一地方選挙―杉並区議選挙闘争が終わるまで組織的討議を凍結されたことである。

一二月政治局会議では、積極的な賛成意見は出なかった。秋山は苦虫をかみつぶしたような顔で、めずらしく発言しなかった。承服していないからである。岸が「これほど重大な方針提起なのだから、大会か全国委員総会を開いて討議し、そこで決定するのが筋だ」とかなり強硬に主張した。岸は内心では新方針に強く反発していた。岸はまた「革共同がここにいたるまで責任をとってきた三里塚闘争がいざ非常時となったらどうするつもりなんですか」と食い下がった。北小路は賛成の立場であったが、文書の取り扱いについては岸の言に同調する発言をした。天田は「賛成」という意思表示だけしたが、それ以上の言葉を接げなかった。水谷は文書の叙述に矛盾があると感じて、清水の真意がどこにあるのかはかりかねた。「先制的内戦戦略路線を発展させると書いてあるが、それが真意と考えていいんですか。九〇年天皇決戦を積極的に肯定した上での提起ですよね」と聞いた。清水は黙ったまま、高木が清水に代わって答えたが、不明瞭な発言であった。

そして、清水が「討議凍結」を宣言した。「方針上の重大な問題であるので、杉並選挙を始めとする統一地方選挙闘争に全党の力を注がなければならない時期に討議すべきではない」というのがその理由である。そのため、政治局会議では一二月文書の採択を決議せず、政治局会議の後、主要な指導部には下ろすが、討議は封印するとした。なおこの時点では中野はまだ政治局員ではない。

年をこえて四月選挙の結果が出るや突如（まさに突如！）五月に、前述の一二月文書が指導部における組織的討議のないまま、何よりも政治局決定がないまま全党に下ろされた。それが五月であったため五月ガイド（後に五月テーゼと称す）と呼んだが、正しくは「一二月文書」なのである。

いずれにせよ、この経過が明らかなように、新方針反対論を封じる形で、清水（実は清水＝中野）のクーデターとして五月テーゼ方針が全党に既成事実化されたのである。

第五回大会のときも清水はクーデター的に議案提起をして、路線転換を進めようとしたのであった。五月テーゼでもそれをくり返したのである。

五月テーゼの意図的な誤読の誘導

いま一つ指摘しなければならないことは、五月テーゼの内容に関する誤解と歪曲が、最初に提起された段階でも、その後の過程でもずっと自覚的・無自覚的になされてきたということである。それは、筆者らが離党した後、今もなお続けられている。

五月テーゼは直接には、労働戦線における党建設に重点を移行するという組織建設方針の提起である。これが核心である。その本音は、先制的内戦戦略を清算して革命軍戦略に終止符を打つこと、「戦闘的大衆運動」、正確にいえば平和的・合法的大衆運動カンパニアに重点を移すことにある。これが五月テーゼの隠された本質なのである。

つまり一面では、五月テーゼはあくまでも労働者の党を建設しようという方針書であり、政治路線を提起したものでもなく、労働運動路線を提起したものでもない。「労働者階級のなかへ」「大衆のなかへ」が五月テーゼの象徴的スローガンであるが、その集約点は労働者細胞を組織することに置かれている。他面では、労働戦線に党を建設することにつながるのであればどのような方針でもいいという発想の上で、さしあたっては反戦闘争の推進をとおして労働戦線に党をつくるという構想なのである。それが現場で受け止められたとき、労働運動重視への移行となっていったのである。『前進』改革が決定され、紙面全体が労働運動重視へ大きくシフトしていった。端的にいうと、五月テーゼ自体のロジックは〈先に党建設・後で大衆運動〉ということであり、党づくりの自己目的化、党づくりへの大衆運動利用主義なのである。ここに五月テーゼの根本的な欠陥と限界がある。

くり返すが、五月テーゼを「労働運動路線への転換」を打ち出したものとするのはまったくもって事実に反する。それは、意図的な誤読への誘導以外の何ものでもない。

五月テーゼを改めて読み返す

五月テーゼの内容を、清水丈夫執筆の五月テーゼ関連文書から引用して確認しておく。これらは公表を前提としない四本の党内文書であるが、『清水丈夫選集』を編むにあたって第一〇巻に収録された。あくまでも党内確認であるため、大衆的に打ち出したのが六月であったことから、その後しばらくは「六月の挑戦」と呼称した。

「先制的内戦戦略がまちがっているからそれを「やめて」または「後退させて」、党建設とりわけ労働戦線での党建設にとりくむのでは断じてなく、まったく逆に、先制的内戦戦略の圧倒的成果のうえに、まさに先制的内戦戦略のきりひらいたものの土台のうえに、先制的内戦戦略を内外の激動的、流動的情勢に対応しきれるようにいっそう本格的に発展させるためにこそ、いま、党建設とりわけ労働戦線での党建設を提起するのだということである。」

「これまでのわれわれの先制的内戦戦略はどんな限界をもっていたのであろうか。／……先制的内戦戦略の貫徹を、党建設とりわけ労働戦線での党建設として結実させていくたたかいにおいては、きわめて不十分な現実に甘んじなければならなかった。……／この点であえて総括すれば、すぐれて党指導部の指導能力に歴史的限界があったのだと言える。もちろん、党全体の歴史的未経験ということであるのだが、やはり工場・職場の労働者同志の苦闘に十分対応した指導をなしえなかった指導部と指導を限界として総括すべきである。」

「……党の指導の歴史的大飛躍にむかって、断固として挑戦しなければならない。具体的にい

えば、（以下は主要フレーズを引く）
①労働者階級全体に直接に働きかける組織戦術、運動方針を形成・確立する。
②党建設の根幹に労働者細胞の建設という課題を断固すえつける。
③そのためには、第一には、労働者階級のなかに共産主義的政治の全体を断固として提起し物質化していく。第二には、労働組合運動（的レベル）のたたかいを重視していく。……労働組合運動の単純な延長線上には党は建設できないが、反対に労働組合運動の広範な展開と結合しないなら、党は本格的には形成できないと言ってもいい。三全総（革共同第三回全国委員総会、六二年）の「戦闘的労働運動の防衛と推進」という路線をラセン的に再確立していく。
④党中央のあり方、中央労働者組織委員会のあり方、地区委員会のあり方、産別委員会のありかたについて、全体として計画的なかたちで指導方針をうちだす。
⑤リアルな改革としてうちだす。三里塚等の「戦時的動員戦的」要素と党の勢力の再配分の問題、財政活動の問題、各種の非合法・非公然体制の指示・支援活動の問題を解決する。
⑥労働戦線での党建設政策とりわけその一環としての組合政策をつくりだしていく。そのために党中央を決定的に変革する、中央機関紙を大変革する、全国労組交流センターのたたかいを重視する、反戦共同行動委員会を強める。
⑦重点的な労働運動拠点づくりを進める。」（以上、五月テーゼ第一文書「党建設とりわけ労働戦線における党建設の前進のために」から）

五月テーゼの特徴と核心点

右の五月テーゼの特徴と核心点を確認しておく。

第一の特徴。これら引用文は、誤解の余地なく明瞭に労働者党建設路線への転換、それも党づくりの自己目的化への転換を表明している。「労働組合運動の広範な展開」や「労働組合政策をつくりだすこと」も、労働戦線での党建設のために利用するという趣旨を露骨に書いている。「このまま で行くことは党の死」「絶対的飢餓の現実」とまでいって労働戦線における党建設に重心を移すというのだから、先制的内戦戦略―革命軍戦略の放棄を意味していると受け止めてもおかしくない。

実際、五月テーゼの秘密（清水＝中野密約の存在）がわかっている中野は、関東圏委員会議長・木崎冴子には密約の存在を匂わせていた。そのため木崎は関東圏委員会の会議で正式発言としてはっきりと「五月テーゼは武装闘争を止めたという表明だ。今後はこれでいく」と語った。それを伝え聞いた少なからぬ幹部、党員が混乱してしまった。中野の示唆は木崎を通して当然、天田も知らされていたのはまちがいない。

そうかと思うと、五月テーゼ自体は「先制的内戦戦略―革命軍戦略を本格的に発展させる」ことをくり返し強調し、論旨に矛盾がある。右の視座からも、左の視座からも解釈することができる。

つまり、清水は路線転換に舵を切るという真の動機をひたすら押し隠そうとした。そのため、玉虫色の文章を意図的につくったのである。なぜそんなでたらめなことをやったのかは、後述する。

第二の特徴。五月テーゼはあくまでも内部文書であり、対外的には「六月の挑戦」と称した。「六月の挑戦」論としては、反戦闘争―朝鮮侵略戦争阻止路線を前面に押し出すものとした。この意味で五月テーゼは路線的には、反戦政治闘争路線の前面化である。佐藤芳夫（元中立労連議長）と中野洋と小西誠が呼びかけて反戦共同行動委員会を結成したのが五月一八日である。中野と小西が運動の前面に立って、反戦共同行動委員会の運動を推し進める態勢をつくった。労働戦線としては実態的には、労組交流センターに集約していくものとした。その柱に動労千葉を位置づけた。

すなわち、ここで「三全総路線のラセン的再確立」というときの中身は、〝反戦闘争をたたかう労働運動〟をめざすということなのであり、中野自身がそれを要求し、推進した。「経済闘争はむずかしいんだ。組合の経済闘争を指導できる奴などめったにいない」というのが当時からの中野の持論であった。そしてそれはその通りなのである。「三全総路線のラセン的再確立」について『革共同五〇年史』などでしきりに組合主義的な脈絡で語られているものは、〇三年新指導路線以後にとってつけた説明である。

第三の特徴。清水は労働運動についての見識がゼロであることを致命的に自己暴露した。「五月テーゼは労働運動路線への転換をうち出した」という誤解がいかに作為的なものかは、原文を読めば明らかであるが、真逆なことに五月テーゼには労働運動論が完全に欠如している。党の主体的なたたかいとして労働運動を推進するとか、労働組合運動に取り組むとかいうフレーズがまったくない。そもそも労働運動という概念が措定されていない。労働運動、労働組合の重要性を少しでも論じた記述はまったくない。前述したように、すべて党建設が動機であり目的になっている。

それにしても、読み返してみてここまでひどい文章だったのか、と暗然たる思いに襲われる。そこを認識できなかった当時の筆者らの思想的空洞化のひどさを省みて言葉もない。

第四の特徴。清水は五月テーゼをめぐる政治局討議を封印したのだが、唯一、政治局会議で清水が確認し、中野も渋々承認した点がある。それは、三里塚ゲリラ戦争方針を継続・強化すること、三里塚が非常事態を迎えたときには躊躇なく全党の力を決戦的に投入すること、という付帯決議でである。五月テーゼ第四文書では、その政治局付帯決議を反映させて、三里塚闘争の戦略的な大きさ、そこに党の力を投入することの必須性を何カ所かで強調している。

第五の特徴。第五回大会（八一年）以後の一〇年間のたたかいおよび党建設についての総括を完全にネグレクトしたものが五月テーゼである。清水は新路線あるいは新方針を提起したにもかかわらず、一〇年間の自らの指導の総括を意図的に欠落させたのである。

清水は「先制的内戦戦略の限界」「絶対的飢餓の現実」という問題を突き出した。それは誰にとっても衝撃的な確認であった。八五年秋を頂点にそれ以降の党勢の急激な衰退、軍と非公然体制を維持する財政的負担の過重がすでに限度を超えていた。だから、それは清水自身の自己批判として突き出したものと誰もが感じとった。けれども、すでに第五回大会をめぐる組織論的な歪み、先制的内戦戦略の理論と路線における動揺、その清水を権威主義的に立ててきた政治局の腐敗といった諸問題を本書において検証してきた認識から五月テーゼをとらえ返すと、清水の居直りと自己保身の姿はあまりにも明らかではないだろうか。これら引用文をよく読むと〝清水は正しい指導をしてきたが、清水以外の党指導部が未経験であり、未成熟であり、指導能力がなかった、そこに限界があった〟といっているのがよくわかる。

一〇年間、いや本多虐殺以後の一六年間の政治的・組織的・思想的な総括をネグレクトし、そこにおける党首たる自己の指導の動揺と破綻についての一片の自己批判なき「新方針」など、自他を欺くものであり、根本的に新方針たりえなかったのである。

清水はなぜ路線転換に舵を切ったか

ではなぜ清水は先制的内戦戦略—革命軍戦略を清算することにしたのか。なぜ五月テーゼ（じつは一二月文書）という、右にも左にも解釈できる玉虫色の文章を作成したのか。なぜかくも重大な路線転換を組織的な熟議を禁止し、形式的な手続きすら無視して、文字どおりクーデターの手段をもってことを進めたのか。あまりにも異常なことであり、不自然なことであり、理解を超えるといわなければならない。筆者らも長いあいだ解明できないできた。だがいまや、それすなわち五月テーゼ転換の真の動機がくっきりと明らかになってきたと考える。

二つの側面を指摘する。

一つは、九〇年天皇決戦の右翼的な清算と日本革命からの戦線逃亡である。こう書くと驚く人も少なくないだろうが、それを証明するのはじつに簡単である。すなわち、『革共同五〇年史』の清水執筆の「序章　党の革命で革共同は本物の党に飛躍し21世紀革命への新たな挑戦を開始した」をみよ、ということである。そこには、天皇決戦の「て」の字もない。八九年一月から九〇年いっぱいまでほぼ二年間にわたる天皇決戦。破防法適用＝革共同団体解散をねらう執拗な治安弾圧と対決しそれを打ち破って決死の思いでたたかいぬいた天皇決戦。この革共同の存亡をかけた決戦についての記述がきれいさっぱり掃き捨てられている。ほんとうに何もないのだ。この歴然たる事実がすべてを物語っているといっていいであろう。

じつは清水は、九一年新年号巻頭論文、九二年新年号巻頭論文、さらに一九全総（九五年）の議案では、九〇年天皇決戦に肯定的な総括を与えたにもかかわらず、二〇全総（九七年八月）の議案では一カ所だけしか触れなかった。そして第六回大会（〇〇年一二月、〇一年三月）の議案では一言も書かなかった。この点は前述のとおりである（第9章第2節）。

同じことは、一九八五年の一〇・二〇三里塚決戦、一一・二九国鉄ケーブル切断ゲリラおよび浅草橋戦闘にたいする清水の態度にもいえる。

つまり、こういうことである。清水は九〇年決戦や一〇・二〇三里塚、一一・二九ゲリラ・浅草橋といった武装的大衆運動や集団戦的闘争、先鋭なゲリラ戦をもうやめにしたかったのである。なぜなら、そうした対権力の戦争的対決が破防法を頂点とする弾圧の強化をもたらし、自分の非公然的存在形態を脅かすこと、逮捕・投獄につながることを極力避けたかったからである。それが五月テーゼの真の動機であり、隠された本質である。その清水の心情は九〇年天皇決戦の最中に形成されたとみるのが正解であろう。

問題は戦術的な選択のレベルのことではない。天皇制攻撃との対決、天皇制打倒のたたかいは、日本革命における権力奪取とそのもとでの政治革命・社会革命・文化イデオロギー革命の究極的達成課題である。その天皇制打倒をめざす九〇年天皇決戦の右翼的清算はそのまま日本革命からの戦線逃亡以外の何ものでもない。

清水は負け犬となったのである。負け犬が一度巻いた尻尾はもう元に戻らない。この点を確認しなければならないのは、まことに悲しく情けない。だがこれが、革共同政治局史の真実なのである。

五月テーゼと清水＝中野密約の関係

五月テーゼ転換の真の動機のいま一つの側面は、清水＝中野密約にある。

そもそも政治局における中野洋問題という特殊な次元の問題があるのだが、それはひとまず措く。前述したように、五月テーゼの源は九〇年一〇月の清水・中野会談とそこでの三つの密約であった。その三つとも中野の側からの要求であり、それを清水が呑んだものである。中野の三つの要求は、六〇年代以来、とくに七〇年代と八〇年代の革共同の歴史を清算するに等しいことである。そればかりか、労組交流センターの結成目的および運動路線からも逸脱したものである。そういう破天荒な要求を出した中野という人物が、革共同にあって異質な存在であり続けたことを現わすものである。もとより、異質であることが非難されたり、排斥されるべきことではない。

しかし、その中野に清水は屈服したわけである。清水が要求を呑んだからこそ、中野は清水の要請（革共同を背負って大衆運動の前面に立つという要請）に応えたのである。だからこの側面からいえば、五月テーゼ（一二月文書）は中野主導で打ち出されたものといっていい。

同時にまた、中野の要求は清水の路線的な動揺と思想的空洞化を衝いたものであり、だからこそ清水は中野に乗るという選択にふみきったといえる。

つまり、中野に乗るかどうか、清水は迷っていた。その清水に中野は、〝脱党の脅し〟をかけた。中野は後の〇二年七月に政治局会議をボイコットして明白なる脱党の脅しをかけた事実があり、ここで最初の試みをやったのである。中野の脱党の脅しに、清水は屈服した。重要なことは、今から振り返ってみれば、中野の脅しと要求は、迷っていた清水にとってじつは渡りに船だったということである。

中野とのあいだでたしかに密約を交わした。けれどもその密約を実行するかどうか、実行するにしてもどういう形で、どの時期に実行するかは、清水が決定権をもっているのである。密約の不履行の可能性も含めて、中野は清水に下駄を預けるしかない。この時期の中野には、そこを押して承認させるまでの政治局にたいする発言権はなかった。しかも労働者党員にむかって中野が自らの三つの要求を説得できるような組織状況ではなかった。それは中野もわかっていた。

かの密約は、革共同そのものの清算に等しい異様な要求を出して呑ませたという中野の主導性の側面と、にもかかわらず清水が最後の決定権を握っているという清水の主導性という二つの側面が拮抗しており、両者のあいだには鋭い緊張があった。だから密約でなければならなかったのである。

中野が動労千葉防衛原理で分派活動

では中野洋という存在をどう評価するのか。

中野洋が動労千葉地本書記長になったのが七三年、委員長に就任したのが八三年である。それ以前は動労千葉青年部のリーダー、マルクス主義青年労働者同盟の有力な幹部の一人であり、党中央と一体となってたたかう意志をもった存在であったといえる。しかし組合書記長とくに委員長に就任して以降の中野は、国鉄分割・民営化攻撃に直面し動労千葉の先頭に立ってたたかうなかで、動労千葉を守ること、そのために動労千葉支援に党を利用することを政治・組織原理にしてきたのである。この点こそ中野問題のアルファでありオメガである。清水＝中野密約をめぐる中野の側の狙いはまさにこの動労千葉防衛唯一原理にのっとったものであるということができる。

付言すると、中野は本社政治局会議や全線委員会（国鉄労働者委員会、国労と動労の両方の労働者党員が参加する産別指導委員会）などで「労働者党員は〝自分が党員として党の路線を貫くことと組合員として組合のなかでたたかうこととの矛盾にぶつかって悩んでいる〟とよくいうが、オレはそんな二律背反というようなことはない。オレのなかではずっと党と労働組合は一体だ」としばしば語っていた。まことに中野の傲慢さ、我田引水ぶりを示す発言である。

なぜなら、七三年九月に対カクマル戦の戦略的防御のたたかいに入って以降、革共同は動労千葉細胞を特別に位置づけてきた。他の労働組合や他の産別では防御戦のあり方として労働組合運動から一斉にほとんど退いていったなかでも、そうはしなかった。動労カクマルとの対決の最前線に動労千葉が立っていたからである。動労千葉を支え、中野を支えるために、革共同は唯一特例的にさまざまな組織的措置をとってきた。だから中野は、他の産別・職場の労働者党員が職場活動をほとんど放棄せざるをえなかった現実、そこで払った犠牲の大きさに思いをいたさなければならないはずである。戦争重圧と格闘し、献身的にたたかった数多の労働者党員の支援によって自分と動労千葉が支えられたことへの感謝の姿勢をもたなければならないはずである。ところが中野にはそれがないのである。

次に、中野洋は、革共同全国委員会結成以降、黒田寛一による分派活動と組織的分裂をのぞけばはじめて革共同の内部に分派をつくり、分派活動をとおして革共同を別の党に変質・移行させようとした人物だということである。

中野は、動労千葉防衛唯一原理であるがゆえに党内で意識的な分派活動を執拗に展開し、自己の目的を達しようとしたはじめての存在であったということができる。そしてその隠れた協力者が清水丈夫だったのである。このことを筆者らも現時点でようやく直視できるようになった。

中野が党中央に対抗して分派づくりをしていたことは事実である。たとえば九三年二月ころ、中野はWOBの一部と地区の労働者党員を選別的に集めた一五人ほどのフラクションをもった。そこで中野は「議会闘争など意味がない。党が労働運動をやろうというときに何が都議選闘争だ。選対指導部は何もわかっていない。表の党の指導部を取り替えないとダメだ」と力説した。四月投票の都議選の真っ最中である。出席者のほとんどは黙っていたが、関西からWOBに移籍していた村山（教労担当）がびっくりして「中野さん、何をいうんですか。都議選の蜂起は始まっている。選挙戦の大詰めに来ているのに蜂起指導部を代えろなどというのはおかしい」と直言した。面とむかって正論が出されたため中野は憮然として黙ってしまった。

中野が右のような無責任な放言をさまざまな機会をつくって流していたため、労働者党員の少なからぬ部分が都議選闘争への熱意を削がれていった。

それだけではない。中野は清水との会談での確認（密約）に関して示唆するようなことを、労組交流センターの会議後の流れの集まりや全線委員会（国鉄労働者委員会）、公然部の政治局会議の席で複数回、語っていた。時期的には一九全総の直後、九七年の秋から翌年にかけてだった。

「方針を転換したはずなのに、天田、岸は依然として三里塚二期決戦主義だ、武装闘争主義だ。こんなのをぶっ飛ばさないとダメだ。本社に乗り込んで守旧派を打倒するんだ。クーデターを起こす。一刻も早くやる。」

この発言は東京の何人もの地区委員会メンバーおよび労働者党員が聞いている。

ほぼ同じ時期には公然部の政治局会議で、中野は次のような発言をした。

「オレは新さんに血債主義はやめてくれといった。血債だ、血債だ、というのは労働者にとって十字架を背負わされることだ。労働者は十字架を背負って運動なんかできない。そういった。大衆運動を思い切ってやろうというなら血債主義はもうやめてくれといったんだ。」

「新さんには、先制的内戦戦略の第一段階のカクマルとの戦争はいい、必要だったし賛成だ、しかし第二段階には反対だ、第二段階に入るところで大衆運動に切り替えるべきだったといった。ゲリラ戦争路線はやめてくれといった。新さんは、総括はそう単純ではないといったけど、ゲリラ戦については同意した。」

これらの中野発言にたいしては何人かが反論し、説得する対応をした。天田が「革共同は血債の思想といっているのだから、〝血債主義〟というくくり方はやめてもらいたい。川崎の職場活動では七・七自己批判の問題を出して組合員の支持が広がっている実例がある」という趣旨の発言をしたことは、明記するに値する。それでも中野は同じことを次の会議でも、またしばらく間隔をおいた会議でもくり返すという経過があった。

こうしたことは中野の分派活動の現れであるが、筆者らが知らないところでもっとおおっぴらに分派活動、つまり分裂策動をやっていたのである。

どうしてこの時期かというと、中野からすれば、五月テーゼ―一九全総路線による現実の実践とその結果は、中野にとって〝清水＝中野密約がまったく守られていない。話がちがう〟ということになっていたからである。中野は苛立っていたのである。この経過をみてみよう。

第2節　五月テーゼの解釈変え

五月テーゼを無効化しようとした秋山

五月テーゼが玉虫色であったために、政治局自体が意志統一できなかった。清水もクーデター的に強引にことを進めたため、明確な論議をしなかった。

その組織状況のなかで、軍が縮小されることを恐れた秋山は、五月テーゼに反対する立場から五月テーゼを無効化しようとした。中央軍事委のメンバーは基本的にゲリラ戦争のさらなる推進へ意志を強めており、「五月テーゼはこのままでは日本共産党の六全協と同じになる」と反発する一方で、五月テーゼ文書を「先制的内戦戦略を今後とも強化・発展させる」という文脈にひきよせて解釈しようとした。そのため軍は、五月テーゼが出た九一年にはまるで「革命軍ここにあり」と誇示するかのような戦術をとった。清水が病気で倒れた九二年五月以降、とくに露骨に革命軍の再編縮小に抵抗し続けた。それは次の記録によく現れている。

九一年の革命軍によるゲリラ戦闘は一六作戦・二七戦闘（うちロケット弾＝四戦闘、火炎＝二二戦闘、対人＝一戦闘）にのぼった。天皇のASEAN訪問阻止や自衛隊掃海艇派兵阻止を掲げ、そのターゲットに立太子礼植樹祭担当官僚および関連企業、在日米海軍住宅地区、航空自衛隊空将・法性《ほっしょう》弘《ひろし》の官舎、防衛庁官僚宿舎、防衛庁中枢部、陸自朝霞駐屯地、前防衛庁長官・石川要三宅、元海自幕僚長・大賀良平宅などを設定してたたかった。また三里塚空港と関西新空港の粉砕をめざして成田空港本体、関西新空港推進企業、三里塚二期工事関連企業、三里塚公開シンポジウム強行自民党幹部宅、千葉県幹部宅、関西国際空港社長・服部経治宅、運輸省航空局長、新東京国際空港公団幹部宅をターゲットとした。

さらに翌九二年には二〇作戦・四一戦闘（うち迫撃弾＝一戦闘、爆破＝一一戦闘、火炎＝二六戦闘、ケーブル切断＝三戦闘）と前年を上回り、ターゲットは三里塚関係で運輸省幹部宅、千葉県幹部宅、ANA本部長宅、公団幹部宅、元収用委幹部宅、さらにPKOカンボジア派兵阻止・天皇訪中策動阻止の関係で自衛隊出張所、鳩山邦夫事務所、鳩山威一郎宅、JICAセンター、自民党幹部・井上孝宅、防衛庁長官・宮下創平宅、JALセンター、小牧基地周辺神社（五カ所）、名鉄百貨店、名鉄ケーブル、新幹線高架下、新幹線ケーブル、新田神社、A級戦犯慰霊堂本堂、同休憩所、神社祖霊殿などにおよんでいる。

これらは革命軍の持てる体制と軍事手段を総動員した文字どおり死力を尽くしたゲリラ戦の展開であった。こうして革命軍は自衛隊PKO派兵阻止を掲げたゲリラ戦を展開し、天皇沖縄訪問争阻止を闘争論的に強めるとともに、東西両空港粉砕へたたかった。これらは政治的な打撃対象を直接に狙ったゲリラ戦闘であり、敵権力を震撼させ全党を大いに鼓舞した。だが大衆運動の真の発展を促すものとなったかどうかは疑問であり、むしろ安易なゲリラ待望を生み出す面があり、大衆運動の発展のために必死に努力する意欲を削いだことは総括されなければならない。

いずれにせよ、この過程での秋山は権力側の弾圧をほとんど考慮しない戦術を口走ることが多く、周りが見てもアナーキーな精神状態であり、中央軍事委や軍メンバーの士気の高さとは乖離していた。後からふりかえれば、自らの長年にわたる組織的犯罪が露見するかもしれないという瀬戸際感覚にあった秋山はこの時期、党破滅願望に陥っていたと見ることができよう。党が破滅すれば自分に、乱調の極みにあったというのが真相である。秋山自身は、革命軍の猛然たる決起と裏腹の組織的犯罪も消し飛んでしまう、という願望である。

「左」に大ブレした清水

他方、清水は革命軍の激しいゲリラ戦展開を受けて、どうしたのであろうか。

清水は秋山にブレーキをかける立場（清水＝中野密約の約束を履行する立場）にあるにもかかわらず、〝五月テーゼは革命軍戦略の清算なのだ〟と政治局内ではっきりと提起することができずにいた。そして九二年新年号巻頭論文の執筆にあたってじつに奇妙なふるまいをした。同新年号は五月テーゼ方針の決定を党内外に公式に表明し、内容上も全面的に展開するはずのものである。全面的な展開をめざしたはずなのだが、清水自身が早くも大きくブレを露呈するものとなっている。清水は中野との密約に反する次のような政治内容を論文全体の集約として押し出しているのである。

「党指導における飛躍が現実的内容的飛躍としてかちとられなければならない。革命運動においては、ある種の路線転換をすればいっさいが一気にうまくいくということはないのである。／……先制的内戦戦略の全面的本格的発展とは、……第一に、先制的内戦戦略全体を支え発展させるものとしての革命軍と武装闘争を確立するために全力でたたかうことである。……革命軍がいよいよ出番の時代を迎えていく……。／第二に、戦闘的大衆運動の推進にあたって、そのたたかいを担う党組織や諸勢力の現実をつかみとり、大衆運動のリズムをも考慮して重畳する諸任務を革命的指導性をもって整序し、今日きりひらける現実の大衆運動をもっとも飛躍的に展開できるように指導していくことである。……／第三に、先制的内戦戦略の全面的本格的発展という基本路線の環中の環として、労働戦線における党建設にむかって、なんとしても党活動全体の戦略的再編成をなしとげつつ前進しなければならない。」（九二年政治局一・一アピール「戦略的総路線を全面的に推進し、三里塚二期決戦の歴史的勝利へ総決起しよう」、第六章「連帯し侵略を内乱に転化する力と体制をもつ革命党の本格的建設」）

五月テーゼをクーデター的に党内に下ろした清水はその七か月後には、「路線転換すればうまくいくということはない」などとまったく無責任なことを書き、直面する根本的課題が党指導の質的な飛躍＝変革の問題であると解釈変えしている。そして、労働戦線の党建設を「環中の環」と強調しつつも、党指導の変革の第一に革命軍の武装闘争、第二に戦闘的大衆運動の推進を挙げ、三番目の課題に引き下げている。また理論学習、政治闘争の後に経済闘争を置いている。同論文で革命軍戦略を強調する文章は右の引用文だけではなく、叙述の節目節目に出てきている。

これでは「労働戦線における党建設」方針である五月テーゼを深化したとはとてもいえず、むしろ五月テーゼ以前に逆戻りしているとさえいえる。実質的には、清水＝中野密約を反故にしたも同然である。革命軍からみても、中野からみても、清水は「左」に大きくブレたのである。

『前進』新年号論文という位置と重みからいってこれが政治局の正式の意志ということになり、革命軍は五月テーゼを左に引き寄せて解釈し、前項でみたように、九二年の年間を通して前年を上まわるゲリラ戦を展開した。党全体は、五月テーゼ―九二年新年号論文は〝大衆運動全面展開の解禁〞と受けとめ、猛然とPKOカンボジア派兵にたいする反戦・反軍闘争に全力をあげ、小牧闘争を軸にたたかった。さらに反天皇制闘争を推進したのである。

水谷や岸はそれぞれの位相のちがいが若干あるが、「わが意を得たり」と九二年新年号論文を受け取り、一二月文書―五月テーゼをめぐって迷走した党内議論を一擲して進むことができると考えた。清水が本来の左派の側にもどったと確信――実は大いなる錯誤――したのである。

清水の闘病と秋山―天田体制への移行

八九〜九一年の時期には、革共同は日本革命にむかってどうたたかうべきか、どのような党としてみずからを建設すべきなのか、鋭く根底的な世界史的試練に逢着していた。

いうまでもなくこの時期は、中国六・四天安門広場大虐殺、ベルリンの壁崩壊―東西ドイツ統一、ポーランド「連帯」主導内閣成立―ワレサ大統領就任、ルーマニア・チャウシェスク政権崩壊、中国の改革開放路線の開始、ソ連共産党解体―ソ連邦崩壊・消滅、イタリア共産党解散―左翼民主党への移行、マンデラ出獄―南アフリカ・アパルトヘイト体制終結、アメリカ帝国主義のイラク・中東侵略戦争（湾岸戦争）突入、欧州連合（EU）創設への始動、日本軍「慰安婦」制度被害女性たちの渾身の決起、日本の天皇代替わり、総評解体・連合結成、革共同への新たな破防法適用策動、株価暴落とバブル崩壊……という歴史的な一大変転の時代である。

同時に革共同内部では、政治局における野島問題、白井問題が発生し、とくに清水の党運営、党づくりの破綻が露わになっていた時期でもある。だからこそ清水は、その責任の大きさにあえぎ、一二月文書―五月テーゼを打ち出したものの、自らの指導の自己切開＝自己批判をネグレクトするがゆえに右に左に動揺していた。

そのようななかで、心身の極度の負担によって持病を急激に悪化させた清水は、九二年五月、倒れた。絶対的な安静が必要な状態となり、秋山がその代行となった。清水が倒れた後、しばらくして北小路もそれを追うかのように持病を発症させて倒れ、休養生活に入った。北小路は以後、政治局在籍の形のままではあるが、何一つ組織的任務を負うことができない状態となった。

北小路が倒れたため新たな本社責任者を置く必要が生じ、秋山は当初、中央軍事委の一方の責任者である大蔵（大塩治）を指名した。しかし大塩案には懸念が出されたため、秋山は天田を指名するところとなった。天田についても「なぜ天田が表の責任者になるのか」という疑問が出たが、秋山は押し切った。じつは大塩と天田は、秋山が七〇年代後半からしばしば三人で会談をもつなど、自己への忠誠派としてずっと囲い込んできた人物である。組織系列からいえば、秋山、大塩、天田が集まって会議をする何の必然性も必要性もないが、秋山はイエスマンがほしかったのである。

秋山は公然部門の指導をする立場となり、清水とはちがって、直接的かつ日常的に指導にあたるやり方を選好した。表の窓口には主に水谷や岸が担当することが多かった。岸は二、三の問題で秋山と激しく対立し、秋山の方針を取り下げさせたということがあった。だが大きくは秋山と協調してきた。水谷は秋山との間で摩擦的なことはほとんどなく、秋山のメッセンジャーの役割を担っていた。秋山のある種の権威をかさに着た前進社官僚としてふるまっていたのである。

その一方で中野は、動労千葉の存在を武器にして労組交流センターを治外法権的に囲い込み、そこを基盤にした党として革共同を再編していくことを狙った。実質的に党指導の二重化をさまざまに追求した。いたるところで反中央の放言をくり返した。ただし当然にも党、具体的には中央労働者組織委との摩擦をつねに起こし、狙い通りにスムーズに進んだわけではない。そして労組交流センターの運動方針としては反戦闘争を強調し、反戦共同行動委のたたかいの展開に自らの政治生命をかける面があった。

中野自身も、動労千葉を背負い、動労千葉を基盤にして労働運動の理論と経験を積んできたはずであるが、その経験を生かし、それを踏まえた労働運動論の定見をもってはいなかった。このころの中野の口癖は「労働組合で経済闘争をやるのは難しい。経済闘争に取り組んだら党の活動家は忙殺されるだけだ」というもので、党員が組合活動に専念することには否定的であった。重要なことは、〝反戦闘争をたたかう労働運動をつくる〟というのが、九〇年代前半の中野の方針だった。中野自身が「朝鮮侵略戦争の切迫」を語り、「朝鮮侵略戦争阻止をたたかう」と訴えた。

反戦共同行動委の大衆的な活動家集会で、「朝鮮侵略戦争ない」論を執拗に強調する小西と、まがりなりにも党の見解に沿った中野との論争、意見対立が再三にわたって起こった。小西はすでに形式的にも実質的にも党を離れていた。

入管闘争と部落解放運動の大衆的高揚

五月テーゼを実践に移したとき、もっとも瑞々しく登場し、内的な発展と外的な影響をもち、吸引力のある魅力的な大衆運動を形成したのは、差別・抑圧とたたかう戦線である。

関西で二つの創意的な大衆運動が呼びかけられ、定着し拡大していった。一つは入管闘争―民族差別とのたたかいであり、二つは戦闘的部落解放運動である。これらのたたかいは、革共同が五月テーゼ方針をとったから生み出された運動ではない。以前からの歴史的背景と必然性と独自の運動の論理があり、八九年以降、急速に広がっていった。しかし、五月テーゼ方針があったから、それを根拠にして党員が積極的にかかわり、そのなかで学び、さらに運動を拡大する責任を共有していったのである。また中野自身も、反戦闘争で朝鮮侵略戦争阻止を訴え、中野の意図（「血債主義反対」）を超えて朝鮮・中国―アジア人民との連帯闘争を推進する結果となった。中野はいろいろな場で「今の革共同で大衆運動をやっているのは、動労千葉と全国連だ」と語り、部落解放運動の存在を動員主義的な意味で歓迎した。

秋山が軍縮小を観念した八・一路線─一・一路線

九二年末になってようやく秋山は、軍の縮小にふみきることを観念した。もはや秋山─中央軍事委のもとに軍を指導することも維持することもできなくなっていた。秋山の内的な荒廃、自暴自棄状態が強まっていたからであるが、そこは気づかないまま、政治局は軍縮小のための組織的措置を取り始めることを決定した。秋山も「労働者のなかへ」方針を推進するスタンスに変わり、九三年『前進』新年号論文で次のように書いた。

「九〇年決戦を転機にした先制的内戦戦略の最大の決断（五月テーゼのこと）が、この［C］労働者階級人民のなかに革命党組織を強力に建設していくことにおいてなされていることをけっして忘れてはならない。／［A］戦闘的大衆運動の戦略的展開に九二年も猛然と取り組んできた。……しかし、同時に、われわれ全員が今一つの「壁」にぶつかっていることも事実である。／党は九一年初めにもっとも大胆な決断＝「転換」をしたのだ。……なお途上性にある〝党〟として……階級のすべてのなかに入っていく決断をしたのだ。」（九三年政治局一・一アピール）

五月テーゼの核心が労働者党建設路線にあることを再確認、じつは自らに言い聞かせ、軍縮小への抵抗の放棄を示唆した。

そして、秋山は闘病中の清水と個別協議し、それを受けた政治局会議では、同年夏の東西の革共同政治集会において五月テーゼ方針を加速させることを内外に鮮明にした。いわゆる八・一路線である。基調報告は水谷が担当した。そこではまず、直前の都議選での現職都議・長谷川英憲の落選という敗北にたいして党中央が全面的な自己批判を表明したのに続き、次のように表明した。

「……革命的武装闘争に投入している努力とエネルギーと情熱をⒶ労働者階級を先頭とする戦

闘的大衆運動の戦略的展開とⒸ労働者階級の中に革命党を強力に建設するたたかいに再編的に集中（する）。／この決断は、革共同の歴史において重大な歴史的決断である。……九一年「六月の挑戦（五月テーゼのこと）」の決定は、今回の決断という実践的実行計画と合わすことで初めて一つの決定として完成した。」（水谷「新たな革命的挑戦への道」『共産主義者』九八号）

さらに反戦闘争と都議選闘争の強調とならんで「労働戦線への取り組み、職場闘争の推進、労働組合のたたかいの展開を飛躍的に強化する」ことを呼びかけた。ついで「党員数の拡大、大衆運動の増強（動員数の増大ということ）、機関紙読者数の上昇、財政規模の拡大」を目標化した。

逆にいうと、五月テーゼ方針はそれまで、反戦政治闘争の大衆運動的全開の試みはあるものの、軍の縮小・再編という組織再編の実行計画を欠いたまま宙に浮いた状態で推移してきた。また都議選闘争の手痛い敗北という断崖絶壁の後がない地点から、ようやく必死になって労働運動―労働組合運動の取り組みのための組織的措置の強化をうち出したのである。

それに続いて『前進』九四年新年号（秋山執筆）では、「第三次世界大戦への突入が不可避」という情勢認識をうち出し、（A）戦闘的大衆運動と（B）革命的武装闘争の全面的実現にむかって（C）党建設の抜本的飛躍をかちとらなければならないことを重ねて強調した。「労働運動路線」をとる「労働運動派」として革共同が登場する、と表明している。同新年号論文を出すのと合わせて一月に政治局通達「九五年統一地方選挙闘争―九七年都議選闘争の勝利のための方針」を出した。当時はこれを「一・一路線」と「一月方針」と称した。なお「一月方針」をさらに整序するものとして五月に政治局通達「労働戦線と革命的議会主義と党建設をより一層強化するためのわれわれの基本任務」を出した。

革共同は九三年八・一路線―九四年一・一路線（プラス一月方針）をもって、一方で軍を大幅縮小・再編するとともに、他方で労対、地区委員会、編集局の増員などを実施した。五月テーゼ方針のためのさまざまな組織的措置をとったのであるが、三つの深刻な組織問題の軋みが発生するところとなった。そのなかで清水が組織的軋みの修正に乗り出すために同年四月、活動に復帰した。

一つはいうまでもなく、清水代行の秋山が自らの組織的犯罪行為の大きさに耐えられず精神的な限界状況を続けていたこと、また清水の代行を二年近く担ってきたことで自らの政治的・思想的な空洞化の現実を否応なしに露呈し、ついにノックダウン状況になり、その結果、自らの罪を告白するところとなった。

二つは、九〇年以来の入管闘争集会（年一回、四～五月に開催）の成功を背景にした高山（西山信秀、一五年二月死去）が、党内で自己の権威を高めようと画策したことである。そしてその現れとして九四年七月と八月に高山監修・志渡（前進編集局員）執筆で書かれた二つの七・七路線論文が党内に混乱をもたらした。その掲載を承認してしまった編集長・水谷の責任が大きいのだが、高山は革共同において七・七自己批判精神が染み渡っていることを利用して、党内における在日朝鮮人のいわば絶対者的存在として自己を押し出そうとした。二つの論文は、理論的には七・七自己批判路線の糾弾主義への過度の傾斜であるが、本質的には高山による党内権力闘争であった。

三つには、九三年都議選での敗北の痛手が大きかったということ、そしてそれをどう克服していくかをめぐって都議選主戦論へと流れたことである。四年後の都議選での当選＝勝利を絶対化し、党組織を引き回すことになっていったのである。

清水闘病中のいわば秋山時代はちょうど二年間にわたった。小沢一郎・羽田孜らによる自民党分裂―新生党結成―細川護熙内閣成立―その破産に示される大状況の歴史的変化が起こるなかで、小沢路線との対決をすえたものの五月テーゼによる混乱のため、羅針盤なき航海をしていたような面が強かったといわなければならない。ここにおける筆者らの誤りと無策は恥ずかしいかぎりである。

第3節　政治局大再編

一九全総ではじめて五月テーゼを討議

秋山の組織的犯罪を処断した一年後の九五年五月、第一九回全国委員会総会を開いた。八一年の第五回大会以来、一四年ぶりの非公然政治局出席の全国会議だった。

一九全総議案は、五月テーゼがそれまでの路線の「変更」「転換」であることをはじめて明記した。この意味で、五月テーゼ方針は、正確には〈五月テーゼ―一九全総方針〉と呼ぶべきである。他方、一九全総議案は「五月テーゼが先制的内戦戦略の新しいあり方」であると意義づけることで、依然として何が何に転換したのかが隠されたままだった。

一九全総のキーワードは「生体防御反応」である。公式の報告文書にはないが、「清水が一九全総の場で何回も使い、清水による会議用メモでしばしば使われた。筆者らだけではなく、多くの指導部、党員が「生体防御反応」という説明で妙に納得させられ、五月テーゼ路線の賛否をめぐる討論にはほとんどならなかった。

「生体防御反応」とは、細菌が侵入しこのままでは生物体としての組織が消滅しかねないというとき、その細胞を免疫する機能のことで、生体が示す防御反応のことである。清水は「このままでは組織は消滅してしまう。そのため路線の全面転換が必要。これは生体防御反応だ」と説明した。それでは、清水にとって「細菌」とは何であっただろうか。それは党の軍事組織であり、そのゲリラ・パルチザン戦闘であり、それへの国家権力の弾圧のことだったのである。しかしそうだとすると、その路線転換には、七〇年安保・沖縄闘争以来の戦略、路線、組織的あり方の全面的総括が必要不可欠である。それを回避するためにムード的に「生体防御反応」という用語を使い、正式な文書では表現しなかった。清水は「五月テーゼが先制的内戦戦略の新しいあり方である」ということばとは裏腹に、五月テーゼ―一九全総をもって先制的内戦戦略の全面的な否定、軍事闘争の清算へ踏み出したのである。

「生体防御反応」ということばで五月テーゼ路線がなし崩しに承認される形となったわけで、筆者らは後になって「清水マジックに皆ひっかかったようなものだ」とほぞを噛んだのだった。

政治路線として、「朝鮮侵略戦争阻止」「第三次安保・沖縄闘争」「憲法闘争」「七・七路線の革命的貫徹」「カクマルJR総連解体」「国鉄決戦」をうち出した。いいかえれば、関西の入管闘争、部落解放闘争の全国的な波及を受け、それに促されて一九全総の政治内容を形成した面が強かった。

ある意味でもっとも重要な方針転換は、選挙政策についてこれまでの都議選重視から区議選・市議選重視への転換を決定したことである。議案では「革命的議会主義の新しいあり方の基本的確立」とした。つまり、①都議選は当選第一主義としない。杉並への組織総力戦的なたたかい方はしない。地方委・地区委に破壊的作用を及ぼすことは止める。②全国的に可能なところでの区議選・市議選に取り組む。ただし地方委・地区委の組織建設に寄与するようにたたかう、というものである。この点は、九三年都議選での長谷川英憲（現職）落選の結果を受けて、岸が政治局会議で政策転換を強調してきた論議を確認したものだった。労働者階級のなかに党を建設する方針にとって、都議選での当選＝必勝をめざすたたかい方とそこへの全国動員はプラスにならないことは明らかだからである。

全国会議としては長い空白期があったため、近いうちに全国大会を開く前提で、全総ではあるが清水以下の政治局人事を暫定的に承認し、さらに中野、高山、与田を政治局員（正確には準政治局員）に任命した。中野については、組合役員としての事情を考慮して、本社政治局会議と別に中野のための第二政治局会議を設定した。

二〇全総は政治局内左右対立の始まり

九七年九月の二〇全総の最大の内実は、政治局人事の決定である。

政治局員を正式に補充するとともに、清水議長、高木議長代行、中野および北小路副議長、天田書記長、岸組織・政策部長、水谷政治・イデオロギー部長の五役を内定した。公表は議長・書記長のみとした。議長が持病を抱えているとはいえ活動中であるのに議長代行をあえて設けたのは、議長と同代行が非公然面に位置することで非合法・非公然体制に重心を置く党であることを示す意味があった。議長代行は事実上の大書記長にほかならない。そのため天田は書記長職ではあるものの、大書記長の下位とされた。清水も高木も天田が書記長実権を担えるとは思っておらず、また与えるつもりもなかった。それがわかっている天田は二〇全総の後、「オレは中継ぎだ。二、三年だろうな」と何人かに語っている。なお北小路は闘病中のため名目だけの副議長だった。

二〇全総の実践的な政治内容は国鉄決戦方針の強化にあった。それも含めて、二〇全総の核心問題は、政治局内左右対立が中野ら右派の側からしかけられる出発点となったことである。

一つは、二〇全総直前の七月都議選の敗北をめぐって岸攻撃がなされた。選対本部長の岸は、一九全総決定にのっとって組織動員主義を排し、財政的にもぎりぎりの線に止めるなど当選第一主義でないやり方で、党建設に打撃を与えないよう努めた。結果は長谷川英憲落選の惨敗だった。

すると二〇全総で、高木や中野、天田らが敗北の責任を騒ぎ立てて「必勝の立場がないのは問題だ」と岸攻撃を強めた。岸や区議選・市議選論者（水谷など）の側は敗北を開き直るわけにもいかず、批判を甘んじて受けざるをえなかった。結果、清水は、中野ら右派からの突き上げに動揺して、「党中央が日和見主義的誤りを犯した」と総括し、「〇一年都議選の必勝を党建設の成否をかけてたたかいとる」と、一九全総決定を覆して都議選重視に舞い戻る決定をした。もともと選挙戦嫌いの中野が岸攻撃の先頭に立った意図は見え透いていた。都議選敗北を左派攻撃に利用したのである。それはじつは、合法主義と中央政治闘争逃亡の道に歩を進めさせようとするものだった。

以後、清水は都議選について「国政級選挙である」「政治決戦性がある」と強調していく。その要素は確かにあるが、過度なまでに都議選闘争の位置づけを高めようとしていた。それは都議選闘争の戦略化といっても過言ではない。都議選闘争の戦略化は区議選・市議選と合わせて党の力量を選挙闘争に再び投入し続けるものとなり、九〇年代後期に求められていた反戦政治闘争の課題を都議選闘争に流し込んでいくものとなった。中央政治闘争をすり抜ける代替として都議選闘争に党の過半の力を投入させていくことになったのである。

二つは、清水は五月テーゼ方針を「三全総へのラセン的回帰」と意義づけた。またはじめて「階級的労働運動」という用語をおずおずと使用した。それまでは中野が総評や協会派が常用する「階級的労働運動」規定を革共同の路線に採用することをしきりに要求していたが、岸や水谷がそれに反対し、中野に一定妥協する形で「戦闘的・階級的労働運動」規定を党文献での基本的な用語としていた。清水自身は判断できず、「労働運動」「労働者階級の決起」「労働戦線でのたたかい」と書いてきた経緯がある。

中野ら右派はそれを都合のいいように解釈した。中野は二〇全総後、「ラセン的といっても要は三全総路線を復活させたということだ」「これからは階級的労働運動だ」と放言していた。中野にしてみれば、九〇年一〇月の清水・中野密約をようやく実施するときがきたと身構えたのである。

ただし中野は、国家的不当労働行為根絶、解雇撤回・地元JR復帰を掲げてたたかう闘争団を始め国労労働者・家族の必死のたたかいの展開に有効にかかわれず、国鉄一〇四七名闘争の決戦方針をめぐって政治局内でのイニシアティブをとれなかった。それは次の事情があったからである。

九四年一二月、亀井運輸相が中野を呼び出し会談した。動労千葉ストライキの解雇撤回民事裁判を和解とする方向で合意した。亀井交代後もその合意は生きており、九六年三月二七日に動労千葉は同裁判で清算事業団と和解し、被解雇者全員を復職させ即日退職して退職金が支払われることとなった。労働組合のたたかいとしては肯定されてしかるべきであり、二波のストでたたかった動労千葉の存在感を示したといえる。だが中野は亀井会談で、革共同のゲリラ戦を止めさせろと恫喝され、それを呑んでいたのだった。事実、中野は政治局会議で、亀井との会談内容を示唆して「岸は三里塚は勝利しているといっている。勝利しているのならゲリラ戦は必要ないはず。直ちに止めるべき」という発言を何回もして、その都度、他の政治局員からたしなめられている。

三つは、九八年を第一回として一一月全国労働者集会を開催することにした。港合同（全国金属機械労働組合港合同）と関西生コン（全日本建設運輸連帯労働組合関西生コン支部）が動労千葉と主催団体を結成するところとなった。それは関西地方委の労働戦線への積極的取り組みの成果でもあった。中野はそれを含めて、労働戦線での党建設の努力を一つの潮流形成に集約することをめざした。一一月集会を五月テーゼの実践の証と位置づけ、積極的に受け止めた。筆者らはそれに代わる案をもちえなかった。だが一一月集会路線は、革共同の年間最大の闘争に絞り上げるものであり、生きた階級闘争のダイナミズムを無視して労働運動をもカンパニア集会に流し込むものだった。

だが階級情勢は大きく地殻変動する。九〇年代後半に新安保ガイドラインと有事立法が政治過程に一挙に前面化してきた。九七年九月、中島誠をはじめ三八人が「日米新安保ガイドラインと有事立法に反対する百万人署名運動」を呼びかけた。さらに九九年三月、陸・海・空・港湾労組二〇団体が新ガイドライン関連法案廃を求める共同声明を発表した。全国的規模で日共系や旧総評系の労組が動員をかけ、知識人、市民団体が立ちあがり、次々と大行動が展開されていった。革共同はもとよりそこに積極的に参加し、全体を戦闘的・路線的に牽引せんとたたかった。一一月労働者集会はその政治的流動化とリンクする形で取り組まれた。

また安保ガイドライン闘争は、動労－JR総連という形でカクマルが一個の大労組を牛耳っている現実と対峙し、労働者のたたかいの陣形を守るたたかいであった。新ガイドライン関連法案の狙いの一つは、空港、鉄道、港湾、船舶、道路の戦時利用と労働者の戦時動員にあった。カクマルは線路に石などの妨害物がおかれていることを「列車運行妨害の謀略である」と騒ぎ立てつつ、軍事生産、軍事輸送への全面協力を進めた。「貨物安定化」宣言による国鉄労働運動への裏切りと当局の先兵化はその最たるものだった。そのなかで中野は、表面上は百万人署名運動を推進する態度を示し、また二〇労組の運動を歓迎する立場を表明したが、労組交流センターの枠を超える運動の誕生や展開を終始苦々しく受け止めた。自らの企図が頓挫したと感じ、何人かにそう吐露している。

第六回大会と〝粘土の左派〟

五月テーゼ－一九全総－二〇全総方針は、政治局内左右対立と実践上の矛盾をはらみつつ、基本的には第六回大会まで継続される。

〇〇年一二月、第六回大会が清水と高木も出席した非公然形態で代議員だけで開催された。そこで全国委員を選出し、二一全総を開いて政治局員を選出した。年を越えて春、大会を受けての報告会議を、清水を始め非公然部門の党員は出席せず、他の出席者全体を大幅に増やす形態で開催した。第六回大会を6J、前者をJⅠ、後者をJⅡと呼称した。両方とも党大会であり、いわば前者が第六回大会基本会議、後者が第六回大会報告会議という位置づけとした。全体の実行委員長と大会議長を岸が務めた。前者の基本会議では清水が全議案を提起した。後者の報告会議では天田が「総括と党建設、当面する方針」、水谷が「二〇世紀の総括と二一世紀革命の展望」をそれぞれ提起した。政治局人事は議長、書記長だけを発表した。なお第六回全国大会報告・決定集（〇一年九月三〇日）に収録されている第一～第四報告はすべて清水執筆であるが、基本会議議案が第一稿、報告会議議案が第二稿で、それが第三稿となる。清水は推敲に推敲を重ねたのである。

第六回大会の内実は、同決定集に直接に映し出されている。清水は政治路線では、左派の存在と意志をかなり濃厚に反映させた。端的な現れは「血債」論の圧倒的な確認であり、「反帝・反スターリン主義世界革命の旗のもと、万国の労働者と被抑圧民族は団結せよ」という基本戦略と新スローガンを決定したことである。また当時の一〇四七名国鉄闘争の闘争実体を反映して、闘争団と国労共闘を高く評価するものとなっている。とはいえ、清水＝中野密約を基底にもった五月テーゼ―一九全総路線としての合法主義化、中央政治闘争回避、党づくりの自己目的化を清水は貫いている。

指導部体制では、大会運営に示されるように左派が前面に出るものとなった。左派といっても清水の威を背負った左派でしかなかったところに、左派の本質的な敗北性が刻印されていたのだった。粘土の巨人ならぬ〝粘土の左派〟でしかなかったのである。

大会に出席した中野は、報告会議で発言を求められ、「第二報告は現代の帝国主義論じゃないかな。賛成だ」とだけいった。国労闘争団、国労共闘に比して動労千葉のたたかいの評価が低いことに打撃を受け、第二報告にいわば敗北宣言を出したに等しかった。

第4節　スパイ化攻撃とのたたかいで敗北

党中枢情報をつかまれた三つのスパイ事件

九〇年代から〇〇年六回大会までを振り返ると、五月テーゼが引き起こしたもう一つの側面として、権力とのたたかいにおける組織的・思想的な動揺が一部に生み出されたという問題がある。

革共同は九〇年代から二〇〇〇年代頭初にかけて、荒川スパイ化問題以外にも党中枢の非公然情報をつかまれた二つの深刻なスパイ問題に直面してきた。一つは〇四年に明らかになった浅尾松則スパイ問題である(第5章第2節)。二つは九七年に明らかになった栗山武スパイ問題である。

いずれも国家権力・公調による党中枢へのスパイ攻撃であり、中枢情報をつかまれた事件だった。政治局は栗山と浅尾の二つのスパイ問題について、それぞれ一定の指導層には会議の議題として伝え討議したが、党内に周知徹底しておらず、党外には公表してこなかった。国家権力―公調・公安警察にたいして、彼らのスパイ工作の階級的犯罪を暴露し追及することをしなかった。いずれも中途半端な形で組織的に決着をさせてしまった。このことは痛苦の自己批判なしに語れないが、発覚したスパイ問題の「もみ消し」を政治局レベルにおいて図ったものといわなければならない。

栗山スパイ問題とは何だったのか

栗山武(西原忠夫)は当時、前進編集局の労働運動担当であった。編集局以前は、動労千葉支援現闘、ついで中央WOBに属した。栗山は、九七年春に公安調査庁からスパイ活動のレベルアップ

（公調用語では「格上げ」）を求められたことで、スパイとなった罪の深さに動揺し、良心の呵責にたえられず、党中央に駆けこんで、みずから告白したことで事態が明らかになった。

その告白によると、栗山担当は仙台の東北公安調査局の「倉田」と名のるスパイ政策担当の人間であった。栗山は九一年五月テーゼの後、九五〜九七年まで、当初は無自覚的に、のちには開き直ってスパイ活動を働いた。

栗山を公調のスパイに誘ったのは、元革共同の故神保誠《じんぼうまこと》であった。神保は六〇年ブントの全学連救援対策部長（東京教育大）であったが、その後に革共同に結集し、光文社労働組合の中軸となった。七〇年からの光文社闘争に取り組んだが、光文社＝講談社資本側に寝返り、組合を裏切って組合からも党からも逃亡した。その後、公調のスパイとなったのである。

栗山は、九五年のあるとき、都内で神保と偶然に出会った。じつは公調が仕組んだ舞台回しだったのだが、栗山はそれに気づかず、神保と何回か会った。そして神保の手引きで「ルポライター」を自称する公調・倉田の接近に応じた。饗応を受け、取材と称する情報引出しに応じ、おだてられ、得意になって、その時々の階級情勢についての政治的見解をしゃべり、党にかかわる情報をさまざま流した。そのたびに饗応に加えて「謝礼」と称する金員五〜一〇万円を受取った。

栗山は最初のうちは不審にも思わずにいたというが、ほどなくスパイ化攻撃かもしれないという思いがよぎった。しかし知らぬ顔をして、ずるずると饗応と金員を受け、党内情報を与えつづけた。九七年には倉田は東北公安調査局の仙台の職員であることを告げて協力を求めた。もう一段高いレベルの協力として、倉田の上司である公調の課長クラスと会うこと、党内の機密文書の手渡し、非公然政治局の状態についての情報や党内の組織的・人間的な対立関係の状況などについて詳細を求めた。そして公調の上司に会わせるという段取りになり、東京駅近くの富士屋ホテルで落ち合うことを決めた。栗山はスパイ情報の高度化に応じることにし、倉田とともに同ホテルに入り二階の会合場所に向かう階段を昇り始めたときに急に自らの罪深さに恐怖を感じ、ホテルを飛び出して前進社本部に駆けこんで事態を告白した。

政治局の責任のもとに栗山の糾問を行ったが、前記の経過についてはかなりの告白がえられた。「ルポライターの取材というような、公調の伝統的なみえすいた手口に、なぜくりかえし応じつづけたのか」という糾問にたいして、栗山は「愉悦の気分を味わい、それが忘れられなかった」（本人の告白）と吐露し、自己批判書にそう書き記した。

しかし倉田への情報提供がスパイ活動であるという自覚があったのかどうかという点と情報提供の内容については、正直に語らなかった。ルポライターによる取材という、スパイ化攻撃で用いるイロハの手法が六〇年ブント以来の歴戦の革命家に見ぬけないことなどありえようもなく、追及にたいしてスパイ化攻撃であるという自覚があったと認めたり、黙りこんだりで、なおも隠し事がある頑なな態度を続けた。何よりも自らのスパイ転落についての思想的な自己批判がまったく進まず、深まらなかった。「スパイ化の陥穽に落ちたのは古参党員としての君のプライドが災いしたからであろう」と古くからの友人が指摘したのであるが、混迷した精神状態で何も応えられなかった。

北小路にもスパイ化工作が迫る

ところで、栗山糾問の過程で神保スパイ問題が明らかとなり、神保が他にも公調の手先として働いていたことが浮かび上がってきた。とくに北小路敏が九〇年代前半の時期に神保からの不審な接触があり拒絶したという報告が出された。それによると、神保は虚言を弄して北小路を千代田区飯田橋のホテルグランドパレスに呼び出したのであるが、そこで未知の人物に合わせようとした。北小路は神保の挙動を不審に感じて問いつめ、もしや権力のスパイ化攻撃のお先棒をかついでいるのではないかと察知し、神保を一喝して別れた。神保が北小路に合わせようとした相手が公調であることは、栗山工作の事実判明から完全に明らかとなったのである。

公調＝神保による北小路スパイ化工作はあえなく失敗したわけだが、これは驚くべき事態である。当時、北小路は九二年五月に清水が病気で倒れた後、それを追うように自身も病気で倒れ、本社責任者の位置を退いて前進社住まいのまま療養生活を送っていた。権力・公調はこの北小路をめぐる情報を何らかの形でつかんだと考えられる。北小路が第一線から離れているとみて、政治局を直撃するチャンスと判断したのかもしれない。

それにしても彼らは、何の成算もない無謀なやり方を平気でやってきたのである。なぜなら、九〇年に権力・公調は革共同への破防法適用に失敗し、そのため焦りに焦っていた。神保の情報をもとに北小路攻略を練ったのであろうが、あまりに浅はかといえる。

いずれにせよ公調による革共同にたいするスパイ化攻撃は九〇年代半ば前後にかなり大がかりに展開され、浅尾松則、荒川碩哉、栗山武などがその餌食となってしまったのである。

編集局内に中野派フラクを形成

さて栗山糾問のなかで判明したことは、栗山が編集局内部に、他の二人の編集局員（岬とK）を誘って、フラクションをつくったことである。栗山は編集局の労働運動担当であり、その前のWOB時代を含めて、中野洋との接点が多く、中野の見解を『前進』にも反映しようとつとめていた。そして編集局内に三人の「中野派」を形成したのである。当時の中野は、中央政治局や『前進』の記事内容を得て勝手に批判する言辞を公式・非公式にふりまいていた。それを栗山らは編集局にもち込んだのだから、編集局内に困惑が起こり亀裂が生じた。編集局だけでなく産別レベルにも、三人は親中野・反中央の議論をそれとなくもち込んだ。

当時の中野は、九五年に政治局員に任命された。政治局は『前進』編集上の議論や執筆内容で錯綜した亀裂が生じているという報告を受け、組織問題として解決しなければならないと考えていた。実は、三人フラクションが形成され、それが党内を意図的に分裂させていたことがわかったのである。政治局が、栗山による情報提供の高度化した中身とフラクション形成の実態の詳細を糾問していたさなか、栗山は持病の通院の際に、付添いの同志をだまして逃亡した。六月ころである。

残った二人のうち岬への糾問を並行して開始していた。岬は神保と会って編集局や労対にかかわるさまざまな党内情報を流したこと、神保が関係するという雑誌に論文を寄稿し原稿料としては高額の報酬を受け取っていたことを告白した。それが結果としてスパイ行為であることを認め、自分の過ちを自己批判した。その後、自己批判が進まないまま、八月に逃亡した。彼らが逃亡、離脱したので、さまざまな疑惑が解明されずに残った。

とはいえ、公調が栗山をつるとして革共同指導部内に組織的分裂のくさびを打ちこんできたこと、それが「中野派」という形態であることが明らかになった。さらにいえば公調は中野の常日頃の言動から組織内分裂の芽をつかんでおり、栗山をして三人の「中野派」フラクの形成を促したものと推定することができる。

問題は、栗山フラクションメンバー三人との接触が多かった中野がこの事態をどこまで、どう自覚していたのかであった。中野は、栗山の糾問によって、自らが反中央の言辞を弄していた事実が明るみに出ること、分派活動の疑いがかかること、結果的に栗山スパイ活動を励ましていたことが組織問題化されることを異常に恐れた。栗山につづいて岬が逃亡したことをとらえて、「有能な人材である岬を強引な糾問によって逃亡に追いやったのは誤りだ」という形でエキセントリックに抗議した。それは自らの自覚的・無自覚的な関与の責任を逃れるための予防線であったことは明らかだった。けれども政治局は、九五年に政治局に任命して日が浅かった中野を追いつめることは避けるという配慮から、栗山スパイ問題の究明をなし崩し的にうち切ったのであった。

権力との対決の弱点となった五月テーゼ

前項と矛盾することをいうようであるが、政治局の自己批判的総括は、権力のスパイ化攻撃における原則を貫いたのか、それとも踏みはずしたかという単純なオール・オア・ナッシングではありえない。なぜなら、次のような過程があったからである。

革共同は、八九〜九〇年天皇決戦にたいして企てられた破防法適用攻撃を粉砕した。その結果、権力はその破産を総括して直後から、革共同を標的とするスパイ化攻撃をなりふりかまわず全面発動してきた。東京を中心に全国で、スパイ化攻撃の報告がつぎつぎとあがった。そこで九〇年代後半以降、当時の政治局は、権力のスパイ化攻撃とのたたかいの独自の位置づけを強化し、九七年には岸を責任者とする政治局直轄の対スパイ対策委員会を設立した。この過程で、北小路への工作未遂事件など多くのスパイ潜入策動と党員へのスパイ化工作を摘発した。また、周知の宮崎学スパイ問題が〇一年四月に発覚し、当時の政治局は、対権力の原則にのっとった行動を即時に起こし、判明した事実を党内外に公表した(『前進』二〇一九号、〇一年九月三日。水谷執筆)。

しかしながら、一つには、そこにおいて栗山スパイ問題と浅尾スパイ問題での原則逸脱を犯し、さらに荒川スパイ問題の発生と継続を許してしまったのである。したがって、そこでの弱点、誤りは何だったのかを厳密に総括しなければならない。

二つには、〇六年三・一四党内リンチ以降は明らかに、スパイ化攻撃とのたたかいそのものの一挙的な後退、というよりも放棄が生み出された。この点は、清水や天田らにとって、主体的な総括をすべき、とりわけ重大な課題であるはずである。

結論的にいって、帝国主義国家権力の破防法攻撃、それと一体のスパイ化攻撃にたいしてどうたたかうかという教訓は、そのまま、どのような党を建設するのかという問題にほかならない。

岸責任の対スパイ対策委員会が発行したパンフレット「戦時下階級闘争における権力のスパイ化攻撃を粉砕しよう』(〇四年一二月)では、八年におよぶたたかいの経験を集約して、スパイ化攻撃の一八の事例、他の公刊物で明らかにされた三事例を紹介し、スパイ化攻撃とのたたかいをどうすめるかについて、きわめて具体的に提起している。また、権力と革共同との組織対組織の死闘戦をそれぞれの時代状況をふまえて歴史的に総括し、なぜ、〇四年現在に、スパイ化攻撃との対決が必須の課題となっているのかを明らかにしている。その内容は、いまもなお有効性を失っていないのである。それに加えて、浅尾スパイ問題、栗山スパイ問題、そして荒川スパイ問題についての厳しい教訓を明確にしなければならないのである。

しかしスパイ化攻撃とのたたかい以前の問題があったことを総括しなければ真の切開にはなりえない。すなわち、五月テーゼの清水によるクーデター的決定、清水自身の左ブレ、右への修正、都議選政策をめぐるジグザグなどによって、党指導部も党員も多くが政治局指導に信頼を抱けなくなっており、革共同がこの先、プロレタリア革命に向かってはたして展望を切り開けるのかという確信が揺らぐ面があった。党指導部への信頼と路線への確信が揺らげば、権力はそれをすばやく察知し、直接的弾圧とスパイ化攻撃を強めてくるのは階級闘争の必然の理である。党の革命路線、政治方針、党建設に関する積極的な生き生きとした党内論議こそが党の活性化を保障する。そして党的活性化が政治弾圧とスパイ化攻撃をはねかえす組織的・個人的力となる。スパイ化攻撃が中野と直接関連する労対活動に深く切り込んできたことも、そこに対権力の弱点があったからである。

五月テーゼの政治的本質ゆえに権力による重大なスパイ化攻撃を許したのである。このことを筆者らの自己批判的総括とするとともに、革共同関係者が厳しく総括すべきことを提起したい。

第5節　新指導路線から〇六年三・一四党内リンチへ

中野が内的崩壊と政治的沈没の危機に

第六回大会を受けて中野は、次第に内的な崩壊的危機を深める。契機は少なくとも三つあった。

一つは、国鉄一〇四七名闘争が国労闘争団を先頭とする〇〇年七・一国労臨大で四党合意受け入れ粉砕、闘争団切り捨て許さないという演壇占拠闘争を転機にして反転攻勢に入ったことである。さらに〇二年五・二七臨大で四党合意反対行動への弾圧があり、被告とされた国労組合員七人と支援一人を主体とする裁判闘争が展開されていく。決戦を担う主体的な軸がいくつも立つことは国鉄決戦の展望を切り開くものだった。動労千葉にとっても有利な情勢が切り開かれた。だが、それまで国労大会での演壇占拠戦術を口汚く罵ってきた中野は、国鉄決戦の展開に立ち遅れてしまった。

二つは、第六回大会からほどない六月都議選で天田選対本部長の選挙戦指導が大失敗したことである。四年前の岸選対指導を非難し、今回は「必勝」をめざす当選第一主義で取り組んだにもかかわらず、現職区議から都議選に立った結柴誠一を落選させた。それだけではない。小泉政権の登場に対応できず、小泉「改革」路線との対決を「二の次、当選第一」とするやり方をとった。選対部員から疑問が噴き出し、政治局内で天田への厳しい批判が加えられた。政治組織局会議でも天田は批判にさらされた。天田は以後、半年間にわたり批判されるも自己批判できない状態を続けた。

この点、第六回大会報告・決定集の「刊行にあたって」では、「小泉「改革」を戦争に向けた攻撃であることを暴露し、たたかいぬくべき選挙戦であった。このたたかいを選挙戦のなかで貫徹・適用することに中央指導部がたじろぎ、敗北した。……小泉政権への反撃のたたかいを組織化することにおいて日和見主義・敗北主義に陥り、敗北したのである。このことを徹底的に自己批判する」と明記した。天田の誤りを明確にさせているのである。中野も天田の政治的破産に打撃を受け、何もいえず意気消沈してしまった。

三つは、世界史は〇一年九・一一反米ゲリラ戦争で情勢が一変するほどの時代的転換を画するところとなり、アメリカ帝国主義のアフガニスタン侵略戦争、イラク侵略戦争が泥沼的に拡大する。日本帝国主義が有事法制三法案を具体化し、連合が有事法制に賛成する情勢となり、侵略戦争阻止、有事法制阻止が労働運動の第一級の任務となった。そのなかで中野は表面上は反戦政治闘争を強調するものの、中野的右翼的な三全総解釈が通用しなくなり、政治的モチベーションを失っていく。

中野はこうして〇二年六〜七月に三回連続で政治局会議をボイコットするにいたった。また反戦共同行動委の代表でありながら、自ら呼びかけた全国結集の七・二六「有事三法案廃案へ」反戦集会（昼、桧町公園）もサボタージュするといいだした。前進社本社から反戦闘争担当の水谷が急きょ千葉に飛んで、中野を無理やり連れだし、やっと最後の「まとめ」発言に間に合うというありさまだった。その間、ふて腐れる中野に天田、坂木、木崎は手を焼いてしまっていた。

中野の内的崩壊的危機は〇三年にも続いた。そして中野は、〇三年五月に逆襲に出て、清水に直訴した。中野はその際、清水に再び「脱党の脅し」をかけた。実際、前年六〜七月に会議ボイコット、闘争サボタージュを起こしている「実績」があり、清水は中野の要求を丸呑みした。それが新指導路線である（第5章第1節）。

新指導路線採用から〇六年三・一四党内リンチへの過程はすでに記した。

では、五月テーゼからの一五年にわたる革共同政治局史のすべてが物語るところは何か。

清水＝中野密約以来、陰に陽に分派活動を展開し、政治局内の左右対立をつくり出してきた中野は、労対系列を牛耳ってきたが、じつは行きづまり、一度は自ら沈没してしまった。だが新指導路線採用という形でクーデターを遂行した。その中野にとって、三・一四はまさに願ってもない左派一掃のチャンス到来だった。塩川ら三・一四II首謀者はそんなことも知らずに、中野に利用するだけ利用され、用が済んだらさっさと捨てられた。その中野をバックアップしたのが清水であり、関西派追放の急先鋒だった。その清水と中野の結託の前に政治局内左派は惨敗させられたのである。

「オレが中野に七・七問題をわからせる」

五月テーゼと新指導路線についてもう一つの事実を記す。新指導路線は傾斜生産方式で労働運動に取り組む、とした。「そのたたかいの推進のため他の諸闘争、差別・抑圧とたたかう諸戦線は再編成していく」とした。ただし差別・抑圧とたたかう諸戦線を強引に動員するのは避けなければならないことは確認された。そのため、清水を責任者とする新年号作成委員会は水谷の意見を討議した結果、新指導路線を正式にうち出す〇四年政治局一・一アピールに次の文章を書き入れた。

「第二に、プロレタリア革命の勝利のための闘いの中で、その途上で、差別・抑圧との闘いを自覚的に取り組んでいこう。差別・抑圧との闘いを、新指導路線を強化し、労働者細胞建設と労働運動・労働組合運動を推進するためにともに闘うという実践的観点をもって展開していこう。／新指導路線にのっとって、革共同の7・7路線で再武装し、労働者階級を確固たる指導的階級とし、すべての被抑圧民族、被差別人民が共同のプロレタリアート独裁権力を樹立する闘いに総決起しよう。」（岸執筆「革共同政治局の二〇〇四年一・一アピール」『前進』二一三二号）

革共同としては当然の実践的観点を書いたにすぎない。それも新指導路線優先を配慮した表現にしている。しかし新指導路線の名で七・七自己批判路線そのものを清算しようとする中野は、これに我慢ならなかった。

中野は清水に〝血債主義はもういいかげんにしてくれ〟という趣旨の苛立ちを伝えた。その後、中野も出席する非公然政治局会議で、七・七路線をめぐる直接の討議になろうとしたが、清水がそれを抑えて、「七・七路線について、これまでの党の実践を踏まえて改めて整理しよう。オレがそれを次の政治局会議に提起する。討議はそこでやろう」とした。そして、〇五年新年号作成委員会で、清水は「革共同の労働者は、全逓も自治労も教労も皆、七・七自己批判がわかっている。中野ら国鉄がわかっていない。オレが中野に七・七をわからせる」と語った。ところが次の政治局会議に清水は何も書いてこなかった。〇五年都議選決戦に自分自身が体重をかけて取り組むので余裕がなかった、と弁解した。〇五年の政治局会議にも清水は何のメモも書いてこず、都議選の総括でたいへんだった、とまた弁解した。さらにその次の政治局会議にも清水は何の文書も用意していなかった。清水が何か弁解したが、何をいったか憶えていないぐらい、筆者らは少々あきれてしまった。清水はこんな口先だけの人間かと「七・七路線の今日的整理」という自分で課した宿題を清水は何と三回も続けてやってこなかった。そのため政治局での七・七討議はずっと棚上げ状態にされ続けた。政治局のあり方としても、党員同士の約束としても、ありえないことである。

その後、筆者らが嫌というほどわからせられたことは、清水がダブルスタンダードを使っていたことである。左派には「中野に七・七問題をわからせる」と対応し、中野ら右派には「七・七主義者らに引導を渡す」とでもいっていたのだろう。そして右派への対応が清水の真の基準だったのである。三・一四IIの支持・美化・扇動によって左派を追放した後の〇七年になってようやく清水は、かの宿題を「七月テーゼ」として提出したわけである。そして七月テーゼは、さかのぼること九〇年一〇月の清水＝中野密約の第一項「血債主義の清算」を形ある文書にしたものだったのである。

清水が悪質な政治技術で政治局を運営し自らの保身だけで動いてきたことは、右の事実でも明らかである。清水は反スターリン主義・革命的共産主義の立場とは無縁の汚い政治屋だったのである。

かつて七〇～七一年に『前進』五〇六号論文、その補論論文を書き、革共同の七・七自己批判をリードした清水はたしかに自他ともに認める「血債」論者であった。その清水と、〇七年七月テーゼの清水とはどうつながっているのか、それともつながっていないのか。この問題は五月テーゼの虚実の解明における最大の焦点といえる。

結論的にいって、清水における七・七自己批判は、階級関係、党派関係のなかでの政治力学主義的立ち回りでしかなかったということである。つまり〝華青闘の在日中国人青年、さらにたたかう在日朝鮮人青年が強烈に糾弾している。その糾弾は左翼全体の支持を受けている（もちろんカクマルと日本共産党は別にして）。ここで自己批判しなければ左翼世界での位置を保てない。自己批判する以上は徹底的に自己批判する〟——これが清水のスタンスである。試みにかの五〇六号論文を読み直してみれば、納得される人も多いのではないか。糾弾された側の政治的立ち振る舞いは真摯でなければならないと力説しているが、そこから摂取することのできる理論内容、思想内容はじつはほとんどないのが五〇六号論文であり、その後の清水の論考もすべてそうであるといって間違いない。

こんなことは本書での政治局史の検証によってはじめて気づいたことであり、自らを省みて恥ずかしいかぎりである。だが、確信をもって断言できることである。

革共同に労働運動の理論と路線があったのか

五月テーゼの虚実を解明してきた本章の最後に、もう一つの最大の焦点について記しておきたい。それは、革共同には労働運動の理論と路線があったのか、という点である。

清水は労働運動にまったく無定見である。このことが本多亡き後の革共同の混乱と分裂の最深の根拠であった。いいかえれば清水は、日本における反スターリン主義・革命的共産主義の原点である革命運動―労働者運動―労働組合運動にかんする理論と思想について何もわかっていなかった。筆者らもよくわかっていないことの方が多いが、筆者ら以上に何の定見もないのが清水である。そのため清水は、中野に一方的に依存する選択をしたのである。

もともと労働組合のある数だけ数多の労働運動があり、苦しみ憤激する労働者の数だけ多様な労働運動がある。すべての労働運動に精通する人などいない。たたかって勝利しても敗北しても、誰もが一家言をなす。真剣にたたかう労働者一人一人が労働運動家なのである。国鉄労働者である中野には賃金闘争論がまったくないし、民間労働運動がよくわからない。でも中野には確信をもっていえることがある。それは中野だけであるはずがない。学生出身の常任も、いい古されたことばだが、水に飛び込まなければ泳げないように、泳げるようになるには水に飛び込めばいい。

ところが中野は、「階級的労働運動」の名で、狭い職業的、本工主義的な利害関係に立った労働組合論に一面化していた。「動労千葉特化」などと傲慢極まりないことをいい出した。それは国労とそこでたたかう闘争団への対立、対抗となった。労働運動の何たるかに真っ向から反する独善的路線をもち込むものだからである。加えて、動労千葉が労働組合として和解して生き残ったのに、闘争団が和解すると、やれ裏切りだ、屈服だと騒いだ。それは一〇四七名闘争を破壊する悪質な振る舞いというべきである。それは自らがたたかった反戦青年委員会運動を捨て去り、三里塚連帯・ジェット燃料輸送阻止闘争の経験とその路線、思想を少しも血肉化せず、それに背反するものだった。中野は理論的、政治的、実践的、感性的にどんどん退化していったのである。

清水と中野の野合で生まれたのが「党と労働組合の一体的建設論」である。これが現在の革共同の労働運動論のすべての原理とされている。それだけではなく、党と労働組合の一体的建設が「プロレタリア革命の戦略」であるとまでいわれている。では「党と労働組合の一体的建設」とは一体何をいいたいのだろうか。その説明や意義づけは、じつはあいまいにされている。左翼党派たるもの、内容規定のない用語を使うな、ということである。だがそれが、いつもの清水のやり方である。

要するに、清水がいいたいことはこうである。〝党が労働組合を再生させる。労働組合を再生させることが党建設である。労働組合再生＝党建設であり、それが労働者階級の階級形成である。階級形成がプロレタリア革命である。一言でいえば、労働組合再生がプロレタリア革命である。〟

階級闘争の何の現実性もない、ただのことば遊びではないか。このような呪文を革命戦略などと信じ込み、それを党員に植えつけようとしているのが天田、松丘、大原たちである。これが五月テーゼの行きついたところなのである。

では、本多には労働運動の理論と路線はあったのか。本多労働運動論の核心点は、序章、第6章第3節で書いたとおりである。その意味で、革共同には労働運動の理論と路線があったのかと問われれば、「あった」と答えることができる。けれどもそれが時計の止まったように固定化されれば、死んだ教条になるだけである。本多の遺訓は部分的にしか生かされず、全面的に発展させられるべきをそうできないできた。だからその問いには無念にも、「あった。だが失われてしまった」と答えるしかない。

しかし戦後日本労働運動の天王山であり、牽引力であった国鉄一〇四七名闘争は、被解雇労働者とその家族による地の底から湧き上がるような生き生きとした素晴らしい感動的な労働運動である。苦しみと誇り、口惜しさと確信、たたかいに命も生活もかける英雄主義に満ち溢れた、労働者階級の未来を開く運動である。あの〇〇年七・一国労大会演壇占拠のたたかいはいまも不滅である。「組合員だけではない。子どもたちも、親も皆、一緒にたたかってきた。自分たちの運命は自分たちで決める。」「国労の旗に自信と誇りをもっているから、一四年間たたかってきた。国家的不当労働行為の責任をとらせよ。」……演壇から全国、全世界に向かって発せられた労働者階級の訴え、呼びかけは日本労働運動再生の力であり続けている。闘争団は日本労働運動の宝であり、日本労働運動再生の機関車たる位置をもってきた。この一〇四七名闘争に改めて光をあて、汲めども尽きせぬ教訓を全体化する作業はじつはまだできていない。

それを教訓化することはまた、国鉄分割・民営化に唯一ストライキで対決した動労千葉の不退転のたたかいを、中野的な一面化と独善的狭さから解き放ち真に甦らせるものともなる。労働者階級本来の姿を現すたたかいは多い。そのなかから二一世紀の新しい諸条件での今日的な労働運動の理論と路線を創造する課題に挑戦することができるし、挑戦することではないだろうか。

第11章 〝革共同の敗北〟から新しい道へ

第1節 一〇・八羽田闘争前夜解放派リンチ事件

三つの負の教訓

七〇年代後半からの対カクマル三・一四復讐戦、第五回大会、三里塚二期決戦、先制的内戦戦略の第二段階への移行、九〇年天皇決戦、五月テーゼ、新指導路線、そして三・一四党内リンチ・クーデター、組織大分裂、内部粛清と転落……という革共同がたどった歴史と現状は、〈清水指導〉という契機でとらえ返すとき、問題点がくっきりと浮かび上がってくる。

革共同政治局の歴史を検証する本書の作業は、ここまで基本的に本多書記長虐殺以降の清水政治局体制を対象としてきた。だが本多時代の政治局の誤りも切開しなければならない。なぜなら本多時代に犯したいくつかの誤りを主体的に総括しなかったことが、清水時代により先鋭かつ歪んだ形での誤りをもたらしたと考えるべきだからである。その意味で、本多時代の①六七年一〇・八羽田闘争前夜の社青同解放派幹部へのリンチ、②七〇年八・三海老原殺害事件、③七一〜七二年連合赤軍事件を俎上に載せる。本書では三つの問題に限定せざるをえないが、総括を試みたい。

一〇・八をめぐる三派の主導権争い

第一は、六七年の一〇・八羽田闘争前日の社青同解放派へのリンチ事件である。革共同はかの一〇・八を前に法政大学構内で再建全学連および都学連をともに構成していた解放派の指導部三人を監禁しリンチした。おそらく、このことを本書で初めて知る革共同の党員・元党員がほとんどであろう。驚くべきことであるが、経過はおおよそ次のようである。

同年八月、政府は佐藤栄作首相の南ベトナムなど東南アジア歴訪を一〇月八日と発表した。佐藤訪ベトナムが日本のベトナム参戦国化への踏み切りであり、七〇年安保・沖縄闘争の最初の階級決戦が訪れたものであると認識した革共同政治局は、日程が未定の段階での方針――総評主催の一〇・二一を反戦ストとし同時に訪ベト阻止闘争とする方針――を切り替え、一〇・八を組織の総力をあげた決戦とすることを決定し、非常態勢に入った。全学連は中核派、ブント、解放派が一致して実力阻止闘争を決定し、次いで全国反戦も闘争方針を決定した。だが一〇・八羽田闘争の位置づけや戦術をめぐって、中核派と解放派およびブントとの間で齟齬が生じた。詳述しないが、解放派やブントはもともとベトナム反戦論・反戦闘争論の位置づけが低かった。当時のブントは「反戦ではなく反帝国主義でなければならない」「反戦では革命戦争を戦えない」と主張していた。解放派は帝国主義と民族・植民地問題のとらえ方に反対していた。それにたいして中核派は解放派・ブント、とくに解放派を日和見主義・敗北主義と批判した。

他方、法政大で秋からの学費値上げの先制攻撃として当局による自治会活動家七人への停学など不当処分が発動された。学内攻防が多々あり、九月一三日に処分白紙撤回を求めて大衆団交が行われ総長を引きずり出すなかで、一四日未明、当局（実際には共産党員の大学理事）の機動隊導入で法大自治会活動家を始め法大生および秋山勝行委員長（横浜国大）ら全学連の執行部や支援にかけつけた他大学の学生ら二八五人が大量逮捕された。空前の大弾圧であったが、ほとんどが中核派系であった。中核派にとっては拠点・法大での大量逮捕は法大学生運動が壊滅されかねないだけでなく、一〇・八闘争が風前の灯になる非常事態であった。

一〇・八闘争の準備と法大攻防が重なり合う厳しい展開となり、革共同政治局は自らが現場に出るという重大な決断を下した。秋山委員長が獄中にあるなかで中核派は青木忠（全学連情宣部長、広島大）が前面に立ち一〇・八闘争の総指揮者の名乗りをあげた。解放派・ブントは高橋孝吉書記長（早稲田大）を総指揮者に推した。相互の路線対立を背景にして〝総指揮者は青木か高橋か〟という主導権争いとなった。

主導権争いが激化するなか、大量逮捕で中核派系学生がほとんど誰もいなくなっていた法大構内で他大学の解放派が中核派の丸山淳太郎（全学連書記局員、横浜国大）を取り囲んで暴行する事件が起こった。一方、勾留がついていた秋山ら被逮捕者たちはあわや起訴され、八日には間に合わないかもしれないと覚悟していたところ、必死の大学内工作が成功し、総長が「監禁はなかった」と証言することで五日に釈放をかちとった。踏んでいた薄氷が割れた瞬間に陸地に足が着いたという、ぎりぎりの展開であった。

六日、日比谷野音での佐藤訪ベトナム抗議集会（社会党・共産党共催）の際に解放派のKY（全学連共闘部長、都学連委員長）が丸山に暴力をふるった。当日の中核派のビラで一〇・八羽田闘争と法大処分撤回闘争において解放派を「日和見主義・敗北主義」と批判したことがその理由である。それにたいして直後、法大では中核派が同大の解放派活動家に暴行をふるった。その知らせを受けた早大の解放派十数人が仲間の救出に法大に急行した。たまたま中核派活動家たちが食事に出ていたため自治会室には少数しかおらず、集団的暴行を受けることとなった。報復ゲバの悪循環である。いずれにせよ、一〇・六日比谷野音事件を革共同政治局は重視し、ただちに強い抗議を表明した。

七日午前一〇時、中央大学生会館で総指揮者および戦術を決定する全学連書記局会議が設定されていた。青木と丸山が出席するため中大に出向くと、全国から結集しつつあったブントの活動家が丸山を殴り負傷させた。それはブント指導部の意図するところではなかった。だが青木と丸山は会議に出席するのは危険と判断してその場から脱出した。ブントと解放派の全学連書記局員は中核派が会議に出てこない理由がわからず待ち続けた。中核派はこの日、全国から法大に集結し、午後から短時間、全学連主流派総決起集会を開いた。顔面が腫れ上がりシャツに血がにじむ丸山の訴えを聞いた中核派学生は、解放派・ブントへの怒りを燃やした。その間、中核派の指導部（マル学同中核派書記局と全学連書記局細胞を指す）が構内に居合わせた法大解放派の活動家二人を捕まえて「丸山への暴力を許せない」と詰問、暴行を加えた。そして解放派に連絡を入れ、軟禁状態にある解放派活動家を解放してほしかったら指導部が身代りに法大に出向いて来いと通告した。午後四時から法大で全学連総決起集会が予定されていたこともあり、解放派のKY、TS（全学連共闘部長）が法大に出向いた。二人が着くと中核派は法大活動家を解放したが、代わりに彼らを監禁した。そして高橋を呼び出した。高橋は書記長である自分が出向けば何とかなると考えたのであろう、抗議しに一人できたが、事態のただならぬ緊迫を察知しキャンパスを走って逃げた。それを押さえつけ腕をつかんで自治会室に連行したのである。

付言すると、その時点までは全学連書記局は委員長・秋山が中核派であるためその拠点である法大の経済学部自治会室に置かれていた。全学連の役員は党派を問わず法大に出入りしていた。その感覚で高橋らは法大に出向いたのである。

一〇・八前夜解放派への凄惨なリンチ

翌日の闘争のために集まっていた学生たちは自治会室のある六角校舎から外に出された。早大支部キャップであった水谷には「早稲田のメンバーはこの場にいない方がいい。大学に戻ったときに報復されるから、早く出ろ」と声がかかり早々に出された（解放派指導部三人はいずれも早大生）。すぐさま清水丈夫が指示して椅子に座らせた三人、とくに高橋に中核派書記局員たちがリンチを加え始めた。高橋が総指揮者になろうとするのは一〇・八闘争を低めるためであり許せない、青木を中大でリンチしようとしただろう、丸山暴行を許せない、という理由である。話し合いや論争ではなく、したがって自己批判要求もなかった。途中で清水が「オレはそんな程度じゃ納得できない」「こうやるんだ」と叫ぶように発語し、謄写版印刷のガリ版から鉄やすりをはずして自ら高橋の頭部をめがけて殴り、ややそれて顔から血が流れた。足の骨も折れよ、と鉄やすりを打ち下ろした。まさか！　そこまでやるのか、とその場の空気は一瞬、凍りついた。意を決した学生書記局員たちが高橋へのリンチを再開し、その足に鉄やすりで集中的な打撃を加え、骨を折った。高橋はうめき声をあげ続けた。リンチを加える側も涙を流しながら鉄やすりを振るうという異様な世界がくりひろげられた。対立が強まったとはいえ、全学連の同じ隊列を組む仲間である解放派指導部に過度なリンチを加える行為に誰もが胸を塞がれ、思考停止状態になっていた。

あまりの凄惨さに法大の自治会役員を務める中核派メンバーが「もうやめてくれ。こんなことをすれば、法大の大衆運動が成り立たなくなる」と泣いて抗議し、ようやくリンチは終わった。同人がタクシーを呼び、歩けない高橋を抱きかかえて乗せ、他の二人とともに帰らせた。

この間、高橋らの監禁を知った解放派とブントの学生たちが法大に押しかけてきた。リンチ事件によって、予定されていた全学連総決起集会はもはや吹き飛んでいた。法大内に集結していた中核派も一斉にキャンパスに出た。翌日の闘争もあり、すでに機動隊が出動し配置についている状況下で、法大正門を挟んで、解放派・ブントと中核派が集団的ににらみ合い、緊張が高まった。ほどなく解放派・ブントは撤退し、衝突にはいたらなかった。

だが、このリンチ事件を革共同政治局および中核派指導部は中核派学生たちにいっさい知らせなかった。清水がリンチの指揮官であったが、清水の独断ではありえない。筆者らはいま、その場に控えていた本多延嘉の決断と指令で行われたリンチであると判断している。その場には北小路もいた。陶山も法大構内にいた。実質的には政治局決定でリンチが行われたというべき状況だった。

翌日の一〇・八佐藤首相南ベトナム訪問実力阻止・羽田闘争は中核派を先頭とする全学連と反戦青年委の労働者の総力をあげた文字通り決死のたたかいとなり、世界史的にも大きな衝撃を与えた。一〇・八闘争は山﨑博昭の死＝虐殺と重ねて中核派の弁天橋上での五時間におよぶ奮戦に焦点があてられるが、解放派とブントが中核派にひけをとらない勇敢な奮戦をくりひろげたことは正当に評価すべきことである。反面、世界の反戦闘争の歴史に刻み込まれる鮮烈な一〇・八羽田闘争は、党派間のいがみ合いと前夜リンチ事件という陰惨な部分をもったまま、しかしそれを止揚しうる新たな階級闘争のステージをつくり出したともいえる。

解放派の側は一〇・八直後から東大や早大などで報復のリンチに出た。とくに東大駒場では激しいリンチを中核派活動家に加え、深い傷を負わせた。だがその後は、中核派と解放派・ブントは一〇・八羽田の地平を共有してスクラムを組み直し、全学連書記局会議を再開・継続させ、一一・一二佐藤訪米阻止羽田闘争、翌年一月のエンタープライズ佐世保寄港阻止闘争をともにたたかった。しかし党派関係の修復はそこまでで、全学連は結局分裂する。ところで佐世保闘争においては、負傷から復帰した高橋が連日、デモ指揮者として敢然と現地闘争の陣頭に立ち逮捕・起訴されたことを、高橋の側から一度もリンチ事件をむし返さなかったことと合わせて書き記しておく。

本多はなぜリンチを決断したのか

一〇・八前夜リンチ事件は何よりもまず、それ自体が党派間統一戦線を支える信頼関係を破壊したのであり、統一戦線の思想と行動への背反であった。

経過をふりかえると、解放派とブントにも民主的に選出された秋山委員長体制にセクト主義的に反発し撹乱させた誤りがあり、統一戦線構築・維持のための見識が欠けていたことを指摘しうる。しかも秋山逮捕・勾留、拠点・法大での大量逮捕という中核派の危機に乗じて全学連の主導権を奪い返そうとし、秋山代行の青木に牙を向け、丸山に暴行を振るう過ちを犯した。一方、一〇・六日比谷野音事件などへの報復が仮に認められるとしても、しかし高橋ら解放派指導部へのリンチは絶対にやるべきことではなかった。総指揮者の位置を争っているからといって、全学連書記長である高橋を肉体的・精神的につぶすことを目的にしたリンチは一線を超えるものであり、許されることではない。それはある種おびき出し的に仕組まれ、明らかに過度の暴力がふるわれた。

そもそも政府・警察権力が羽田周辺でのすべてのデモを不許可にするという異例の戒厳体制を敷いたのである。そのなかではもはや一人の総指揮者問題を争う状況ではなくなっていた。それどころかデモ禁止下での非合法の実力突破のための戦術協議あるいは別個の作戦分担が求められていたのであり、リンチなどまったく必要のないことであった。にもかかわらず、なぜリンチなのか。広大な統一戦線を構想し、常に党派間統一戦線を追求してきた本多の戦略・戦術思想からして、一〇・八前夜リンチ事件はただちには信じられないことである。では一〇・八前夜、本多は何を考えていたのであろうか。

一つは、解放派への綱領的・路線的レベルでの批判を強めていた。

当時、社会党は反戦青年委の解体と統一行動でのラディカル左翼三派の排除の動きを強めつつあった。社会党青少年局が六五年につくった反戦青年委が今やラディカル左翼系の青年労働者の結集体となっていたからである（「飼い犬に手を嚙まれた」といわれていた）。それに火をつけたのは六六年九月、第七回社青同東京地本大会で主流派・解放派（プラス第四インター）からの奪権を狙った協会派が演壇占拠という挑発行動を起こしたことである。解放派が反撃し流血の事態となった。それを口実に東京地本解散、協会派だけの東京地本再建へと転回する。上部団体の社会党の左派内部では曾我祐次（社会党東京都本部委員長）派、高見圭司（社会党青年対策部長）ら構改左派と向坂協会派の対立が激しくなる。解放派は協会派への対抗を強め、曾我派、高見派と共振しつつ社会党・総評の枠組みのなかでたたかう道を志向する。そのため社共共闘への参加に重心をかけていた。そうした解放派のあり方は、革共同からみると社会党本部によるラディカル左翼排除に屈服、迎合し、すり寄るものにほかならない。

もともと解放派の立党的・思想的な立脚点には〝労働者階級は基本的に社民的形態をとって存在する。その前提に立つと、社民から離れることは労働者階級から離れることである〟という認識がある。そのため解放派が社会党本部、協会派による左派排除に抗しきれるのか、という問題が現実化していた。実際その後、総評は二つの羽田闘争、佐世保闘争への労働者の下からの共感・支持の動きに揺さぶられながらも、六八年総評全国大会で「反戦青年委凍結」を決定するにいたる。六七年段階で解放派が党派的試練に立たされていたことは明らかであり、それが全学連内部でのさまざまな反中核派の対抗行動となっていた。

本多は、解放派が右に引っ張られている状態に厳しい批判を加えていた。同じラディカル左翼党派として解放派とともに進むのは限界にきているという見切りをつけつつあった。

二つは、三派全学連のあり方を異次元に移行させようとしていた。

再建された全学連は少し前からすでに党派的な分解の軋みを起こしていた。中核派は秋ころから全学連主流派を標榜し、ブント・解放派からすれば独自路線に踏み出したとみえた。ブントと解放派は秋山委員長罷免を虎視眈々と狙っていた（経過と説明は省く）。そして一〇・八前夜リンチ事件が契機となり、対権力の闘争では統一行動をとる努力は捨てなかったものの、全学連の党派的分裂が固定化してしまった。その後さまざまな経過の上に六八年七月、ブント、社学同ML派、解放派、第四インターは反帝全学連を名乗り、中核派は単独で全学連大会を開くにいたった。当時、本多は「統一戦線全学連は過渡的形態であり、これは止揚されなければならない」「全学連主流派と名乗ったが真の主流派になっていない。この現状をのりこえることだ」と語っていた。少なくとも六七年一二月初めに水谷は本多からそう聞いている。実際、一〇〜一一月頃の『前進』のSOB論文にはすでに同趣旨の文章が記されている。

すなわち本多は、学生運動では中核派全学連と反帝全学連の二派並立、あるいは三派鼎立はやむなしと考え、むしろ積極的に党派全学連方針をとったのである。

一〇・八に革命党の命運をかけた本多

三つは、本多は七〇年安保・沖縄決戦へ革共同自身の主体的変革＝内的転換が必要なこと、一〇・八羽田闘争こそそのための決定的な転回点であると位置づけていた。

一〇・八は本多政治局の命がけの蜂起戦であった。当日、中核派が萩中公園から機動隊の壁を一瞬のうちにぶち破って一気に疾走し、弁天橋に到達するや、ここでも機動隊を蹴散らした。機動隊が一斉に後退し橋上の五台の装甲車の前ががら空きとなった。学生が装甲車によじ登った。しばらくすると、どこからともなく梯子を持ち出して装甲車にかけたのは陶山であった。学生たちはその梯子を登って装甲車を占拠した。前日の深夜、法大に泊り込んだ学生たちが休んだ後、図書館の前で一人黙々と角材にベニヤ板を打ちつけて翌日使用するプラカードをつくっていたのも、陶山であった。少しの衝撃だけでベニヤ板がはずれるように軽く打ちつける作業が功を奏して、翌日の機動隊との戦闘に威力を発揮したのである。陶山は一〇・八の兵站を務め、自ら最前線に出ていた。

山﨑博昭が殺されたという報が現場の学生たちに伝わったのは午後零時少し前ころであったろうか。「学生が死んだ」「京大生の山﨑が殺された」という叫び声があがった。形容しがたい衝撃が走り、弁天橋周辺を重苦しい空気が覆った。機動隊に立ち向かい血路を開こうとしていた部隊の足が止まった。皆、その場に立ち尽くした。そのとき弁天橋に向かって左方向の路上に本多がいた。本多の横には北小路がいた。彼らと一緒に九・一四法大弾圧で逮捕され五日に釈放された数人の学生がいた。水谷もその一人だったが、釈放されたばかりのため、この日は控え要員だった。次の瞬間、本多が傍らの北小路に「北小路、行け！」と高い声で叫んだ。北小路は「おおっ」と応じ、ネクタイをはずしてすたすたと弁天橋上に進み、梯子を伝って装甲車上に登り、並んでいる装甲車数台の屋根の上を跳びながら一番前に進んだ。そして空港内で構える機動隊の大部隊に向かって「今、学生が機動隊によって殺された。機動隊は全員ヘルメットをとれ。ヘルメットを脱いで学生の死に黙禱せよ。ヘルメットを脱げ」と呼びかけた。周辺の空気を圧する大音声だった。それに呼応して北小路の後方の学生部隊が一斉に「機動隊はヘルメットを脱げ」「脱げ」「脱げ」とシュプレヒコールをあげ、態勢を立て直し前進し始めた。衝撃と悲しみを振り払い、山﨑の死をのりこえんとするたたかいが再開されたのである。

これらの事実が語るように、本多以下、政治局員（および準政治局員）が学生とともに弁天橋の死闘をたたかった。それが一〇・八の一つの真実であった。

本多は一〇・八を前にした六月、五・二八砂川闘争が七〇年安保闘争への道を切り開いた興奮が高まるなかで、それまで公の場では武井健人の筆名を使っていたのをやめて本名に切り替えた。陶山、野島、清水も皆、同じようにした。本多を筆頭とする政治局は、破防法弾圧を身をもって受けとめ、逮捕・投獄を恐れない姿勢と戦闘精神を内外に明らかにした。ラディカル左翼の他の諸党派の指導部でこれほどの組織的な戦闘性を示したものがあっただろうか。中核派に結集する労働者、学生の献身性と自己犠牲のたたかいと並んで、この政治局のすさまじい決断と率先垂範のたたかいこそが一〇・八を突破口とする激動の五カ年を可能としたのである。

ひるがえって一〇・八前夜の解放派指導部へのリンチは何だったのか。いまもよくわからない。強いていえば、本多は一〇・八蜂起戦を前に、政治局および中核派書記局の古い体質からの脱却をかけたものだったのだろう。あるいは本多自身の惰弱な心を克服しようとしたのかもしれない。そうすることが一〇・八から七〇年にむけて決心をつけることだった。命がけでやる、と。本多はそれほど一〇・八の成否に革命的共産主義運動の命運をかけていた。

三派全学連の継続・発展はありえたか

本多が解放派指導部へのリンチを決断した根拠は、右のようなものと考える。当時、革共同の党員であった者としては了解できる面があるが、でもなぜリンチなのかまったく納得できない。

解放派指導部への組織的リンチは、解放派との間で和解しえない溝をつくった。七〇年安保・沖縄闘争の過程でラディカル左翼諸党派のさまざまな統一戦線が組まれたが、革共同と解放派はついに共闘関係にならなかった。それは尾を引き、七〇年代前期以降の対カクマル戦でどちらも組織の命運をかけた血みどろの対カクマル戦争をたたかっているのに軍事的共同戦線を組むことにもならなかった。後に八三年の三里塚三・八分裂以降、三里塚闘争で解放派との共闘関係を形成したし、八六〜八八年の短い時期に中央政治闘争で共産同戦旗派（西田派）を含めての三党派連合を形成したこともある。もとより相手の解放派の主体的な立場や組織事情があるため、筆者らが解放派との共闘関係を論じても意味がない面がある。しかし本多時代に解放派との間で共闘関係を積極化できなかったところに、ラディカル左翼の責任ある主流派たるべき本多ら革共同政治局の限界があったのではないだろうか。

本多ら政治局の解放派認識と学生運動の現場にいた者のそれとは、いささかのずれがある。たとえば水谷は、六四年七・二事件（早大構内での中核派＝解放派連合とカクマルとの組織的集団戦）のときはまだ活動家ではなく参加もしていないが、その後、早大キャンパスのなかで解放派とは対カクマル・対民青の政治的・軍事的共同戦線を張ってともにたたかってきた。学費・学館ストライキ闘争も、都学連再建（六五年七月）、全学連再建（六六年一二月）もともに担ってきた。とくに六七年五・二八砂川闘争をめぐる早大キャンパスを戦場とする対カクマル集団戦では、ともに角材を振るった仲である。法大から中核派部隊が駆けつけたときは解放派活動家が歓呼して迎え、抱き合い、そしてカクマル武装部隊にともに突撃したものである。根底には対権力・対カクマル・対民青の戦友感覚があった。だから三派全学連は、六〇年安保闘争の敗北をのりこえる共同の苦闘の賜物であり、共有財産なのである。

いまにして思えば、三派全学連はよくぞ結成されたものである。当時の諸党派の政治的未熟さ、綱領的なちがい、あるいは党派学生特有の唯我独尊を抱えつつ、七〇年安保・沖縄闘争という共同の目的にむかって総結集したのである。巨大な敵権力を前に、また脇や背後にいる民青、カクマルという敵にも構えつつ、味方の弱さを共同の力をもって克服しようと、党派間統一戦線を成立させた。そのことで各党派系列よりも広い層の学生大衆の圧倒的な支持をも得て、戦略的な前進をかちとっていった。それは脆さを内包していたがゆえに壊れやすい、しかし堂々たる統一戦線だった。

三派全学連を継続、発展させるためにはどうすればよかったのか。内部での党派闘争の共同の原則をつくり出せなかったことが限界の露呈となった。その限界が対権力闘争における味方の分散という誤りを生み出した。一〇・八前夜解放派へのリンチ事件とその誤りを直視することが、ラディカル左翼の抱えていた問題点の総括になると考えるゆえんである。

第2節　七〇年八・三海老原事件をめぐって

政治局の組織的責任の放棄

第二は、八・三海老原事件[11]（以下、八・三とする）への政治局の対応の誤りである。

七〇年八月に入るか入らないうちに数寄屋橋、渋谷、新宿、池袋など街頭や大学内で、カクマルが八・四革共同政治集会（日比谷公会堂）にむけての中核派のカンパ・『前進』販売活動を暴力的に襲う事態がひんぴんと起こり、それに対して中核派も反撃し、暴力的な対立が一挙に激化していた。広尾病院に入院する重傷者も出た。東京教育大においても、同大カクマル幹部・小林由紀夫（後にカクマル全学連書記長）らが活動中の中核派を襲い、メンバーに暴行を加えるとともにカンパや『前進』売上金を強奪した。同大生・海老原俊夫は暴行・強奪事件に直接関与しなかったが、当日大学構内にいて知っていた。

八月三日、池袋駅頭でカンパ・情宣活動中の中核派学生部隊は通りがかった海老原を発見し捕まえ法政大まで連行し、六角校舎地下の一室に拉致し数人でリンチした。海老原は全身打撲によってショック死した。カクマルの数々の暴挙への怒りが海老原の上に集中したとはいえ、それは意図せざる死であった。海老原の死を望んだ者は誰一人いなかった。対応に苦慮した中核派学生幹部は死体を法政大近くの厚生年金病院（新宿区）玄関前に置いた。四日早朝、海老原の死体が発見された。同月一四日、カクマル部隊が中核派を偽装するトリック戦術をもって法政大を武装襲撃し、構内にいた十数人を捕まえて凄惨なリンチを加えた。死者こそ出なかったが、カクマルは法大を流血およびただしい惨劇の場とした。その後、八・三事件に関与したとして中核派活動家二三人が次々と逮捕され一人がほぼ全面自供し、八人（統一公判組）プラス数人（分離公判組）が起訴された。重刑判決が出てそれぞれ下獄した。

革共同は海老原事件に関して対外的に完全に沈黙を通した。組織内でも八・三海老原事件をタブーにした。前者の対応はひとまず措くとして、後者の措置は根本的な意味で誤りであった。

第一に、海老原殺害の直接の組織的責任は政治局にあったのである。政治局は本多が獄中にあり（六九年四月二七日に破防法扇動罪で逮捕、七一年三月出所）、陶山が書記長代行であった。当日、法政大担当の政治局員・高木徹が海老原監禁の時間帯に法政大にきていた。[12] 高木は事態の推移と海老原死亡の推測を確認して前進社に戻った。緊急に連絡のとれる政治局員で協議し、医者の経験のある折田が駆けつけた。素人が見ても海老原の身体はすでに硬直しており、折田が診るまでもなく死亡は

◆11　八・三海老原事件の事実経過を詳しく記録、論評したものに立花隆著『中核VS革マル』上（七五年一一月、講談社。後に講談社文庫）がある。ただしそこで使われている「中核派の内部文書」なるものは、重要な事実の間違いが散見され、第一次資料たりうるのかという疑問がある。立花は、カクマルによる加工ないし偽造という観点での資料検証をしたのだろうか。

明らかだった。

つまり居合わせた高木は「海老原を殺すな。ただちにやめろ」と指示しそのように貫徹することはできたし、そうしなければならない責任があった。にもかかわらず、何の的確な政治判断も下さなかった。ある証言では「動けなくするだけでいい」と指示したといわれているが、真偽のほどは定かではない。結果的にはリンチ殺害を後押ししたことになる。

カクマルとの対立が街頭や大学内で激化している状況のなかで不可避に高まっていた中核派学生のカクマルにたいする報復の感情にただ流され、監禁・リンチを是認したのである。加えて海老原の死体をどうするかの処置を現場の学生指導部に投げ出して党本部に逃げ帰ってしまった。警察権力による弾圧がただちに襲ってくることが明らかな事態であるにもかかわらず、自らの身の安全しか考えず、学生たちへの弾圧対策を何も考えなかった。突き放された形の現場の学生たちは心のどこかにほとんど無意味な願望（「海老原よ、生きていてくれ」）を抱いて厚生年金病院前に死体を置くことにした。運んだメンバーは宿直がすぐに気づくように扉をどんどんと叩いてから去った。

このように高木ら政治局は、海老原の連行・監禁・リンチとその結果としての死に関して直接の重い組織的責任がある。

政治局絶対化と無批判的追随主義の始まり

第二に、政治局（協議にかかわったのは陶山、清水、高木、北小路、白井とみられる。野島は関西にいた）は八・三を自らの責任として真正面から引き受けることから逃げ、当事者学生たちにすべて責任転嫁し、自らの指導責任を何一つ自己批判しなかった。死者を出した重圧と逮捕・投獄という犠牲を学生たちに負わせただけであった。何よりも政治局は当事者学生たちと本来すべき何らの総括会議もしなかった。二〜三カ月あった事後逮捕までの期間に何の会議もなく、メッセージ一つ送ることもなかった。その後も未決拘留中の法廷での被告団会議に政治局の意志を伝えることもしなかった。被告たちが下獄中も、また実刑の刑期を終えて出所した際にも、何の会議も開かなかった。ただ苦しい期間を耐えたことを形ばかりの慰労で返しただけだった。

唯一、法政大支部には政治局の見解が出された。同年八月下旬、高木が支部会議に出席し、「人間の命は大事である。だが内乱的死闘の時代に入っている。殺し・殺されるという時代であり、死者が出ることは避けられない。運動の中での多くの死を通してしか革命の目的は達せられない。今後もっと死者を出さなければならない」と提起した。監禁・リンチの現場にいたメンバーを含めて、海老原殺害の結果にとまどう一方、カクマルへの怒りと憎しみをますます強めていた同支部員にとって、それは結果解釈でしかなく納得しうる説明ではなかった。それ以外の場では〝この件は討議せず〟とされた。八月末、革共同全国委員総会[13]が開かれ、総括・情勢・任務方針の報告に立った陶山が「権力が弾圧に動いている。こうしたときにはあれこれいうべきではない。われわれは八・三には触れないという態度をとる。このことを了承してほしい」と発言した。緘口令を布いたのである。強く説明を求めた者には個別例外的に「対外的に沈黙しているということは〝まずい〟と考え

◆12　革共同はカクマルとの分裂以降、中央学生組織委員会（ＳＯＢ）を政治局直属にするとともに、政治局員ないしそれに準ずる位置にある者を拠点・法政大担当者に据え、学生運動指導のみならず大学当局との関係形成などの相談役としてきた。法政大出身の野島三郎（六三〜六八年）、同・藤掛守（六八〜七〇年）、そして法大出身ではないが高木徹（七〇年当時）がその任に当たってきた。なお高木および北小路は当時、厳密には政治局員候補。

ているからだ」という、前記高木発言とは異なる説明があったのみである。

八・三直前の七月下旬まで学生書記局細胞の責任者（六九〜七〇年は学生戦線中央指導部がＳＯＢとして任命・認定されなかった例外的な一時期）であり、新設の入管戦線責任者に移籍していた水谷は、党の非常時に際して学生戦線への復帰を要求し、説明を求めた。前記全国委総会の夜、陶山から「公にしない理由は理解してくれ。党は在日アジア人民に七・七自己批判を実践すると約束したのだから、君は八・三のことは考えずに入管戦線に専念してくれ。八・三と学生戦線のことは政治局に任せろ。当事者とは話をしないようにしてくれ」と説得された。だが水谷は納得できなかった。

後日、清水からも別の場でほぼ同じことをいわれた。それ以上の説明は何もなく、前項に記した事実関係は何も知らされなかった。陶山、清水は明らかに動揺していた。他方、六九年一一月決戦の総指揮者の一人として事後逮捕され獄中にいた岸は、事実関係は不明なまま、政治局指導の失敗であると感じていた。党内でタブーとされたため、被告たち自身もおたがいに意見を交わすことがほとんどできなかった。政治局が自己批判する態度を決めなかったことが被告たちの心に大きな陰をつくらせてしまったといわなければならない。それは重みが違うが、党員全体にとってもいえる。

第三に、政治局自身は内部で総括をしたのかという問題がある。全面自供した一人を除く七人の被告たちは完全黙秘を貫き、下獄闘争をやり遂げて生還した。被告たちは意図せざる海老原の死と否応なしに向き合い、革命闘争・党派闘争をたたかう一人ひとりの死生観を問われ続け、党の総括がないなかで、いっさいを胸に秘して革命家としての己をまっとうしようとした。その一方で、政治局はどのように八・三と向き合い、自己総括をしたのであろうか。

政治局はいっさいを政治局の内部に閉じ込めた。獄中にあった本多は八・三の核心的事実の報告を受けていたと推測されるが、獄中では指示やメッセージを出すのもままならなかった。翌年三月、出所し経過全容の報告を受けた本多は、政治局の対応に激怒し、「高木を絶対に許さない」と高木に自己批判を求めた。政治局の対応に重大な誤りあり――これが本多と政治局が共有する総括点である。ただし高木が本多ら政治局の認める自己批判書を書いたという話はない。何も書けなかったのであろう。同時に本多にしてみれば、陶山代行体制が約半年間にわたって続けた態度――対外的沈黙と対内的タブー化――をいまさら修正することもできなかった。本多もそれと同じ態度をとった。けれども本多には、少なくとも被告たちや法大支部とは正面から話し合う機会をもつべき責任があった。本多存命中にその機会がなかったわけではないのである。

暴力が階級的に是認され、かつ労働者人民に大衆的に受け入れられるには、その必然性と必要性が根拠をもったものでなければならない。簡単にいえば、それ以外には方法がない、やむにやまれぬ暴力であるという階級的・大衆的な論理と倫理をともなったとき、その暴力は正義を主張しうる。だが八・三は政治局の誤りがあった以上、こうしたプロレタリア暴力論は適用できない。政治局問題を抜きにして八・三を論じることはけっしてできない。それをもっとも痛切に自覚していたのが本多である。だから本多は、政治局としての総括点を率直に八・三被告たちに語る以外に被告たちに向き合うことはできないのである。本多がそれをしなかったのは政治局の自己保身である、と指弾されてもいたしかたあるまい。本多による八・三＝沈黙方針の継続は、長い目で見ると政治局絶

◆13　一九七〇年八月末の全国委員総会の議題は、①七〇年六月安保決戦の総括、②七・七自己批判問題、③内外情勢の認識、④今後の沖縄返還協定締結阻止を始めとするたたかいの路線・方針（以上を陶山が報告）、⑤破防法体制とのたたかいと党建設の課題（田川和夫が報告）である。ただし②は陶山から簡潔な提起があったが、基本的には自由な全体討議に付された。

対化と無批判的追随主義の始まりとなったといわなければならない。

対カクマル戦争の棘

第四に、八・三海老原事件について革共同が態度表明をすべきであったかどうかという問題が残っている。以下述べることは、しょせん後知恵であり、もはやせんないこと、仮説であるにすぎないということをお断りしたうえで、筆者らは八・三に関して労働者人民への態度表明はすべきであった、と考える。

八・三沈黙方針であったために党員、支持者の受けた重圧、打撃、失望は決して小さなものではなかった。党の無責任さは隠しようもなかった。

しかも、それはカクマルを勢いづけた。カクマルによる「報復」の名による八・一四法大襲撃・拉致・リンチを正面から弾劾しえなかった。政治的にも後退を強いられることになった。

左翼論壇でも梅本克己などによって、八・三は大きな問題としてさまざまに論じられた。マスコミの悪意ある革共同攻撃、左翼非難が声高に広まった。そうした状況で当事者である革共同が沈黙するという図は、革共同およびラディカル左翼への信頼を損なうものとなった。人間の生死に関する見識のない党と映るのであるから、左翼党派としては生命線の危機に陥った。

右のような状況はすべて、七一年一二月以後の対カクマル戦遂行の棘になった。八・三海老原殺害問題をそれとして政治的・組織的に決着させていたなら、それ以降の対カクマル戦とその正義性への労働者人民の支持と理解ははるかに広がっていたに違いない。逆に海老原殺害への沈黙は、対カクマル戦のみならず、プロレタリア暴力行使に関する階級的・大衆的な論理と倫理の説得性に欠ける部分を残したといわなければならない。

対外的な態度表明をするかどうかは、やはり党内での論議いかんにかかっている。政治局が自らの責任について当事者および党員全体に自己批判していれば事態はもっと別な方向に開かれたにちがいない。革共同は一方で八・三を抱えつつ、七・七自己批判という反スターリン主義の厳しい試練に苦しみながらも新たな意欲と決意をもって再前進しようとしていた。七・七自己批判路線を形成しつつあることの深さと大きさのなかで、八・三問題をも真正面から解決することができたのではないか、と思われてならない。

第3節　連合赤軍事件の外在化の誤り

第三は、連合赤軍事件を外在化してしまい、革共同も無縁ではないと内在的にとらえなかった誤りである。それはラディカル左翼の責任党派としての役割に背反するものであった。

七一年一二月〜七二年二月の連合赤軍による山岳ベースリンチ事件とあさま山荘銃撃戦は、権力・マスコミによる非難の大合唱が起こったからだけでなく、反権力を志向する多くの労働者人民、左翼諸党派支持者に衝撃を与え、ラディカル左翼総体への失望、信頼の崩壊を生み出した（事件の事実関係については省略する）。とりわけ仲間内でのリンチ・殺害という事態は七〇年安保・沖縄闘争の地平に大きな打撃を与えるものとなった。

革共同は連合赤軍への評価について比較的早い時点で表明していた。

「連合赤軍は、闘争形態、武装形態の戦略化ともいうべき誤りにおちいっており、革命の内容と方向、すなわち、大衆をそこに向かって動員し組織していく政治目標が欠如しているのである。大衆的、政治的闘争の内乱的、武装的、革命的発展のコースと、ゲリラ的、パルチザン的武装闘争のコースの双方の独自の発展とそれらの有機的結合という新しい闘争の質的展望を生みだすためには、それにふさわしい革命の戦略が必要なのである。」（本多「勝利の七二年を武装進撃せよ」『前進』五六四号、七二年一月一日）

この本多論文の後、一連の連合赤軍事件が明るみとなる。それでも本多の連合赤軍評価にそれほど変更はなかった。

本多の連合赤軍事件に関する見解は次のようなものである。①「総括」＝リンチと銃撃戦は一つのものであり、たとえば「銃撃戦支持、リンチ反対」という立場は成り立たない。②組織内での思想や意見のちがい、とくに軍事行動をめぐるそれはAかBかとはっきり出るが、それを組織内テロ・リンチで処理するのは誤りである。「インディアン方式で行くべきだ」、つまり山岳ゲリラや対権力銃撃戦から逃げたい者は逃げればいい。それなのに連合赤軍のように〝方針は全員一致でなければならず、ゆえに全員拘束する、それに耐えられない者は粛清する〟という論理と行動は根本的なまちがいである。組織内でのテロ・リンチはやってはならない。こうした本多の考えははっきりしており、何人かが岸を含めて直接聞いている。ただその見解を組織討議にはかけなかった。また対外表明しなかった。おそらく③一連の事件の関与者が全員逮捕され、権力による厳しい弾圧を受けている党派に追い討ちをかけることはしない、彼ら自身が自らの犯した誤りを自己批判的に総括するのを望む、という考えがあったからだろう。本多のみならず、革共同の党員は多かれ少なかれ同じように思っていた。

しかしそれは、事態のもつ深刻さを同じ左翼として内在的にとらえ返すということからの回避にほかならなかった。要するに当時の革共同は、組織内リンチ殺害も山岳銃撃戦もブント赤軍派や京浜安保共闘であるがゆえの誤りの拡大再生産であり、革共同はそのような誤りは犯さない、という認識だった。もしそうだとしても、彼らの誤りの根拠とその思想を内在的に批判的に解明し、それをのりこえる教訓化をはかるべきだった。そのことでラディカル左翼自身の「他山の石」とし、連合赤軍事件によって精神的打撃を受けている多くの労働者人民を励ますよう努めるべきだった。そうするならば、革共同自身がもう一回り大きな党になっていくことができたのではないだろうか。ましてや革共同といえども、連合赤軍の陥った泥沼とまったく無縁のところにいるわけではない。

森恒夫の「自己批判書」（『銃撃戦と粛清――森恒夫／自己批判書全文』）を読むと、政治目標を失った左翼が組織内部にだけ意識を集中させ、組織と個人のあるべき姿を観念的に自己目的的に追求するという倒錯した世界に落ち込んでいるのが、如実に現わされている。そこでは総括という名の粛清が目的化され唯一化されているのである。

他方、現在の革共同はといえば、〇六年三・一四党内リンチ事件の肯定・美化・扇動に走り、そのあげく世界革命・アジア革命・日本革命の目標を捨て去り、党の生き残りを自己目的化する集団になりはてている。もっといえば党首・清水丈夫は、身をもって帝国主義権力とたたかうこともせず、党員の前に出て正面から総括と現状を論議することもせず、ひたすら自己保身をはかり党史の偽造にのみエネルギーを費やしている。清水は三・一四党内リンチを起点として排斥した同志、処分した同志たちをなにゆえに粛清したのかを自己弁護するために四苦八苦している。そうした清水ら革共同政治局の内面世界はじつに異様であり、歪みきっており、森恒夫の内面世界とそんなに変わらない。

ここではこれ以上書かないが、当時の革共同は連合赤軍事件を真剣に対象化し、内在的に究明し、その誤りをえぐり出し、プロレタリア革命運動の否定的な教訓を導き出す努力をすべきであった。

それをするならば、三・一四党内リンチをきっぱりと否定し、その根拠を止揚することができたであろう。すなわち連合赤軍が陥った地獄は、左翼にとってけっして無縁なものではないのである。

第4節　反スターリン主義の徹底化こそ

本多延嘉書記長と清水丈夫との断絶

本多延嘉書記長も大きな誤りを犯している。本多指導下のそれぞれの幹部も大衆運動へのかかわり、諸党派との関係で傲慢な政策、態度をとる誤りを犯している。筆者ら自身を振り返って、いま当時の自らのいくつかの誤りを自覚しつつある。率直な批判をいただきたいと願っている。

そうすると革共同は革命党としてすでに限界だったのか、とも思わざるをえない。しかし本多を先頭とする革共同は皆、「われわれの生きているうちに日本革命を達成するのだ」という強い意志をもって死力を尽くしてたたかった。このことはまちがいない。だからこそ自らの誤りや歪みを切開し、それをのりこえる意識性を内在化しなければならなかったのではあるが。

本多書記長虐殺後の革共同は、清水政治局体制を形成したが、八一年第五回大会という早い段階から本多時代の革共同とは異なる党へと変容していった。前述したが、党首が斃れた後の党が別の党に変化、転換することがまちがいなのではない。だが、どう変わっていくべきか真剣で開かれた討議を何らすることもなく、たえずクーデター的に、かつ党を欺瞞しつつ革共同を変質させていくのが清水のやり方だった。その清水に使われ、清水体制形成の先頭に立ってきたのが筆者らである。

筆者らに力がなく、清水が中野への依拠と登用を決めたとき、筆者らはいずれ切り捨てられる存在でしかなかった。中野の側からすると左派一掃は単純ではなく、中野自身が政治的に沈没することもあった。中野と清水の巻き返しクーデター＝新指導路線が遂行され、その途上で塩川、毛利、椿らの〇六年三・一四IIが起こり、一挙に左派が弱点と誤りを突かれ壊滅させられた。以後の過程を含めて第1部で振り返った通りである。そもそも清水指導とは何であり、清水政治局体制がどのように展開してきたかは、第2部で詳しく検証してきた。本多時代の若干の検証も試みた。清水が本多とどこでどう断絶しているのか、どうつながっているのかは明らかになったのではないだろうか。この点ではいくつものことが検証された。整理すると次のようになろう。

Ⓐ革命闘争の基本的・実践的立脚点。

＊革命闘争の水平・垂直論をとった本多にたいして、清水は対権力の垂直構造への恐怖が強く、それは理論面、路線面にはっきりと反映した。

＊破防法弾圧体制の重圧に立ち向かった本多、それにたいして「非合法・非公然」と称して戦場から逃亡しまくる清水という対比は嫌悪感すら抱かせる。

＊非合法・非公然体制をもっとも重視しながら同時に、地下と地上との往還としての非公然体制という考え方、すなわち革命闘争では表が軸であるという考え方だった本多と、非公然体制を絶対化した清水のちがいは明らかである。つまり清水の非公然体制堅持論の強調のもう一つの面は大衆運動の現場への尻込みであり、革命家としての自信喪失の隠れ蓑にほかならない。対権力と対大衆の二重のビビリズムといえる。清水はますます萎縮と閉じこもりを強めている。

＊当面する日本革命の戦略的環にアジア侵略、安保・沖縄を据え中央権力闘争を推進した本多にたいし、そこから一転して逃亡し三里塚決戦の切迫を利用して「三里塚基軸」論と称し三里塚を戦略化したのが清水である。三里塚闘争の正義性、大地性を中央権力闘争からの逃亡に政治利用したの

である。
＊革命運動―労働者運動―労働組合運動を区別し結合させる本多にたいし、「党と労働組合の一体的建設」論を一面的に強調する清水、その労働運動への無知、無定見は、はなはだしい。
＊一九三〇年代階級闘争の国際的経験とその敗北の血の教訓の一つは統一戦線構想にあるとして、革命党が牽引し支える統一戦線政策に力を注いだ本多から少しも学ばず、大衆運動と統一戦線について無定見な清水は、革共同が孕んでいたセクト主義を開き直り的に固定化し、大衆運動への利用主義を強めるものとなった。
Ⓑ対カクマル戦勝利の構想。
＊革命闘争の水平・垂直論にふまえて対カクマル戦の勝利的終結（もちろん終結といってもさまざまな手段、形態、回路がある）を構想した本多の遺志を封じ込め、対カクマル戦継続の仮象づくりに注力したのが清水である。清水には対カクマル戦の戦略がなかった。
Ⓒ党組織論の理論と実践。
＊「情勢の主体化」と「主体の情勢化」の実践のたたかいのなかで党を建設した本多革共同に完全に背を向けて、党の生き残りの自己目的化を推し進めた清水。それは己の非公然的存在形態への逃げ込みと自己保身にほかならない。
＊党員との直接の討議を重んじた本多とはちがい、「組織分裂になったら表に出る」という約束をも踏みにじって非公然形態にこもる清水のあり方は、あまりにも歪んでいる。
＊政治局はじつは圧倒的な本多独裁であったが、本多は集団指導体制としての政治局づくりを政策化し、またいわゆる「十人十色」論（「党が労働者階級・人民大衆に広く深く根ざしていればいるほど多様な活動家の結集体となるのであるが、共産主義者の党といえどもできあいの人間的素材で成り立っている」七

二年、田川和夫離党に関する本多執筆の政治局ブレティンの一節など）をもっていたのにたいし、清水は自らの器に合わせて他の古参政治局員を次々と排斥あるいは冷遇してきた。本多政治局体制のもとでも離党者は少なくないが、除名処分はない。清水と中野によって革共同は一挙に粛清の党となりはてた。

＊階級闘争と党の命運をかけた分岐点で果断に決断してきた本多にたいし、清水は組織人として常に「最大多数の最大幸福」という共産主義者にあるまじき組織哲学でもって判断し、自らの組織的責任をかけた決断をしないできた。それは「最大多数」とみた側への乗り移り主義にほかならない。じつは清水は〇六年三・一四Ⅱに際してそうしただけではない。六〇年ブントの三分解◆15、ブントから革共同への結集、カクマルとの分裂の際に、清水はいつも決断できない中間主義であり、流れをみてから遅れて行動を起こした。

◆14　一例をあげる。第四回大会は六七年末に開かれた。そこで都知事選方針について異論のあった陶山が事後ではあるが異議を唱え、議論を蒸し返した。それを聞いていた本多は、「よおし、大いに議論しようや」と発語し、陶山と論議を交わし徹底的に批判した。政治局内論議が全体の前でくりひろげられたことに出席者は一面では驚いたが、党の開かれた民主的あり方に確信をもち、美濃部支持方針の理解、革命的議会主義の路線的認識を深めることになった。

◆15　六〇年ブント書記長・島成郎は六〇年秋の清水を評して、「中間主義者」「彼の政治的無節操についての意外さ」「清水の 180 度転回」「藤原（慶久）は清水の豹変にはついていけなかった」とたびたび厳しいコメントを記していた（『ブント書記長 島成郎を読む』所収「ノート」、情況出版、〇二年六月）。またカクマルとの分裂時、清水は黒田主義者であり、ＳＯＢ議長として黒田派であった。分裂の最後の段階で本多派を選択した清水は、本多派からみても「豹変した」となる。

Ⓓ反帝・反スターリン主義の思想。

＊反帝国主義・反スターリン主義の思想と綱領的立脚点を構築しようと刻苦奮闘した本多を念頭に、「先輩同志から学ぶべきものを学ばないできた」（「政治局会議Ⅱへの提起」〇六年七月）と清水は述懐しているが、その中身を清水は明らかにすることができない。しようとしても、できないのである。

清水は三・一四Ⅱ以降、中野とともに革共同を動労千葉特化と粛清の党に変質させ、かつ自らは「非公然」と称して観念の世界に逃げ込んだ。それはなぜなのか。右にみた本多と清水の断絶の一つひとつの現われに通底するところの根本的な問題がそこにあるのである。それが何かを明らかにするために、革共同第七回大会をみておく。

第七回大会は合法主義、組合主義・経済主義の極み

一五年一月、革共同は第七回大会を開いた（『革共同第七回全国大会報告・決定集／共産主義者一八三号』）。その内容で特別きわだったことはない。「党の中央指導体制を労働者指導部を中心にすえた体制として圧倒的に強化した」（『前進』二六七〇号）、つまり人事を代えたと称しているが、公表はしていない。副議長職二つが空席のため、およその推測はできる。それも含めて中野亡き後の政治局は結局のところ清水に依存するしかないことを暴露するものとなった。「党と労働組合の一体的建設」を基調とする度し難い合法主義と組合主義・経済主義に転落しながら、滑稽にも「非合法・非公然体制」を強調するといった異様な様相を呈したのが、第七回大会である。

政治路線内容では、全体として清水色が強い。その特徴点は、一つは「党と労働組合の一体的建設」論をほぼ党是のような位置にすえたことである。その具体化である動労千葉特化路線がゆきづまったため、亜種として「動労総連合全国化」路線を押し出している。二つは「大恐慌即革命」論

を基本戦略にしたことである。三つは党史を「階級的労働運動派と血債主義派との党内闘争」とする歴史の偽造をより単純化したことである。血債主義粉砕論と相まって、朝鮮革命における南北統一＝民族統一の戦略的課題を完全に否定し、イスラム武装勢力を一律に「武装反革命」と非難するにいたった。四つは「組織し、組織し、組織せよ」がいっさいの結語である。日本帝国主義打倒の革命闘争は放棄すると表明しているのである。

その他、荒川スパイ問題に関する記述が極端に希薄であり、二つの報告から「スパイ」規定が消えている。この一点で、革共同はおよそ左翼、反権力党派とはいえない。

ある意味で最大の特徴点は、「非合法・非公然体制建設」をまったく無内容にくり返していることである。非合法闘争を放棄し、武装闘争を否定し、権力スパイとの対決から逃げまくる党派が、なにゆえに「非合法・非公然体制」なのか。それはほとんど清水のための体制なのである。笑止千万とはこのことである。ごく限られた指導部以外の党員の前についに姿を現さず、階級闘争の現場で呼吸することもなく（四十数年にわたって！）、新聞を読まず（本部事務局がつくる新聞スクラップのコピーだけをみる）、インターネットをやらず、テレビと党内報告レポートだけで観念的に思考する清水。今年七八歳になる清水はそのまま死ぬのであろう。そんな党首がうち出す「路線」や「理論」によって動く党が革命党、労働者党でないのは、あまりにも当然の帰結である。

清水や天田が己の余生を安穏と過ごすためにだけ、第七回大会を開いた。そういってもいい過ぎではなかろう。堕落の極み、それが第七回大会である。

労働者人民への「転向の勧め」

第七回大会での「大恐慌即革命」論（以下、たんに大恐慌論とする）は、革共同の思想的・政治的・路線的・組織的な堕落の極みを表現し、かつ自己合理化するものである。
大恐慌論は、中野存命中の「綱領草案」(〇九年八月の二五全総で採択)で正式に確定されている。綱領草案では、「軍事的・官僚的国家機構を暴力的に破壊・解体」など多少のマルクス主義的・左翼的言辞をちりばめているが、それはペテン的小細工でしかない。さらに清水の論文「大恐慌は本格的爆発過程に突入」(『前進』二五〇六号、一一年一〇月三日)で「党と労働組合の一体的建設」論をうち出し、その基礎づけとして改めて大恐慌論が全面的に押し出された。それ以後、中央政治局派の基調となっている。第七回大会では「大恐慌と戦争」という表現も弥縫策的に使われるが、基本は大恐慌論である。

「大恐慌は戦争に発展――革命情勢が全世界で到来。」(第七回大会第1報告)

「プロレタリア世界革命を実現する歴史的条件はすでに圧倒的に成熟している。今日の世界大恐慌の爆発は、労働者階級が総蜂起して、最末期の危機にのたうつ資本主義・帝国主義を最終的に打ち倒す時が完全に来ていることを示している。……/今や大恐慌をプロレタリア革命に転化することだけが、大失業と戦争(核戦争を含む)の破局を阻み、労働者階級はもとより全人類を破滅への行進から救い出す唯一の道である。」(「綱領草案」)

清水大恐慌論は第一に、大恐慌・大失業時代、新たな侵略戦争の時代に必然的な階級情勢の激しい展開のリアリズムをまったく無視している。
フランスを始めヨーロッパ諸国での極右のすさまじい台頭、反イスラム排外主義・レイシズムの奔流、アメリカでの黒人への人種差別主義の激化、日本での衆院選自公三二六議席(小選挙区制下の最低投票率)、憲法改悪への加速化、同沖縄での自公全敗ゆえの辺野古新基地建設強行、日本軍

「慰安婦」問題開き直りと侵略の歴史認識の歪曲、在特会による反韓国・反中国の扇動と数々の暴挙、都知事選での田母神俊雄現象（六一万票）、天皇アキヒト・皇后ミチコと天皇制への美化と帰依がいままさに起こっている。非正規労働者が二〇〇三万人（三七・九%、一四年）となり、労働組合組織率が一七・七%（一三年）に落ち込み、社会不安が高まり、それが排外主義・差別主義・権威主義の扇動にとり込まれる傾向の強まりとなっている。労働者階級は日々、厳しくおぞましい攻撃にさらされているのである。戦後七〇年の今日、帝国主義諸国での階級情勢が異様な様相を呈している。この階級闘争の主体的危機の現実を直視しないで、何が「大恐慌」論か。

第二に、帝国主義論が欠落しており、経済分析として低水準であり、まったく成り立っていない。「これ以上量的緩和を続けるならば、いずれは大破綻する」「ちょっとした契機で大暴落を繰り返す可能性もきわめて大きくなる」「利上げに動くことになれば大暴落は避けられない」「金利の安定性がぐらつけば経済は大破綻する」等々（同第1報告）。要するにブルジョアエコノミスト以下の軽薄な景気予測論でしかない。世界的大失業についても表面的な数字を拾うだけで、非正規労働者、女性労働者、若年労働者、寄場労働者、外国人労働者、移民労働者の生身の実体にかんする接近がなにもない。また大恐慌の構造的な解明がまったくゼロである。とりわけ帝国主義諸国の財政赤字のもつ巨大な意味についてわかっていない。帝国主義国家と資本によるグローバリズム展開とそこでの新たな民族・植民地問題の再生産という世界経済の実体が少しも対象化されていない。あまりにも粗雑である。

第三に、「総蜂起」「打ち倒す」「革命に転化」などといいながら、そのための戦略的準備と遂行はただただ「党と労働組合の一体的建設」「組織し、組織し、組織せよ」なのである。組織建設が目的であり、帝国主義と死闘することなど想定もしていない。

第四に、理論的には経済決定論、帝国主義自動崩壊論であり、実践的には待機主義である。「大恐慌はなによりも革命(情勢)を生みだす」(同第1報告)というのだから、待っていればいいのである。

総じて、清水大恐慌論は、現実無視の公式主義的な観念論であり、階級闘争の主体的危機の前で労働者階級人民を武装解除するきわめて反階級的な路線である。「革命がやってくる。組織を温存して待っていればいい」――清水ら革共同中央派はこういっているのである。これはもう「転向の勧め」以外の何ものでもない。そこにはすでに反帝国主義・反スターリン主義の思想の一かけらもない。

革共同の限界はどこにあったか

現在の革共同の腐敗、堕落と転落の姿は、では反帝国主義・反スターリン主義とは何だったのかを鋭く問いかけている。清水丈夫における反スターリン主義が虚飾であり、偽物であることは、本書の検証で嫌というほど思い知らされてきた。本多と清水との断絶はあまりにも深い。筆者らの反スターリン主義もまた薄っぺらなものでしかなかった。

結論的にいって、革共同とその反帝国主義・反スターリン主義の思想の限界は、共産主義社会論の未確立と党組織論の未熟さに集中的に現わされているのではないだろうか。本多の自他ともに認める後期代表作である「戦争と革命の基本問題」(七二年六月)、「レーニン主義の継承か、レーニン主義の解体か」(七二年九月~七三年一月)、「偉大な勝利の道」(七三年一月)、「革命闘争と革命党の事業の堅実で全面的な発展のために」(七三年八月)を読み直しても、その感を否めない。齢、六〇代後半となった筆者らにとっては、師である本多書記長も三〇代の青年である。彼の限界や誤りにも気づくようになる。

本書の意図と性格からいって、革共同党組織論への反省を最後に考えたい。共産主義社会論の再建の課題はもとより本書に深くかかわるものではあるが、紙幅に余る。

組織論における反スターリン主義の不徹底

革命党は、政治警察・思想検察・情報機関・司法権力・監獄権力・軍警察などから成る治安権力と身をもってたたかう党である。この点は党組織論の絶対的前提であり、革共同の党員はその実践的立場を共有していた。権力や反革命と非妥協的にたたかうことではじめて党の戦士共同体的団結が培われるからである。だが革共同規約に「秘密の保持」規定はあるものの、治安権力とのたたかいの明文化はなかった。たとえば荒川スパイ問題への清水、天田らの隠ぺい策動をみるとき、この点の明文化の必要を確認する次第である。

その上で、革共同における政治局絶対化、党内への秘密主義は大きな誤りであった。三・一四II以後顕著となった党の監視社会化、密告と処分、粛清の常態化は、三・一四IIの肯定・美化がもたらしたものではあるが、それ以前からの政治局のあり方が引き起こしたものでもあった。それは、スターリン主義組織の批判的対象化という最大ともいえるテーマにおいて、じつは一面的な認識でしかなかったことを暴露しているといえる。

かつて一九一七年にプロレタリア革命に勝利し労働者国家を成立させたはずのソ連で、スターリンによる大粛清、モスクワ裁判（一九三六〜三八年）が強行されるのを眼前にして、シモーヌ・ヴェイユは次のように書いた。

「地球の六分の一の面積を占める国で、たったひとりの男が一世代の人々全体を血まみれにするのを今日目にするわれわれ……死が猛威をふるうときにおいてこそ、多数者が服従するという奇蹟が明白に現れる。多くの人間が、たったひとりの人間に殺されることを恐れてその者に服従することは、それだけで十分に驚くべき事実であるが、そのうえ、多数者が一者に対して、その者に命令されれば死ぬことをも受け入れるまでに服従をつらぬくという事実については、どう理解すればよいのだろうか。服従が少なくとも反抗とおなじだけの危険をともなうという状況で、いかにして服従が維持されうるのだろうか。」(「服従と自由についての省察」)

アランに学び、マルクスを批判的に読み、工場で労働しながら哲学し、スペイン人民戦線に馳せ、トロツキーを激怒させる議論を直接挑み、ナチス・ドイツの侵攻に抗して在ロンドン自由フランス亡命政府に身を投じてレジスタンス運動のなかで斃れたシモーヌ・ヴェイユ。彼女はスターリン主義の権力および党における服従と自由に関する鋭い問いを発した。それは、共産主義者の党、労働者階級の党がスターリン主義に変質したのはなぜか、自ら陥ってしまった深淵とは何なのか、を明るみに出すことを求めている。革共同の近くには、同じ問いを投げかけた何人ものシモーヌ・ヴェイユがいたのだった。

端的にいうと、党における「民主的中央集権主義」「自己犠牲と献身性」「規律」の強調は官僚主義的抑圧の論理に逆転するということである。つまり革命勝利にすべてを集中させる革命党派には官僚主義・権威主義が発生しやすく、指導―被指導の関係のうちに支配と服従の論理が強く働く。「民主的」は空語化させられる。それゆえそれは、革命党派の属性といわなければならない。官僚主義・権威主義を自覚的に対象化し、それを除去、のりこえる組織論がどうしても不可欠である。ここに反スターリン主義の徹底性が求められたのではなかっただろうか。

党大会の決定的不可欠性

革命党における官僚主義・権威主義は心構えや道徳的確認ではなくせない。ここに党大会の決定的な重要性と不可欠性がある。トロツキーがスターリンを弾劾した最初のことばが、「毎年開いてきたロシア共産党の党大会をなぜ開かないのか」というものだったことはやはり核心を衝いている。レーニンが『なにをなすべきか』第四章（ホ）「「陰謀」組織と「民主主義」」で「反民主主義的傾向」という非難にたいし「同志的信頼」「「民主主義」以上の民主主義」をもって回答としていることは、よく知られている。この箇所を本多は「民主主義とはなんぞや、ということについて開き直っている」（「前衛党組織論序説」七三年夏講演録、『本多延嘉著作選』第七巻所収）と注釈している。レーニンの開き直りは帝国主義権力支配下での非合法・非公然の党のあり方として、弁護、容認はできよう。しかしそれを原則にすることはまちがいである。非合法・非公然体制という困難な条件下でも党大会の定期的・民主的開催は、党が政治的統一をかちとっていくために必要な規定である。たとえ少人数の分割形態になっても、党大会に準ずる全国会議は不可欠である。

とはいえ、党大会は開けばいいというものではない。党大会の開催と運営のための民主的手続きが不可欠なことはいうまでもない。それとともに、党の統一と党内闘争にかかわる原則が確立されていなければならない。

党員、代議員の側から問題を立てるならば、党員の権利と義務に関する広範な規定が必要である。筆者らはよく「党員には義務ばかり要求するが、党員のあらかじめの発言の権利、党中央への批判の権利が保障されていない」といわれた。まことに「権利なき義務はなく、義務なき権利はない」（マルクス）。それゆえ「党員の権利行使の場としての党大会」という位置づけが確認されるべきであろう。党員・代議員の権利行使を条件として、大会での自由な討議、それを踏まえた大会決定による政治的統一、その厳格な遂行、異論・反対論の留保と次の大会での再討議の保障といった諸点が求められよう。それはまた党内闘争の最低限の原則でもある。

党指導部の側から問題を立てるならば、指導の理想とは何なのかということになろう。すなわち指導の理想とは、自分より力のある被指導部を尊重すること、若い党員のなかから自分を超える指導者を育てることである。小権力者風、小官僚主義を自ら厳しく排し、党員の排斥をしないことである。しかし組織的人間関係の矛盾は常にあり、自分には解決できない問題は多々起こる。問題を上部機関にあげることであるが、それだけの柔軟性と組織的有機性を培っていなければならない。いずれにせよ、指導のうちに教育という要素を自覚化しなければ指導にはなりえない。革共同はこの教育という視点とそのための組織体制において、不完全であった。

党大会の任務は人事の決定と財政の公開（制限つきにするかどうか、難しい問題がある）である。革共同は少なくとも清水時代に、ここで決定的に失敗した。

本多時代の一六年間には党大会が四回開かれ、全国委員総会が大会のない年に、ほぼ毎年開かれている。清水時代の四〇年間で三回の党大会しかなく、第五回大会は大会の実質をなしていない。第七回大会は十数年ぶりの大会でありながら、事前の党内告知も、代議員選出の形式的な手続きすらなく、集まったらいつの間にか「大会」と称したというものだった。ことほどさように清水体制での革共同は大会軽視の党組織なのである。

清水は党大会問題を議論した政治局会議（九〇年代前半）で、「権力、カクマルとの戦争下だから現在の非合法・非公然体制では開催が困難だ」と弁解し、レーニンを引いて「〝信頼〟が党大会に代わるものだ。『前進』新年号巻頭論文の全党的学習会の組織化が大会だと位置づければいい」と答えた。少し議論になったが、清水は一貫して大会開催に消極的だった。だが非合法・非公然体制の経験蓄積とノウハウをより高度化することで一九全総、二〇全総、六回大会は開かれていった。大会あるいは大会に準ずる会議を可能な形態で追求する意識性があれば、できなくはなかった。

ところで、党の内的な強化という点では、党内闘争は党派闘争と表裏一体である。「党派闘争こそが、党に力と生命を与える。……党は、自身を純化することによって強くなる」（マルクス）のは、階級闘争の真理といっていい。党派闘争には原則があり、その明確化がなされなければならない。革共同などラディカル左翼はこの点であまりにも未熟だった。その未熟さが、党派間ゲバルト、テロリズム行使にもっとも集中的に暴露されていたといわなければならない。

階級闘争において党派が一つ、ということはありえない。共産主義社会樹立とそこに向かってのプロレタリア独裁をめざす党は、他の左翼諸党派の存在とたたかいを前提とし、他の左翼党派との共闘と競合の関係を形成しつつ、また情勢に応じて柔軟に左翼大連合を構築してたたかうものでなければならない。

ここには、相対的な多数派が相対的な少数派にたいする姿勢はいかにあるべきなのかという問題、逆に相対的な少数派が相対的な多数派にたいする姿勢はいかにあるべきなのかという問題がある。六〇年代、七〇年代の三派連合、五派共闘、八派共闘、さらに三里塚闘争での統一戦線を教訓として生かしていくことが求められている。一〇・八羽田闘争前夜の解放派幹部リンチ事件、八四年の第四インターへのテロルの誤りを深く肝に銘じなければならない。

弁解になってしまうが、革共同政治局の歩みを総括すると、生命体である党組織の党組織としての人間的成長が階級闘争の歴史的試練に追いつかなかったという面を痛感する。

たしかに清水丈夫は、筆者らが太刀打ちできない強固な存在であり、同じ政治局といっても指導―被指導の関係を脱することができなかった。清水の強引で狡猾な党内政治技術にいいように振り回されてきた。愚かなことだった。

しかし清水もその弱さを吐露し、脆さを露呈すること、しばしばであった。とくに秋山の組織的犯罪が発覚した際は、清水は決定的なダメージを受け、自らの政治局指導に自信を喪失した。その様子はありありだった。筆者らは秋山を強烈に弾劾し、同時に清水を激励したのだった。清水もよく憶えていることと思う。そういう場面もあった。

いま、一七年ロシア革命の有名な一情景が浮かんでくる。

一〇月一〇日、ボルシェビキ中央委員会にレーニンの蜂起方針が提案された。ソビエト大会を待たずにただちに蜂起を起こすべきという主張である。蜂起―権力奪取に反対したのはジノヴィエフとカーメネフだった。トロツキーは、レーニンに続いて蜂起反対論を批判するとともに、レーニンをたしなめるように蜂起の期日を含めて蜂起の決定はソビエト大会開催と結びつけるべきと主張した。蜂起に前のめりのレーニンにあえて異論をさしはさんで譲らなかったのである。激論の末、レーニンの提案はやや修正されて武装蜂起が決定された。事態はトロツキーの決断にゆだねられる形で急速に展開する。

政治局の討議とはこういうものなのであろう。スターリンによって追放されたトロツキーの組織論的日和見主義は明らかだが、蜂起に向かってのレーニンの勢いに流されなかったトロツキーの組織人としてのあり方は立派というほかない。筆者らは足元にもおよばない。かの一〇月一〇日のボルシェビキ中央委員会のような革共同政治局をどうすればつくりえたのだろうか。

中核派精神は一人ひとりのなかに

本書は、革共同とそのたたかいの総括を政治局史のレベルで、ミクロ的視点から解明しようと試みたものである。つまり革共同の総括をマクロ的視点から叙述したものではない。しかし少なからぬ人々の協力を得て、まがりなりにもマクロ的視点を据えることができたがゆえに、ミクロ的解明も可能となったといえる。長いあいだ無自覚のままであったひとつながりの真実が、一つひとつの異なった事実のうちに潜在していることを発見することができた、と考えている。

自らを含む革共同政治局を歴史と階級闘争のなかに相対化し、かつ他者として客観視するのはきわめて困難で、それ以上に苦しいことであった。そしてそのためには予想外の日時を要してしまった。しかしその回路を通して、筆者ら自身の主体的な反省にたどりつきえたのである。

革共同中央政治局が出版した『革共同五〇年史』上・下、『第七回全国大会報告・決定集』は事実の歪曲と偽造の書である。具体的な箇所を一つひとつ挙げて反証することはしていないが、本書の全篇がその反証となっている。その意味で、政治局史のレベルでは、筆者らの自己批判としての本書が正史になりうると確信している。

革共同政治局は敗北した。しかしながらかの中核派精神は、政治局にではなく、一人ひとりの構成員に宿り、引き継がれているのだ。

本多書記長の「遺言」によせて

岸　宏一

二〇〇六年七月に組織から離れて、まず考えたことは、それまでの革共同の歴史とは何だったのか、そして〇六年三・一四テロルがなぜ引き起こされたのか、であった。その総括に九年もかかってしまった。白順社の江村信晴さんに出版を打診してからも三年が経った。

その理由は離党後も、ものの考え方、見方が革共同のままであり、その組織を客観的に対象化することの困難さであった。まずは自立した自己を再形成することが必要だった。

そのなかで最大の問題点は、私が関わった八一年以降の三里塚闘争の歴史的な総括がもっとも困難だったことである。八一年一月から〇六年五月までの二五年半、私は三里塚現地での革共同の責任者だった。本多延嘉書記長死後、つまり七五年三・一四以後の革共同を形づくった最大の闘争的要素は、対カクマル戦争と三里塚闘争である。とりわけ八一年の先制的内戦戦略第二段階への転換以降、革共同は三里塚闘争にいわば特化した組織となっていた。つまり、三里塚闘争の勝利のために、と称して、革共同をそれまでとは違うものとして形成してきた。三里塚闘争の路線、方針が党を大きな形で変容させてきたのである。その党とそこにおける自分を対象化するためには位相を変えたところから見直さなければならなかった。これは弁解ではあるが、検証と総括がこれほどまで長期にわたったことの最大の理由である。

〇六年に組織を離れ、本多さんの言葉が胸に浮かんでしばらく離れなかった。それは七二年のある日曜日、新橋にあった破防法裁判の弁護団事務局での話である。当時、本多さんは非公然形態がおもな活動形態であった。しかし時折、なんの前ぶれもなく新橋の事務所に訪れてくることがあった。そのとき本多さんは共産党中央委員会発行の『日本共産党の五〇年』という党史（パンフレットのような本）を持ってきて次のような批判をした。

「五〇年間も革命運動をやっていて革命を成就させえない党は解党すべきである。革命党として五〇年史を出すことは恥である。そもそも革命はワンジェネレーションの事業である。結党から三〇年の間に革命を成就できなければ、その党はおしまいである。革命党は一世代の事業であり、世代交代は不可能である。また革命党の人格的継承も不可能である。日本共産党も宮顕（宮本顕治、当時幹部会委員長）から不破（不破哲三、当時中央委員会書記局長）への政権交代も簡単ではない。宮顕の世代とその指導体制はすべて退陣し、不破が新たに指導体制をつくる以外に党はつくれない。」

それは、本多さんの手工業的、中小企業的な組織論ともいうべき限界があるものでもあった。また、以下のようなことは本多さんの決まり文句であった。「革命党は独裁でなければならない。独裁がもっとも民主主義的なのである。だめなら交代すればいいのだ」と。前記の「人格的継承は不可能」ということと矛盾するが、聞いていると納得してしまうのが、本多さんの論法だった。それは私にとって本多さんの「遺言」となった。

七二年当時の本多さんは自らの人生の中でもっとも充実していた時期であった。彼の好きな言葉である「革命の現実性」を実感していたのであろう。理論的には代表的政治論文である「レーニン主義の継承か、レーニン主義の解体か」（『前進』六〇〇号記念論文として二号に分けて七二年九月に発表）、「革命闘争と革命党の事業の堅実で全面的な発展のために」（七三年八月に発表）を執筆していた。前年に一二・四辻敏明、正田三郎同志虐殺、一二・一五武藤一郎同志虐殺というカクマルの反革命テロルがあり、それにたいし党の軍事的武装を開始しており、本多さんの革命精神がもっとも高揚していたのだった。その本多さんの前記の言葉に、私は納得した。革命は困難な事業であり、現実的には可能性は薄いと実感しつつも、本多さんと一緒なら不可能を可能にしてくれそうな気持にしてくれるのだった。

しかし、その本多さんが七五年に虐殺され、彼が不可能であるといっていた党首の「人格的継承」が現実問題化したのである。直後はそんなことは考えずに、三・一四報復戦に全力を挙げていた。しばらくして、清水に本多さんの代わりはできない、と逡巡していた。しかし本文に書いたように、三里塚担当に着任するときは、本多さんに代わって「清水の党」を選択する、と決断したのである。

一三年一二月、『革共同五〇年史』上巻を手にした。また再び、前記の本多さんの言葉がよみがえった。「革命党にとって五〇年史などというのは恥そのものだ」という言葉が。

読後、このような歴史のねつ造、偽書は許せない、本書を早く仕上げなければ、と決意したのであった。まだまだ書ききれない部分があり、総括を深めなければならないことも多い、しかし、これ以上遅らせることはできないと決断した次第である。

離党当初は、政治運動、組織活動で知ったことは「墓場まで持っていく」という常套句に縛られていた。だが、革命運動のこのような敗北、その組織論的総括は歴史に書き残さなければならない、と思い至った。後世、同じ誤りを次の世代が繰り返さないためにも必要だと考えて記したものである。

七・七自己批判の実践を止めることはできない

水谷保孝

「七・七問題は毛沢東主義との党派闘争なんだよ」。本多延嘉書記長がこういったのは、七二年前半ごろだった。たしか全国会議を分散して開催し、その一つの少人数の会議に私も出席していた。清水丈夫、福島平和もそこにいた。会議場所の秘匿、結集と解散の方法など非合法・非公然活動の訓練を兼ねていた。

それを聞いた私は少しむっとして、「華青闘は毛沢東主義者だし、金日成主義者の朝鮮人青年がいるのは事実だが、彼らは華僑総会や朝鮮総連の内政不干渉路線をうち破って、日帝権力と対決し日本の運動と共闘している。身体を張ってスターリン主義と対峙しているのだから、そんないい方は誤解を招く……」という趣旨のことを発言した。すると本多さんは「それはわかっている」といって、「正確にいえば、毛沢東主義、ホーチミン主義との党派闘争ということだ。水谷は〝アジアを反帝・反スターリン主義世界革命の根拠地に〟というスローガンが好きだろう。アジアで反スタの民族解放闘争をつくり出すんだよ」と応じた。その後、どんな討議になったかは憶えていないが、そういう意味なのか、と得心した。私にとってそれが、本多さんと直接ことばを交わした最後だった。

後日、党内文書で「民族解放・革命戦争の五つの指導原則」という提起がなされた。その内容は、本多論文「レーニン主義の継承か、レーニン主義の解体か」の第二章第二節に「民族＝植民地問題、民族解放闘争への原則的態度の五つの視点」として簡潔に、しかし綿密に展開されている。それは①共産主義の実現、②プロレタリア独裁国家とプロレタリア党の指導、③戦略課題は民族解放と土地革命、④農民の圧倒的な動員、⑤民族解放・革命戦争が主要な現実形態、というものである。

そうか、あのとき本多さんはこの五つの視点の理論を練り上げつつあったのだな、と合点がいった。ただ党内文書で「指導原則」となっていたのに公的な論文では「視点」と書き直されているのはなぜなのか、と疑問に思った。当時政治局の入管闘争担当は福島さん（全国反戦世話人。九三年三月死去）だった。福島さんに質問すると、しばらく後で、「やはり視点とすべきなのだ」という返答だった。福島さんとおおむね次のような議論をした。

本多論文は七・七自己批判を深化させた。帝国主義の民族排外主義、社会差別とのたたかいは労働者階級人民にとって戦略的な恒常的課題だということを、本多論文は何度も強調している。つまり革共同がいままでつかんできた共産主義の原理の内容は不十分だった。アジアや全世界での民族解放闘争、部落解放闘争を始めとする差別撤廃のたたかいに連帯し、それを自らのたたかいとしていく。そのことでプロレリア革命の内容を豊かにし、共産主義の原理を豊かにしていく。……

そのなかで福島さんは、本多さんからの伝言としてこういった。〝反スターリン主義が民族解放闘争をどうつくり出していくかは、革共同として未解明なこと、まだ実践がともなっていないことだ。だけど、いわなければならないことがある。だから「視点」なのだ。〟〝民族解放と共産主義的解放、部落解放と共産主義的解放はこれからの具体的実践をとおしてどんどん発展していく弁証法的関係にある。いまはその途上だ。だからこの弁証法的関係が発展していった先で、共産主義が民族抑圧や社会差別をどう解決しえるのかについて、本多論文では留保している。〟

正確に再現できないのはもちろんだが、「未解明」「弁証法的関係」「途上」「留保」という本多さんのことばは明瞭に憶えている。

そのときから時代は大きく転回した。だが、米欧日の帝国主義支配下では、たえざる侵略戦争と大不況・大失業が全社会を蔽い、反イスラム、反韓・反北朝鮮、反中国を始めとする激しく凶暴で倒錯したヘイトクライム、排外主義、差別主義が奔流のようになっている。日本での安倍政権再登場はそれに拍車をかけている。労働者階級がかつてない主体的危機に直面している。

日本の階級情勢の深刻な主体的危機に知らんふりをできるのは、観念論者にして機械的公式主義者の清水丈夫ぐらいである。革共同中央政治局派の松丘静司、大原武史らでさえ鈍感ではいられない（第七回大会特別報告1、同2）。労働運動の後退、戦闘的にたたかう労働者階級の姿の不在、正規・非正規の青年労働者が殺人的労働強化にさらされている現実、自分たちの孤立化にどうすればいいのか、じつは無力感を感じているありさまが伝わってくる。

いま本多さんが「七・七自己批判にもとづく実践は壮大な未完の事業なんだ」と語りかける声が聞こえてくるようだ。その世界史的テーマへの再挑戦が必要なときである。七・七自己批判の立場と実践は労働者階級人民のもつ階級意識を蘇らせ、自己解放の思想と底力を発揮せしめるだろう。

革共同は筆者らの愚かな破産と敗北を含めて、もう死んだのだ。弔旗もいらない。葬送の歌もいらない。ただインターナショナルな共産主義的解放を求める一人ひとりの人間がいればいい。本書がそのための踏み石になりえているかどうか、読者の皆さんの率直なご批判を切にお願いする。

この三年余、筆者らの手さぐりの議論と遅々たる原稿執筆に粘り強くつきあってくれた江村信晴さんと、お名前は出さないが聞き取りや資料提供に応じ、貴重な指摘、批判をしてくれた方々に深く感謝を捧げる。

二〇一五年三月一一日

【解説】「七・七」、「内ゲバ」、そして清水丈夫

長濱一眞

本書は、二〇〇六年、革共同（中核派）の党内リンチをまのあたりにし離党した水谷保孝、岸宏一両氏がこの事件を「三・一四Ⅱ」と命名しその過程を記録した第1部と、そもこの事件が何故起こりえたのかを考証すべく一九七五年の本多延嘉虐殺の「三・一四」以後の政治局の総括を試みた第2部から構成されている。本書が扱う題材にもかかわらず、党派や立場の違いを超えて版を重ね読まれているのはひとえに、ただ「裏切られた」側としての暴露と自己正当化に終始する類書と異なり、著者らが真摯に自己批判を兼ねた記録考証に努めているからであり、読者は一読してそのことをまず確認できるだろう。

ここに公開された厖大な記録を検討することはここではできないが、本書に即すなら、「政治局の敗北」の少なくともひとつの要因に、本多書記長亡き後、その後を継いだ清水丈夫を指差さざるを得ないだろう。もちろん、中核派が政治組織である以上、総括は党が抱える組織構造上の問題の分析を伴って為されるべきだとして、何故かくも指導者の「器でない」人物が長期にわたり党首に君臨してきたのかについて、本書は「対カクマル戦争」以降の中核派にあって、政治局が党内においてすら非公然化し党大会などもまともに開催されないまま、政治局の権威の絶対化が進み終始上意下達で以て運営されてきたことを挙げる。まして政治よりも軍事を優先すればそれが常態化するのは見やすい。だが他方で、とりわけ政治組織や革命運動は、その構造や目的や方針を然るべく整え、正したところで――「共産主義者の党といえどもできあいの人間的素材で成り立っている」（本

多執筆「政治局内部通達」の一節。四二八頁）かぎり――いかに機能するか、その質をあらかじめ決しうるものでない。本書も次のとおり、そのことをいわずもがなとしている。「清水時代の革共同には、それ以前との明確な隔絶がある。〔……〕本多時代とちがった党になることは、党にしても政治局にしても一つの人間集団であり、具体的な人間的素材によって構成されている以上、また時代が変化し内外情勢が変転する以上、当然のことである」（二三三〜四頁）。そして問題は、革共同が、党がいかに変わったかだと。

例えば、清水党首以前から「政治局はじつは圧倒的な本多独裁」（四二八頁）だったとしても、その内実は――江村信晴編『本多延嘉　3・14虐殺死を超えて四五年』（二〇二一年一月刊、白順社）で回顧された逸話からもそれは窺えるが――本書の著者がそのことに限界を感じつつ、「手工業的、中小企業的な組織論」と評する「そもそも革命はワンジェネレーションの事業である。〔……〕革命党は一世代の事業であり、世代交代は不可能である」（本多の言。四四三頁）との党理解とあわせて解すべきものであって、それと清水の中核派における独裁とは異なる。本書について著者は「清水丈夫研究の書といってもいい」と述べているが（「自著『革共同政治局の敗北』を語る」『流砂』第一〇号、二〇一六年所収）、この「研究」は以上の意味で、総括として必要なものだっただろう。ここでは、若干の迂回をまじえながら、主に一九七〇年代の中核派における幾つかの問題を検討して、本書の解説に代えたい。

さて、断わるまでもなく中核派をはじめとする新左翼――本書は「ラディカル左翼」と表記する――は戦後民主主義の批判を旨とする。ここで謂うところの戦後民主主義の内実を乱暴を承知でひと言に約めるなら、「過ちは繰返しませぬから」となる。そのためにまずおまえたちは教科書を墨で黒く塗り潰さなければならない――。「過ち」は悪いのだから、その否定はおのずから「正しい」。「過ち」は「過ち」だ、ならぬものはならぬ。おなじく「正しい」ことは「正しく」、故に安んじて為さねばならぬし、それさえ為していればよい。ひいていえば、証明され、あるいは確信された事実と採るべき正しい行動とが透明に、悟性的に、ひとしなみに直結すること、言い換えるなら真から善への移行が一義的に定まることが前提となり、これに従うこと、そうしてそれぞれ自立することがそこでは企図されている。「暴力」とくれば「反対」、「平和」とくれば「守れ」等々――それを説く親が、教師が、先輩が、総じて「過ちを繰返さない」ためと教え導く後見人がいかなる人物であれ、あたかもその「いかなる」をも墨で以て見ないでおくかのごとく。何故ならわれわれはみなひとしく懺悔すべき――だがだれに？――国民だからだ、と。

むろん周知のとおり、「戦後平和」を担った日本国民の一億総懺悔はきわめて欺瞞的なものでしかない。私見では、革マル派の理論的主柱たる黒田寛一は、経済成長を伴う「平和と民主主義」の陽向の道から疎外された者として、戦後民主主義の不徹底を呪い、より正しくありうる――懺悔さるべき――立場に身を置かんとした。だから黒田は、飄々と「戦後平和」を唱える文学者の戦争責任を糾弾した吉本隆明とも短期にしろ対話しえたのだろう。黒田にあって「戦後」をより徹底して正しくあらしめる根拠が疎外論的マルクス主義であり、その現実における保証がともかくもソ連だったとすれば、一九五六年のスターリン批判およびハンガリー事件後には、重ねて「過ちは繰返しませぬから」が唱えられなければならない。もはや真の前衛党は「真空の中」もしくはつねなる「未来社会」においてのみあり、いまここの現実においては即ならぬものはならぬもの――墨で塗り潰すべき「過ち」――に数え入れられる。現実の「過ち」によりこの世に生を享けることから永久に疎外された「理想」のいまここにおける墓標を黒田および革マル派が一手に自任したといえるだろしませぬから」と唱えながら規律訓練に服す無責任な主体が製造されることとなる。「過ちは繰返うか。だが、ここからは一億総懺悔の無責任的主体を二乗したほどに自動機械的に、「過ちは繰返しませぬから」と唱えながら規律訓練に服す無責任な主体が製造されることとなる。

中核派は然るに、戦後民主主義であれ革マル派であれ、その「過ちは繰返しませぬから」の欺瞞とかったるさを端から足蹴にしての——故にラディカルたりうる——革命運動を志向する党派だったと見做しうる。吉本隆明による「過ちは繰返しませぬ」の批判は結局「てめえは擬制じゃねぇか。てめえにはいわれたかねぇ」——だから大衆のもとで「睡眠《フテネ》」する——に落着したわけだが（「睡眠の季節」『吉本隆明全集6』晶文社所収）、当然ながら中核派はそこに居直るわけにいかなかった。ある意味で無敵ではある吉本の筆法に対する一九六〇年代の中核派のありうべき回答は——当時の新左翼の常套の言い回しではあるが——「水に飛び込まなければ泳げないように、泳げるようになるには水に飛び込めばいい」（四〇一頁）となるだろうし、別言すれば、本多延嘉がよく口にしたと伝えられる「歴史の中に自分を相対化」することが必要な「まだまだ形成途上」の——故に無謬とは限らない——党として、党員として闘争する、となるだろう（川上徹『戦後左翼たちの誕生と衰亡』「水谷保孝」の章、同時代社）。この場合「飛び込む」とは既存の市民社会の有機的な革新に期待するものでなく、先の評に倣えば「手工業的、中小企業的」に起業する姿勢にもどこか通ずるとして、だが、その勢いある「形成途上」を覆す出来事が一九七〇年に起こる。七・七華僑青年闘争委員会告発がそれであり、これまでの中核派の「相対化」がさまざまな場——職場、街頭、三里塚等々——にともかく「飛び込み」それから泳ぎ方を覚えることと近しかったとすれば、そも「飛び込む」者の身許が問いに付されたのがこの告発だった。

「七・七」とは革命に「飛び込む」主体が帝国主義的な抑圧者でもあることが公となった事件であ

り、彼／女らが引用した魯迅の言葉――「墨で書かれた虚言は、血で書かれた事実を隠すことはできない」に倣うなら、主体が「墨で書かれた虚言」の連鎖からなり、かつそれはそれ自身で自律し完結すること能わず、「血で書かれた事実」を塗り潰すことで主体は可能となると同時に、墨が「血」を抑え塞ぎきることも不可能だと告げるものだった。したがって、「七・七自己批判」は主体の自己同一性なる「虚言」を否定し、その裂け目を開き、墨ならぬ血を以てこれに応答するものでなければならない。この告発以降、中核派は「血債の思想」を提唱しこれに則り入管闘争をはじめ差別問題およびマイノリティ運動に従事していく。「七・七」以前から取り組まれていた狭山裁判闘争もなおのこと重要課題と位置づけられ、これには多くの被差別部落出身者が結集し重要な役割を担うこととなる。ここでは、これらの運動が法規制や生活保障などの議会行政に対する請願でなく、国民国家がその法‐権力を以て犯す差別を糾弾し、剔出せんとする闘争――治安取締まりに傾斜する近年の「反差別」社会運動にあって大衆的には低調と見做さざるを得ない――だったとのみ指摘しておく。その一方、一九七〇年八月の中核派による「海老原俊夫殺害事件」を機に、過熱する反差別闘争と併行するかに革マル派との「内ゲバ」もが亢進していく。

中核派が革マル派に対し「総反攻」に転じた当初、本多はこの完遂を「比較的短くすべきものと想定していた」（二五五頁）。それは国家権力と対峙する「垂直」方向、つまりは内乱への本格的な運動に「飛び込んで」いくために必須の――前段階としての――「水平」の闘争と捉えられていた。これに対し、本多が殺害された七五年の夏あたりまで、中核派は黒田寛一および革マル派幹部一名の居住動向をほぼ把捉し、襲撃が可能だったにもかかわらず、清水の一存でふたりが標的から除外された――以後、黒田らを見失う――ことが「内ゲバ」の長期化の一因であること、またそれ以降の姿勢を理由に挙げ、「清水には、対カクマル戦争に決定的に勝利してこの戦争を終わらせるという意志はなかった」（二六四頁）と本書は述べる。これが妥当な判断であるだけに、現に起きた際限なき「内ゲバ」の様相を規定する一端に清水がいるといえなくもない。結果的に清水はある程度はその事態をもたらし、半ば以上に利用したのだろうが、とまれ、清水が「戦争」の完遂に消極的だったのはただ自己保身のためにしろ、本多の復讐戦のためだから、だけでなく、中核派が陥った困難のために、「上の空といった体の清水」ら政治局を「突き上げ」てでも、「対カクマル戦争」は党員ないし革命軍自身が「どしどしと」、だが同時に「ぐずぐずと」いつまでも「不完全燃焼」のまま為さざるを得なかったのではないか（二八九頁）。では、それはいかなる困難なのか。

「七・七」において主体の自己同一性が破砕された中核派は、それ故に「どしどしと」、その「墨で書かれた」主体の裂け目を埋める「血」を外に求めることとなる。そこに挺身すればみずからの裂けた「虚言」の連鎖を書き換え、強固に繋ぎとめなおす「血」として、種々のマイノリティが、被差別者が見出される。この「血」に仮託し差別を糾弾する側へとみずからを位置づけることで、さしあたりは主体の危機から回復しうるのだ。けれども直ちにあきらかとなるのは、絶対的に唯一の、最も深い「血」の保有者なる主体はどこにもいないことにほかならない。主体たるかぎり、また主体たることを求め主張するかぎり、それは「墨で書かれた虚言」からなり「血で書かれた事実」の抑圧を免れえない。「血で書かれた事実」のみで屹立する主体が存在せず、「血で書かれた事実」は無数にある以上、挺身もそれぞれ相対的なものに留まらざるを得ないし、墨とまじらない純粋な「血」もないのなら多かれ少なかれ「事実」も「虚言」めいてくる。「墨で書かれた虚言」の連鎖にすぎない主体の「虚言」を暴き、かつそこに生じた裂け目をみずからの「血」と重ねてふさぎ、繋ぎとめ、以て懺悔する主体を強く正しくあらしめる他者など——いかなる主体にとっても——幻想以外にありえない。これらに不安を覚えた途端、「血債」は「不完全燃焼」ながら「ぐずぐずと」

続けられていくほかないし、そのことに傷の開いた主体はさらなる不安を覚えもするだろう。

ところで革マル派が「真空の中」からいうなれば「虚言」をものす墨を垂らし、その「虚言」なることとの頑なな否定により唯一の真理を標榜し、かくして自動機械らは一貫して強固な自己同一性を誇りうるとするなら、その主体こそ「血」を抑圧しマイノリティのごとき異論をも排除せずにいない反革命の最たるものであり、みずからだけは「過ちは繰返しませぬ」以上決して「過ち」を認めない反革命でもあるとすれば、「血債の思想」の実践のうちに革マル派との「戦争」が含まれるのは不可避であって、「抑圧民族」日本人による「血債」、つまりは主体の外へと通ずる「血」の贖いは諸々の反差別闘争への挺身のほかに、ひとかたならず革マル派の粉砕を以て支払われることとなる。

本書は、中核派に一九七一年末から翌年にかけての一連の連合赤軍事件の「深刻さを同じ左翼として内在的にとらえ返すということからの回避」(四二四頁)があったと自己批判しているが、これは炯眼であり、事実このとき、仮に外を求めずみずからだけで「血債」を果たすためには自身を形成する「墨で書かれた虚言」を破棄しすべて振い落とさなければならないものの、それを完遂すれば――連合赤軍の「総括」に似て――応答可能性をも担うはずの主体としては滅尽することが瞭然と化した。それでは、「政治目標を見失った」あるいはそれに行き詰った者が「組織と個人のあるべき姿を観念的に自己目的的に追求するという倒錯した世界に落ち込」(四二五頁)むことにおいて、森恒夫とほぼ変わらないではないか、と。そして、ある意味で「社会が存在しない」――山荘!――ところでの「垂直」方向の闘争の陰惨な戯画だったあの銃撃戦を眼にしては、中核派も「垂直」への「飛び込み」に慎重を期さざるを得ない。そも「七・七」で裂開した主体がその裂け目を抱えたままで国家－主権と対峙しうるのか、これに答えるのはきわめて難しい。だから外に、もしくは「水平」の闘争に活路が求められるものの、マイノリティ運動や反差別闘争は、そのこと自体が目的でないとしても、必ずしも「血」による主体の揺るぎなき裏打ちをもたらす保証はなく、諸々のマイノリティもマイノリティであることにおいて即「垂直」の「飛び込み」を担いうる主体たりうるわけでない。

他方、革マル派は規律訓練を受けた「プロレタリア的人間」を称し、決して「垂直」に「飛び込ま」ないとしても軍隊をそなえ、「党のための闘争」に終始し国家のなかの国家然としている。少なくとも革マル派も打倒できなければ「垂直」に赴けない。「七・七」で裂け目が開いた主体が半ばそのことを宙吊りにしたままに、鉄のごとき強靭さを謳う主体を打ち倒すこと、それがはたして可能か否かが試されるのが「対カクマル戦争」であり、もちろん中核派としては可能でなければならず、勝利できるようにならなければならない。「総反攻」を唱えた際に本多が「対カクマル戦で党を精錬化するのだ」(二五四頁)と語ったのは、このことではなかったか。けれども私見では、不可能を可能へと変えてみせるその実践の内実がいつしか微妙にずれていったのだ。やがて「内ゲバ」はこの未踏の試練を無事終えることよりもむしろ、「七・七」の後にもなおみずからでは裂開不能な「カクマル」的主体を裂開する――あるいは「総括」にかける――こと、裂開不能なのはこの主体が既につねに「真空の中」の疎外論的な他者の裏打ちを確信しているため、つまり現実における「墨で書かれた虚言」と「血で書かれた事実」との具体的な絡みあいを視界から排除するためだとして、しかしそれ故に瑕疵なき主体‐他者などなにものでもないこと、現実においては無惨な残骸でしかないことをひたすら際限なく――「どしどしと」――確認するかのごとき様相を呈してきた。故にその対象が末端党員でしかないのもかまわず、というか、「カクマル」的主体に特権的な主体は不在で、みな質として零なのだから、まさにそのことがだれかれの区別をつけない圧倒的な量により示されなければならず、かくして「不完全燃焼」なのは端から承知で「ぐずぐずと」続けられることとなったのではないか。この一種異様に崇高な光景のなかで、「総括」を行なう主体は、零の主体を裂開する「血で書かれた事実」と幻想的に同一化することができる。だが、それは「垂直」の闘争と対峙しうることの保証を意味しない。

ちなみに、現在ではもっぱら「垂直」から遠ざかりさえすればこの困難を回避できるかに振舞われるものの、それはたんに「過ちは繰返しませぬ」の復唱にすぎず、そのとき「水平」は徳と文化の問題に矮小化せられ、しかもそこで「内ゲバ」の袋小路が気の抜けたかたちでそれと知らず再演されているのだが、ここでは措く。それより最後に清水丈夫についても少し触れておくべきだろう。

かつての「革共同における本多延嘉の存在の大きさ、その思想と精神の全組織的な浸透性」(二三三頁)が顧みられるごとく、その指導者の属人性がよかれあしかれ瞭然だった本多体制の後、清水はその空いた穴を積極的に埋めるのでなく、党員にすら不可視化された非公然体制に徹することで、党首および政治局を擬似‐非人称化し、党におけるかつての「手工業的、中小企業的」な充実――本多なる「存在の大きさ」――の徹底的な「空文句」化を促進した。擬似‐非人称は、「過ち」を犯しうる――冒険するともいう――属人‐主観性でなく似非の客観性を装う。ここで似非の客観性とは中核派の城内平和であり、「最大多数の最大幸福がオレのやり方」(九四頁)との清水の言はこのことを意味する。本多書記長を失う危機を経て、清水が他党派からの襲撃に遭わず、また逮捕投獄もされず、安定して党首であり続けること――著者らも疑問や反撥をたびたび覚えながら「清水体制および清水路線をもっとも先頭に立って貫徹しようとふるまってきた」(二九五頁)ことを認める――を以て中核派にあっての平和の保証とすること、むろんそのためにはさまざまな課題を「対カクマル戦争」の長期化や第四インターへのテロル同様に「政治的利用主義」で扱うし、政治局の権威化も促進するし、場合によっては異論ある者の粛清や除名もする。――神、そらに知ろしめす。すべて世は事も無し。

「清水マジック」(三八三頁)と呼ばれもした策を弄して清水が自己保身と党の安泰に専心してきたことを本書は示し、「右にも左にも解釈できる玉虫色の文章」(三六五頁)で「どう変わっていくべきか真剣で開かれた討議を何らすることもなく、たえずクーデター的に、かつ党を欺瞞しつつ革共同を変質させていくのが清水のやり方だった」(四二六頁)と弾劾する。意見が相異する者がそろってみずからの意向をそこに読み取り――しばしば口頭で清水はそれを請けあうが、当然のごとく二転三転する――、依拠すべきものを見出す「玉虫色」をいましがたの似非の客観性のルビに用いてもいいし、これを「最大多数の最大幸福」と言い換えてもいい。もちろん、本書の著者は「左翼党派たるもの、内容規定のない用語を使うな」(四〇二頁)とまっとうに述べるが、とまれこのことは次のこととともかかわる。

すなわち、「〝信頼〟が党大会に代わるものだ。『前進』新年号巻頭論文の全党的学習会の組織化が大会だと位置づければいい」(四三八頁)とは大会開催を拒み続ける清水が放った言だが、巻頭論文の読解にもとづき地区委員会が具体的に動けばときに党内通達でそれが止められもするのだから、この「信頼」とは政治局の「心」への同一化の謂いだろう。おなじく「『同志的信頼』という名目で放置され、温存され、隠ぺいされてきた。党組織それ自体が男女関係の歪みの温床となってしまう」(『自著を語る』)と指摘された中核派政治局員によるレイプにおいても、事実まったく同様に「信頼」が機能していることに注意したい。詰るところ、「七・七」とは「血で書かれた事実」が主体の崩壊を促す差異としてせりあがった事件であり、少なくとも自己同一的な主体たる「虚言」

を揺るがしめた出来事だったとして、いうなれば「信頼」は裂け目に動揺する一人称的主体を擬似–非人称的な権威を経由し、たばね、そうして党員の同質性を、同一性を擬似的にしろ縫合し新たに矯正する。あるいは華青闘告発以降のある時期、この「信頼」こそ自己同一性を失いつつも闘争に「飛び込」まんとする一部党員の主体の拠り処ですらあったかもしれないものの、いずれ相容れない「七・七」の棄却は不可避だった。それ以降に起きた一連の中核派幹部のレイプと女性幹部を含む周囲による隠蔽その他の所業についてはいうまでもない。

一九八九年一月の昭和天皇の死から、中核派による「九〇年天皇決戦」をはさみ、「血債の思想」放棄を後押ししたと推定される「清水＝中野密約」が一九九〇年一〇月に結ばれる。清水が遅くとも二〇〇〇年には「九〇年天皇決戦」から歴史修正主義的に背をそむけ、また概して天皇制の問題を避けてきたことを本書は指摘しているが、既に一九九〇年に、あたかも天皇の死を悼み回心するかにしてひそかに「七・七」が棄却されていたわけだ。ところで平成天皇が憲法違反を犯してビデオメッセージを公開し、国民の心をひとつにするかのごとき支持を得て、その「御心」どおり退位し上皇となったのは二〇一九年四月のこと、清水丈夫は——その経緯や成否はここで問わず——それを追うかに二〇年九月に「公然化」し、その後記者会見をもおこなう。これを平仄が合うとみるのはたんなる思い過ごしだろうか。

二〇二二年三月八日

［一九八三年生まれ。批評家、『子午線　原理・形態・批評』編集同人。著書『近代のはずみ、ひずみ——深田康算と中井正一』（航思社、二〇二〇年刊）、「「VS」と「アウフヘーベン」」（『ユリイカ　特集 立花隆』二〇二一年九月号所収）ほか。］

水谷保孝

一九四五年一〇月、横浜市生まれ神戸市に転居。六四年、長田高校を経て、早稲田大第一政経学部入学、雄弁会加入。一一月マルクス主義学生同盟・中核派、六五年八月革共同に加盟。六六年学費・学館ストライキで無期停学処分。学友会副委員長に選出。処分のまま中退。六七年一〇・八羽田闘争、佐世保エンプラ闘争（米軍基地突入）、王子闘争で逮捕・起訴。六八年五月から日大闘争オルグ。六九年三月全学連（中核派）副委員長、七月同書記長。八・一四沖縄嘉手納基地突入闘争を指揮。八月予防検束。七〇年七月、七・七自己批判に取り組む。青年アジア研究会事務局長。対カクマル戦で二度逮捕・起訴、下獄。七七年一月前進編集長、革共同政治局員。一七年間編集長の後、反戦闘争担当、諸戦線担当。筆名・峰岸武夫。〇六年一一月に革共同を離党。

岸 宏一

一九四七年七月、渋川市生まれ。六六年、渋川高校を経て、慶応義塾大経済学部入学、七〇年中退。六七年砂川闘争、一〇・八羽田闘争参加、一二月マルクス主義学生同盟・中核派加盟。六八年王子闘争で逮捕・起訴。六・二六新宿米タン阻止闘争で陶山健一とともに逮捕・起訴。一二月、革共同加盟。六九年五月全学連（中核派）書記局。八月、全学連書記長代行、全国全共闘書記局員。六九年一一月決戦の総指揮者の一人として決起、七〇年二月に事後逮捕・起訴。七一年、破防法裁判闘争を支える会事務局。カクマルの七四年一・一四破防法弁護団襲撃に本多延嘉書記長防衛に当たり重傷。七六年六月革共同東京南部地区委員長。八一年一月、革共同の三里塚闘争担当責任者。以後二五年六カ月間、三里塚現地を中心に活動。八九年一二月、政治局員。筆名・麻生浩。〇六年七月に革共同を離党。

著者…………水谷保孝　岸 宏一

印刷／製本…モリモト印刷株式会社
制作…………有限会社閏月社

革共同政治局の敗北 1975~2014
あるいは中核派の崩壊

2015年 5 月 12 日　初版第 1 刷発行
2024年 8 月 15 日　初版第 3 刷発行

装本…李舟行

発行者…………德宮峻
発行所…………図書出版白順社　113-0033 東京都文京区本郷 1-28-36
TEL 03(3818)4759　FAX 03(3818)5792

ISBN978-4-8344-0164-6 Printed in Japan